Study on the Hierarchy of Subjectivity of Chinese Discourse Markers and Its Application

汉语话语标记主观性等级暨应用研究

潘先军 ———— 著

图书在版编目(CIP)数据

汉语话语标记主观性等级暨应用研究 / 潘先军著 . —北京：北京大学出版社，2023.11

ISBN 978-7-301-34577-1

Ⅰ.①汉… Ⅱ.①潘… Ⅲ.①汉语–话语语言学–研究 Ⅳ.①H1

中国国家版本馆CIP数据核字(2023)第194383号

书　　名	汉语话语标记主观性等级暨应用研究 HANYU HUAYU BIAOJI ZHUGUANXING DENGJI JI YINGYONG YANJIU
著作责任者	潘先军　著
责任编辑	路冬月
标准书号	ISBN 978-7-301-34577-1
出版发行	北京大学出版社
地　　址	北京市海淀区成府路205号　100871
网　　址	http://www.pup.cn　新浪微博: @北京大学出版社
电子邮箱	zpup@pup.cn
电　　话	邮购部 010-62752015　发行部 010-62750672　编辑部 010-62753374
印刷者	北京虎彩文化传播有限公司
经销者	新华书店
	720毫米×1020毫米　16开本　20.5印张　379千字 2023年11月第1版　2023年11月第1次印刷
定　　价	76.00元

未经许可，不得以任何方式复制或抄袭本书之部分或全部内容。
版权所有，侵权必究
举报电话：010-62752024　电子邮箱：fd@pup.cn
图书如有印装质量问题，请与出版部联系，电话：010-62756370

国家社科基金年度一般项目"面向国际汉语教学的汉语话语标记主观性等级研究"(项目编号：17BYY118)的结项成果(鉴定等级：良好，结项证书编号：20222259)。

本书得到了北京第二外国语学院2023年学术专著出版资助。

序

《汉语话语标记主观性等级暨应用研究》是一部旨在阐述"汉语话语标记"理论的学术著作。作者从汉语的话语标记本身存在"主观上的不同等级",从而导致了习得者在汉语作为第二语言习得者在学习时的难度上的差异,提出"话语标记主观性越高,越是学习上的重点与难点"的论断。

汉语话语标记在主观性上存在差异,是学界共识,但把这种差异跟汉语习得机制联系起来,提出"汉语话语标记的主观性差异及等级"很可能就是汉语作为第二语言学习中的难易等级和顺序的机制原理,是本著作的一大理论创新。

这本著作还进一步构建了"汉语话语标记的主观性等级序列链"。

这项研究的出色之处,首先在于做了扎实的"实证性工作"。在对现在对外汉语教学大纲、教材、语料库中有关"话语标记"的语言素材做了认真细致的分类分析的基础上还进一步做了扎实的"实证性工作"。同时又合理地解释了某些话语标记的学习难度与主观性等级不完全对应的现象,更增强了本想研究的"扎实"程度。

这项研究工程颇大,又细致详实。在理论上既博采众长,又擘析入微,体现了学术上的谨慎和周到,给后来的研究者们做出了很好的榜样。

本文作者有深厚的理论与教学功底,又跨入汉语语言学与应用语言学领域治博有成。跨行治学,学得辛苦,却终长功力。

这是作者的又一部学术大作。功力见长,前程更可期。

2023 年 10 月 26 日于上海

内容摘要

　　本书为面向国际中文教学的汉语话语标记综合研究,力图将语言研究的"体"与"用"结合起来,做到"体"为"用"立、"体""用"连通。

　　话语标记是近年汉语研究的热点,涌现了丰硕的研究成果,其理论来源于西方语言学。汉语话语标记研究已经形成了综合研究、个别研究等研究范式,但应用研究还显得较为薄弱,对汉语作为第二语言话语标记的学习和教学研究关注度还不高,没有出现有影响的成果。

　　程序性、主观性是话语标记的两个基本特性,关于汉语话语标记的主观性研究,现有成果主要关注的是其在"主观化"中的作用,一般都是从话语标记的形成来考察主观性的作用,对于共时层面话语标记主观性差异的研究还很不够。本研究对以往相关研究进行了细致梳理,在已有成果基础上确认汉语话语标记的主观性存在差异,且形成了主观性等级链。提出并论证了等级划分的标准,即根据话语标记主观性性质,区分为(一般)主观性、部分交互主观性、交互主观性,主观性强弱形成了"交互主观性＞部分交互主观性＞(一般)主观性"的等级链,并详细论述了话语标记功能与主观性的关系、主观性的产生、主观性的作用等。根据话语标记主观性等级特征,采取演绎法,假设在汉语作为第二语言话语标记学习中,主观性越高就越难掌握,通过语料分析与考察以及调查,验证了这个假设,同时发现,以主观性等级为主导,形成了汉语话语标记学习难度体系,各因素具有大致整齐的对应关系,明确了话语标记学习的难点与重点。从学习角度出发,我们对话语标记进行了分类,探讨了话语标记在汉语学习中的作用和地位、如何开展教学等问题,并对现行教学大纲、教材等进行了考察。

　　全书分为九章,各章主要内容如下:

　　第一章"研究概述",介绍本书的基本内容与研究过程。

　　第二章"话语标记理论及教学研究回顾",对以往相关研究进行了有选择性的综述。

　　第三章"话语标记及其主观性",在梳理国内外相关研究基础上重点讨论了话语标记的界定、话语标记的主观性、主观性与功能的关系、主观性的产生等问题,并就汉语话语标记中的特殊形式——框式标记进行了阐述,本章是全书理论阐述和研究的基础。

第四章"面向教学的话语标记主观性及等级研究",提出了话语标记的主观性等级,论证了话语标记功能与主观性的关系,基于教学对话语标记进行了分类,并分析了话语标记的视角与主观性差异、话语标记的位置与主观性的关系、话语标记的语体特征与主观性及在教学中的应用,本章是全书的关键部分。

第五章"话语标记主观性及等级在学习中的规律与作用",对学习者汉语话语标记运用进行了调查与分析,验证了主观性等级在学习中的难点的假设,提出了基于主观性等级的话语标记学习难度体系,并结合主观性等级讨论了话语标记在汉语交际能力中的作用与意义。

第六章"汉语教学中的话语标记考察分析",主要是对教学大纲、教材中的话语标记统计分析,对教材与大纲出现的话语标记对比分析,并讨论了话语标记在汉语教学中的归属。

第七章"关于话语标记教学的思考与建议",提出了话语标记语料库建设思路、基于等级性的话语标记教学建议,并以个案为例进行了考察和教学设计。

第八章"话语标记主观性个案研究",分别对言说话语标记、责备义话语标记两个小类和"瞧你说的""真是的"两个具体标记的主观性及其差异进行了分析研究。

第九章"结语",对全书进行了总结及研究展望,也对不足作出了说明。

Abstract

This book is the comprehensive research of Chinese discourse markers for international Chinese teaching, trying to combine the aspect and use of language research, so that aspect can be established as use and aspect can be connected with use.

Discourse markers have been a hot topic in the study of Chinese language in recent years, and there have been fruitful research results, and its theory originates from Western linguistics. Chinese discourse markers research has formed a comprehensive study, individual research paradigm, but the applied research is still relatively weak, on Chinese as a second language learning and teaching research attention is not high, there is no impact of the results.

Procedural and subjectivity are two basic characteristics of discourse markers, the existing researches on the subjectivity of Chinese discourse markers mainly focus on its role in subjectivisation. Generally, the role of subjectivity is investigated from the formation of discourse markers. However, the research on the difference of subjectivity of discourse markers is not enough. Based on the previous studies, this study confirms that there are differences in the subjectivity of Chinese discourse markers and forms a hierarchical chain of subjectivity. The standard of grade division is put forward and demonstrated, according to the nature of discourse marker subjectivity, it is divided into (general) subjectivity, partial intersubjective subjectivity and intersubjectivity, the strength of subjectivity forms a hierarchical chain of "intersubjectivity > partial intersubjectivity > (general) subjectivity", the relationship between discourse marker function and subjectivity, the generation of subjectivity and the role of subjectivism are discussed in detail. According to the hierarchical features of the subjectivity of discourse markers, we assume that the higher the subjectivity is, the more difficult it is to master

Chinese as a second language discourse marker, at the same time, it is found that the difficulty system of Chinese discourse marker learning is formed with the subjectivity rank as the leading factor, and each factor has a roughly neat corresponding relationship, which clarifies the difficulties and key points of discourse marker learning. From the perspective of learning, we classify discourse markers, and discuss the role and status of discourse markers in Chinese learning, how to carry out teaching and other issues, and investigate the current syllabus, textbooks and so on.

The book is divided into nine chapters, the main contents of each chapter are as follows:

Chapter 1, is an Overview of the Study, which introduces the basic content and process of the study.

Chapter 2, a Review of the Basic Theory and Pedagogical Research on Discourse Markers, is a selective review of the previous studies on discourse markers.

Chapter 3, Discourse Markers and Their Subjectivity, discusses the definition of discourse markers, the subjectivity of discourse markers, the relationship between subjectivity and function, and the emergence of subjectivity on the basis of relevant studies at home and abroad. Futhermore, it elaborates on a special form of discourse markers in Chinese—the frame markers. This chapter serves as the foundational theoretical exposition for the entire book.

Chapter 4, a Study on the Subjectivity and Hierarchy of Discourse Markers for Teaching, proposes the hierarchy of subjectivity of discourse markers, demonstrates the relationship between the functions of discourse markers and subjectivity, and classifies discourse markers based on teaching. This chapter is the key part of the whole book, which analyzes the differences between the perspective and subjectivity of discourse markers, the relationship between the position of discourse markers and subjectivity, the stylistic features and subjectivity of discourse markers and their application in teaching.

Chapter 5, The Regularities and Functions of Discourse Markers and the Hierarchy of Subjectivity in Learning, investigates and analyzes the use of Chinese discourse markers by learners, verifies the hypothesis of the difficulty of subjectivity hierarchy in learning, proposes a learning difficulty system of discourse markers based on subjectivity hierarchy, and discusses the function and significance of discourse markers in Chinese communicative competence combined with subjectivity hierarchy.

Chapter 6, is the Investigation and Analysis of Discourse Markers in Chinese Language Teaching, which is mainly about the statistical analysis of discourse markers in syllabus and textbooks, the comparative analysis of the discourse markers appearing in textbooks and syllabus, and the discussion of the attribution of discourse marker in Chinese language teaching.

Chapter 7, Suggestions on Discourse Marker Teaching, puts forward the construction of discourse marker corpus, discourse marker teaching suggestions based on hierarchy, and takes a case as an example to investigate and design teaching.

Chapter 8, a Case Study of the Subjectivity of Discourse Markers, analyzes the subjectivity and its differences of the two types of discourse markers, that is, the speech discourse markers and the reproachful discourse markers, and the two concrete discourse markers of see what you say and true.

Chapter 9, Conclusion, summarizes the book and research prospects, but also to make a description of the shortcomings.

体例编排说明

1. 全书按章编排序号,每章分为若干小节,小节内再对各部分编排序号,如第一章第一节内编为"1.1",下面可再细分为"1.1.1""1.1.2",第二节编为"2.1",以此类推,到下一章重新开始编序,最多排至 4 级,如"1.1.1.1"。

2. 例子以章为单位排序,每章统一编排序号。在同一小节中,如果有反复引用的例子,采用首次编排的序号,但如果在其他小节中重复引用,则重新排序。对例子进行变换时,采用同一序号,但在序号后加字母表示区别,如例"(1)a.……""(1)b.……",以此类推。

3. 图表按章编排序号,每一章对本章出现的图表统一排序,前面再加章序号,按照"表 1-1:表名""图 1-1:图名"方式分别排序,图表标题位置采取"表上图下"的方式,即表标题位于表的上方,图标题位于图的下方,进入另一章,图表则重新排序,如"表 2-1:表名""图 2-1:图名",正文如果提到本章某个表或图,只说"表 1""图 1",前面的章序号略去不说,跨章的则加上章序号。

4. 脚注采取按页编号方式,在圆圈中加数字表示,如:①、②……

5. 语料来源用括号注明,来自语料库的只标明语料库,学习者语料加注学习者国籍,历史语料标明时期(朝代),少数没有标明来源的则为实践中搜集和自行拟构的。

6. 文献标注方式为:行文中论文文献用"作者(年)"或"(作者,年)"标明,著作文献用"作者(年:页码)"或"(作者,年:页码)"标明,著作文献未标明页码的表示没具体引用,总参考文献目录附在全书最后,按照先中文、后英文和作者姓氏音序排列,中文文献包括著作、论文、学位论文和教材教辅等几大类,外文文献不再分类,但标注文献代码。

7. 行文中引用的例子,所有话语标记均加下画线,如:"<u>我说什么来着</u>,要好好学习,现在后悔了吧。"如果像话语标记而实际不是或身份存疑的(含相关形式)则加波浪线,如:"但是,聪明的,<u>你告诉我</u>,我们的日子为什么一去不复返呢?"例子不成立的,前面用"*"表示,存疑的前面用"?"表示,其他特别的符号会在注明来源的括号中加以说明,或用脚注说明。

目 录

第一章 研究概述 ································· 1
第一节 研究缘起 ································· 1
第二节 主要内容与特色 ····························· 3
  2.1 研究目标 ································· 3
  2.2 研究的重点难点 ····························· 4
  2.3 研究思路与主要方法 ························· 4
  2.4 特色与创新 ································· 5
  2.5 研究的价值 ································· 6
第三节 研究过程 ································· 7

第二章 话语标记理论及教学研究回顾 ················· 12
第一节 话语标记研究的兴起与基本路子 ··············· 12
  1.1 概念的提出与研究的兴起 ····················· 12
  1.2 理论的发展 ································· 13
第二节 国内话语标记研究脉络与态势 ················· 15
  2.1 前"话语标记"时期 ··························· 15
  2.2 国内话语标记研究的兴起 ····················· 17
  2.3 国内研究状况 ······························· 18
第三节 汉语话语标记研究 ························· 19
  3.1 汉语话语标记研究及发展 ····················· 19
  3.2 汉语话语标记研究特点 ······················· 21
第四节 国际中文教学的话语标记研究 ················· 23
  4.1 国际中文教学话语标记研究状况 ··············· 23
  4.2 话语标记教学研究内容 ······················· 24

第三章 话语标记及其主观性 ························· 26
第一节 话语标记的概念与界定 ······················· 26

1.1　国外学界主要意见 …………………………………………… 26
　　1.2　国内研究意见 ………………………………………………… 28
　　1.3　我们的认识 …………………………………………………… 32
第二节　汉语框式话语标记暨教学 ………………………………………… 37
　　2.1　框式结构与标记 ……………………………………………… 37
　　2.2　框式话语标记的界定与特点 ………………………………… 38
　　2.3　框式标记在教学中的意义 …………………………………… 41
第三节　语言的主观性问题 ………………………………………………… 42
　　3.1　语言主观性的认识过程 ……………………………………… 42
　　3.2　语言主观性及其表现 ………………………………………… 44
　　3.3　交互主观性 …………………………………………………… 45
第四节　话语标记的主观性 ………………………………………………… 47
　　4.1　话语标记的主观性研究 ……………………………………… 47
　　4.2　话语标记主观性的差异 ……………………………………… 49
第五节　话语标记主观性的形成 …………………………………………… 50
　　5.1　主观性形成的两个层面 ……………………………………… 50
　　5.2　共时层面：言语场景与主观性 ……………………………… 51
　　5.3　历时层面：标记化与主观性 ………………………………… 54
第六节　话语标记的功能与主观性 ………………………………………… 62
　　6.1　关于话语标记功能的阐述 …………………………………… 62
　　6.2　国内学界对话语标记功能的主要意见 ……………………… 63
　　6.3　话语标记功能的特点 ………………………………………… 64
　　6.4　话语标记功能与主观性的关系 ……………………………… 68

第四章　面向教学的话语标记主观性及等级研究 ……………………… 72
第一节　话语标记的主观性等级 …………………………………………… 72
　　1.1　功能与主观性的对应关系及等级链 ………………………… 72
　　1.2　视角与主观性的判定 ………………………………………… 74
　　1.3　部分交互主观性与等级细化 ………………………………… 78
第二节　话语标记的人称代词与视角及主观性差异 ……………………… 81
　　2.1　关于含人称代词话语标记的讨论 …………………………… 81
　　2.2　含人称代词话语标记的构成 ………………………………… 82
　　2.3　人称代词在话语标记中的分布 ……………………………… 84

2.4　含人称代词话语标记的语境与语体特征 …………………… 86
　　2.5　含人称代词话语标记的功能与主观性 ………………………… 90
　　2.6　含人称代词话语标记的主观性规律及等级 …………………… 95
　　2.7　含人称代词话语标记的特点概括 ……………………………… 99
第三节　话语标记分类与基于教学的分类 …………………………… 100
　　3.1　以往话语标记的分类 ………………………………………… 100
　　3.2　基于教学的话语标记分类 …………………………………… 107
　　3.3　注意的问题 …………………………………………………… 111
第四节　话语标记的语体特征暨主观性与教学 ……………………… 112
　　4.1　有关话语标记语体的不同观点 ……………………………… 112
　　4.2　话语标记的语体特征 ………………………………………… 113
　　4.3　话语标记语体特征与功能的关系 …………………………… 118
　　4.4　话语标记语体特征与学习者使用特点 ……………………… 119
　　4.5　对教学的启示 ………………………………………………… 124
第五节　话语标记的位置与主观性 …………………………………… 127
　　5.1　以往关于话语标记位置的研究 ……………………………… 127
　　5.2　话语标记的位置分布与主观性 ……………………………… 128
　　5.3　高主观性话语标记的位置特点 ……………………………… 133
　　5.4　对主观性与位置认识的误区 ………………………………… 138
第六节　话语标记主观性暨等级与情态等的关系 …………………… 139
　　6.1　话语标记的主观性与情态 …………………………………… 139
　　6.2　话语标记的主观性与具体情感 ……………………………… 142
　　6.3　话语标记主观性的强弱与语气 ……………………………… 144

第五章　话语标记主观性及等级在学习中的规律与作用 ………… 147
第一节　学习者汉语话语标记运用的调查与分析 …………………… 147
　　1.1　调查背景 ……………………………………………………… 147
　　1.2　调查的设计与实施 …………………………………………… 147
　　1.3　调查结果与分析 ……………………………………………… 150
　　1.4　结论与不足 …………………………………………………… 160
第二节　基于主观性等级的话语标记学习难度体系 ………………… 163
　　2.1　标记的本质与学习难度 ……………………………………… 163
　　2.2　汉语话语标记学习难度体系构成因素 ……………………… 164

2.3　学习难度体系及含义 …………………………………………… 169
第三节　话语标记与汉语交际能力 …………………………………… 172
　　3.1　话语标记教学的相关研究 …………………………………… 172
　　3.2　语言交际能力 ………………………………………………… 173
　　3.3　话语标记与语言交际能力的关联性 ………………………… 174
　　3.4　话语标记对交际能力构成的作用 …………………………… 185

第六章　汉语教学中的话语标记考察分析 …………………………… 187
第一节　教学与考试大纲中的话语标记统计分析 …………………… 187
　　1.1　几种大纲出现的话语标记统计 ……………………………… 187
　　1.2　大纲中话语标记分析 ………………………………………… 190
　　1.3　基本结论 ……………………………………………………… 192
第二节　教材中的话语标记考察分析 ………………………………… 193
　　2.1　两套教材出现的话语标记 …………………………………… 193
　　2.2　两套教材出现的话语标记分析 ……………………………… 195
　　2.3　口语教材中的话语标记考察 ………………………………… 200
　　2.4　教材情况总结 ………………………………………………… 207
第三节　教材与大纲的话语标记对比分析 …………………………… 208
　　3.1　大纲与教材的关系 …………………………………………… 208
　　3.2　教材中的话语标记与大纲对比 ……………………………… 209
　　3.3　对比总结 ……………………………………………………… 210
第四节　话语标记在教学中的归属 …………………………………… 211
　　4.1　话语标记与功能 ……………………………………………… 211
　　4.2　话语标记与语法 ……………………………………………… 214
　　4.3　身份关系 ……………………………………………………… 215

第七章　关于话语标记教学的思考与建议 …………………………… 216
第一节　以往对话语标记教学的认识与设想 ………………………… 216
第二节　话语标记语料库建设 ………………………………………… 218
　　2.1　语料库建设的意义与思路 …………………………………… 218
　　2.2　学习者语料库建设 …………………………………………… 220
第三节　基于主观性等级的话语标记教学建议 ……………………… 222
　　3.1　话语标记教学涉及的相关因素 ……………………………… 222

3.2　开展显性教学 …………………………………………… 223
　　3.3　培养元意识 ……………………………………………… 229
　　3.4　学习策略指导 …………………………………………… 232
　　3.5　区分层次,加强口语教学 ……………………………… 234
第四节　话语标记个案的习得考察与教学实践
　　——以言说话语标记表责备的小类为例 ………………… 236
　　4.1　问题与思考 ……………………………………………… 236
　　4.2　言说话语标记中表责备小类的习得情况 ……………… 238
　　4.3　教学建议 ………………………………………………… 241

第八章　话语标记主观性个案研究 …………………………… 247
第一节　言说话语标记的主观性差异及等级 ……………………… 247
　　1.1　言说话语标记及相关研究 ……………………………… 247
　　1.2　言说话语标记结构类型与主观性 ……………………… 248
　　1.3　言说话语标记的意义与主观性差异 …………………… 249
　　1.4　言说话语标记的主观性等级 …………………………… 251
　　1.5　小结 ……………………………………………………… 253
第二节　责备义话语标记的主观性及其差异 …………………… 254
　　2.1　责备义话语标记 ………………………………………… 254
　　2.2　责备义标记责备功能的实现 …………………………… 254
　　2.3　责备义标记的主观性与交互主观性及其差异 ………… 256
　　2.4　责备义主观性表达的途径与等级 ……………………… 258
　　2.5　小结 ……………………………………………………… 261
第三节　互动话语标记"瞧你说的":从否定内容到否定情感 …… 261
　　3.1　相关研究 ………………………………………………… 261
　　3.2　作为话语标记的"瞧你说的" …………………………… 262
　　3.3　"瞧你说的"的否定功能 ………………………………… 264
　　3.4　"瞧你说的"的标记化 …………………………………… 269
　　3.5　互动中的性别特征 ……………………………………… 271
　　3.6　小结 ……………………………………………………… 275
第四节　话语标记"真是的"主观性及其等级 …………………… 275
　　4.1　"真是的"相关研究 ……………………………………… 275
　　4.2　"真是的"的语义倾向演变与主观化 …………………… 276

4.3 "真是的"的主观性及等级 …………………………………… 280
4.4 "真是的"主观性等级的相关问题 …………………………… 283

第九章 结语 …………………………………………………………… 287

参考文献 ……………………………………………………………… 292
后　记 ………………………………………………………………… 303

第一章 研究概述

第一节 研究缘起

话语标记作为一种语言现象被发现并受到关注始于20世纪50年代初,迄今大约七十年。西方语言学界话语标记研究在80年代进入黄金时期,产出了一大批重要理论著述。话语标记理论被引介到国内、汉语语言学界对汉语话语标记展开研究始于新世纪初,至今二十余年,在短短二十年间相关研究蔚为大观,范晓(2016)断言"汉语话语标记研究可以说已经成为当今国内语言学界研究的热点问题之一",此言极是。进入新世纪以来,话语标记理论引介与应用到汉语研究几乎是同步,而且迅速出现了大量研究成果,包括学术专著、论文及博士和硕士学位论文等各种形式与层次,研究内容涵盖了众多领域,从宏观研究到个案分析,从理论探讨到应用实践,可谓备受关注。近年来,无论是国家社科基金还是教育部高校人文社科项目,语言学科每年获批的立项都能见到以汉语话语标记为研究对象的课题,这足以看出话语标记研究受学界重视的程度。

话语标记研究虽然取得了很大进展与众多成果,但毋庸讳言,研究还存在很多不足,尚有许多问题有待深入与完善。汉语话语标记研究一个明显不足就是应用研究薄弱,尤其是针对汉语作为第二语言学习与教学的研究还很不够。这种不足的突出表现是:没有从汉语作为第二语言学习与教学的角度来研究汉语话语标记,即没有从学习角度探讨与总结出汉语话语标记的特点,进而运用到教学中,使学习者能熟练掌握汉语话语标记,语言程度真正达到流利与地道的水平。目前的研究状况是,关于话语标记的理论研究大多"画地为牢",很少涉及应用,当然也就不会从学习角度就话语标记本身探讨其性质、特点、规律等,而关于话语标记的教学研究,虽然成果不少,但主要是学位论文,且以硕士学位论文居多,这些成果一般都是采取调查方式归纳和总结学习者使用话语标记的情况,结合教材或语料对话语标记学习进行分析,力图提出教学建议,这类研究呈现出"套路化"趋势,难免流于肤浅。这就导致了汉语话语标记研究理论与应用研究"两张皮"——理论与应用"各扫门前雪",理论研究无关学习或教学,而教学研究只是停留在现象的描述,提出的教学建议也很粗浅与趋同化。

范晓(2016)指出话语标记研究不足时,认为学界"对汉语话语标记研究还是比较粗疏的",就话语标记的学习与教学来说,范先生的意见也是切中肯綮的。诚如上述,在话语标记研究中,理论探讨与应用研究存在着严重脱节现象,教学研究非常滞后,换言之,就是话语标记研究上,"体"与"用"不匹配、不相通。Margarita Borreguero Zuloaga & Britta Thörle(2016:1—16)指出:"话语标记大多是小的语言成分,乍一看似乎很不显眼,有时被认为是对话中的填充物。然而,仔细研究后发现,这些元素是非常有效的交际手段,说话人可以在文本和互动两个层面上组织他们的话语。因此,掌握话语标记语是提高母语和二语交际能力的重要前提。"既然话语标记在母语和二语的交际能力都具有积极作用,那不仅应该从母语本体角度出发弄清话语标记的面貌、特点、性质、规律等基本问题,还应该从二语学习角度探讨话语标记学习的特点、性质、规律等重要问题,发现与探讨"体"与"用"的"接口"(Interface),这样才能使汉语作为二语学习与教学更有针对性,使话语标记在二语交际能力的培养上发挥积极作用。

针对汉语话语标记理论与教学研究的现状,基于学习与教学角度研究话语标记、连通"体""用"的理念,我们面向汉语作为第二语言教学开展话语标记研究。通过对教材、大纲、语料等的考察分析,结合问卷调查,勾勒出将汉语作为第二语言学习者使用话语标记的基本面貌,以此为出发点,对汉语话语标记特点进行重新认识,发现其内在特点与规律,力图构建起学习汉语话语标记的难度等级,为学习与教学提供切实有用的借鉴与参考。

通过梳理汉语作为第二语言话语标记教学相关文献,发现实证类研究成果总结出的学习者汉语话语标记使用规律,诸如"只用标记的实义,少用虚义"(白娟、贾放,2006),"情态类"标记是各类标记中留学生掌握得最不好的(参见庞恋蕴,2011;李瑶,2016;闫露,2018)①,结合我们自己在教学中搜集的语料和积累的经验,与他们的研究发现也有相似之处,但表述各不相同,因为对话语标记的分类或功能的认识不同。透过不同的表述与研究视角,再从汉语话语标记的性质、功能、特点等去思考各种表述背后的共同性,我们认为这与汉语话语标记的主观性有着密不可分的联系,无论是"虚义标记"还是"情态标记",它们都具有高主观性。由此我们作出了研究

---

① 庞恋蕴(2011)对学习者使用话语标记进行统计,最常用的10个标记中只有2个为情态类("怪不得、老实说"),较少使用的10个标记中有9个为情态类,学过但没理解的10个标记中有7个为情态类。

假设——主观性是话语标记在汉语作为第二语言学习中的关键因素,它的强弱决定了学习的难易程度。本课题就是基于这个核心假设,采用演绎法,在研究中围绕着话语标记的主观性差异及强弱等级的确立到与学习难度的关联性,一步一步进行了论证与研究,假设的大多数想法得到验证与明确,也发现了不少预先没有想到的特点或规律。

第二节 主要内容与特色

2.1 研究目标

本专著的属性为面向教学应用的综合研究,其意义在于为话语标记的教学实践提供理论参照与借鉴,对提高学习者使用话语标记、提升汉语能力具有积极的理论价值。基于此,我们确定研究的主要目标是:

(1) 梳理以往研究,重点是话语标记的功能及与主观性的关系、分类及分类标准,基于国际中文教学进行分类。

话语标记的分类是研究的一个重点,研究视角不同,划分出的类别也不同,话语标记功能是分类的关键依据。我们在以往研究的基础上重点从主观性角度出发探讨话语标记的功能及其分类,而且将此与汉语作为第二语言学习紧密联系起来,力图做到"体"从"用"出发、"体"为"用"服务,达到"体""用"结合的效果。

(2) 探讨汉语话语标记的主观性表现方式与主观性差异。

这个目标是从汉语本体的维度弄清话语标记的本质特征,以话语标记的主观性为核心,探讨话语标记的主观性与功能的关系,它的表现方式及其差异性,尤其是差异性所体现出的规律,发现与总结主观性差异的等级。

(3) 以本体研究为基础,确定汉语话语标记主观性等级划分标准。

将汉语话语标记主观性"体"的研究结论应用到汉语作为第二语言学习上,把话语标记主观性等级与汉语教学结合起来,考察、分析话语标记主观性差异在汉语作为第二语言学习中的表现与特征,以主观性等级为纲,分析话语标记主观性类别与学习的关系,并找出影响学习话语标记的相关因素,论证这些相关因素与主观性的关联性及其对应关系,为开展话语标记教学提供理论依据。

(4) 分析国际中文教学话语标记教学现状,确定话语标记学习顺序及重点难点与话语标记主观性等级对应关系,提出相应的教学对策。

以话语标记的主观性及其等级在学习中的表现为出发点,对国际中文教学话语标记教学现状进行分析,论证话语标记在汉语语言能力与交际能力中的作用,明确话语标记在学习和教学中的地位与意义。由于话语标记不具有概念意义,所以母语为非汉语的学习者在学习时产生的问题,一是输入上不好理解,二是输出上不会使用,对学习者形成地道流利表达与语篇能力不利。事实证明,母语为非汉语学习者对话语标记掌握与使用具有差异性,主观性低的话语标记容易掌握,而主观性强的标记则不容易掌握,理解较难,学习者也回避使用。话语标记主观性等级研究就是构建起汉语话语标记主观性等级序列,并应用于国际中文教学,确定教学的顺序、重点与难点等,帮助学习者掌握与运用话语标记,提升汉语水平。

2.2　研究的重点难点

重点是确定与论证汉语话语标记主观性差异及等级,以及这种等级在汉语作为第二语言学习中的表现。

诚如前述,本研究的基本理念是面向教学实践开展本体理论探讨,故而研究不能单纯停留在话语标记理论研究上,而是要以服务应用为根本目的展开理论探索,所以研究的重点是将话语标记主观性的差异及等级的确定与汉语作为第二语言学习结合起来,所得出的规律与结论一定要在学习与教学实践中得到验证,这样一方面能反证结论在理论上的可信性,同时又能在实践中具有可行性,真正做到研究的"体"为"用"立、"体""用"合一。

难点是汉语话语标记主观性等级的确立及在学习中的验证。

研究的核心是发现与确定汉语话语标记主观性等级,而且面向国际中文教学,所确认的话语标记主观性等级是否符合学习与教学实际非常关键,这关系到所设定的"主观性等级越高越是教学的重点与难点"观点是否准确,所以确定的主观性等级是否准确、是否符合学习与教学实际、还有哪些因素影响话语标记学习难度及其与主观性等级的关系等问题非常关键,也是研究的难点。

2.3　研究思路与主要方法

2.3.1　研究思路

研究的基本思路可以概括为:理论—实践—理论＋实践,如图示:

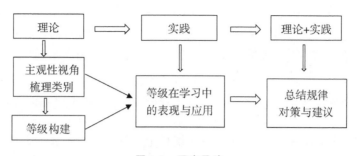

图 1-1 研究思路

首先,从主观性视角对话语标记类别进行梳理,分析不同类别的主观性,发现与确定主观性差异及其等级,在进行宏观理论探讨的同时开展个案研究,把总体探讨与具体研究结合起来;其次,分析话语标记主观性差异及其等级在汉语作为第二语言学习中的表现及其规律,运用认知语言学、语用学、互动语言学等理论,结合国际中文教学实际考察话语标记主观性等级的体现与应用;然后,在论证话语标记在汉语作为第二语言学习中的作用与意义的基础上,分析和总结国际中文教学中话语标记主观性等级影响因素;最后,探讨话语标记的主观性等级对国际中文教学的意义及教学对策。

2.3.2 研究的主要理论与方法

以话语标记理论、认知语言学、互动语言学等理论为指导,立足于国际中文教学实践,以语言事实为基础,展开多层面、多角度研究,将综合研究与个案研究、理论研究与应用研究等有机结合。研究过程中,将定量分析与定性分析结合起来,对相关语料进行了大量的统计分析,与理论探讨进行了紧密结合,互为印证,使研究结果具有可信性与科学性。

研究中突出演绎法,按照语言学习普遍规律,设定母语非汉语的学习者在学习汉语话语标记时遵循主观性等级顺序,依据主观性等级序列确定学习的重点与难点,在充分把握语言事实的基础上,采取归纳法,从主观性视角对汉语话语标记进行归类,并进行个案研究,通过归纳法确认汉语话语标记的主观性等级,构建主观性等级序列,这样将归纳法、演绎法有机结合起来,并辅以相应的统计分析,使得出的规律与结论具有可信性与科学性。同时,突出应用研究,面向国际中文教学开展理论研究。

2.4 特色与创新

(1)学术理念上,面向应用开展理论研究。

话语标记理论引入国内后,汉语话语标记研究取得了丰硕成果,但研究一般都停留在理论探讨层面,应用领域研究付之阙如,语言教学研究显出起步晚、层次低、名家关注少、有影响的成果少的状态,话语标记在学习中的地位、意义、作用等基本问题都没有弄清,教学中出现的问题与对话语标记本身研究不够充分与深入不无关系,本课题基于国际中文话语标记教学进行理论研究,研究成果又应用于教学,特别是服务于国际中文教学,应用价值高。

(2) 学术观点上,一是在学界话语标记主观性存在差异的共识上提出主观性具有等级,二是认定汉语话语标记的主观性等级与母语非汉语的学习者习得话语标记的顺序存在对应性,即话语标记主观性越高越是学习的重点与难点。

上述观点是基于语言研究打通"体""用"、"体""用"结合的理念而提出的,我们力图从理论上弄清和把握汉语话语标记的本质,进而运用到语言学习上,发现二者之间的"接口",弥合以往研究"体""用"分离的状态,真正达到"体为用立"的研究目标。

(3) 研究方法上,突出演绎法,从语言学与语言教学等理论出发,设定汉语话语标记主观性存在等级性,且这个等级与话语标记的学习与教学顺序相关联。

话语标记主观性存在差异性是学界的共识,但这种差异性与语言学习之间是否具有关联性则没有人关注。基于长期教学实践经验和理论的敏感性,我们意识到这二者之间具有某种关联,通过粗略的考察与分析,作出了理论推断,即汉语话语标记的主观性差异及等级很可能就是汉语作为第二语言话语标记学习的难易等级与顺序,前者对后者具有引领性意义,于是作出了理论假设,在后来的论证中得到了验证与完善,这也成为课题研究的一大理论创新与特色。

2.5 研究的价值

本研究的学术价值在于兼具理论、应用两方面意义,而且力图将理论研究与应用探讨较为完美地融合在一起。具体来说主要体现在以下两个方面:

(1) 深化汉语话语标记主观性研究。

话语标记主观性问题在话语标记研究中不是一个广受重视的领域,虽然以往研究都不同程度涉及了话语标记的主观性,也注意到了其主观性差异,但探讨相对较为零星,如张旺熹、姚京晶(2009)分析了某个小类话语标记的主观性及其差异,列出了相关等级序列,这是我们所掌握文献中屈指可数涉及该问题的研究成果,所以可以说以往研究绝大多数都没有明确认识到主观性差异的等级性,也没有对此专门研究,本课题以话语标记主观性等级为研究核心,并力图构建话语标记主观性等级序列链,深化了话语标记主观性的理论研究,具有较强创新性与较高的理论价值。

(2)面向国际中文教学实践。

当前,面向国际中文教学的话语标记研究,无论是理论层面还是应用层面开展得还很不充分,教学实践也很薄弱,既没有对话语标记的作用阐述清楚,也没有弄明白该如何抓住话语标记的本质规律开展教学。熟练掌握与运用话语标记是学习者语篇能力与汉语水平的重要标志,也是学习者汉语流利、地道的重要构成因素,更是其能熟练、得体进行交际的关键要素之一。学习汉语话语标记的规律是什么？应该如何开展话语标记教学？我们认为要解决这些问题,首先就是要搞清楚话语标记的本身特点与规律,这样教学才能有的放矢。事实证明,越是主观性强的话语标记,母语非汉语的学习者越难掌握。本课题面向国际中文教学,研究汉语话语标记主观性等级,构建等级序列链,既梳理了话语标记教与学的顺序,同时区分出了重点与难点,为国际中文教学在教材编写、教学内容、测试评估等提供依据,具有很高的应用价值。

第三节 研究过程

本著作为国家社科基金年度一般项目"面向国际汉语教学的汉语话语标记主观性等级研究"(项目编号:17BYY118)的结项成果(鉴定等级:良好,结项证书编号:20222259),课题研究从启动到形成最终成果(书稿),历时四年有余,主要经历了以下三个阶段。

第一阶段:基础研究阶段(2017.8—2018.12)。

这个阶段主要是整理研究思路、制定研究计划和开展基础性工作。在课题正式获准立项后,即启动了课题研究。按照一般程序,重新审视了研究的目标与核心内容,制定了研究计划,对项目基础性工作进行了梳理。针对本课题的性质与内容,确定此阶段的基础性工作主要有以下两项：

(1)梳理话语标记及教学研究文献,特别是话语标记主观性差异文献,形成研究文献索引。

(2)搜集国际中文教学中的话语标记语料,并对话语标记教学情况开展调查。

第一项工作是为了全面掌握话语标记研究及相关教学状况,把握该领域研究动向,同时为课题自身研究取得相应的理论与语言事实支持。该项工作在 2017 年下半年启动,历时 3 个多月,主要是调动在读研究生开展的,参与研究生 10 多人。由课题主持人对他们进行培训,讲解话语标记相关理论、确定文献查询途径、统一文献索引制作格式等,分工负责,中间多次进行商议,解决出现的问题,在他们初步完成后,课题组成员又分别进行了把关和完善,最终建立了话语标记研究三个文献索引,索引以中文文献为主,兼顾外文文献,分别是:

(1)《话语标记研究期刊文献索引》,共搜集到 827 篇期刊论文(截止到 2017 年),索引将文献区分为"文献总览""个案研究""本体研究""汉语教学研究""对比研究"等 5 个栏目,"文献总览"包括所有文献,"个案研究"有 431 篇文献,"本体研究"有 308 篇,"汉语教学研究"49 篇,"对比研究"为 24 篇①。在后续研究中,2017 年之后的文献也被陆续补充进来,所有文献的研究对象都是专门或包含话语标记研究的成果。

(2)《话语标记研究著作索引》,包括中文研究著作(含译著)119 部(含 2017 年后增补部分)、英文著作 80 部。

(3)《话语标记研究学位论文索引》,共包括硕士、博士学位论文 237 篇(截止到 2017 年可查询到的),将学位论文也区分为"文献总览""个案研究""本体研究""汉语教学研究""对比研究"等 5 个栏目,"个案研究"为 129 篇,"本体研究"60 篇,"汉语教学研究"39 篇,"对比研究"28 篇②。

文献索引的建立非常有意义,不仅掌握了之前相关研究的基本状况,同时,通过粗略分类也了解到以往话语标记研究涉及的大概领域及关注程度,为课题研究及相关内容做了重要的准备,成为研究的基石。

第二项工作是实证性工作,主要包含了两方面内容:一是以现有国际中文教育教学标准、大纲、代表教材、国际中文教学语料库等为主要依据,搜集教学中出现的话语标记,并进行大致的分类与分析;二是开展调查,通过对调查数据的统计,形成初步的调查报告。这些工作使我们基本掌握了国际中文教学中话语标记学习状态,对研究假设进行了初步验证。

前一方面也是由研究生担任科研助手,对他们进行培训,分成几个小组,对几部汉语作为第二语言的教学标准、大纲、代表性教材进行考察,摘取其中出现的话语标记,采用软件 Excel 建成数据库,在此基础上,由课题组成员进行甄别,剔除不符合要求的成分,并按照不同维度进行标注,可按

---

① 有的文献不好归为哪个栏目,只保留在"总览"中,所以各栏目相加后小于总和。
② 有的文献跨栏目,会重复出现在不同栏目中,所以各栏目相加后大于总和。

识别维度进行检索。一共建立了以下两个小型语料数据库:

(1)"几种词汇大纲中的话语标记数据库"

以原国家汉办颁布的几部教学与考试大纲为对象进行穷尽性考察,主要有《高等学校外国留学生汉语教学大纲·长期进修》《高等学校外国留学生汉语言专业教学大纲》《汉语水平词汇与汉字等级大纲》《新汉语水平考试(HSK)大纲》《商务汉语考试(BCT)大纲》《新中小学汉语考试(YCT)大纲》,摘取了其中包含的话语标记及可能成为话语标记的词语,将近300个,并对所有标记进行了标注,包括级别、语体、主观性程度等,可以按标注的维度进行检索。

(2)"代表性教材出现的话语标记数据库"

主要是对目前被国内高校广泛采用的两个系列国际中文教学教材进行详尽考察,两个系列教材分别是《博雅汉语》(北京大学出版社)和《发展汉语》(北京语言大学出版社),均为第二版。这两个系列教材覆盖了各个层次与各种语言技能,本书在后面相关内容对其进行了详细介绍,在此不赘。从两个系列教材(主要是综合教材)共摘取了187个话语标记,与前面大纲数据库一样,按照相同标注项目进行了标记,可以按标记进行检索。在此数据库下还建立了一个子数据库,就是单独建立了《发展汉语》口语教材的话语标记数据库,包括6册《发展汉语》口语教材所出现的230个话语标记。

后一方面是开展调查,结合所建立的大纲与教材数据库,根据研究假设,设计了调查问卷,通过网络(微信)实施了调查,又根据调查的数据形成了初步调查报告,经修改后单篇论文发表,有关内容在本书相关部分有全面呈现,在此不赘。

本阶段进展较为顺利,开展的工作实质上是为理论研究与应用以探讨两个方面奠定了基础,文献资料索引的形成是对相关理论成果的梳理,使后面的理论研究有据可依、有迹可循,语料搜集与数据库的建立,呈现出了目前汉语作为第二语言教学中的话语标记分布面貌,为展开应用研究提供了语言事实依据。在语料来源上,确定汉语作为第二语言学习者的语料主要以北京语言大学研发的"HSK 动态作文语料库"和"全球汉语中介语语料库"(qqk)两个语料库作为主要语料来源,汉语语料主要以北京大学中国语言学研究中心开发的现代汉语语料库(CCL)和北京语言大学语料库中心(BCC)为主要语料来源。

第二阶段:重点攻关阶段(2019.1—2020.12)。

此阶段为进入实质性研究阶段。如果说前一阶段进展较为顺利的话,本阶段则显得艰难得多,困惑重重、推进缓慢,尤其是前半程,表现是思路不清、问题不明、核心难定,研究无从下手,一度几乎陷入停滞,让我们颇为焦灼。经过认真反思,我们认为推进研究的首要任务是要理清课题关键性问题,亦即找到问题"牛鼻子",继而抓住"牛鼻子"进行突破,这样才可能达到"纲举目张"的效果。

在确定了此阶段研究的指导方针后,我们冷静下来,在前一阶段研究的基础上,认真消化前贤研究成果,对照自身研究目标与基本想法,逐一梳理之前的研究设计,理清所要研究问题的核心,逐步凝练出需要突破的关键性问题。最终确认要突破的关键性问题有这样三大方面:首先是面向国际中文教学的汉语话语标记主观性差异与等级的研究,既要弄清话语标记主观性等级的确定依据等理论问题,还要论证、确定等级与汉语学习之间的关联性,使相关理论假设得到验证;其次是要探讨国际中文教学中话语标记的作用、意义等,将话语标记在教学中的现状等呈现出来,尤其要弄清楚汉语作为第二语言学习者使用话语标记的状况与重点难点;最后就是将这两个方面联通起来,探索话语标记主观性等级与汉语作为第二语言的话语标记学习、教学之间的关系,实现话语标记研究"体"与"用"的结合。

在明确了关键性问题后,我们采取了"切香肠"式的"散点突破",即从上述关键性的三个方面中析出具体问题,然后集中精力对这些具体问题进行研究,并予以解决。具体来说,在上述第一个方面,先对一些个案展开探讨,然后上升到宏观层面进行理论总结。在此基础上,首先针对话语标记在国际中文教学中的地位、意义、作用等进行探索,然后结合前面主观性等级的研究,对汉语作为第二语言学习者话语标记使用情况进行考察,总结出他们使用话语标记的规律,以主观性等级为参照,确定学习的重点与难点。

这样一来,此阶段的后半程相对前半程有了质的变化,取得了较大进展,体现在可观察的成果上,形成了 10 余篇单篇论文,成为课题非常重要的中期成果。到目前为止,在各级各类学术期刊上发表论文 10 篇,其中 4 篇为核心期刊(3 篇 CSSCI,1 篇 AMI 核心),1 篇被"中国人民大学复印报刊资料"《语言文字学》全文转载。在本书中,已经发表的章节均以脚注方式做了说明,也都进行了不同程度的修改。

此外,主持人依托课题指导四届 4 名语言学及应用语言学硕士生研究撰写学位论文,均通过学位论文答辩,获得硕士学位,4 篇学位论文分别是:

(1)《现代汉语言说类话语标记的主观性差异研究》(2018 届)

(2)《含人称代词类话语标记的主观性差异研究》(2020届)
(3)《言说标记表责备的主观性动因及主观性差异研究》(2021届)
(4)《互动视角下委婉否定话语标记的研究》(2023届)

本阶段研究的总体情况呈现出"山重水复疑无路,柳暗花明又一村"态势,前半程几乎陷入绝境,通过调整思路,找到切实可行的路径,终于走出混沌与困境,迎来转机,客观上还取得了不小的成就,使课题研究形势豁然开朗,从而踏上"合围"之途。

第三阶段:深入综合阶段(2021.1—2022.2)。

本阶段是在上一阶段的基础上进行深入与综合,对研究开展"收官"的阶段。通过上阶段"切香肠"式的"散点突破",在几个关键性问题上取得了重要进展,所以本阶段的工作重心就是将这些"散点"整合起来,先"由点成线",再"由线成片",整个课题研究的基本面貌得以成形。随着整合程度的不断深入,研究也得到不断提升与完善,修正与弥补了之前理论假设的不足,调整了最初的研究布局,最大程度丰富了预先设计的内容格局与范围,形成了完整的理论框架。

之前运用演绎法,假设话语标记主观性存在差异与等级,而且假设这种等级与汉语作为第二语言学习存在关联性,主观性越强学习难度就越大。先是确定了话语标记主观性等级,之后在对这个假设的验证过程中发现主观性等级确实与学习难度相关联,但却有一定偏差,就是有的标记虽然主观性很强,但学习事实表明掌握并不难,如"你说""你看"之类的标记,如何解释这类现象?通过认真梳理语料与细致分析,发现还有一些因素与学习难度密切相关,这些因素有母语情况、对译性、语体特征等,而这些因素又与主观性强弱形成了大致整齐的对应关系。这个发现不仅深化了对话语标记主观性本质的认识,更重要的是,它还能合理解释话语标记学习难度与主观性等级之间出现的不相称现象,为教学安排与处理提供了切合实际的解决方案,使课题的研究目标得到了较为完美的实现。

本阶段不断完善研究,形成了最终成果——学术专著。

在课题结项后,根据评审专家意见与相关专家建议对结项书稿进行了多次修订与完善,最终形成了此学术专著。

第二章　话语标记理论及教学研究回顾

第一节　话语标记研究的兴起与基本路子

1.1　概念的提出与研究的兴起

话语标记(Discourse Markers),从概念到理论分析模式都来源于西方语言学,且不属于传统语言学范畴。

20世纪中期开始,西方语言学开启了篇章语言学(Text Linguistics)研究,话语分析(Discourse Analysis)经常与之混用,学界对此有不同的理解,有关篇章语言学与话语分析之间的异同以及为何会有不同的说法,曹秀玲(2016:1—2)进行了较为详细的介绍,她引用胡壮麟先生的观点,指出话语标记名称使用上有地域色彩,欧洲学者惯用"篇章",而美国学者则喜用"话语"。话语标记的概念由美国学者提出,故而可以认定,话语标记是在话语分析视野下提出的理论。

话语标记现象最早在20世纪50年代初被注意到。1952年Fries在 *The Structure of English*(《英语的结构》)一文中将词划分为15组,其中包括像"well、now"用在回答部分前和"listen、look"等表示提醒功能性成分,作者首次用"话语"的概念而不是按照功能对这些成分与其他句法成分共现的概率进行描述,这成为话语标记研究的先声。其后的1953年,英国语言学家Randolph Quirk在"Careless Talk: Some Features of Everyday Speech"(《随意的交谈——日常口语的一些特征》)的讲座中,第一次明确注意到口语中的"常见修饰语"(recurrent modifiers),诸如"you know、you see"等修饰语,在交流中从语法结构上说对信息传递没有什么作用,它们是"表面上没有功能与意义的成分",是口语交谈中经常出现的标记(参见陈家隽,2018;曹秀玲,2016:7)。应该说Randolph Quirk的说法就是话语标记概念的滥觞,尽管他没有使用"Discourse Markers"的名称。也是在1952年,另一著名语言学家Harris在"Discourse analysis"(《话语分析》)一文中将"discourse"与"text"混用,所以也造成了后来"话语(discourse)"与"语篇(text)"的纠缠,使话语标记研究多少出现了一些分歧。

在 20 世纪 50 年代话语标记被明确提出后,其后的二十多年间,话语标记研究没有取得什么大的进展,究其原因,主要是作为话语标记研究理论基础的话语分析、篇章语言学、功能语言学等还没有发展完善,所以话语标记研究缺乏理论支撑与切入点。从 70 年代到 80 年代中期,话语分析逐渐兴起,研究者的兴趣转为关注口语,发现口语中有很多被认为是"冗余"的成分,它们本身没有什么概念意义,但它们传递了说话人的主观信息,保证交际得以顺利进行,并不是可有可无的,而且它们具有一定的规律。在会话分析、语用学理论发展完善的背景下,话语标记研究获得了极大推动,它的"名"到"实"80 年代得以正式推出。一般认为 Schiffrin(1987)是最早使用"话语标记"(Discourse Markers)这一术语的①,Schiffrin 的 *Discourse Markers* 是具有里程碑性质的著作②,"被公认为是本领域的开山之作"(黄大网,2001)。之前,其名称有多种表述,如句子连接语(sentence connective)、语用连接语(pragmatic connective)、语义连接词(semantic conjuncts)、话语小品词(discourse particles)、话语连接词(discourse connective),即使在"话语标记"这一术语提出后,仍有话语连接词、交际连接词(phatic connective)、话语操作语(discourse operators)等术语出现,各种指向话语标记的英语名称据说有 42 种之多(陈家隽,2018),殷树林(2012:4)较为详细地列举了 30 多种。当然,名称不同,其含义和关注重点也会有所差别,但可以说是大同小异。汉语学界对话语标记的称说远没有英语那么多,前期稍多一些,后来逐渐趋同,表述最为普遍的是"话语标记",其他应用较多的还有"语用标记(语)""元话语标记(语)",也有把话语标记说成"话语标记语"的(参见殷树林,2012:4—5)。在汉语中虽然名称表述有不同,但概念含义则基本相同。关于这一点,后面章节还会专门介绍和讨论。

1.2 理论的发展

在话语标记概念提出后,并没有立即引起反响,而是经历了相当长的"冷落期"。从 20 世纪 60 年代起一直到 21 世纪初,随着言语行为理论、话语分析理论、功能语言学,特别是关联理论的兴起与发展,西方语言学界对话语标记的研究不断深入,80 年代中后期成为话语标记研究的黄金时期,标志性成果有:一是出版了两部专著,除前面提到 Schiffrin 的 *Discourse Markers*,还有 Britt Erman 1987 年出版的 *Pragmatic Expressions in*

---

① 也有说是 Zwicky 在 1985 年最先使用了"discourse markers"(参见殷树林,2012:3;李治平,2015:11)。

② 世界图书出版公司北京公司 2007 年在国内出版了该书英文版。

English(《英语中的一些语用表达法》),通过对语料库中大量对话实例的考察,对话语标记进行了系统描写;二是国际权威语言学刊物 *Journal of Pragmatics*(《语用学》)分别于 1986、1990、1998 三次推出了话语标记研究特辑,进入 21 世纪后,还陆续发表了多篇话语标记的研究论文(参见黄大网,2001)。

话语标记从提出到发展,逐渐成为西方语言学研究热点,涌现了为数不少的研究成果与学者,研究也逐渐显现出了不同流派或者范式,有人将西方语言学界话语标记研究的路子概括为三大类(任绍曾,2007):第一,话语连贯的路子或社会互动的路子,以 Schiffrin 为代表;第二,语用学路子,代表人物是 Fraser;第三,关联理论路子,代表人物是 Blakemore。就西方对话语标记的研究来说,这样概括当然有其正确性。还有人认为西方话语标记研究的学者出现了两大阵营,其一是以 Schiffrin、Redeker、Fraser 等为首的"连贯派",其二是以 Blakemore、Jucker 为首的"相关派",两派分歧的焦点是对交际认识的不同(黄大网,2001)。我们想强调的是,话语标记从产生的理论背景到研究范式,有两个方面非常突出。一是语用学特色,无论是言语行为理论、话语分析或篇章语言学、关联理论,还是后来的互动语言学,它们都与语用学有着千丝万缕的联系,或者是语用学的分支和延展,或者是语用学与其他理论结合产生的新理论,话语标记说到底是一种语用标记,上述种种研究路子,都与话语标记的语用性相关。冉永平(2000)在综述国外话语标记研究时单从语用学角度介绍,认为"越来越多的学者趋向于认为它们是口语或会话交流中一种十分常见的话语现象,它们在话语中的主要作用是语用的、动态的"。可以说是一言蔽之,概括了话语标记的语用学研究底色。二是功能语言学特色,在学界,当今语言学理论流派的划分有形式与功能的"二分说",也有形式、功能与认知"三分说",其实"二分说"涵盖了"三分说",因为在"二分说"中功能包括了认知,因为话语标记不具有概念意义,所以从形式上说,在话语中是可以忽略不计的,它不影响话语命题意义的表达。而它却在话语中大量存在,尤其是在口语交际中,所以它一定具有某种功能,如最早被注意到的连接性、修饰性等,这就是所谓的"程序意义",即话语组织或篇章功能,实际上还有另一重要作用,即表达说话人的立场、态度等情感因素,这可以称之为"主观性"语用功能,所以对话语标记的研究就是从其功能开始的,也始终是研究的焦点。另一方面,上述概括出的路子都是共时层面的,后来 Traugott 等重要学者也开始从历时层面关注话语标记,进一步拓宽了话语标记研究的视野与思路。

进入新世纪以来,国外话语标记研究有新的发展。吉晖(2019)运用CiteSpace软件对2001—2016年国外话语标记研究文献的热点领域进行了可视化分析,认为国外话语标记研究热点从理论构建向应用研究转移,主要研究领域有本体属性、二语习得、自然语言处理、社会语言学、机构话语等,呈现出研究方法多样性、研究视角多维性、语料选择开放性等特点。

第二节 国内话语标记研究脉络与态势

2.1 前"话语标记"时期

国内汉语话语标记研究与西方语言学近似,经历了先发现"实"后命"名"的过程。

话语标记作为语言中客观存在的现象,自然会引起语言学者的关注,语言研究对语言现象要做到"三个充分",即"观察充分、描写充分、解释充分",是语言学研究的目标,也是语言学者的职责。汉语话语标记研究肇始于语法研究,其名称为"插入语"或"独立语"("独立成分")。王力先生在1945年出版的《中国现代语法》(1985年再版)中专门设章节讨论了"插语法"现象,认为插入语这类成分的形式特点"似乎多余",但它具有"使语言变为曲折,或增加情绪的色彩"的作用,这实际上已经说出了话语标记的两个最基本的特点,"似乎多余"即是话语标记不具有概念意义,"增加情绪的色彩"即是表达主观性。非常巧合的是,1953年出版的"汉语知识讲话"系列丛书中就有一册为《复指和插说》,这与Randolph Quirk《随意的交谈——日常口语的一些特征》的讲座竟然在同一年,而后者提出的某些说法被公认为是话语标记研究的滥觞。

从王力先生后,"插入语"或"独立语"一直是语法研究的对象或一个领域,虽然话语标记与插入语是不同层面的概念,但形式上二者的交集性非常大,其他的语法大家对插入语都有各自看法,但研究都是在语法层面上展开的,如陈望道(1978)将穿插法看成汉语一种语法的法式,而不是独立语的一个下位类型,"插入语"也不是"多余的话";邢福义(1996:62—63)将插入语等成分称为"特殊成分"。其他说法在此不一一罗列。一言以蔽之,插入语这种现象在汉语语法研究中是个无法绕开的问题,各家语法必谈,尽管不是语法研究的重大问题或关注焦点,探讨一直延续到今天,以"现代汉语插入语研究"为题的论文或专著就有邢红兵(1997)、李亚男(2006)、司红霞(2009)等多篇/部,其中司红霞一直关注插入语,其专著论述较为详细,近期司红霞(2018)又有新的探索。

　　国内上述对插入语或独立语的研究,都是基于语法视野与思路,与话语标记在研究路子、方法、理论范式等多方面还是有较大不同的,尤其是话语标记名称正式提出和引介到国内之前,国内汉语界研究都是把话语标记作为一种语法成分开展的。研究中有种倾向值得注意,那就是注意从语用或语篇、从插入语这类独立成分的功能进行探讨。赵元任先生的《汉语口语语法》1979年在国内出版,其中谈到连词类型时说到了"连词的超句子用法""弱化了的主句",他注意到了话语,他的说法与话语标记的思想类似;邢福义(1996:127-128)也提到独立成分是一种语用成分;廖秋中(1986)集中讨论了篇章中的连接成分,这些成分多是话语标记。值得特别注意的是,常玉钟(1989)第一次将口语中的习用语从固定短语中提出来作为独立的一类,后来常玉钟主编了《口语习用语功能词典》(1993),从语法角度将这些习用语分为了单独使用和不单独使用两类,这些习用语很多其实就是话语标记,话语标记的概念呼之欲出。

　　话语标记从概念到理论范式引介到国内后,很快就被运用到汉语研究,而且成为汉语研究的一个热点,但插入语并没有被话语标记取代,而是继续作为汉语语法的一个研究领域在延续,并且研究中注意与话语标记进行了区分,另一方面也借鉴了话语标记某些研究优势与前沿方法,如司红霞(2009:27、71),她认为"插入语和话语标记在很多方面有共同之处",如二者意义不够实在、语用功能强等,且二者之间可能可以互相转化,认为有的插入语在语言使用中有可能弱化为话语标记,但二者不是一回事,插入语是一种具有附着性的熟语,是词汇的一类,而话语标记是就语言形式功能而言的,与词类不具有对应关系,所以有的插入语可以转化为话语标记,而很多话语标记却不是插入语。她举出了一段英语语料:"Well, tell you the truth, Howard, I've come to the decision that I'd rather not travel any more."在这段话中,"tell you the truth"是插入语,而"well"是话语标记,不是插入语。司红霞(2018)再次对话语标记和插入语做了区分,提出话语标记的主要功能是语篇功能,而插入语能够影响句子内部的逻辑语义、整体的命题意义,形成复合命题,同时还从音节数量等几个方面对二者进行了区分。我们认为,插入语和话语标记是不同层面和视阈下对语言现象的探讨,既然二者可以互相转化,那么它们之间很难进行绝对的区分。插入语主要从语法角度对语言中独立成分进行分析,话语标记则从话语分析角度研究某些语言成分,这些语言形式或成分之间存在交集是很自然的,它们的研究可以互为补充、互相启发,共同推进对语言现象的认识。

在梳理汉语话语标记研究过程与成果时发现一个有意思的现象,那就是汉语界研究话语标记的学者多是语法背景的,这可能与上述汉语话语标记研究的语法源头不无关系,在这种背景下,国内汉语话语标记研究都有非常强的语法色彩,如话语标记研究个案非常注重其分布与语法结构,而在历时研究中,话语标记语法化又是关注的重点。所以,可以说,在国内话语标记研究似乎是语法研究的一部分,或者说与语法有很大交集。从另一方面看,在西方语言学界,与话语标记研究密切相关的话语分析、互动语言学、语用学理论等较为成熟,各领域都有活跃的专家,而国内研究者的学缘背景相对较为单一,没有那些专门领域或学科的大家,如语用学、话语分析、篇章语言学,国内多是研究汉语语法的学者,他们尝试将语言学其他分支或其他学科理论作为理论工具运用于汉语研究,话语标记研究亦是如此,所以语法背景成为汉语话语标记研究的"底色",倒是外语学界,主要是英语界,有不少研究者的专业背景与关注点就是语用学、篇章语言学等领域,涉足话语标记研究与西方语言学界的研究过程相似,其中也有的将汉语话语标记作为研究对象,但多是作为对比与参照,所以不足以构成和代表汉语话语标记的总体特征。

2.2 国内话语标记研究的兴起

国内(汉语)话语标记研究的起点是在进入新世纪前后,而且非常有意思的是,似乎是一下子就呈现出"喷涌而出"的态势,为什么这么说呢?梳理一下国内话语标记研究成果就知道了,以"话语标记"为主题词在中国知网(CNKI)期刊论文栏中进行搜索(截止到2019年10月),一共得到中外文文献1782条,其中中文文献1514条,外文文献269条①。发现最早使用"话语标记"名称的文献是刘凤霞《话语标记——句间的韧带》(1995),这是一篇研究英语话语标记的论文,虽为最早一篇话语标记论文,但并不完全是引介话语标记理论的成果,而是从话语标记的连贯作用角度,将其分为增补、转折、因果、时间4大类,以英语为对象进行了分析,明确说明所依据的理论就是话语标记理论。这之后的90年代,只有寥寥三四篇,而且都是

---

① 外文文献都是较为权威的期刊,从数量看应该收录不全,中文文献则相对较全,数据可信度高。这里的数据只是通过输入关键词简单搜索得到的,与我们建立的《话语标记研究期刊文献索引》(简称"《文献索引》")有出入,《文献索引》截止到2017年可查询到的,这里截止到2019年,所以《文献索引》数据少,且没有包含外文期刊文献。

教学应用研究,诸如话语标记对外语(英语)听力教学帮助之类的。进入新世纪,在2000年就有冉永平的《话语标记的语用学研究综述》、方梅的《自然口语中弱化连词的话语标记功能》,以及随后的黄大网《话语标记研究综述》,这些似乎引爆了国内话语标记研究,并且迅速扩张。上述国内研究数据都是不到二十年间涌现出来的,尤其是近十年,其中包括了大量的博士、硕士学位论文,所以说话语标记研究是在新世纪"喷涌而出"并不为过。为什么会出现这种情况呢?简单分析,我们认为有两点:一是外部原因,二是内部原因。外部原因是国际语言学界话语标记研究日趋成熟,随着语言学国际交流日益频繁,话语标记理论自然会"溢入"国内语言学研究领域。上文在梳理话语标记研究在西方语言学演进的过程时,我们知道从20世纪50年代起的酝酿与深入,到经历80年代中后期到90年代的"黄金时期",理论体系越来越成熟,已经与国际接轨的国内学术研究对可资借鉴的前沿理论自然会青睐有加。内部原因,国内语言学界经过前二十余年的开放,对国际语言学理论的接受与消化达到了一个新的水平,结构主义语言学、形式语言学、功能语言学等都运用于汉语研究,新的语言理论或流派不断被引进与运用,如认知语言学、语言类型学、语法化学说等,与话语标记相关的语用学、话语分析、会话分析,乃至互动语言学等都具有一定基础,所以话语标记理论一经涌入,很快就成为研究的热点,而且成果的起点较高,如方梅(2000)对汉语连词连接作用弱化后的话语标记功能的分析非常深刻,到现在仍在这方面具有引领性,成为汉语话语标记研究的经典。

2.3 国内研究状况

诚如上述,国内话语标记研究在一进入21世纪就迅速展开,很快成为语言学研究热点。从研究队伍角度来说,国内有两支队伍:一是以英语为主的外语研究学者,二是汉语研究学者,有人将这两支队伍形容为"两个阵营"(李治平,2015:16),这种说法虽然概括出了研究队伍的分野状况,但名称有欠妥当,因为"两个阵营"容易让人联想到双方理论分歧很大,"不同阵营"呈对垒之势,似乎有将这两支队伍对立起来之嫌,所以用"两支队伍"或"两支力量"来形容更确切,在话语标记研究这个领域,其研究对象、范围、重点等各方面各有侧重,并形成互补,共同构成了国内话语标记研究整体。

就话语标记名称表述来说,相对前述国外学者提出了众多名称的情况,国内学界就简单得多,基本只有两个:一是语用标记,二是话语标记。前者包括了"语用标记(语)""元语用标记(语)",后者包含了"话语标记语"

"元话语标记(语)"。而且还呈现出一个颇有意思的现象,那就是外语学界多采用"语用标记"说法,汉语学界则多采用"话语标记"说法。名称的不同也体现了视角与范式的差异,外语学界更多是从语用学角度来看待话语标记,而汉语学界则是从话语分析角度着眼的。具体来说,两支力量各自呈现的研究特点是,外语界研究以外(英)语为主要对象,较为娴熟地运用西方话语标记理论,以共时研究为主,有的兼及汉外对比,如冉永平(2000)、何自然(2006),他们在研究英语话语标记的同时,对话语标记理论的引介具有重要意义,英汉话语标记对比方面,如席建国(2009),通过英汉话语标记对比,得出了英汉同类语用标记语的使用条件、使用频率、在话语中的语篇结构和分布规律等有共相也有殊相的结论,较为有意思的是韩戈玲(2008),其《语用标记语:双边最佳交际》是一部用英语撰写的学术著作,研究对象却同时是英语和汉语;汉语界话语标记专注汉语标记研究,能将西方话语标记理论与汉语特性结合起来,共时研究中注意历时分析。虽然话语标记理论为舶来品,但国内话语标记研究与以往语言学研究有明显不同,国内语言学界有外语、汉语两支力量,以往前者的主要贡献多是国外理论的引介,后者常常是在前者引介的基础上对汉语展开研究,而且新理论运用在汉语研究上往往会滞后,如认知语言学,前期经过外语界较长时间的引介,之后才逐渐运用在汉语研究上,但话语标记研究没有经历这样的过程,两支队伍几乎同时进行,外语界并没有经过专门的理论介绍阶段,几乎直接就开展了研究,很快就涉及了汉外话语标记对比,汉语界也是一开始就对具体的汉语话语标记展开研究,而且对话语标记理论运用得很娴熟,并能较快地根据汉语的特点对国外标记理论进行"本土化"改造,并且很快就有较多学者关注与涉足,成为汉语研究的热门领域。

第三节 汉语话语标记研究

3.1 汉语话语标记研究及发展

从方梅(2000)的汉语话语标记研究开始,二十多年时间,汉语话语标记研究成为汉语研究的热点问题与热门领域,正如张旺熹(2012:15)所言:"话语标记作为自然口语中重要的话语功能表达手段,在2000年以前仅有零星的研究,2000年以后有了很大发展,已经成为当前汉语功能(话语)研究的热点之一。"相对西方语言学界话语标记理论的纷繁状况,连名称就有四十几种,汉语界则单纯了许多,绝大多数都认同与使用"话语标记"这一说法,其他只有"元话语标记(语)""语用标记(语)"两种说法见诸少数文献,而且此两种说法近年已经非常少用了。近些年来,每年国家社科基金项目、教育部人文社科项目以及各级各类社科研究项目,"语言学"学科中,几乎都会有以"话语标记"为研究对象的课题获准立项。涌现的成果也非常多,有影响的专著就有许家金(2009)、刘丽艳(2011、2019)、李秀明(2011)、殷树林(2012)、李治平(2015)、曹秀玲(2016)、郑群(2016)、张黎(2017)、宋晖(2017)、陈家隽(2019)、孙利萍(2017)等几十部,还有的专著虽然不是专门研究话语标记,但也有涉及,其中有的还是很大篇幅探讨话语标记,如张旺熹(2012),方梅、乐耀(2017)等。研究成果中尤其论文数量很大,上文说过,中国知网就收录了1500多条,其中大部分都是研究汉语话语标记的,另外还有一部分不可忽视的是博士、硕士学位论文,中国知网检索到915条博士、硕士学位论文①,这些论文主体是研究汉语标记的,构成上大多数是硕士学位论文,以汉语国际教育专业硕士以及语言学及应用语言学专业为主。

关于话语标记研究的综述,中国知网收录了20余篇,内容上分为针对国外和国内两大部分。冉永平(2000)、黄大网(2001)以及谢世坚(2009)等,它们的综述对象主要是针对国外研究成果。针对国内的也有多篇,基本上是关于汉语研究的,如苗茜(2011)从个案研究、整体研究、理论研究、研究范围多方向拓展几个方面较为详细地介绍了21世纪第一个十年国内汉语话语标记研究的情况,如个案研究就分为汉语话语标记功能研究、汉语话语标记来源与形成探讨、汉语话语标记的社会语言学分析三个方面,每个方面又分为若干小的方面进行了详细介绍,最后还简单指出了研究的不足,希望国内能加强话语标记语料库建设,实现资源共享。近几年的研究综述,陈家隽(2018)在国际话语标记研究的大背景下,从话语标记范畴的界定、分歧与探讨,基于语义—语用—认知视角的探讨,基于历时演变机制与动因视角的探讨三个方面梳理了话语标记研究范式与成果,重点对国内汉语话语标记研究进行了述评,更为可贵的是,通过综述,总结出了国内汉语话语标记研究中具体十个不足的问题,并且从研究范围的扩展、研究思路的更新和研究系统性的增强三个角度探讨了话语标记研究需要进一步研究的方面,对汉语话语标记的深入研究具有启示意义。田婷、谢心阳(2020:409—427)是最近对汉语话语标记研究进行全面综述的成果,他们

---

① 收录时间截止到2020年,包括所有关键词含"话语标记"的学位论文,这里的数据只是通过输入关键词简单搜索得到的,比我们建立的《话语标记研究学位论文索引》(截止到2017年)(后面简称《论文索引》)数据少。

在总结国内外对话语标记定义与名称各种观点的基础上,从研究视角、研究规模、研究维度、形成机制等四个方面全面梳理了汉语话语标记研究现状与代表性研究成果。研究视角上,以往汉语话语标记研究分为历时与共时两个视角;研究规模上,认为汉语话语标记研究规模呈现出多样性,主要包括个案考察和系统分析两个方面;研究维度上,主要有韵律分析、自然会话中话语标记研究、形成机制等几个维度。他们的综述较为全面、系统地梳理了自2000年以来汉语话语标记研究从兴起到迅速发展整个过程的研究脉络和代表性观点与成果,并在梳理的基础上提出今后话语标记值得深挖的几个方向:首先是在已有的丰富个案和系统研究的基础上建立话语标记词库;其次是要从互动视角出发,关注自然口语中话语标记的功能与表现,因为自然口语是话语标记产生的原型环境;最后是既要考虑汉语的特殊性,又要重视语言的普遍性,所以要开展汉语话语标记与其他语言和方言相似成分的对比研究。

3.2 汉语话语标记研究特点

3.2.1 主要研究范式

总览汉语话语标记研究成果,体现出以下几个研究特点,形成了研究范式:

第一,综合研究。具体可以概括为:宏观+具体研究,研究内容一般是先从宏观上对话语标记展开总体研究,包括话语标记的理论流变,汉语话语标记概貌、分类、功能、标记化等,然后则从某一点切入,对某一个或某一类标记进行具体研究,作深入、详尽的考察。上述专著多是如此,如殷树林(2012)分为上下两篇,上篇为"总论篇",从话语标记的来源、意义、特征、功能、分类等多个方面进行了宏观阐述,下篇"分论篇"则是对9个典型话语标记进行探讨;曹秀玲(2016)以"话语标记的语法特质""话语标记的功能类别与语体分化""跨语言视角下的话语标记"等作为理论视角,对"怎么说"等几十个具体标记进行了分析。单篇论文限于篇幅,对话语标记进行综合研究时,往往都是选取话语标记的一个较为宏观的问题为切入点对这一方面展开分析探讨,如孙利萍、方清明(2011)对汉语话语标记进行归类的综合研究,立足点较为宏观,论文以功能为主要关照点对汉语话语标记进行分类,很多专著都没对此问题进行探讨,其研究具有开拓性,陈家隽(2019)、董秀芳(2007a)、李宗江(2010)都是从历时角度探讨话语标记来源或形成过程的成果,从宏观上考察话语标记的演变,他们考证严密,论述严谨,推导可信,具有较高水准,显示了作者非常扎实的语言学功底和研究能力,他们的研究也明显体现了话语标记综合研究范式的特点,即以宏观视野结合具体研究,如董秀芳(2007a)的成果是在"词汇化与话语标记的形成"的视角下具体以"谁知道""别说"两个话语标记为典型代表进行的历时研究,点面结合,上下贯通,她的多篇话语标记论文都是如此,均显现了这个范式特点。

第二,个别研究。个别研究是对某个或某类汉语话语标记展开的个案研究,论文是这类成果的主要形式,研究的路子是:按照话语标记理论提出和鉴别某个语言形式是话语标记,然后分析这个标记[①]的作用与功能,之后探讨它如何标记化的,最后结合认知语言学等理论对标记作进一步解释,甚至有多篇论文对某一典型的话语标记进行分析,如话语标记"不是我说你",中国知网就收录了郝琳(2009)等 10 多篇论文,不少论文对一类话语标记,甚至出版了专著,上文提到的李治平(2015)对汉语言说词语话语标记进行了考察,乐耀(2011a)将"不是我说你"作为一类标记进行研究,其他诸如人称代词类标记(张旺熹、姚京晶,2009)、责怪类标记(郑娟曼、张先亮,2009),从某个角度,或功能,或结构形式,或语义归纳出一类标记展开分析,成果不一一列举。还有就某一个领域的话语标记进行研究,如王红斌(2016)对导游的话语标记进行了全面研究。

3.2.2 研究内容与方法

从研究内容与方法看,除前面说过研究队伍中外语界学者在考察话语标记时多喜欢采用汉外对比方法外,汉语界学者一般都是在共时层面对汉语话语标记展开研究,但在个案分析中,大多研究成果都会对某个/类标记的形成过程进行考察,在方法上显出以共时研究为主结合历时考察的态势,这种研究取向对全面把握某个或某类标记不无裨益,与此同时,还有一部分研究者和研究成果主要关注的是话语标记的形成过程与形成动因,着重从历时角度研究话语标记的演变,如殷树林(2012)、李宗江(2008,2014),特别是董秀芳(2002,2003a,2003b,2007a,2010)一系列论文从历时角度对多个/类话语标记的纵向演变过程进行了清晰勾勒,在汉语话语标记的历时研究方面作出了多维探讨,非常深入。汉语话语标记的历时研究也是话语标记研究的重要部分,与共时研究共同构成了话语标记研究整体。

3.2.3 应用研究领域

从应用角度说,主要集中在两个领域,一是中文信息处理,二是语言

---

① 为表述方便,有时会用"标记"指代"话语标记",后同。

教学,前者成果不多,我们看到有阚明刚、杨江(2017)的学术专著,以计算语言学为理论指导探讨话语标记语料库建设,其涉及的话语标记主观性方面内容在后面会谈到。汉语话语标记教学研究是应用研究领域的最重要领域,这也是本课题研究的立足点,后面再专门梳理这方面的成果,在此不赘言。

第四节 国际中文教学①的话语标记研究

4.1 国际中文教学话语标记研究状况

话语标记是话语中的重要语用现象,它与语言交际有着密不可分的关系,所以对它的研究不能只停留在理论层面,应用研究自然是要开展的,应用研究首当其冲的领域就是第二语言或外语的学习与教学研究。吉晖(2019)分析进入 21 世纪以来国外话语标记热点研究领域呈现出从理论构建向应用研究转移趋势,研究主要热点领域有:本体属性、二语习得、自然语言处理、社会语言学、机构话语等,其中二语习得就是主要热点研究领域之一。国外话语标记的二语习得研究主要集中在三个方面:二语学习者话语标记的使用特征、话语标记习得的影响因素、话语标记教学(吉晖,2019)。事实上,国内 20 世纪 90 年代最初的几篇论文就是话语标记如何在英语教学中运用的研究,所以,在汉语话语标记的应用研究中,汉语作为第二语言或外语教学就是其首屈一指的领域。

汉语作为第二语言或外语教学的话语标记教学研究是近几年来才被注意的,这方面研究的总体态势可以用"上冷下热"来形容。所谓"上冷",是指在汉语话语标记研究上卓有影响的名家和大家并没有关注话语标记教学问题,甚至包括从事国际中文教育的一线教师也鲜有涉及话语标记在汉语教学中应用研究的,没有出现有影响的观点与成果,有关国际中文教学话语标记研究综述也寥寥可数,如孙炳文、高婷婷(2019),但他们的综述

---

① 旧称"对外汉语教学",后有"国际汉语教学""汉语国际教育"等多个名称,2022 年国务院学位办将学科名称调整为"国际中文教育"。不同时期名称虽不同,但是研究对象与本质都一样。赵金铭在 2021 年 10 月举行的"国际中文教育学科建设高端论坛(2021)"做了《近十几年来国际中文教育若干思考》的专题报告,指出:"'国际中文教育'是由'汉语国际教育'以及更早的'对外汉语教学'演变而来的。不管名称为何,其内涵应有清晰的界定和描述。这就是'将汉语作为第二语言/外语教给母语非汉语的外国人'。"本书在指学科和事业时采用"国际中文教育",在指具体教学实践时采用"国际中文教学"或"汉语作为第二语言教学""汉语教学",涉及不同历史时期事实时采用当时的名称。

相对简略，绝大多数都是硕士学位论文，参考价值相对有限，但有一点意见还是颇为中肯，即他们指出国际中文教学中的话语标记研究高质量的文献有限，"大部分都是普通期刊，核心期刊几乎没有"，"上冷"状况可见一斑；所谓"下热"，是指研究生学位论文多，尤其是硕士学位论文，无论是学术硕士还是专业硕士，以国际中文教学中的话语标记问题为对象的较多，涉及多个领域与多个角度。相对汉语话语标记总体研究成果，对汉语作为第二语言或外语教学的话语标记研究成果是比较少的，专著还没有，但已经出版的话语标记研究专著中有的设有章节专门谈留学生在学习汉语时话语标记问题，如刘丽艳（2011）在"跨文化交流"的主题下分析外国留学生（主要是韩国学生）学习和运用汉语话语标记的情况；曹秀玲（2016）第八章"汉语作为第二语言话语标记习得研究"从教材分析与留学生测试两个方面对话语标记学习展开了研究；李治平（2015）第十二章为"言说词语话语标记与第二语言教学"，从留学生学习汉语时出现的话语标记偏误的角度进行了相关分析。上述专著可能因为作者均从事国际中文教学，研究时很自然会联系自身的专业或工作，所以其著作都涉及了话语标记习得与教学，但研究都是基础理论性的，涉及教学的部分明显都有"捎带"色彩。另一方面，话语标记研究论文数量很少，我们在中国知网期刊论文中以"话语标记"并"留学生"为主题词进行搜索得到 5 条结果，这与"话语标记"搜索到 1700 多条的结果相比真可谓是"九牛一毛"，博士、硕士学位论文研究话语标记的论文有 900 多篇，但专门研究教学的只搜索到 77 条，绝大多数是硕士学位论文，博士学位论文仅 2 篇①。梳理以往汉语话语标记教学研究成果，呈现出这样几个特点：从专业人员的角度看，基于教学研究话语标记的少，研究生学位论文研究多，即使是国际中文教育专业教师，其研究领域或兴趣为话语标记，也是专注于基础理论而非教学，教学研究多是"捎带"，所以较之于话语标记总体研究缺少有影响的研究成果，而学位特别是硕士学位论文则较多关注话语标记的习得与教学，但从学位论文的性质与作者的研究功底，成果影响就显得非常小。

4.2 话语标记教学研究内容

从研究内容上看，汉语话语标记的教学研究没有针对母语学习者的，除了少数几篇是针对少数民族学生学习汉语的以外，其他都是针对汉语作

---

① 这里的数据只是通过输入关键词简单搜索得到的，与我们建立的《论文索引》有出入，《论文索引》截止到 2017 年可查询到的，这里截止到 2020 年，所以《论文索引》数少，且《论文索引》有具体篇目并经过人工甄别。

为第二语言学习者的,属于传统的对外汉语教学范畴,这方面研究基本上分为两大块:汉语话语标记教学与习得研究、面向或基于教学的汉语话语标记研究。现有成果主要以前一块为主,尤其是学位论文,研究内容大概集中在这样几个方面,宏观层面上,汉语作为第二语言学习者汉语话语标记的习得情况、话语标记使用特点、出现的偏误、教学和习得策略、教材编写建议等,学位论文多集中在微观层面上,常常是针对某个或某类话语标记的教学、习得展开,也有的就口语课、写作课等具体课型中话语标记问题展开探讨,这些成果很多都会结合调查问卷展开分析,如上面提到的曹秀玲(2016)、李治平(2015)在论及话语标记教学时都把重点放在了留学生汉语话语标记习得偏误分析上,白娟、贾放(2006)通过调查发现留学生使用话语标记的特点,一是量少,二是只用标记的实义,少用虚义,这说明留学生对话语标记的使用是采用回避策略,尤其对表情态的标记;面向或基于教学的汉语话语标记研究是以开展汉语作为第二语言教学为目的进行汉语话语标记研究,这方面的成果目前还很少,为数不多的成果有阚明刚、侯敏(2013),从教学角度出发将话语标记按照语体分为书面语标记、口语标记两大类,两大类下再区分为若干功能类型,但限于篇幅,该论文没有从教学角度深入探讨汉语话语标记的特点与功能,话语标记本质方面的分析也并没有超出一般关于话语标记的论述,其价值在于提出了"教学启示",另外值得一提的是庞恋蕴(2011),从汉语教学角度出发研究汉语话语标记,按照话语功能将标记分为话题标记类、信息组织类、情态标记类三类。然而受各种主客观互因素影响,其研究还有很大改进的空间,只是从功能角度对汉语话语标记做了一个分类,而且分类并没有突破以往的分法,最关键的是分类没有显出留学生的习得面貌,对教学与习得的意义不明显,但难能可贵的是其注意到了从教学角度去思考话语标记问题。

当然,将以往成果按研究内容划分这么两大块只是一个粗略的做法,现有成果实际上并不是那么清晰地区分开的,探讨话语标记教学或习得的,不可避免也会涉及话语标记本身的理论,从教学角度研究话语标记本身的也不能不涉及具体教学,上述划分只是看这些研究成果显现的主要特点与意图,这两部分是话语标记应用研究的两面,从现有成果看,探讨教学的比基于或面向教学的标记研究要多得多,这不够均衡,因为后者如果不够深入的话,教学研究很可能成为无源之水。

第三章 话语标记及其主观性

第一节 话语标记的概念与界定

话语标记是一种话语现象,也是话语的组成单位或成分,词、短语或小句都可以充当话语标记,它不具有概念意义,只具有程序意义。关于话语标记的定义以及界定标准,学界是"仁者见仁,智者见智",说法与意见纷繁复杂,这里对此简单梳理一下。

1.1 国外学界主要意见

国外研究中光话语标记名称就有几十种说法,可见学者意见的差异之大。关于话语标记的定义,我们举出几种代表性意见:

Schiffrin(1987)认为话语标记是"把谈话单位组织起来的序列上依存的成分"。后来又给出了理论性较强的定义:话语标记是为进行中的谈话提供语境坐标的言语手段和非言语手段组成的功能类的成员。

Redeker(1991)称话语标记为话语算子,是话语中起语用作用的词或短语,如连词、副词、叹词和小句(如 I think, you know)等,它们的主要功能是让听话人注意到即将出现的话段和刚才的话语语境的特定类型的联系。在语调和结构上是受约束的,一般是小句性的单位。

Fraser(1996):是那些使话语产生语用含义,使说话人准确向受话人传递言语信息的言语形式。

Lenk(1998):口语中在语用上起建构和组织功能的表达式。

Risselada & Spooren(1998):自然语言表达式,其主要作用就是促进听话人对句子之间、交际情景中各种因素之间连贯关系的理解过程。

Hansen(1998):是发挥非命题、元话语(主要是连接)功能的语言项目,它的范围具有固有的不确定性,既包括小句单位(sub-sentential units),也包括超句单位(supra-sentential units)。

Schourup(1999):不影响话语真值条件且语法上具有选择性的连接性表达式。

Andersen(2001):一群较次要的语言成分,它们在话语解释过程中引导听话人，制约对想要的显性和隐性话语意义的确认。

Blakemore(2002)从关联理论看待话语标记,定义话语标记是:通过缩小想要的语境效果的搜寻范围来制约解释过程的表达式。

综合上面各种说法,可以将话语标记概括为是指话语中一些没有命题意义、表达某种语用含义、具有连贯作用的语言成分,这些语言成分由词、小句等充当。

关于话语标记的界定标准,国外研究说法也很多,但相较名称的纷繁则要简单得多,界定因素主要集中在句法位置、语音变化、语义是否虚化等几个方面,我们将代表性意见列表呈现如下:

表 3-1 国外话语标记界定代表性意见一览表

代表意见	界定因素					
	句法	位置和形式	语音	语义	语用	风格或语体等
Schiffrin(1987)	必须独立。	一般在话段的起始位置。	必须有韵律曲拱。	要么没有意义或很模糊,要么具有自返性。		
Hölker(1991)			不会影响话语的真值条件;不会对命题信息增加任何新信息。		与说话时的情景有关,但与被论及的情景无关;具有表情功能,但没有指称、外延或认知功能。	
Jucker & Ziv(1998)	独立于该句法结构,或者仅松散地附接该句法结构;是可选择的。	位于句子开头。	较短、音系缩减;形成一个独立调群;难以归入传统词类。	命题意义很少或根本没有。	多功能,同时在几个语言层次上操作。	口语特征,非正式的;出现频率高;风格上被贬低;有具体的性,常出现在女性言语中。

1.2 国内研究意见

1.2.1 关于定义

关于话语标记的定义,国内研究往往是结合汉语话语标记研究进行的,而且认为这是研究最重要的基础工作。徐赳赳(2010:272)从篇章语言学角度总结汉语话语标记研究现状后,指出了话语标记还有待研究的几个重要课题:1.汉语话语标记的定义是什么? 2.汉语话语标记的判断标准是什么? 亦即根据什么来确定哪些语言成分是话语标记? 3.汉语话语标记到底有哪些主要类别? 4.汉语话语标记的主要功能有哪些? 对功能判断的标准是什么? 5.是否需要研究书面语中的话语标记和口语中出现的话语标记的频率、分布、功能等有什么区别?

应该说国内外语学界和汉语学界对话语标记的定义表述虽各有不同,但基本意思大致差不多,如何自然、莫爱屏(1999)认为话语标记是一些对话语建构与理解有制约作用的词和语,它们具有表情和表义等功能,在话语中不影响命题的真值条件,对听话人在辨认两个话语构成部分之间的连贯关系时起着重要作用,所表达的不是结构上或概念上的意义,而只是为人们理解话语指出一定的方向,制约着人们对话语的理解;赵刚(2003)认为话语标记是"提示会话开始、话题展开及会话结束的词语,表示会话时发话者的思量、踌躇、发话持续信号的填充词语,以及发话或话轮衔接的词语","是能够标记话语结构,表明发话意图,控制会话流程的词、词组或句子。它们是会话的依附成分,但不是会话的主体,在交际过程中起调控会话主要信息的作用"。

汉语学界往往会以汉语为考察对象,他们的阐述更容易联系到汉语事实,如刘丽艳(2005)称话语标记是交互式口语交际中所特有的一类功能词(或短语),它们在句法上具有相对的独立性,在口语交际中没有概念义,只有程序义,其功能体现了认知主体的元语用意识;曹秀玲(2016:3)指出话语标记是指交际者在一个具体的交际语境中为了使受话者能够更好地理解其要表达的意旨而使用的词语或结构,包括部分连词、副词、感叹词和某些短语或小句,它不仅存在于口语中,也存在于书面语中,话语标记传递的不是命题意义,而是程序意义;殷树林(2012:62)认为话语标记是有独立语调的、编码程序信息用来对言语交际进行调节和监控的表达式;最为简练与容易理解的是董秀芳(2007a),认为话语标记基本不具有概念意义,它只是一个连接成分,但表明了说话人的立场和态度。

综合上述各种意见,汉语话语标记是指在交际话语中(包括口语与书面语)那些没有参与概念意义建构但有连接作用的成分,它们表达了说话人某种意向与情感,由词、短语或小句充当。

1.2.2 判定标准

国内学者对汉语话语标记的判定标准与国外的维度大致相当,我们将几种代表性意见列表如下:

表 3-2 国内话语标记界定主要意见一览表

代表意见	界定因素					
	句法	位置和形式	语音	语义	语用	风格或语体等
李宗江（2007）	不是结构成分,句法上具有非强制性。	词、短语或小句;分布上具有独立性,主要用于句首。	前后一般由停顿隔开。	自身可能无概念意义,使用也不影响语句命题的真值意义。	表现当前话语与前一话语之间的某种联系;为话语理解提供方向,以引导听话者对前后关系的识别和说话人意图的准确理解。	
刘丽艳（2011:23—27）	可分离性。			程序性。	元语用性。	对口语交际信道的依赖性,是口语交际所特有的语用现象。

续表

代表意见	界定因素					
	句法	位置和形式	语音	语义	语用	风格或语体等
殷树林(2012:61)	具有独立性。	主要出现在句首。	话语标记形成独立的语调单位,与其他语言单位之间可以有停顿。	话语标记编码程序信息,除证据标记外,不会增加所在语句表达的命题内容,也不影响其真值条件。	话语标记是自返性的,对言语交际进行调节和监控。	多用于口语。
张旺熹(2012:52—53)	线性位置灵活化:可实现不同程度上的线性移位。句法形式去范畴化:不可受时体成分修饰、不可附加补语成分、否定成分等。	结构凝固化,其后可加入句法停顿;标记内部不可插入其他修饰成分,而标记外部可附加语气词。	标记多伴有轻读。	意义虚化:由表现具体词汇意义到标记整体话语功能,可删除,且删除后不影响句子真值语义的表达。	话语意义主观化:由陈述客观事件转为表达主观情态。	
李治平(2015:56)	不与前后成分构成句法关系。	可以是词、短语、小句;常围绕一个模板形成为数不等的变体集合,各变体功能大同小异。	话语标记是独立的语调单位,前后有停顿;功能不同。	话语标记不是基本话语,对话语真值条件义没有影响,概念意义多不明显,但能纳入命题判断的概念意义比较明显。	话语标记是人类语言共项,用于监控调节话语的组织、理解,显示话语策略或所言情态。	不同的语体对话语标记的使用具有选择性。

1.2.3 关于话语标记名称与含义的不同意见

国外关于话语标记的名称有几十种,名称的不同体现出研究的视角和对概念、功能等方面理解的不同。

相对国外学界话语标记有几十个名称的复杂情况,国内学界则简单得多,主要有"元话语标记、元语用标记、话语标记(语)、语用标记(语)"等几个,少数使用"话语标记语、语用标记语"的,实际上在"标记"后加不加"语"完全一样,二者没有任何区别。称"元话语标记(语)"的,如李秀明(2011:1—2),他用英语"metadiscourse markers"来与汉语中的元话语标记对应,但他明确自己所研究的元话语是"狭义的元话语",即并不是"关于基本话语的话语",而是"语篇研究的术语",他所说的语篇,"既包括对话,也包括独白;既包括书面语,也包括口语",所以无论从他考察的范围,还是研究的内容,他所说的"元话语标记"与一般所说的话语标记并无二致。这样看来,国内学界使用最多的名称集中在"话语标记"和"语用标记"两个术语。席建国(2009:14)针对话语标记名称有很多,就指出:"常使用的概括称谓主要有两种:一是话语标记语(discourse markers);一是语用标记语(pragmatic markers)。"

两个名称的使用在国内学界有两种情况:一是两个名称并没有差别,只是研究者从自身对概念的理解而采用不同的名称,从我们掌握的文献来看,采用"话语标记"的占大多数,用"语用标记"的相对来说少得多,如韩戈玲(2008)、郝琳(2009)都采用了"语用标记",但从他们研究的对象与内容看与"话语标记"并无二致,前者以英语为研究对象,兼及英汉对比,后者就是汉语的话语标记。学界还出现了同一学者不同时期使用不同名称的现象,甚至在同一篇文章中将两个名称混用(殷树林,2012:4—5),这些都说明两个名称的"所指"是一样的。另一种情况是,将话语标记与语用标记区分开,认为是两种不同的语言现象,这主要是从功能进行区分的,但二者具有关联性,持这种意见的无论是外语学界还是汉语学界都有。席建国(2009:前言1)认为:"话语标记语是连接两个或两个以上小句的词语,其作用是点明或突出语篇中话语单元之间的语义关系;这种标记语不能创造语义关系,即使缺省,话语表达的语义关系也是存在的……(一些学者)将这类标记语称为语用标记语,而非话语标记语,并认为前者包括后者,后者只是前者的一部分,其理据是语用标记语传递的是说话人对所在话题命题的态度、评价或是对命题之间语义关系的判断。"但他(2009:172)同样认为语用标记语也具有衔接与连贯功能、多功能性。张黎(2017:4)认为学者对话语标记的理解可以分为两种:"一是广义的话语标记,即语用标记;二是狭义的话语标记,是语用标记的一种。"前者的称法侧重于标示说话人的交际意图,后者,也就是狭义的话语标记,是一种起到组织话语的功能、使话语单位之间建立关联的那部分语用标记。方梅(2012)对"话语标记"(discourse markers)与"语用标记"(pragmatic markers)两个术语进行了区分,认为话语标记是语用标记范畴当中的一个子类,"虽然两者都不参与命题意义的表达,但话语标记在言谈当中起组织结构、建立关联的作用。而语用标记不具备此类组织言谈的功能,当一个成分对连贯言谈并无作用而重在表现说话人的态度,这种成分属于'语用标记'"。这与她(2000)观点稍有差别,之前她并没有区分,而是将话语标记的功能概括为4种,其中就有"指示说话人的态度",按她(2012)的说法,这个功能就应该属于"语用标记"。方梅(2012)把话语标记定位为"比较窄义的理解",窄义的话语标记的功能具有话语组织功能(discourse organizing)和言语行为功能(speech acting),前者包括前景化(fore grounding)和话题转换(topic switch)两个主要方面,后者包括话轮转接(turn taking)和话轮延续(turn holding)两个方面,而对连贯言谈无作用,"重在表现说话人的态度"的成分则是语用标记。鲜丽霞、李月炯(2015)在对国内话语标记研究进行综述时也谈到这个问题,基本观点与方梅(2012)较为一致,他们用"广义的话语标记"和"狭义的话语标记"进行了区分,而且指出"狭义的话语标记"可能是从"广义的话语标记"虚化而来的,狭义的在话语中完全可以省略,而广义的如果省略会影响情感、态度等语用意义的表达,但他们认为二者形成时有先后顺序且"狭义"由"广义"虚化而来明显是错误的。概括起来,这种意见就是把话语标记和语用标记区分开来,只起连贯、衔接作用的就是话语标记,表达说话人态度和感情的就是语用标记,且语用标记是话语标记的一种,它们之间是的关系是上下位关系,或者是"广义"与"狭义"之分,不同的术语名称,体现了研究者对其含义理解与界定的差别。

1.3 我们的认识

通过梳理话语标记的概念、含义、判定标准等基本问题的各种说法,基于本课题研究目的,谈谈我们对上述几个基本问题的认识与理解。

1.3.1 关于话语标记的含义与判定

上面列举了国内外对话语标记定义的多种说法,透过各自的不同表述,结合语言事实,我们对话语标记的含义的基本理解是:

首先,话语标记作为话语现象,它是构成话语的一种特殊成分。说它是特殊成分的原因是,它不是构建话语表达所必需的,可以有,也可以没有,因为它不参与整个话语概念意义的构建,从概念意义表达的必要性来说它是可以删除的,换言之,删除它并不影响整个话语概念意义的表达,所以可删除性是话语标记最重要的特征。前述各家对话语标记的各种判定标准,诸如句法上的独立性、语音的弱化、语义的虚化等,这些都是可删除性的条件或表现。

其次,话语标记是一种话语语用标记,它主要表达语用意义。国外研究关于话语标记的各种说法,如"程序意义""非命题意义""非真值意义"等,这些都与"语用"有着千丝万缕的联系,表述不同只是因为观测点不一致,虽然话语标记具有可删除性,这种可删除性只是相对整个话语概念意义表达来说的,但它不是毫无意义与作用的,与口语交际中完全冗余的成分不同,那些冗余成分可能是因为个人说话习惯或者表达不够流畅才出现的,它们没有任何意义与作用,因为在书面语中是不可能有这类冗余成分的,而话语标记相反,书面语也会使用,甚至还有专门的书面语体话语标记,用与不用,取决于说话人的选择,它是达成交际目标的手段之一。虽然从概念意义的构成上它具有可删除性,但实际交际中它又被大量使用,说明它对达成交际目的具有程度不等的作用,它的作用是通过语用含义来实现的,"言外之意"就是语用含义,话语标记就具有这样的语用含义,即虽然不具有概念意义,但交际中,在特定的语境之下,交际双方都能借用和理解话语标记所承载的"言外之意"来实现交际目标,无论是引导出什么话语还是制约话语理解或需借助语用推理等,这些都是语用层面的操作,所以话语标记的作用就是表达语用意义,它不是可有可无的。

最后,话语标记的判定具有复杂性,存在典型形态与非典型形态。虽然学者提出了判定话语标记的具体标准,但不可否认,在认定某个语言形式是否为话语标记时会面临尴尬,有的会存疑或存在争议。这种情况其实很正常,认知语言学的范畴论可以很好地解释这种情况,认知语言学提出了"原型"(prototype)这一术语,原型效应是指范畴成员之间的不对称性,原型范畴理论认为:同一成员未必具有共同特征;并非所有范畴都遵循二元思维;并非所有范畴都能划分出清晰的界限;范畴成员的地位是不平等的。范畴的边界具有模糊性,相邻范畴互相重叠、渗透,范畴呈开放性,原型处于中心位置,多数范畴不是单一中心,而是多个中心,所以有的范畴具有多个原型,原型之间通过家族象似性获得联系,所以与经典范畴相比,原型是范畴中的典型成员,具有最大家族相似性,是范畴中的"最佳成员""凸显成员""中心典型成员",相对范畴中心的成员,边缘成员典型特征较少,范畴成员不平等,主要看具有的典型性。如果将话语标记作为一个话语范畴,它同样也是这样,有的标记已经完成了标记化,成为单纯的话语标记,它们就是话语标记的"典型成员",但有的还处在标记化进程中,不能同时满足标记的全部条件,如语义未完全虚化、语音未弱化、句法位置未完全实现可线性移动等,那么它们就是话语标记的"非典型成员"或"边缘成员",不能因为它们没有同时完全满足各项条件而将它们排除在话语标记之外。话语标记的标记化是语法化、主观化、语用化、规约化等多种诱因合力形成的结果,实际上,就汉语来说,"非典型成员"可能会多于"典型成员",一定要求完全满足全部条件,可能不符合语言实际。方梅(2000)认为在自然口语中,连词在语义弱化的情况下会成为话语标记,她举了下面的例子:

(1) Y:拿=拿刀切一下。
    Hu:我就不明白为什么要吃这样的东西。
    Y:哎,提味儿。
    Hu:可是我觉得_,我们一会儿是不是都去洗澡,你去洗澡吗?
    ("_"表示拖音)

方梅认为上例中的"可是"已经不表示转折,而是弱化为话语标记,表示"切换话题"。她的说法当然是正确的,"可是"在这里已经不再是表示连词的逻辑意义,如果不用,后面转到"洗澡"话题是无从切换的,但即使如此,"可是"也并不就满足了话语标记的全部条件,如"可是"的位置是不能移动的,它只能处在汉语连词的句法位置,另外,"可是我觉得_"后面的拖音对切换话题也具有很重要的作用,如果没有这个拖音,"可是"也难以实现"切换话题"功能,换个角度看,拖音也可以理解为省略了对前面话语不认同,在说话过程中出于某种原因不愿意说出来而用拖音来代替,转而切换话题去说"洗澡",这样一来,"可是"还是在表达转折,可以说"可是"并不全部满足话语标记的认定条件,但不能将它排除在话语标记之外。像汉语中还有框式话语标记这样的特殊现象,就不能简单地否认它话语标记的身份,我们在下一节进行专门讨论。所以,是不是话语标记应该看它是否具有话语标记的核心特征,而不是必须"面面俱到"和采取简单的二分法。

1.3.2 关于名称与核心特征

上面谈过,国内学界关于话语标记的名称集中在"话语标记"和"语用标记"两个术语上,两个术语对应的概念是"广义"与"狭义"之分,"广义"的话语标记包含了"狭义"的语用标记。使用名称的不同体现出研究的视角和对概念的理解的不同,是见仁见智的体现。那么,就话语标记来说,我们认为这种区分并无太大意义,没有必要将"语用标记"作为与"话语标记"并列的一个大类,应该统一为"话语标记",因为即使认为要区分为两类的意见也承认"语用标记"是"话语标记"的一个小类。

从命名的依据来看,"话语标记"与"语用标记"只是观察的角度不一致,它们的研究对象或研究出发点是共同的。无论是话语标记还是语用标记,研究的对象或起点都是话语(discourse),所谓"语用标记",准确地说应该是"话语语用标记","语用标记"也是话语现象,它的名称是着眼标记的语用意义或功能,而"话语标记"则是着眼话语中的全部标记成分,所以即使主张进行"广义""狭义"区分的意见也清楚地认识到两个术语有包含或上下位关系。

话语标记的名称与对话语标记的功能理解有密切关联。方梅(2000)最早提出话语标记的作用有四:话轮转换、话题处理、指示说话人的态度、指示段落或意群的开始与结束。四大功能中,除"指示说话人的态度"外,其他三点都是话语组织和衔接方面的,即承载了话语标记的"程序意义",她(2012)区分了话语标记与语用标记,将话语组织方面的认定为"狭义的话语标记",而将"重在表现说话人的态度"的称为"语用标记",因为它们对连贯言谈无作用,但"语用标记"是"广义的话语标记",由此可以推断,她不认为"语用标记"在话语中具有连贯作用或功能。也就是说"话语标记"与"语用标记"的分野在于其功能是组织话语还是"表现说话人的态度"。进行如此区分,自然有细致入微的一面,但同时也带来了问题,无论怎么区分,都牵涉到话语标记的功能,话语标记的功能是话语标记分类的重要依据,如果将"话语组织"与"表现说话人的态度"两种不同的功能区分开,仅把后者理解为"语用",未免有些过于狭隘。话语标记具有可删除性是就它对整个话语的概念意义来说的,它与口语中的冗余成分不一样,因为二者具有本质差别,虽然删除话语标记不影响概念意义的表达,但对表达效果与达成交际目标具有一定作用,有的甚至会产生重大影响,这种作用和影响就是语用层面的,所以话语标记就是话语中的语用现象,这也是有学者将"话语标记"称为"语用标记"的原因,但将"语用标记"与"话语标记"并立,则有对"语用"含义理解过窄之嫌,关于话语标记的功能我们在后面会详细讨论,这里不再展开。

殷树林(2012:43—47)认为有些话语标记的确对语篇的连贯起重要作用,从连贯的角度审视话语标记的功能是必要的,但不是所有的话语标记都对语篇连贯起作用,至少有些话语标记的主要作用不在于连贯,因此还需要其他角度,所以他将话语标记的功能归纳为语篇功能、人际功能和互动功能三大类。语篇功能指的是话语标记参与语篇的建构,可以表示语篇的开始、发展和结束,或话题设立、切换和拉回等。人际功能表现在话语标记可以表明言者的态度、调整语力、维护面子等。互动功能可以表示说话人提醒受话人、进行应对、确定共同认知状态和寻求听话人认同等。

由于话语标记具有多功能性,这样可能会出现同一个标记在表达不同功能时会分属两种甚至多种不同类型,如"我说",曹秀玲(2016:128－129)将之前的对其具体功能的研究归纳为 6 种,包括"意见推断""劝慰说服""责备抱怨""开启话题""抢话打断""醒悟夸耀",其中"意见推断""开启话题""抢话打断"为"话语组织"或"言语行为"功能,而"劝慰说服""责备抱怨""醒悟夸耀"则是"人际"或"互动"功能,明显表达了说话人的情感态度,如果要按照话语标记语用标记的不同区分为两个类属,"我说"既是话语标记也是语用标记,或同时具有广义的话语标记和狭义的话语标记双重身份,这就显得有些混乱,所以这样的区分对话语标记的整体性把握反而不利,名称术语的太多造成认识和研究的干扰显而易见。

表 3-3 曹秀玲(2016)"我说"的功能分布统计

篇章功能	人际功能	互动功能
意见推断(3)、开启话题(1)、抢话打断(1)	责备抱怨(3)、解释开脱(2)、欣羡赞誉(2)、醒悟夸耀(1)、了解情况(1)	征询意见(2)、寻求认同(4)、劝慰说服(5)、警告提醒(1)

我们认为,在话语标记概念下,把不同名称区分为不同功能可以更准确地把握话语标记。上面将话语标记区分为广义的和狭义的,或者是话语标记与语用标记,其实就是话语(组织)功能和人际功能、互动功能的区分,而所谓"狭义话语标记……可以省略,不影响表达;广义话语标记……省掉会影响情感、态度等语用意义表达"(鲜丽霞、李月炯,2015),其实就是不同功能对应的主观性差异,从这点来说真可谓是一语中的。既然二者都不参与命题意义的构建,那么如何才能准确把握"组织言谈"和"表现说话人的态度"区分开?话语标记具有多功能和非排他性,就是一个标记可能身兼多种功能,某个时候可以"组织言谈"为主,某个时候可能又会以"表现说话人的态度"为主,如"我说"(见表 3),曹秀玲(2016:128－129)归纳出它的功能既有表"责备抱怨"功能,也有"开启话题"的功能,前者属于"表现说话人的态度",后者则属于"组织言谈",同一个标记到底用哪个名称? 如果要把"表现说话人的态度"的那部分从"话语标记"中再分割出去,就会带来上述问题。也许是意识到了这个问题,所以方梅(2012)强调自身对两个术语是

基于"比较窄义的理解"。田婷、谢心阳(2020)就这个问题认为"学界较习惯采用'话语标记'这一术语来统称……'话语标记'和'语用标记'",所以没有必要同时再使用"语用标记"这个名称。实际上,无论是"组织言谈"还是"表现说话人态度",不过是话语标记不同的功能或者属性,不是话语标记性质的分野。

以往研究中,众多对"话语标记"的界定都强调它的"程序意义"和表现说话人的"态度和立场"两个方面,董秀芳(2007a)认为话语标记不对说话人想要表达的意义发生什么影响,基本不具有概念意义,它只是一个连接成分,但表明了说话人的立场和态度。Traugott(2003)指出过话语标记具有"程序性、主观性"两个特点。基于以上认识,我们认为话语标记是话语中表达非概念意义的依附性语言成分,能帮助话语建构和具有程度不等的主观性,它的核心特征就是程序性和主观性。

程序性和主观性是话语标记的两大核心特征,是话语标记本质的两面,就每一个具体标记来说,两个核心特征表现不一定是均衡的,有一个特征可能是突显的。它构成了话语标记本质坐标,横轴是功能,纵轴是主观性,所有标记都会处在这个坐标体系中,并形成了规律性分布。

第二节 汉语框式话语标记暨教学

2.1 框式结构与标记

学界对话语标记的含义与界定标准虽表述不同,但有大致共识,而在具体分析时就可能会遇到各种问题,在汉语中就有一些被一部分学者看成话语标记却又不完全符合话语标记界定标准的"标记",其中有一些一般不单独使用,而是要组合起来使用的结构,它们由几个词或短语搭配在一起,且位置一般较为固定,主要表示序数、顺序等,这些结构较为特别,比照"框式介词""框式构式"的说法,可以称之为"框式话语标记",它们只是部分符合话语标记的特点,这些是否为话语标记?它们的话语标记身份从国际中文教学角度是否具有意义与作用?教学中如何处理?这需要从理论上予以澄清。

孙利萍、方清明(2011)从语用功能角度将汉语话语标记分为17个类别,其中第4类为"序数性标记语",列举了"一是……二是……,一方面……一方面……,一来……二来……,首先……其次……再次……最后……,首先……然后/接着……最后……,第一……第二……,其一……其二……,

之一……之二,……此其一……此其二,一则……二则……,一者……二者……"等,并指出:"此类标记语属于话语标记格式,其中省略号'……'代表需要框填的内容。"

这些框式结构是否能认定为话语标记,以往研究都是从功能上来确认。殷树林(2012:71)将这类框式结构归为"言语顺序标记",是"语篇标记"下的一个小类;李秀明(2011:104)将话语标记区分为语篇、人际两大功能类别,每个大类下又分为4个小类,语篇功能下有话题结构的小类,往下又分出了"话题选择、话题开始、话题转换、话题结束、序数序列连接"5个更小类别,"首先、其次、第一、第二、最后"等序数序列连接成分被认定为话语标记。

同样,阚明刚、杨江(2017:90)也将"序数词类(一、二、三……)"列为话语标记的一类,认为"这类用法主要是表示说话的层次顺序,对语篇的构建起作用,是话语标记用法"。纳入研究范围的序数词有 22 个,包括单纯的汉语数词和"第+数词"两类,这种表示层次顺序的序数词都是要搭配使用的,否则就不是话语标记用法,如:

(2)……等 142 件作品分别获天津市新闻奖<u>一</u>、<u>二</u>、<u>三</u>等奖。

(转引自阚明刚、杨江,2017:90)

由此看来,相当一部分学者认为这些框式结构也是汉语的话语标记。

2.2 框式话语标记的界定与特点

国内外关于话语标记认定标准有不同说法,如 Schiffrin(1987)确定话语标记认定的标准为:句法上,必须独立;位置和形式上,一般在话段的起始位置;语音上,必须有韵律曲拱;语义上,要么没有意义或很模糊,要么具有自返性。张旺熹、姚京晶(2009)提出的标准是:

A.意义虚化:由表现具体词汇义到标记整体话语功能,可删除且删除后不影响句子真值意义的表达;

B.结构凝固化:标记多伴有轻读,且其后可加入句法停顿;标记内部不可插入其他修饰成分,而标记外部可附加语气助词;

C.线性位置灵活化:可实现不同程度上的线性移位;

D.句法形式去范畴化:不可受时体成分修饰、不可附加补语成分、否定成分等;

E.话语意义主观化:由陈述客观事件转为表达主观情态。

相对来说,张旺熹、姚京晶(2009)的说法更为细致与具体,便于操作,对照他们的标准,这类表示序数、顺序的框式话语标记不尽符合,可以列出下表呈现：

表 3-4 "框式标记"与标记界定标准的吻合情况

标记特征	意义虚化	结构凝固化				线性位置灵活化	句法形式去范畴化	话语意义主观化
		伴有轻读	其后可加入句法停顿	内部不可插入其他修饰成分	外部可附加语气助词			
框式(序数)标记	−	−	居首＋居后−	＋	居首＋居后−	−	＋	−

说明："＋""−"表示"符合"与"不符合"。

从上表可以看出，框式标记并不完全满足话语标记的判定标准，只是部分符合判定条件，这类框式标记有这样几个特点：

第一，它们一般都是搭配使用，不单独出现，可以说是一套结构，而且具有可延展性，比如，"首先"会和"其次、再次、最后"等共现，这一点非常像介词中的"框式介词"，所以孙利萍、方清明(2011)认为它们是"话语标记格式"，而且"第一"后面可以不断增加，到"第×"取决于说话人的需要和使用习惯，超过"十"可能比较少见；这些表序数和顺序的词语，单独出现一般都不构成话语标记，如"第一""其一""一方面"等单独使用都不成为话语标记，其中只有"然后"单独使用可能具有标记的用法，胡项杰(2013)专门研究过"然后"的话语标记用法，如：

(3) 胡：徐同学，你的理想是什么呢？
    徐：我的理想很多，比如说吧，在我很小的时候，我就喜欢当官（双方大笑），<u>然后</u>就刻意模仿领导人的动作（双方大笑），<u>然后</u>当我上初中时，发现小时候的思想很幼稚……

（转引自胡项杰,2013）

上面的"然后"是连词虚化为话语标记，也不表示序数和顺序，跟这里说的"首先……然后……"并不一样，是较为典型的话语标记的用法；"第＋数词"中的"第"被称为"序数标记"，但这里说的"标记"是语义标记，不是话语标记。

第二，它们的语义没有完全虚化，一定程度上还较实在，主要表达了顺序意义，可以是时间、空间顺序，也可以是逻辑层次，李秀明(2011：113)认为作为话语标记，这些连接词本身表示的事态重要性的命题功能已经看不出来了,不能说哪个更重要,只是说话人用来组织语篇的单纯的链接语词,这与话语标记的语义虚化还是有一定差别,但它们却具有可删除性,我们来看例子:

(4) <center>设女性车厢是否必要</center>

我认为在一个发展中国家设女性车厢,实在是没有必要,甚至会适得其反。

<u>首先</u>,女性车厢的设置让我想到一个最基本的矛盾,那就是这个想法的前提是……

<u>其次</u>,男女车厢分开,是不是就有利于女性乘车了?我看未必……

<u>最后</u>,让我们来思考,这种争抢意识的存在是否都是因为乘车人的素质问题?我看未必……

(《发展汉语·高级口语(Ⅱ)》第5课)

"首先……其次……最后……"并不与其他话语粘连,删除后也不影响意思的表达,它们更多的是表达了篇章结构的逻辑顺序。再看后置的序数标记:

(5) 都有入学机会,那不是非常平等么?<u>此其一</u>;凡属学馆的生徒,要入仕途,都得经过考试,<u>此其二</u>;就是不入学馆,亦得"怀牒自列于州县",就乡员试,<u>此其三</u>。

(CCL)

删掉"此其一、此其二、此其三"对整段话语的意思也没有什么影响。

第三,语音没有发生轻读的情况,但与其他部分之间有语法停顿,居句首的一般可以加语气词,而居句后的却不能加,可以加的语气词常见的是"呢",也可以是"吧、呀",还可以是带方言色彩的"哈"等,如"第一呢、首先吧、一方面哈",但却没有居后的"此其一呢"这样的说法。

综上,尽管序数标记具有一些非典型性话语标记特征,但这并不影响它们的话语标记身份认定,不能因为那些非典型性话语标记特征就将它们排斥在话语标记之外,应该将它们纳入话语标记范围,这是因为虽然序数标记的单个成分各不相同,如"第×"是数词,"首先、其次"是副词,而"一方面"为名词短语,不一而足,它们搭配在一起使用时,尽管语音上没有出现轻读,语义没有完全虚化,但是已经游离出了原来的意义,重点表达了顺序功能,这与"总而言之"表示总结、"这样一来"表示顺接等话语标记一样,承载着不同的功能,只是它们必须搭配使用而不能单独使用,完全具有话语标记的篇章功能,它们构成了篇章功能话语标记的一个小类。实际上从另一角度说,这类序数标记从功能上属于话语标记的"原型范畴",话语标记研究在西方学界形成了三类代表性研究范式,分别是聚焦语篇连贯功能、聚焦关联功能、聚焦逻辑关系功能(陈家隽,2019:7—10),其中第一种范式以 Schiffrin 为代表,将研究焦点放在话语标记的语篇连贯(coherence)的语用功能上,认为话语标记的主要功能就是使语篇更为连贯,而序数标记是非常符合这一特征的,相对于典型的非搭配使用的话语标记,其连贯功能更强,所以它们完全有理由列于话语标记之中。

2.3 框式标记在教学中的意义

汉语中有不少框式标记,从上面列举的多个框式标记可以看出,框式标记的语体特征呈现出这样的特点:大多框式标记口语体、书面语体通用,但总体倾向书面语体,像"第一,第二,第三……""首先,其次,最后"这样的标记,口语、书面语都可以用,但如果在框式标记后加上"呢"等语气词,口语色彩就比较突出了,而像"此其一,此其二……"则很明显体现出书面语特点。总的来说,因为框式标记具有较强的篇章、话语组织功能,所以,在表达更为严密的书面语中使用得会更多一些,所以它的总体倾向还是书面语特色更浓。

从话语标记的主观性和功能的关系来看,与篇章功能话语标记一样,序数顺序标记的主观性弱。这类标记的主要语用功能就是构建篇章,属于篇章类的标记,与同类标记一样,主观色彩很淡,主观性几乎可以忽略不计,按照我们对话语标记主观性与学习难度的假设,框式标记的学习难度是偏低的。

语料库中的框式话语标记语言事实基本与我们预想的相吻合。以框式标记"首先……其次……最后……"为例,我们在"全球汉语中介语语料库"(qqk)进行搜索,得到 6418 条语料,规模与体量还是很大的,语料的形式大多是书面写作,这个情况一是说明这类框式标记汉语学习者运用较为普遍,二是说明在书面写作中很自然会使用框式标记来组织篇章。我们来看一个例子:

(6) 首先,广告确实能让消费者更进一步地接近与了解某种产品的特征和性质,其次,广告能给大家传播【关于】[Cd]多方面的知识,并从广告中获取种种信息,广告也利用了我们对美好事物的联想,也反映了厂家使我们看到,感到如果没有他们产品,我们的生活会缺少了什么,这让我们更加关注自己的利益,有时也我们的人生态度也受到广告中价值观念的影响,最后,广告【是】[Cd]【对】

［Cb 对于］生产商的最新产品必不可少。(qqk,越南学习者;【】表示错误,［］表示正确用法,Cd 指错误类型为同义叠加,Cb 指错误类型为词语误用。所含标注及符号来源于 qqk)

从上面例子可以看出,虽然整个语段还存在某些偏误,但这些偏误都不是标记本身的错误,从标记的运用来说,基本是准确的,使用符合语篇表达的要求,整段话通过这个框式标记非常好地组织起来,清楚表达了作者的意思。

从汉语学习和教学的角度看,序数标记学习和教学优势是,有利于学习者语篇能力的构成,因为序数标记表达的逻辑性很强,而且是搭配使用,对于学习者来说既易于掌握,又对语篇组成非常有用,无论是输入还是输出都对强化语篇意识和能力具有积极作用。又由于序数标记主观性很弱,意义与功能非常透明,学习者掌握与运用起来难度小,所以序数标记可以作为语篇能力培养的基础,对其他同类话语标记的学习具有举一反三的积极意义。

第三节 语言的主观性问题

3.1 语言主观性的认识过程

语言的主观性最初是作为一个哲学问题而被关注。主观性(subjectivity)与客观性(objectivity)作为一组二元对立的概念,属于哲学或人文思想,与之对应的是主观(subjective)与客观(objective),客观指的是感知或思想的对象,主观则是指感知或思想的主体,所以在西方学术思想中,客观性与实证性相关联,被认为是科学的,而主观性则与个人的信念、见解、态度相关联,很容易被视为个人偏见,一直为科学所不齿。最早关注语言主观性的是德国学者 Humboldt,他在 19 世纪 30 年代所著的 *The Heterogeneity of Language and Its Influence on the Intellectual Development of Mankind*(《论人类语言结构的差异及其对人类精神发展的影响》)[①]中首次将人的因素纳入语言,强调人精神力量的创造活动对语言的能动影响,体现了人文主义思想,但他所说的主观性还不是后来功能语言学或认知语言学所说的主观性,用"主体性"(subjecthood)来表述更准

---

① 维基百科上解释标题为德文,1999 年剑桥大学出版社出版第二版修订版,书名为"On Language: On the Diversity of Human Language Construction and Its Influence on the Mental Development of the Human Species"。

确,属于哲学层面,可以视为后来语言主观性的滥觞(参见黄蓓,2019:1)。主观性作为人文主义思想的一部分,随着人文主义的复苏,在多个领域,包括语言研究在内都受到关注。

当代最早真正从语言学角度探讨主观性问题的学者是 Jakoboson,他在 20 世纪 50 年代首次明确将语言功能区分为表情功能和信息传递功能,另一位是 Bally,他首次将句子切分为主观成分与客观成分,他们所说的"表情功能"和"主观成分"基本就是现在所说的语言主观性。到了 70 年代,Benveniste 对"主观性""客观性"这一对立概念进行了明确阐述,他所关注的焦点是言语主体如何介入话语,并对话语形式产生何种影响(参见黄蓓,2019:2)。所以学界现在很多人都认为 Benveniste 是当代语言主观性的提出者,他说的主观性就是今天语言学研究的语言表达了说话人的情感、态度和认识,探讨语言形式表达主观性的方式、规律以及主观性如何形成等问题是主观性研究的主要内容。有学者为了区分哲学层面和具体语言研究不同性质的主观性,将后者称为"狭义语言主观性"。我们认为在宏观或对比层面展开研究时将二者在名称上作区分是有必要的,可以用"广义主观性"来与"狭义主观性"进行区分。

在单纯的语言学研究中,主观性是当今功能语言学和认知语言学研究的一个重要领域或研究视角,研究本身都是针对语言现象和语言形式,在具体研究中就是针对狭义主观性,应用领域既覆盖传统的语法、语义、语用研究,也被应用于话语分析、会话分析、社会互动等新的语言理论,甚至是关注的焦点,所以没有必要再去强调和标明"狭义主观性"。我们所探讨的话语标记的主观性即是"狭义主观性",也无须再冠以"狭义"。实际上,不同的语言理论对主观性的理解是不同的。当今的功能语言学、话语分析、认知语言学等都对主观性予以了相当大的关注,主观性主要是指言语主体的立场、视角、推理因素对语言使用过程的干预,说话人的态度在语言形式中的系统化,主观性研究中最主要的两股潮流是以 Langacker 为代表的认知语言学的共时取向与以 Traugott 为代表的语法化学说的历时取向(参见黄蓓,2019:9)。

黄蓓(2019:67)认为目前的主观性研究存在许多不足,首当其冲的就是主观性概念缺乏统一、清晰的界定,内涵过窄或过宽。黄蓓(2019:70)列出了(狭义)主观性和主观化定义有 11 种之多,她认为对主观性解读的泛化现象有"主观性=非命题意义、非指称意义""主观性=隐含语义、语用因素""主观性=情感功能、表达色彩""主观性=非现实性、心理扫描"等 4 种(黄蓓,2019:72—73),这些情况多少都给主观性研究带来了一定分歧。

黄蓓(2019:139—140)提出判断主观性标记的 4 条复合标准：结构标准—命题辖域、语义标准—认识评价、功能标准—功能专化、真值标准—不影响真值。满足这 4 个标准的比例越大,越具备主观性标记的资格。她提出的标准对话语标记主观性的判断与研究视角具有一定的启示与参考价值。

3.2　语言主观性及其表现

长期以来,结构语言学和形式语言学都主张"科学主义",强调"客观性",在他们的研究中没有"语言主观性"的位置。随着功能语言学、认知语言学等的兴起,"人文主义"倾向在语言学中得到复兴和加强,主观性问题重新引起重视。1992 年在剑桥大学举行了一次关于语言中"主观性"和"主观化"的专题讨论会,会后由 Dieter Stein 和 Susan Wright 于 1995 年主编出版了 Subjectivity and Subjectivisation(《主观性与主观化》)的论文集,收入了 10 篇论文,首篇文章是 Edward Finegan 的"Subjectivity and subjectivisation: an introduction"(《主观性与主观化引论》),对语言的主观性与主观化问题进行了全面阐述,并对收入论文集的文章逐一作了简要评述。

语言的"主观性"(subjectivity)是语言中多少含有表现说话人本身的意愿、态度、情态等主观因素的成分的一种特性。当说话人在表述某个意思时,自觉与不自觉地都会表明自己对此的感情、态度和立场,在表述中留下自己的印记。Edward Finegan(1995)引用 Lyons 的论述,认为主观性的特点是在自然语言中,说话人在语言结构、普通形式里表现出的自身态度、看法的一种方式,而且强调在一个句子中说话人的主观性对于"命题意思的表达"是不可或缺的。也就是说,"主观性"是一种表现自我的性质,是说话人的主体意识的表现,所说的"主体意识"包括认知(cognition)、感情(feeling)和感觉(perception)。与"主观性"相关联的是"主观化"(subjectivisation),它是指语言为表现主观性而采用的语言结构形式,包含相应结构形式的历时演变(参见沈家煊,2001)。

Edward Finegan(1995)指出"主观性"和"主观化"研究所关注的焦点集中在三个方面:
　　A. 说话人的视角(perspective)
　　B. 说话人的情感(affect)
　　C. 说话人的认识(epistemic modality)
Edward Finegan 对上述三个方面分别进行了阐述,既解释了各自的含义与表现方式,也介绍了对各个问题研究的主要成果,并进行了评述。"视角"是说话人的观察角度或叙述的出发点;"情感"是说人的感情、态度、意向等各种主观情绪;"认识"被认为最可能通过情态动词或情态副词来发现主观性,可能是研究得最为深入的。Edward Finegan 同时指出,包括英语、日语在内的众多语言,主观性的标记是很清楚的,但主观性在各语言的表现并不完全一致,还在不同程度上被忽视。

主观性要通过语言形式来表现,上述主观性的三个方面分别都有相应的语言表现形式,如"说话人的视角"在英语中可以通过"完成体"来表现,"认识"通过情态动词或情态副词来表现,而完成体、情态动词等的形成则是主观化的结果。Edward Finegan 指出,Jakoboson、Halliday、Lyons 等都强调过语言的表情功能,特别引用了 Ochs 和 Schieffelin 合写的文章"Language has a heart"(《语言亦有情》),称赞其标题就是令人难忘的名言。Ochs 和 Schieffelin 介绍了语言的各种表情功能和表情方式,语言中的韵律变化、语气词、词缀、代词、副词、时体标记、情态动词、词序、重复等都是表达情感的手段,涉及语音、构词、语法、篇章等各个层面。

对照上述说法,与印欧语言相比,汉语的形态远没有其发达,诸如时、体(态)之类,标记很不明显,如认为"被动"表示"不如意"的主观性,但在汉语中并不是非常明晰的,反例很多。研究主观性在汉语中的表现应注意到汉语的特性,例如使用不同的语气词表示不同的感情,又如词语的选择可以表达不同的态度,语序的安排显示各种强调点,"屡战屡败"和"屡败屡战"表达出来的态度大不相同。故而,汉语话语标记也具有主观性,也是主观化的结果,这与汉语自身特点密不可分。所以,研究汉语话语标记的主观性,既要遵循语言主观性的一般规律,又要注意汉语本身特点,两个方面不可偏废。

3.3 交互主观性

语言是交际的工具,主观性体现在交际中,不会只存在交际的一方。认知语言学代表人物 Langacker 认为主观性同时存在于话语者与听者之间,而且他们从一定视角最大限度地进行客观识解,从而增强其主观性(文旭、武倩,2007)。在会话分析、互动语言学、社会语言学、语用学等不断发展与交融的背景下,主观性的交际性、互动性特征受到关注是必然的,语言主观性的研究自然扩展到了交互主观性。

Benveniste 在20世纪中叶提出了"交互主观性"(intersubjectivity)的概念,还与一般所说的主观性进行了区分,认为它是说话人与听话人之间关系的体现,是言语交际的基础。交互主观性包括了言者对听者的关注,听者对言者话语的理解与分析以及做出的反应和反馈(参见张博宇,

2015)。话语标记是话语分析的重要领域,学界对话语标记的交互主观性也进行了广泛而深入的探讨。Traugott(2003、2012)认为标记的交互主观性主要体现在礼貌功能和人际元话语功能中,前者体现说话人对会话参与者面子的注意,后者目的是引发回应。Schiffrin(1990:121)认为"主观性和交互主观性是话语事件中动作者的活动(它包括动作者期望达到的感知效果以及预期之外的感知效果)和听话人对所有可接受信息的理解之间的相互作用"。

交互主观性的提出是语言主观性研究的发展与深入,二者的关系是没有主观性,交互主观性就无从谈起,主观性是交互主观性产生的前提与基础。从历时角度看,也是先有主观性,然后进一步语法化演变为交互主观性。学者对主观性的研究早于交互主观性,最先注意到的是语言对"自我"的关注,然而交际是由双方甚至多方组成的,所以交互主观性得到了更多关注,因为后者体现了言者与听者的关系,对听者的面子和情感需求有直接影响,这也关系到交际目的能否达成。主观性与交互主观性之间是具有连续性的,存在一个连续统,就是:主观性>交互主观性(参见张博宇,2015)。其过程是:交际双方对交际话题各自拥有自己的认知域,言者首先关注的是"自我"——要实现自己的交际目标——也就是主观性,在交际过程中,基于达成目标的意愿和实际交际效果,自觉与不自觉要顾及听者的面子与情感,尤其是在双方掌握的信息和对信息的认知存在很大差异时,言者自然要将自身的认知与对方认知进行契合,也就是将自身的认知域映射到对方的认知域,这样交互主观性得到显现与加强,最终效果是达成交际目标。上述过程可以图示如下:

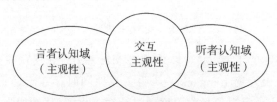

图 3-1　交互主观性的产生

与大多学者将主观性与客观性对立起来不同,Nuyts(2001,转引自黄蓓 2019:30)把交互主观性作为主观性①的对立概念,他区分二者的标准为

---

① 在将"主观性"与"交互主观性"作为二元对立概念进行区别时,为更清楚起见,我们将"主观性"称为"一般主观性"或"言者(说话人)主观性",一般性阐述时,"主观性"是个总称,涵盖各种细化出来的主观性。

评价责任的主体是谁,评价主体独自对情态评价负责时,该情态带有主观性,当评价主体与更多人(通常包括听话人)共同对情态评价负责时,该情态带有交互主观性。Nuyts 对主观性的判断严重依赖第一人称主语(黄蓓,2019:32)。Verhagen 对 Langacker 的主观性框架进行了改进,将听话人纳入了识解关系,表现对听话人关注的交互主观性地位得以确认。认为说话人和听话人之间构成一种协商(coordination)关系(黄蓓,2019:54)。对不同概念化主体(主要是说话人和听话人)间的视点加以协商的功能就是"交互主观性"(黄蓓,2019:57)。

综合上述交互主观性的论述,尤其是交互主观性与主观性的关系,可以明确,交互主观性是在主观性基础上产生的一种主观性,且交互主观性强于主观性,区分两种主观性的关键是语言形式的语义聚焦倾向,如果聚焦于说话人,表现的是(一般)主观性,如果聚焦于听话人,则是交互主观性,而判断语义聚焦倾向的重要依据是情感表达方式,即说话人的视角。

第四节 话语标记的主观性

4.1 话语标记的主观性研究

西方语言学界对语言的主观性较为关注,研究也较为深入,在话语分析、互动语言学等理论日臻完善的背景下,在主观性研究基础上,交互主观性研究也较为丰富与深刻,从概念到表现形式等有深入的挖掘。但在话语标记研究领域,又不得不说,对话语标记的主观性关注得还不够,话语标记主观性不是研究关注的重点,如前面提到的国际权威杂志《语用学》曾三次出版过话语标记研究专辑,1998 年的专辑总题目是"Discourse Markers and Coherence Relations"(话语标记和连接关系),其所收入的 5 篇文章关注点一如专辑总题目,基本都是围绕话语标记在话语中的连贯作用展开的,鲜有涉及话语标记的主观性问题。反观汉语界对话语标记研究亦是如此,如各种对标记的功能的归类,都没有注意或突出哪种功能与主观性表达的关系,这种现象与西方语言学研究状况多少有着某种关联。

前面提到 Traugott(2012)明确指出过话语标记具有"程序性、主观性"两个特点,这其实就是话语标记的两个核心特征。以此作为参照,反观国内汉语话语标记研究成果,对汉语话语标记的主观性特点的研究就显得不足,国外话语标记研究对标记的功能多集中在话语或篇章的"连贯"上,国内与此也有较大相似,但研究还是注意到了标记的"主观性"特征,如方梅

(2000)指出话语标记的作用有四:话轮转换、话题处理、指示说话人的态度、指示段落或意群的开始与结束,四大功能中,"指示说话人的态度"就是主观性的表现。李秀明(2011:100－101)区分得更为细致,总的分为语篇功能和人际功能两大类,每个大类下又分为几个小类,语篇功能有:话题结构、衔接连贯、证据来源、注释说明四小类,人际功能有模糊表达、明确表达、评价态度、交际主体四小类,这些小类的划分也不乏主观性的影子。上述分类都包含了主观性因素,可对话语标记主观性的表现、差异、表现手段与途径等核心问题则没太关注。值得一提的是,殷树林(2012:92－98)辟出一章专谈"话语标记与主观性、主观化",在梳理语言主观性与主观化理论的基础上探讨了话语标记的主观性问题,其核心论点是话语标记的主观性不能一概而论,有的话语标记具有主观性,有的则没有,前者以"我看""不是"等几个标记为例,分析了它们的主观性表现,后者以"这个""那个"为例,经过分析,认为它们没有主观性,最后得出"多数话语标记具有主观性,少数话语标记主观性不明显,或不具有主观性"的结论。他看到了话语标记的主观性问题,并尝试进行了分析,但颇有浅尝辄止的意味,没有对话语标记的主观性进行深入探讨,仅停留在话语标记是否具有主观性的简单讨论上,虽然也提到了话语标记的主观化到交互主观化过程,但却没有再进一步展开,有些说法自己也不肯定,如说"也有些话语标记似乎不具有主观性"(殷树林,2012:97),其关于话语标记主观性的结论也显得四平八稳,不够鲜明、突出。

相对国内话语标记研究近 2000 篇论文成果的总量来说,关注话语标记主观性的研究就显得薄弱多了,在中国知网上以"话语标记"并"主观性"为主题搜索,仅得到 49 条结果,完全以汉语话语标记主观性为研究对象的只有 42 篇,从数量上就可以明显看出研究的不足。这些成果的研究内容,大致可以分为三类,主要内容与特点分别为:第一类是对话语标记主观性理论进行宏观性介绍与研究的,所有论文中这方面的研究实际很少,仅有张博宇(2015)一篇,很有意义与价值,论文对话语标记的主观性,尤其是交互主观性进行了探析,主要内容是对国外关于话语标记的主观性与交互主观性理论的介绍,以英语话语标记为考察对象,同时提出了自己的思考,其国外理论的介绍较为清晰、全面,自己的评价较为准确,思考也有一定的启迪意义,话语标记理论本来就源自国外,张博宇的国外话语标记理论引介对国内完善与深化话语标记研究、引发对话语标记主观性关注具有积极作用,也不得不说,这方面成果还太少;第二类是对某个或某类汉语话语标记的主观性研究,所有相关论文大都是此方面的,但很少关注共时层面话语标记主观性的差异和等级;第三类是历时研究,话语标记主观性历时研究的主要内容是考察标记形成的主观性动因与主观化结果,话语标记是一个语言形式在表达时因为较强的主观性逐渐变为不具命题意义的标记,是主观化的结果,相对前两类,这是对汉语话语标记主观性研究最集中的方面,这部分论文都以某个或某类标记为研究对象,分析它们的主观性特点与主观化过程,如乐耀(2011a)认为"不是我说你"这类话语标记的形成原因是主观性范畴与语用原则互动的结果,曾立英(2005)认为"我看""你看"从表"观察义"发展到表"认知义",再发展到话语标记,就是一个主观性增强的过程,它们成为标记是主观化的结果,实际上,前两类主观性论文也有不少涉及主观化,那些研究在共时层面分析某个或某类标记时往往也会兼顾历时考察,不少论文也谈到了标记形成的主观性诱因,总之,历时研究非常清楚地表明,话语标记的形成,主观性是重要动因之一,这在无形中提醒我们,主观性是话语标记的基本特性或功能,具有重要研究价值。

4.2 话语标记主观性的差异

话语标记具有主观性,这是学界的共识,但在共时层面,话语标记的主观性不会是都一样的,一定具有差异性。学界以往对汉语话语标记主观性差异的关注显得很不够,研究成果很少,在屈指可数的成果中最受关注的是张旺熹、姚京晶(2009),他们将含有人称代词的话语标记作为一类,对其主观性进行了探讨,尤其注意到了含人称代词话语标记主观性的差异,认为在含有人称代词的话语标记中,第二人称标记是功能发展最为全面的,尤其是"你看"。他们将含第二人称代词的话语标记功能概括为"话语提示、话题认知、言者移情、话语引导"四个方面,排出这四种话语功能的主观性等级序列为:

话语提示　　＜　　话题认知　　＜　　言者移情　　＜　　话语引导
（主观性）　（部分交互主观性）　（交互主观性）　　（交互主观性）

其对标记主观性的研究视角较为独特与细致,以主观性为纲或参照点来分析含有人称代词的话语标记的话语功能,在主观性的横向关系轴上排出了四种话语功能的主观性等级链,排列依据或标准是"交互主观性＞主观性",在等级链上具有交互主观性的功能排在了强的一端,只有(一般)主观性的排在了等级链弱端,具有部分交互主观性的排在了等级链的中间,给我们较大启示。

潘先军(2013、2016)对话语标记的主观性有特别的理解,认为"不是我说你"这样的标记的作用是缓和语气,主要特点就是表达主观性,而不是篇章功能,其主观性是通过"移情"手段来实现的,"你"类话语标记则按照标记引导话语的指向形成一个主观性的排列等级:指向其他＜指向说话人＜指向听话人,排列的依据也是"交互主观性＞主观性";阚明刚、杨江(2017:162－167)力图对话语标记的主观性——他们称之为"情感倾向"——进行程度分级,其研究的意图是建立话语标记语料库,对话语标记主观性程度等级作出等级标注。他们面向语义倾向计算提出了一个主观性描述六维体系,即类别、程度、形式、成分、关联、模式,他们先简要介绍了主观量程度一般的标记方法,如 3 标度法(高、中、低)、5 标度法(极高、较高、中、较低、极低)、7 标度法(极高、较高、稍高、中、稍低、较低、极低)等,但在实际中,研究者倾向用数值表达程度而不是用等级,主观性可以将强度等级设置在 [－1,1]区间,[－1,0)取值区间表示负面倾向,0 表示中立,(0,1]表示正面倾向,数值越大,主观性程度越高,反之则越低。他们按照计算语言学理论提出了相关的计算公式,并且定出了标注标准,但关于话语标记主观性的程度到底如何区分并没有详细论述,在谈到具体标注时又谈到了话语标记的功能类别,指出从话语标记功能分类来说有一类就是表达"话语态度"(阚明刚、杨江,2017:211－212),它们具有主观性,然后在具体标注举例时(阚明刚、杨江,2017:213－226)说:"在程度维度上我们按照三等级划分,不牵涉情感用最低等级 0 来表示,中等等级用 1 表示,高等级用 2 表示。"然后举出了 200 个话语标记的标注例子,其中不少标注了主观性等级,但他们的等级标注标准有相当大的"主观判断"倾向,如"好"和"好的"主观性都标注为最高级"2",都是从"好"和"好的"的概念意义标注的,而作为话语标记的"好"和"好的"其功能基本上是其篇章组织作用的,并没什么主观性。所以,阚明刚、杨江(2017)关于主观性等级的区分并没有抓住话语标记主观性的本质,其等级区分是基于他们应用研究的角度,从他们将话语标记主观性(情感倾向)区分为"喜、乐、哀、怒"等类别就知道他们的所谓的主观性与一般语言理论上所说的话语标记主观性相去甚远,指的是具体情感。

第五节　话语标记主观性的形成

5.1　主观性形成的两个层面

话语标记为什么会具有主观性?其主观性是怎么形成或产生的?

这些问题涉及语言主观性与主观化问题。沈家煊(2001)对语言的主观性与主观化作出了清晰的说明:"'主观性'(subjectivity)是指语言的这样一种特性,即在话语中多多少少总是含有说话人'自我'的表现成分。也就是说,说话人在说出一段话的同时表明自己对这段话的立场、态度和感情,从而在话语中留下自我的印记(参看 Lyons,1977:739)。'主观化'(subjectivisation)则是指语言为表现这种主观性而采用相应的结构形式或经历相应的演变过程。"

话语标记主观性的来源可以从语言的共时和历时两个方面来考察。共时层面是看主观性的产生和交际时说话人采用什么话语标记来表现主观性,历时层面就是考察话语标记主观性在话语标记形成过程中的作用,也就是主观化过程。

5.2 共时层面:言语场景与主观性

5.2.1 言语场景与主观性引发

话语标记的主观性的产生与交际情景或语境具有密切关联,交际情景和语境可以总括为"言语场景"。认知语言学(Langacker,1990;沈家煊,2001)认为语言"主观化"是将实体与实体之间的关系从客观轴调整到主观轴。区分客观轴与主观轴的标准就是"言语场景",包括会话参与者与会话环境。如果实体与实体之间的关系不引发"言语场景",关系就处在客观轴,反之,则处在主观轴上。沈家煊(2001)用图表示了主、客观轴及两种关系:

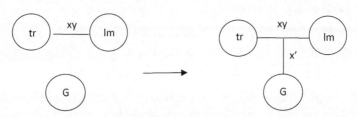

图 3-2 "主观化"与实体关系(沈家煊,2001)

上图中,tr 和 lm 分别是"射体"(Trajector)和"陆标"(Landmark),分别代表两个实体,连线 xy 代表两个实体之间的关系,G 代表"言语场景",图中前部分不涉及"言语场景",xy 处在客观轴上,后部分涉及了"言语场景",关系的一部分(即 x)调整到了主观轴 x'y 上。他举了这样两个例子:

(7) Mary is going to close the door. (玛丽正走过去关门。)
(8) An earthquake is going to/gonna destroy the city. (有一场地震将摧毁这座城市。)

上面例子中,"玛丽""地震"和"门""城市"代表的就是两个实体 x 和 y,他们之间的关系就是"射体"(tr)和"陆标"(lm),前者"玛丽去关门",不涉及"言语场景"(G),它们的关系 xy 处在客观轴上,而后者涉及了"言语场景",所以它们的关系从客观轴调整到了主观轴。为什么后者就涉及了"言语场景"呢?这是因为"go"意义经历了主观化,前者"玛丽"既是路径的移动者,也是"关门"的实施者,而后者"地震"只是"摧毁城市"的实施者,并不是路径的移动者,"地震"并没有"移动",这是说话人的一种"心理扫描"。Langacker(1987)把参照体和目标体联系起来的操作称为心理扫描。前面例子只是一种客观描述,后面例子不再是客观描述,已经是说话人对事情的"主观识解",所以"地震"和"摧毁城市"的关系调整到了主观轴上。这虽然不是专门谈话语标记主观性产生的过程,但同样适用于解释话语标记主观性的产生。

话语标记主观性形成的共时考察必须关注"言语场景"。董秀芳(2007a)所说的"话语标记之所以具有主观性,是因为话语标记反映了说话人对话语单位之间的关系或者话语单位与语境之间的关系的主观认识"也表明了这个意思。张旺熹、韩超(2011)在对人称代词"人家"进行话语分析时认为"人家"是"劝解场景"中言者使用的一种具有移情功能的话语手段,其所谓的"劝解场景"就是一种言语场景,即"言者利用一定的言语手段去劝说、教育听者,使之认同、理解直至赞同自己的某种观点,从而促使听者与自己达成某种共识,以实现其特定的交际意图"。虽然他们研究的并非话语标记,但相关阐述对话语标记主观性的共时考察具有借鉴意义。"劝解场景"这样的"言语场景"就是互动性非常强的交际语境,作为交际主导方的言者,其话语的主观目的性非常强,而且为达到目的势必关注对方,这样交互主观性会很突出,采取移情手段来突显交互主观性是很常用的交际策略,所以在这样的"言语场景"中,话语标记一定会打上主观性烙印,而且成为话语标记功能实现的关键因素。刘丽艳(2011:112—131)认为话语标记"不是"在会话中具有两种功能:引发功能和反应功能,且后者是主要功能。前文阐述过,从上位功能概念出发,"不是"作为话语标记的核心功能是篇章功能,所以"引发"和"反应"都是篇章功能下的具体表现,她认为"不是"是交际主体对不断变化的语境信息所作出的顺应性反应,是说话人主观世界的外在表现,也就是说,"不是"也具有主观性。"不是"这样的标记其核心功能是篇章功能,主观性应该是很弱的,如果从话语标记的兼容性和微观层面来看这一点,也可以认为"不是"也具有一定主观性,这与它出现的"言语场景"密切相关,是类似"劝解场景"这样的强主观性语境引发的,所以刘丽艳(2011)在分析话语标记功能时,"不是"会分别出现在她归纳的"语篇组织""语境顺应""人际互动"3大功能中,这也可以反证因为交际场景诱发了标记主观性。我们引用刘丽艳(2011:127—128)的例子:

(9) **语境:志新对艳红一次又一次搅黄自己和女友的事很恼火。他认为艳红是因为喜欢自己出于嫉妒才这样做的,但艳红否认有此事。**
   志新:你既然别无所求,就别老在这里跟着搅和了成不成?
   艳红:我完全是因为不忍心成批女青年被你残害。
   志新:(大声疾呼)我残害了谁了,我?我发誓我每次谈恋爱都是认真的。(低声下气)不是我跟你说,我这岁数,我容易吗,我?你说那真好的,谁守身如玉地等着咱呢?我求你高抬贵手,别再干涉我的恋爱自由了,成不成?

刘丽艳(2011:127—128)认为这里"不是"作为话语标记"标示的是说话人言语角度、语气的前后变化,同时引发出后面的内容"。她的观察还是比较仔细,强调了"不是"的篇章功能,即"引发"话语,她看到"不是"处在话轮中间时,除了引发后续话语外,还"标示了标记使用者在对某问题的理解和阐释过程中前后认知倾向的改变。它包括角度、态度、语气、对象、行为等方面的改变"。也就是说"不是"带有言者的某些个人因素,即主观性。"不是"主观性的产生与"言语场景"是密不可分的,上面的例子中语料对语境的说明就非常清楚地表明,这里的"言语场景"可以称之为"责备劝阻场景",说话人"志新"一方面要责备听话人"艳红",发泄自己对她"搅黄"自己恋爱的不满,另一方面,又要阻止她继续"搅黄"自己的事,所以责备对方的同时还以"求"的方式阻止对方后续行为,"不是"放在"低声下气"后表示态度和语气由责备转为劝阻,多少与"不是"的否定原始语义相关,是由之前责备转为劝阻的主观意图的体现,也就是将话语关系往主观轴上调整。

5.2.2 言语场景与主观性表达

"言语场景"同样也会影响话语标记主观性表达方式,不同的场景会选择与之相匹配的主观性话语标记。再看另一话语标记"我说什么来着"的情况,吕为光(2011)对"我说什么来着"进行了较为细致的考察。"我说什么来着"作为话语标记本来表示的是说话人预计的信息得以验证,如:

(10) 我说什么来着,这件事儿不能办。怎么样,到底叫我说中了吧。

(转引自吕为光,2011)

"我说什么来着"表示说话人预计的信息得以验证也是具有主观性的,它从言者视角出发,表明自己的立场和态度,但是,如果在对话中,"我说什来着""说"的内容是针对听者的,"我说什么来着"实际上成为"我说你什么来着",此时的"言语场景"就是"责备场景","我说什么来着"成为表示言者责备听者的标记,不可能再表示预期信息得到验证,下面的例子是难以成立的:

(11)？<u>我说什么来着</u>,你会成功的,现在相信了吧？

(转引自吕为光,2011)

正常的都是言者对听者的不满和责备:

(12)(老师对学生)<u>我说什么来着</u>,要好好学习,现在后悔了吧。

(13)(妈妈对孩子)<u>我说什么来着</u>,叫你别去,现在起不来了吧。

这里不光体现了言者的主观性,因为隐含了说的对象"你",具有部分交互主观性,所以表责备的"我说什么来着"的主观性强于表预期信息验证,这体现了"言语场景"对话语标记主观性表达要求。

话语标记主观性形成虽然与共时的"言语场景"密切相关,但"言语场景"主要涉及的是根据场景的需要选择主观性相匹配的话语标记,也就是说,话语标记已经具备了某种主观性,所以历时考察是探究话语标记主观性来源最关键的环节。

5.3 历时层面:标记化与主观性

话语标记的主观性的形成与话语标记的标记化过程密切相关。所谓话语标记的标记化就是某个语言形式演变成话语标记的过程,话语标记化有语法化、主观化、语用化三大途径,话语标记主观性的形成是标记化中主观化与伴随主观化的结果。

5.3.1 语法化

关于语法化(grammaticalization)学说,学界已经有了充分讨论,其定义表述虽然各有不同,但对语法化内涵认识都大概一致,Hopper & Traugott(1993)提出的语法化概念普遍被接受,那就是:在特定的语言环境中,词汇项或结构式获得语法功能的过程,而且一旦语法化,将会进一步发展出新的语法功能。通俗地说,语法化就是原本具有词汇意义的词汇形式逐渐演变为只具语法功能语言形式的过程。

上文的英文例子(7)"Mary is going to close the door."中的"is going to"的意思是"正在去",而到了例(8)"An earthquake is going to destroy the city."则成了表示将来时的语法形态,口语中可以说成"gonna"。汉语

由于形态不发达,语法化的典型表现是实词虚化,现代汉语中的虚词都不具有词汇意义,只具有语法意义与功能,虚词都是由实词演变而来的,如介词和时态助词(体标记)都是由古代汉语的动词语法化而来,像"在"由于语法化还不够彻底,所以现代汉语还保留了动词的用法,兼为介词和动词。话语标记的语法化是指话语标记从具有概念意义或词汇意义的词、短语或小句形式变为只具程序意义的话语标记的历时过程。关于话语标记形成的语法化研究已经取得了较为丰硕的成果,尤其是对某个或某类标记的具体个案研究,我们撷取其中的例子加以简单阐释(参见曹秀玲,2016:25—26)。以话语标记"谁知"为例,其语法化路径是:询问＞反诘＞话语标记,即"谁知"组合在一起,从表示"询问"逐渐变成表示"反诘",最终意义虚化,成为话语标记。"谁""知"本是两个词,在先秦时开始连用:

(14) 具曰予圣,谁知乌之雌雄？　　　　　　　　　(《诗经·正月》)
(15) 不言,谁知其志？　　　　　　　　　　　　　(《左传》)

上面的"谁知"表示疑问和反问,意思是"谁知道"。到魏晋南北朝时,"谁知"开始用在陈述句中:

(16) 谁知我不贪天下,唯当行人所不能行者,令天下有以知我心。
　　　　　　　　　　　　　　　　　　　　　　　　(梁武帝《净业赋》)

这里的"谁知"表反诘,意思为"没有人知道",是"谁知"话语标记化的关键一环。到了唐代,"谁知"即出现了话语标记的用法:

(17) 向见称扬,谓言虚假；谁知对面,恰是神仙。此是神仙窟也。
　　　　　　　　　　　　　　　　　　　　　　　　(张鷟《游仙窟》)

《游仙窟》是唐代著名的传奇小说,采用的是古白话,古白话是现代汉语的重要源头,可见"谁知"的话语标记化很早就开始且已完成。跟"在"语法化不彻底一样,话语标记的语法化亦是如此,相当多的标记也不是专司标记职责,是否为话语标记还需要看具体的语境。刘丽艳(2011:108—109)将"不是"区分为4个,并确认只有具备了5项条件的"不是"才是话语标记。同样,像"你/我＋说/想/看"等标记亦是如此,必须符合相应的语义、句法、语用、语音等多个条件才成为话语标记,这说明话语标记化过程的复杂,而且已经标记化的也可能经过"重新分析"再次范畴化转为非标记。

　　与话语标记形成的语法化路径密切相关的还有词汇化。词汇化(lexicalization)可以从共时与历时两个视角进行考察。词汇化,通俗地说就是语言中非词的单位变成词的过程。关于汉语话语标记的形成,学界多认为话语标记是语法化的结果,如吴福祥(2005),他在对话语标记进行详细的历时考察的基础上,得出"话语标记的产生是一种典型的语法化现象"的结论。但与之不同的是,也有一种看法认为话语标记是词汇化的结果,董秀芳(2007a)通过对"谁知道""别说"等标记形成的细致考察,认为话语标记的形成不能一概归为语法化的结果,将汉语中一些话语标记形成看作词汇化的结果应该是比较合适的。无论是语法化还是词汇化,对话语标记来说,这两个路径都存在,都是有据可考的,它们具有很大的共性,就是都经历了历时过程,都从具有概念意义的语言形式变为只具程序意义的话语标记,都存在意义虚化、作用去范畴化,只是结果存在差异,前者认为话语标记是语法化结果,词汇化则认为话语标记带有很大词汇性特征,是词汇化结果。还有将两者混合在一起,如"然后""其实"是先词汇化,然后再语法化。不管持何种观点,实际上都不否认话语标记化中语法化、词汇化同时存在,其实无须进行这样的区分,因为它们都是话语标记从有概念意义的单位演变为只具程序意义的形式固化的历时过程。

  语法化是话语标记形成的一大途径,但语法化并不一定带来主观性,语法化只是让话语标记意义虚化——不再表达概念意义而只具有程序意义,话语标记是否具有主观性要看语法化同时是否发生主观化和伴随主观化。如"然后"在现代汉语中可以作为话语标记,主要功能是"然后",在古汉语中,本来是两个词"然"和"后",作为实词的"然"主要意思是"这样"和"对、是":

  (18) 至于前后左右,无不皆然,则身之所处,上下、四旁、长短、广狭,
    彼此如一,而无不方矣。　　　　　　　　　　　　(《中庸》)
  (19) 对曰:"然。"　　　　　　　　　　　　　　　　(《吕氏春秋》)

例(18)的"然"意思是"这样",例(19)的意思是"对"。"后(後)"的意思与现代汉语一样,表示"这样"的"然"与"后"经常连用,表示"这样后",在频繁使用中,边界逐渐融合而词汇化,"然后"成为一个词:

  (20) 是以明君修政作壹,去无用,止浮学事淫之民,壹之农,然后国家
    可富,而民力可抟也。　　　　　　　　　　　　(《商君书》)

"然后"在现代汉语是一个连词,语义已经虚化,所以"然后"的演变过程既是词汇化也是语法化过程。作为连词的"然后",在现代汉语中既可以单独使用,也可以跟"首先""开始"等词搭配使用。在单独使用时,在口语交际中,"然后"的连词功能经常会弱化,成为一个话语标记:

  (21) 叶:我想很多观众还记得,你说三岁开始陪外婆——

周:喝酒。

叶:对。

周:嗯。

叶:<u>然后</u>我印象很深的是,你的描述是这样的,外婆喝酒,外婆一大杯,我在旁边陪一小杯。　　　　　　（转引自张黎,2017:54）

(22) 所以那时候正好我们刚刚成立一个粉红梦想艺术团,<u>然后</u>里面有合唱队,有舞蹈队,有模特队。　　（转引自张黎,2017:59）

上面两例的"然后"都是话语标记,张黎(2017:54—59)将例(21)的"然后"记为"然后$_1$",例(22)的记为"然后$_2$",认为两个"然后"的功能不一样,"然后$_1$"的功能是"话轮接转","然后$_2$"是表示"话轮延续"。不管是"话轮接转",还是"话轮延续",张黎(2017)都将它们划归"话语组织功能",亦即我们所说的"篇章功能",这类功能的话语标记主观性都是很弱的,甚至可以忽略不计,所以说,像"然后"这样只具篇章功能的话语标记,虽然它们是通过语法化(包括词汇化)形成的,但这个过程并没有发生主观化或伴随主观化,其结果就是它们虽然成为话语标记,但并没有产生主观性,主要是起篇章组织或衔接作用。

5.3.2　主观化

主观化是话语标记形成的重要途径,也是话语标记主观性的关键来源。

主观化,通俗地说,就是语言单位主观性的形式化过程,就话语标记来说,就是其主观性固化的过程,一旦固化,话语标记就固定地表达某种主观性,所以在使用时,说话人会根据具体的"言语场景"来选择与之匹配的表达某种主观性的话语标记。姚占龙(2008)、曾立英(2005)都细致地分析了人称代词"你、我"与"说、想、看"构成话语标记的主观化过程,当人称代词与"说、想、看"结合在一起时,"说、想、看"的动作义越来越淡化,结构形式上与后面的宾语也越来越松散,"说、想、看"由动作义转向"认识情态义","认识情态义"的视角当然是说话人,就表现出了主观性,再由表达"现实情态义"到表达"非现实情态义",在此过程中,人称也逐步主观化,最终完成了主观化"你/我+说/想/看",成为话语标记,主观性得以固化。

在主观化基础上又可能发生交互主观化,主观化是意义变得更强烈聚焦于说话人的过程,交互主观化是意义变得更强烈聚焦于听话人的过程,交互主观化蕴含主观化,先有主观化,之后才有交互主观化,没有一种语言形式不先经过主观化就产生交互主观化,这也是我们在确定主观性等级时将交互主观性作为主观性最高等级的原因。上面已经对"你/我想"的主观性做过分析,在此就不再进一步展开。

5.3.3 语用化

语用化也是话语标记形成的途径,也是主观性得以确定与固化的重要因素。

语用化(pragmaticalization),指一个语言成分失去句法上的强制性,语义上对命题没什么贡献而语用功能得到突显的过程(参见殷树林,2012:88)。从这个角度看,语用化更符合话语标记的特征,因为语法化的结果是语言成分成为语法功能单位,它具有一定的强制性,而话语标记则主要是具有语用功效,话语标记也被称为语用标记语,所以有的人主张要将话语标记的来源与语法化区别开,认为语法化不能解释的问题用语用化都能得到很好的解释(王素改,2019)。

语用化与主观性也有着密切关联,甚至有人认为语用化就是主观性结合语用环境生成的结果(王素改,2019)。语用化与主观性肯定具有某种关联,但把语用化与主观性画等号则失之武断,殷树林(2012:88-89)分析话语标记"完了""那么"的形成时,谈到它们不是语法化而是语用化的结果,"完了""那么"表示承接、推论,都是在语用环境中形成的,它们并没有什么主观性。同样,上面举过的标记"好"也是这样,"好"单独使用,无论是放在话语前表示话轮开始还是放在中间表示话轮过渡,都不具有主观性,而"好"作为话语标记也是语用化的结果,因为语法化解释不了它的标记化成因。话语标记的主观性与语用化的关联是,话语标记在标记化时其蕴含的主观性被规约化。方梅、乐耀(2017:24)对"规约化(conventionalization)"的解释是,它又称为"习惯化",许多言语的意义不能从字面去理解,需要从认知上进行判断、预测、推理,要通过它的隐含义来理解,在历时的过程中,这样的推理反复进行扩散开来,这样不需要依靠语境和逐步推理就可以直接得出相关"隐含义",继而"隐含义"固化,使用者自觉规约成比较固定的意义。话语标记蕴含的主观性也就通过语用规约化被固定下来,所以在共时层面使用时,说话人会选择主观性相匹配话语标记。如"不是我说你",表达了说话人对听话人的不满和责怪,从字面义看,说话人自我否定,不是要责怪听话人,但后面的话语都是批评责备听话人的,所以"不是我说你"实际意思是"要说你",这样经过语用化,"不是我说你"这个标记就是表达说话人负面评价主观性的话语标记,与之类似的还有"好你个……""(你)什么呀"都是表示对听话人负面意见的,无论是听话人还是旁观者听到这个标记都知道言者的意图。

综上,语用化的作用是在标记化时将话语标记的主观性固化下来,这种固化是伴随发生的,可以称为"伴随主观化"。而本身不具有主观性的那部分,虽然通过语用化成为话语标记,但因为中间没有"伴随主观化"的过程,所以主观性也就无从谈起。

5.3.4 主观性成因及其特点

上面讨论了话语标记主观性与话语标记化三大途径的关系,实际上,学界对话语标记的三大成因,即语法化、主观化、语用化存在不同认识,是其中一种起作用,还是共同作用,或是有先后顺序等都有不同见解,甚至是争论。张秀松(2019)梳理学界的意见后,归纳为词汇化、语法化、语用化等五种观点,重点对词汇化、语法化、语用化进行了评述,作者本人认同语用化观点,并加以论证,指出语用化有的与语法化无关,有的是语法化后再语用化形成的。同样,主张语法化或词汇化的观点将主观化包括在语法化中,将语法化特征归纳为"去范畴化、语义漂白、主观化、能产性"等(殷树林,2012:79),所以主观化是语法化的伴随特征或诱因。也有较为折中的意见,那就是话语标记化是三大成因共同作用的结果,可能是其中两种互动,或是一先一后,前者如乐耀(2011a)认为"不是我说你"这类话语标记就是主观性与语用原则互动的结果,亦即主观化与语用化的双重作用;三大成因先后作用的例证很多,上面举过"然后、那么"等标记的标记化历程都是先语法化或词汇化再语用化。

综合各种观点,从话语标记主观性形成与标记化的角度看,我们认为话语标记的来源具有多源性和互动性。所谓多源性指的是话语标记的形成可能是三大成因中的任何一种,不能只认可一种而排斥其他;互动性指三大成因可能都起了作用,可能是其中两种,也可能还有先后。话语标记主观性固化及其差异与话语标记化成因具有密切联系,它是标记化中主观化与伴随主观化的结果。意思是,直接来源于主观化的话语标记自然具有主观性,主观化就是主观性的形式化和固化,在主观化基础上产生的交互主观化就是交互主观性的形式化和固化,这些标记在共时层面所体现的主观性和交互主观性就是主观化的结果,其主观性差异的来源就是主观化和交互主观化,来源于主观化的话语标记具有的就是主观性(一般主观性),来源于交互主观化的话语标记具有的就是交互主观性,后者强于前者;伴随主观化表明,话语标记形成的主导成因是语法化或词汇化和语用化,它们之间也可能有先后(一般来说是先语法化或词汇化再语用化),但在标记化过程中伴随发生主观化,将主观性固化在标记中,与前面一样,伴随的是主观化,标记则具有主观性,是交互主观化,标记也就具有交互主观性。其过程图示如下:

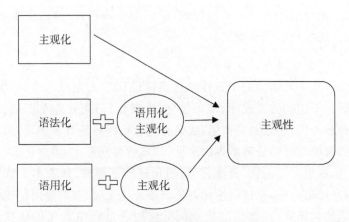

图 3-3 主观性形成的动因与途径

明确了话语标记主观性在标记化中的形成路径后就可以清楚显示,没有通过主观化或伴随主观化而形成的话语标记就不具有主观性或主观性很弱,如作为标记的"完了",先是"完"和"了"跨层结合语法化(或词汇化)成为一个连词,进而语用化成为话语标记,中间没有发生主观化,所以在共时层面,"完了"是表示承接的话语标记,只具篇章功能,看例子:

(23) 学生高考完了,智慧和灵性也就到了崩溃的边缘。　　　(CCL)
(24) 妈妈,完了,全完了!知青苦干了八年,最后是一场无效劳动……多么大的国际玩笑呵!　　　(CCL)
(25) a. 我们家庭情况没这个经济条件,完了,也没办法就不念了。
　　　(CCL)

例(23)是"高考+完"+"了";例(24)"完了"组合在了一起,成为一个结构,具有词汇特点,"完""了"紧密融合在一起,不能再分开使用,但前面还可以加其他成分,如副词"全";在例(25)中,"完了"成为话语标记,前面不能加其他成分,如不能说成"全完了":

(25) b. *我们家庭情况没这个经济条件,全完了,也没办法就不念了。

"完了"作为话语标记只是起承接前后话语的作用,不具有主观性,因为它没有发生主观化或伴随主观化过程。

同样的还有"那么"标记化过程与"完了"相似,所以"那么"也就是起篇章功能的标记,基本不具有主观性。只经语法化、语用化形成的话语标记一般只是起篇章功能,这样也就可以较好地解释话语标记为什么具有主观性,主观性为什么又会有差异,差异性为什么呈现出等级状态。

上述主观性在标记化中的成因是一个大致规律,不排除每个或每类标记在具体演变中会有特殊情况,需要具体问题具体分析。话语标记功能具有兼容性和多功能性特点,这与主观性的固化过程多元化不无关联。那么哪些标记在标记化过程中是主观化成因或容易伴随主观化?这要从主观性的含义寻找答案。主观性是说话人"自我"的印记,表现了"自我"的情感、态度和立场,而这些都是通过"视角"体现出来的,所以话语标记包含的"视角"因素是主观化和伴随主观化发生的核心原因。"视角"因素的表现形式主要有三种:

　　一是人称成分,也就是话语标记包含人称代词,主要是"我、你",包括省略和隐含的,当然也有变体,如复数、敬称等,这类的形式为"我/你＋VP＋我/你",变体是 VP 前后可能只有一项"我/你",典型的标记有"我/你＋想/说/看""你还别说""不是我说你""你说/看你""我说什么来着""你猜怎么着""让/依/要＋我＋想/说/看"等等,还有不含动词的"你呀你"等,这些标记因为带有人称代词,突显了说话的"视角",主观性得到彰显,所以在标记化中得以固化,而像"你说/看你""不是我说你""你呀你"等表达负面评价的主观性又通过语用规约化被确定,同时,人称成分也是移情实现的重要手段,通过移情转移关注焦点,从说话人视角转为听话人视角,主观性变为交互主观性,也就是标记化中的交互主观化,含人称成分的标记主要是第一人称和第二人称,含第三人称代词的标记几乎没有,其原因正如张旺熹、韩超(2011)所说的"第三人称不在对话框架中",所以含第三人称的短语或小句难以成为话语标记,其他的如"谁知道",疑问代词"谁"为泛指,指任何人,只有在具体语境中才能看出具体所指,一般也都是他者视角,没有主观性,关于话语标记人称代词和主观性的关系,下一章还有专节来讨论,在这里就不再进一步展开了。

　　二是认识情态成分,认识情态成分大多是动词或形容词及其组成的相应构式,表示说话人对事物的认识与评价,很自然承载了说话人的情感、态度,像"想""知道""遗憾""庆幸"等与人称代词组合很容易发生主观化或伴随主观化而成为话语标记,如"我/你想""你知道""遗憾/庆幸的是"等,值得提出的是,像"说"和"看"本是言说或视觉动词,从动作义逐渐演变出认识情态义,最终通过主观化和交互主观化成为话语标记,"说"在"跟/给我/你说"中表示"言说",再到"说＋对象"就有"谈论"的意思了,进而为"别说我""不用你说我"就衍生出了表"指责"负面评价的意思,标记"不是我说你",是小句形式,其中的"说"并不表示"言说"动作,而是说话人对听话人的认识评价,有"批评、责备"的意思,表达的评述义,这样在标记化中主观性被固化。

三是感情色彩成分,感情色彩成分包含词和固定的构式,它们在语用中被规约化,有的语言形式固定表示了某种感情色彩,并为语言使用者所公认,如"您""请"表示尊敬,"大义凛然"和"狡猾""见利忘义"有褒贬之分,"幸亏""坦率"和"肆意""武断"有正负评价之别,选择带有感情色彩的语言形式与否,取决于说话人的情感意向,这部分带有感情色彩的语言形式在标记化中主观性也随之形式化,话语标记中"坦率地说""老实说"表明了言者的态度,"劳驾""不好意思"等表现言者的礼貌谦虚,像"不瞒你说"和"不瞒您说",后者更客气与礼貌,两个一样的标记具体的主观性也存在细微差异。

第六节 话语标记的功能与主观性

6.1 关于话语标记功能的阐述

话语标记具备哪些功能是话语标记研究的一个基本问题,也是一个核心问题,话语标记的分类、作用、形成等方面都是在此基础上进行的。

一般研究都认为话语标记不具有概念意义,只具有程序意义,那么什么是程序意义? Blakemore(1987)最早提出了"程序意义"这个概念,指出话语标记表示的是话语之间或话语与语境之间的一种关系,这种关系在处理话语的命题意义、语义信息时起语用制约作用,这就是程序信息或意义。董秀芳(2007a)明确指出话语标记是话语单位之间的连接成分,不对说话人想要表达的意义发生什么影响,只是一个连接成分,但它指明前后话语单位之间的关系,表明了说话人的立场和态度。由此看来,话语标记的功能主要集中在"连接"和"立场态度"上。

国内外关于话语标记功能的看法可以说是众说纷纭、见仁见智,研究者从各自不同的研究视角出发提出了非常多的见解。前面我们介绍过,任绍曾(2007)将国外话语标记研究范式概括为话语连贯路子或社会互动路子、语用学路子、关联理论路子三大类,这些路子其实就是话语标记功能研究的范式。殷树林(2012:24—42)则将此概括为"话语标记功能的四大理论视角",分别是:连贯理论与话语标记功能、关联理论与话语标记功能、言语行为理论与话语标记功能、顺应理论与话语标记功能。其说法与上面的三个路子大同小异,也反映出话语标记功能研究的实际状态。

在上述路子或理论视角下,学界对话语标记的功能的研究也就出现了

"百家争鸣"的局面。

国外学界的代表性观点如后。Keller(1981)四种功能说：表示话题结构、话轮转换、表明对信息和观点的认识状态、检查交际渠道是否畅通；Östman(1981、1982)三种功能说：标记话语和组织话语、指示互动、标记态度；Schiffrin(1987)话语五种连贯模式：交换结构、行为结构、概念结构、参与框架、信息状态，这五种连贯模式就是标记的五种功能，由此开创了连贯视角的话语标记功能研究路子；Jucker & Ziv(1998)四种功能说：语篇组构、情态或态度提示、互动标记、处理话语指令；Rouchota(1998)将话语标记分为两大类，编码概念意义的标记和编码程序语义的标记，前者的功能表示说话人的情感、态度等，后者揭示话语内部联系；Andersen(2001)三种功能说：态度、互动、语篇；Catherine(2005)三种功能说：构建主要发话人的话轮功能、语境功能和互动功能。归纳上述种种观点，话语标记的功能主要就是话语或语篇的连贯和组织、互动、态度和情感等几种。

6.2 国内学界对话语标记功能的主要意见

国内话语标记功能的研究，尤其是汉语学界，总体上并没有像国外研究那样有那么多纷繁复杂的理论视角或路子，基本上都是参照了国外研究成果提出了自己的看法，但各自对标记功能的总结和归纳还是较为丰富多样。我们选取具有代表性的几家意见，为清晰起见，列表呈现：

表 3-5 国内关于话语标记功能主要意见一览

方梅(2000)	刘丽艳 (2011:49—78)	李秀明 (2011:99—101)	殷树林 (2012:43)	张黎 (2017:35—40)
话轮转换、 话题处理、 指示说话人的态度、 指示段落或意群的开始与结束	语篇组织、 语境顺应、 人际互动	语篇功能： 话题结构、 衔接连贯、 证据来源、 注释说明 人际功能： 含糊表达、 明确表达、 评价态度、 交际主体	语篇功能、 人际功能、 互动功能	话语组织、 元语言、 人际互动

以上对话语标记功能的归纳或分类有粗有细，表述有同有异，通过对比，我

们发现各种分法其实有很多的交集,如人际功能、互动功能在有的研究中就合并成为人际互动功能,话轮转换、话题处理、指示段落或意群的开始与结束在别的研究中就都被归为"语篇功能"大类,具体几种说法被列为"语篇功能"下面的小类,又如刘丽艳(2011:49-78)有与上表各种说法都没提到的"语境顺应功能",在对语境顺应功能进行举例分析时,标记"不是"同样在其"语篇组织"和"人际互动"中出现,虽然语料并不相同,但同一个标记三种功能都具备,这种情况在后面我们谈标记的核心功能和功能兼容性会提到,在此想强调的是,话语标记的功能分类虽然研究者表述各异,但各种说法多有交集,交集的现象说明一个事实,那就是各家对话语标记功能的看法可谓"英雄所见略同"。

孙利萍、方清明(2011)将汉语话语标记按照语用功能划分为诸如来源凸显型、言说型、主观评价性、序数性等17类,自己也认为这种分法远未穷尽,也不可能穷尽,他们认识到"话语标记的功能是有层级性的","衔接连贯功能"是一个高层次的功能,而且能基本涵盖所有话语标记,意思是所有的话语标记都具有衔接连贯功能,而"主观评价功能"仅次于"衔接连贯功能",是一个高层次的功能,除了极少数话语标记(如序数话语标记)外,话语标记都会带有说话人的主观印记。他们的说法存在明显的偏颇,就是没有像上述研究那样在上位层次上对话语标记功能进行区分,所以他们划分出的话语标记17个类别,各层次功能混杂在一起,有"只见树木,不见森林"之嫌。

前面相关章节在讨论话语标记的概念和分类时涉及对功能的认识,从主观性角度出发,我们认同与采用殷树林(2012)的"三分说",后面还将对功能与主观性的关系展开详细阐述。

6.3 话语标记功能的特点

综合国内外相关研究来看,话语标记的功能主要体现在两个大的方面,那就是篇章(话语连贯与组织)功能和人际(互动)功能,上述各种归纳和总结出于各自的研究视角都不无道理,没有绝对正确的说法,也不可能做到完全整齐划一。关于话语标记的功能需要明确认识到其两个特点,一是兼容性,二是核心功能突显性。

6.3.1 功能的兼容性

所谓兼容性指的是话语标记与功能之间具有双向多样性,即具有同样功能的有多个标记,标记有类聚现象,反之,同一标记也可能具有几种功能。黄大网(2001)在对西方学界话语标记研究进行综述时谈到,学者都认同"单独的一个话语标记可以发挥不止一种功能,它传达的含义与联系亦可以由不止一种话语结构表达"的观点,这就是一般所说的不等形性(anisomorphism)和多功能性(multi-functionality)或非排他性(non-exclusivity),我们将这两个方面统称为兼容性。非排他性的表现,英语中表示"对比"就有"though、but、contrary to this/that、on the contrary"等20个标记。曹秀玲(2016:18)谈到超预期标记,认为这类标记具有非排他性,所谓"非排他性"指这类标记的"语篇分布和语用功能相同而且可以相互替换"。我们引用她的例子进行阐述:

(26) 他本没指望福高能解决这困难。<u>不料</u>福高却让他别发愁,说这事有他哩。　　　　　　　　　　　　　　　　　（路遥《平凡的世界》）

"不料"是超预期标记,其他的标记,如"没想到、谁知、哪知、岂料"等都可以替换"不料",当然,这些标记语体效果还是不一样的,但从"语篇分布"来说是没什么问题的。兼容性的另一种情况是同一标记可以具有不同的语用功能,这很好理解,因为会话有多个层面,所以话语标记也会在多个层面发挥功能,其结果就会导致标记具有多功能性,如英语的话语标记"well"被不同学者归纳出 8—16 种含义或功能。刘丽艳(2011:49—78)在分析话语标记三大功能时,分别都用到标记"不是"来阐释,引用其例子如下:

"不是"的语篇组织功能(形式连贯功能·整体形式连贯功能·话轮的转接和延续·话轮转接):

(27) **语境**:几个人商量去哪儿玩儿。
　　A1:周末咱们出去玩儿玩儿吧。
　　B1:好啊。我看咱们去玉泉狩猎场滑雪吧,我们可以——
　　C1:<u>不是</u>我想起一地方,去年我和家里人去过,是个养鹿场,也在阿城。那儿的景色特美,也能滑雪。
　　A2:那就这么定了。咱们三家开两台车就够了。具体时间等周五再定吧。
　　C2:好,到时候我来带路。
　　A3、B2:好。

"不是"的语境顺应功能(对语言语境的顺应功能):

(28) **语境**:爸爸下班回来。
　　儿子:爸爸好!爸爸,我的汉堡包呢?
　　爸爸:<u>不是</u>,你怎么知道我给你买汉堡包了?

儿子：哈哈，是妈妈告诉我的。

"不是"的人际互动功能（非中心交际活动中的人际互动功能·提示交际进程）：

(29) **语境：几个人商量去哪儿玩儿。**

A1：周末咱们出去玩儿玩儿吧。

B1：好啊。我看咱们去玉泉狩猎场滑雪吧，我们可以——

C1：<u>不是</u>我想起一地方，去年我和家里人去过，是个养鹿场，也在阿城。那儿的景色特美，也能滑雪。

A2：那就这么定了。咱们三家开两台车就够了。具体时间等周五再定吧。

C2：好，到时候我来带路。

A3、B2：好。

我们注意到一个有意思的现象，那就是关于"不是"三种功能的例子，竟然两种功能用的是同一语料①，姑且不去推测论证是否严谨，这种情况可以表明标记兼容性之同一标记可以具有不同功能的现象。

6.3.2 核心功能突显性

标记的核心功能突显性指的是每个标记具有一种核心功能，也就是在兼容多种功能的同时一定会有一个突显的核心功能，Fraser(1999)认为每个话语标记都有一个具体的核心意义，并举标记"so"的例子进行了说明：

(30) a. Susan is married. <u>So</u>, she is no longer available I guess.

b. John was tired. <u>So</u>, he left early.

c. Attorney：And how long were you part of the crew?

Wintess：Five years.

Attorney：<u>So</u>, you were employed by G for roughly 5 years, right?

d. Teenage son：The Celtics have a game today.

Father：<u>So</u>?

e. Son：My clothes are still wet.

Mother：<u>So</u> put the drier on for 30 minutes more.

Fraser认为"so"的核心意义就是提示后面话语片段是之前话语片段的一

---

① 其论著中这样的情况还很多，似乎每个标记都是同时具有各种功能。

个结论来理解。Miracle(1991,转引自殷树林,2012:51)指出每个话语标记都有一个稳定的中心功能,但中心功能在不同的功能区表现是不同的,以"well"为例,他认为"well(好)"有以下 4 个功能:

　　A. 在社会活动方面,表示接受或照办;
　　B. 在话轮中,表示赞同或欣赏对方刚说的话;
　　C. 表示一个真实活动的结束;
　　D. 表示同一话轮中一个话题的结束和过渡到下一个话轮。

"well"中心功能是功能 D,也就是话轮的结束和过渡,其他三个是中心功能的具体表现而已,他说的"中心功能"就是核心功能。这说明标记功能虽然具有兼容性,但与此同时,尤其是在具体语境中,一定会突显核心功能,如果没有核心功能,那标记的功能就无从表现,这也和语法中判定词性一样,词区别性特征就是词性确定的依据,当然其中也有少数兼类,但在具体运用时也必须是其中一种,而不可能同时有两种以上。话语标记如果不具有核心功能突显性,话语标记诸如分类、形成等问题将无以依托。方梅(2000)将话语分析理论关于话语标记的功能概括为四种,但是她认为弱化连词在言谈中的话语标记功能主要是"话语组织"和"言语行为"两种功能,具体某个连词弱化后,标记它的功能只会具备上述两种功能的一种,如"所以"表示因果的语义弱化后,它的标记功能是结束一个话串,属于话语组织功能。当然,有的标记可能会有几种功能较为突显,如上文提到刘丽艳(2011)有关涉及标记"不是"的例子,根据她的研究,标记"不是"同时兼备语篇组织、语境顺应、人际互动三种功能,按照上述 Fraser 等人的说法,"不是"一定有一个核心功能,从我们的分析判断,按照她对标记功能的分类,"不是"的核心功能应该是语篇功能,其他两个是核心功能的具体表现。刘丽艳(2011:131)在总结作为话语标记的"不是"的功能时,认为"不是"在会话活动中具有两种功能:引发功能和反应功能。其中,反应功能是主要功能。这里说的引发功能和反应功能其实都是篇章功能的下辖功能,即使这样,它也是要突显核心功能的,所以无论在哪个层级上,标记都会突显核心功能。

　　兼容性与核心功能突显性是话语标记功能的特点的两面,在具体的使用中,话语标记在功能上体现的一定是核心功能,研究某个或某类标记关注的同样是其核心功能,兼容性较强的标记则要结合具体语境来判定核心功能。就具体某个或某类话语标记,有的标记,就像前面提到的"不是"可能兼容性较强,所以连研究者也没明确它的核心功能究竟是什么,但多数标记应该说是核心功能突显型的,兼容性不强或很弱,如上文说的"不料、谁知、没想到"等,核心功能非常清晰,就是表示"超预期"——说话人的感受和态度,所以很多研究对话语标记进行分类时的依据都是它们的核心功能。

6.4 话语标记功能与主观性的关系①

6.4.1 功能与主观性的坐标体系

Traugott(2003、2012)明确指出过话语标记具有"程序性""主观性"两个特点。国内外研究也都认为话语标记在具有程序意义的同时表达了说话人的立场、态度或情感。话语标记表达的"说话人的立场、态度或情感"就是话语标记的主观性。话语标记的程序意义和主观性与话语标记的功能是什么关系?主观性是如何实现的?主观性是否存在差异?主观性如果存在差异,那差异与话语标记的功能又是什么关系?这些问题学界目前似乎还没太关注,或者说研究还不够。

按照前述话语标记"程序性、主观性"两个特点,话语标记"连接"对应的就是标记的功能,"说话人的立场和态度"就是主观性,这样可以得出结论:话语标记的程序性表现为话语标记的功能,话语标记的主观性通过其功能得以实现,二者共同构成话语标记的坐标两轴,如下图所示:

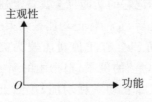

图 3-4 主观性、功能坐标

上图横轴是主轴,任何一个标记都处在横轴上,也就是每个标记一定具备某种功能。董秀芳(2007a)在定义话语标记时,指出它是话语中的"一个连接成分",殷树林(2012:43—47)认为有些话语标记的确对语篇的连贯起重要作用,从连贯角度审视话语标记的功能是必要的,但不是所有的话语标记都对语篇连贯起作用,至少有些话语标记的主要作用不在于连贯。这说明话语标记尽管是话语中的"连接成分",它的功能却并非单一的,是多样的,所以才会有不同的分类,虽然标记具有兼容性,但一定有一个核心功能,尤其在具体语境中,一定会突显其核心功能,所以不具有功能的话语标记是不存在的,张黎(2017:68)有这样一个例子:

---

① 本小节主要内容为论文《话语标记的主观性差异与等级及其在汉语教学中的应用》的组成部分,发表在《汉语国际教育学报》(第十辑)(科学出版社,2022)。本书有修改。

(31) S：咱们 TCL 的有耳机吗？没有？
　　　S1：有，啊。

看起来最后面的"啊"完全多余，可能只是说话人说话习惯的表现，但实际它是一个话语标记，这类"啊""发音为低降调，并且短促，舌位一般高于[A]，并且前后都有明显停顿"。它的功能是对自己前序话语内容的确认和肯定，所以例子本来回答"有"就可以了，"而后面再用了一个'啊'，其功能就是再次确认自己的回答是真实的"。这个例子说明，在汉语中，即使像"啊"这样非常简单的语言形式，常常会被认为是多余的，但它只要是标记就一定具备某种功能。上图中，主观性是话语标记的纵轴，也就是说，主观性映射在功能的横轴上，标记的主观性在功能中得以体现出来。

6.4.2 功能与主观性差异的对应关系

在上述功能与主观性坐标体系中，与标记一定具备某种功能不同，不同的功能或不同的标记主观性是不一样的，也就是话语标记的主观性是具有差异性的。殷树林（2012：92-98）认为话语标记的主观性不能一概而论，有的话语标记具有主观性，有的则没有，前者以标记"我看"为例：

(32) 王香秀：那王大拿真让婶给他道歉哪？
　　　王长贵：那可不！
　　　王香秀：我看有点难。　　　　　　　　　（电视剧《乡村爱情2》）
(33) 老陈："不用都去，我看老牛年纪大了，就免了，你们年轻人就辛苦一趟吧！"　　　　　　　　　（电视剧《编辑部的故事》）
　　　　　　　　　　　　　　　　　　　（32—33 转引自殷树林，2012：96）

指出如删除了上面例子中的标记"我看"，虽然主观认识和提议没有改变，但看法和提议的意思就无从显现了，句子的主观性降低了，而且语气也变得硬一些，所以殷树林（2012：96）认为"我看"是"一个专门用来表现主观性的话语标记"。后者以标记"这个""那个"为例，引其一例：

(34) 王大拿：关于投资这个问题呢，我们公司来讲是挺慎重的，啊？特别是到象牙山投资，就更慎重了，是不？慎重的原因众所周知。这个在象牙山——我跟——那个刘助理呀，你先回避一下子。
　　　刘助理：我我不记录了？
　　　王大拿：你先不用记了。我们说点儿正事。
　　　　　　　　　　　　　　　　　　　　　　（电视剧《乡村爱情2》）
　　　　　　　　　　　　　　　　　　　　　（转引自殷树林，2012：98）

殷树林(2012:98)认为上例中的"那个"很难看出说话人的态度、立场和情感,所以它们没有主观性。他最后得出"多数的话语标记具有主观性,少数话语标记主观性不明显,或不具有主观性"的结论。姑且不去评判其对具体话语标记主观性分析是否准确,但他的结论正好体现了话语标记主观性具有差异的特点,换种表述,就是话语标记的主观性是不同的,有的强,有的弱,弱的可以忽略不计。又因为话语标记的主观性是通过标记的功能表现的,所以不同的功能所表现的主观性也是不同的,如果着眼话语标记可能具有多种功能,上面的功能与主观性的关系图可以细化为如下:

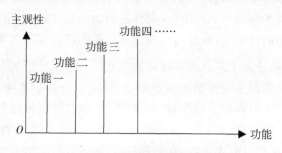

图 3-5 主观性、功能细化坐标

所谓话语标记的主观性差异就是指话语标记的主观性强弱不同,有的较强,而有的标记主观性很弱,甚至可以忽略不计。话语标记主观性强弱与标记功能密切相关,按照话语标记功能的分类,各类功能的标记主观性差异形成了强弱等级链。上文综述过国内外话语标记功能分类,通过梳理各家说法,如果不算"指示说话人态度、情感"这样将表达主观性作为功能的说法,发现话语标记功能主要分为两大类,即篇章功能(含话题话语连贯与组织)和人际(含互动)功能,即如前文提到的 Jucker & Ziv(1998)语篇组构、情态或态度提示、互动标记、处理话语指令四种功能说,可以将"语篇组构、处理话语指令"归为篇章功能,"情态或态度提示、互动标记"归为人际(互动)功能;而方梅(2000)总结的"话轮转换、话题处理、指示说话人的态度、指示段落或意群的开始与结束"四大功能,"指示说话人的态度"可以归为人际(互动)功能,其他三种则可归为篇章功能。殷树林(2012:70)建议将话语标记的功能分为语篇、人际、互动三类,他的建议是"在已有成果的基础上,结合分类的原则与目的"提出来的,交代显得有些语焉不详,从他对之前分类情况的评价来看,认为"最有意义的分类应该是功能上的分类",由此判断,他的分类依据应该是从话语标记功能的角度划分类别的。篇章功能是指话语标记参与话语或语篇的建构与组织,所以有的说法将其表述为"语篇组织",可以表示话语的开始、发展和结束,或话题(话轮)设

立、切换和拉回,还可以是话语具体的语义或语用关系等等,是为了开展交际进行话语组织的标记。如:

(35) 老　师:好,我们开始上课,大家预习了吗?
　　　留学生:预习了。
(36) 老　师:你们还有什么问题吗?
　　　留学生:没有了。
　　　老　师:好,那我们下课。
(37) 老　师:这个问题明白了吗?
　　　留学生:明白了。
　　　老　师:好,我们现在看下一个句子。

这3个例子都是留学生课堂常出现的话语形式,标记"好"在例(35)表示课堂教学的开始,在例(36)则表示教学的结束,在例(37)表示教学内容的切换,"好"在课堂教学活动话语中起着连接、组织作用,是话语标记篇章功能的表现。人际互动功能是话语标记在交际中表明言者的态度或情感、调整语力、维护面子等,或与交际的另一方进行互动,调动对方参与以达到交际目的。如:

(38) 老　师:我跟你说,你已经缺了很多课,要注意了。
　　　留学生:老师,对不起,我以后注意。
(39) 老　师:你看,这个词我们上次讲过,你忘了?
　　　留学生:哦,想起来了。

上面例(38)是老师在口头警示学生缺课过多,标记"我跟你说"增加了语力,例(39)老师提醒学生回忆旧知识,标记"你看"启发学生思考。上面篇章功能的标记"好"和人际、互动功能的标记"我跟你说""你看"主观性明显不同,前者看不出来表现出说话人什么态度和情感,主观性没有或者弱到可以忽略不计,而后者则不同,说话人的态度和立场非常明显,所以话语标记主观性在功能上的差异和强弱体现为:篇章功能＜人际、互动功能。这既是话语标记坐标体系上的分布规律,也构成了话语标记主观性的等级链。关于这一点,在后面章节还将重点展开,进行细致论述。

第四章　面向教学的话语标记主观性及等级研究

第一节　话语标记的主观性等级[①]

1.1　功能与主观性的对应关系及等级链

在国内外研究中各家将话语标记的功能从宏观层面区分为篇章功能和人际暨互动功能,这大致体现出了话语标记功能的基本面貌。其中有多种说法将互动功能列为话语标记功能的一类,如 Östman(1981、1982)主张三种功能,分别是标记话语和组织话语、指示互动、标记态度;Jucker & Ziv(1998)四种功能:语篇组构、情态或态度提示、互动标记、处理话语指令;Andersen(2001)三种功能:态度、互动、语篇。对比上面说法,它们的交集为语篇、态度、互动三个功能大类。再反观国内诸家说法,多可以归为语篇、人际两类,但"人际功能"多表述为"人际互动功能",也就是将"人际"与"互动"合二为一。按照功能与主观性坐标系统所呈现的二者关系,功能不同,主观性就会有差异,形成了主观性等级链。话语标记篇章功能的主观性很弱或者没有,那么人际(互动)功能的主观性是否就大致相同？它们各小类之间差异是否就可以忽略不计？

殷树林(2012:43)明确将"人际"与"互动"分开,持"三分说",将话语标记的功能归为语篇功能、人际功能、互动功能,"人际功能"指的是"语言用来确立和保持各种社会关系的功能。话语标记的人际功能表现在话语标记可以用来表明态度、调整语力、维护面子等"(殷树林,2012:45),这也就是国外"态度"说法的另一种表述。互动功能与人际功能不同,它是在交际中"用来提醒受话人、进行应对、确立共同认知状态和寻求受话人认同等"(殷树林,2012:45)。我们认同他对话语标记功能的认识,采用这种三分法,对此的理解是,话语标记的功能是为了在交际中取得良好的表达效果

[①] 本节主要内容为论文《话语标记的主观性差异与等级及其在汉语教学中的应用》的组成部分,发表在《汉语国际教育学报》(第十辑)(科学出版社,2022)。本书有修改。

与达成交际目的的语用手段,它具有篇章、人际、互动三种功能,与交际形式、目的形成了呼应,而且还有非常重要的一点是,这种区别与主观性形成了一一对应,因为人际功能所表现的主观性与互动功能的主观性不一样,前者是一般的主观性,后者是交互主观性。

"主观性"是一种表现自我的性质,是说话人的主体意识的表现,"主体意识"包括认知(cognition)、感情(feeling)和感觉(perception)。前面介绍过,Edward Finegan(1995)认为"主观性"和"主观化"的研究的焦点集中在说话人的视角、说话人的情感、说话人的认识三个方面,也可以理解为这三个方面是主观性表现的三个方面或三个要素。话语标记的主观性就是言者的印记,体现了说话人的视角、情感和认识。"交互主观性(intersubjectivity)"是说话人与听话人之间关系的体现,是言语交际的基础,交互主观性包括了言者对听者的关注,听者对言者话语的理解与分析以及做出的反应和反馈(参见张博宇,2015)。交互主观性的核心是言者对听者的关注,Traugott(2003)、Traugott&Dasher(2005)指出主观性包含着说话人对事物的主观评价,而交互主观性却体现出说话人对听话人的认同和关注。Nuyts(2005)认为:如果一个话语发出者完全根据自我进行评价,那么这样的评价就是主观的;如果话语发出者暗示他将与其他人(可能包括听话人)分享自我评价的时候,那这样的评价就具有交互主观性。交互主观性不仅涉及说话人对听话人的关注,而且设想了听话人对话语的理解及反应(Schiffrin,1990),Schiffrin认为:"主观性和交互主观性是话语事件中动作者的活动(它包括动作者期望达到的感知效果以及预期之外的感知效果)和听话人对所有可接受信息的理解之间的相互作用。"张博宇(2015)总结相关论述后认为主观性是交互主观性产生的前提与基础,主观性与交互主观性之间是具有连续性的,存在一个连续统。其过程是:交际双方对交际话题各自拥有自己的认知域,言者首先关注的是"自我"——要实现自己的交际目标——也就是主观性,在交际过程中,基于达成目标的意愿和实际交际效果,自觉与不自觉要顾及听者的面子与情感,尤其是在双方掌握的信息和对信息的认知存在很大差异时,言者自然要将自身的认知与对方认知进行契合,也就是将自身的认知域映射到对方的认知域,这样交互主观性得到显现与加强,最终交际目的得以达成。所以,从主观性强弱来看,交互主观性明显强于一般主观性,可表述为:交互主观性>主观性。主观性与交互主观性不同的关键是说话人的视角,因为说话人视角不同,所表现的情感和认识就不同。篇章功能没有主观性或者主观性很弱,说话人采取的是客观视角或他者视角,不在话语中留下或者很少留下自我的主观印记;一般主观性是从说话人的视角出发的,所以它表现的就是说话人的情感和认识;交互主观性涉及了听话人,说话人努力关注听话人,设想了听话人的感受与反应,站在听话人视角实施交际以实现交际目的。

基于上面阐述,从话语标记主观性角度出发,我们将话语标记的功能概括为篇章功能、人际功能、互动功能三类,各功能所具有的主观性为:篇章功能没有主观性或者很弱,人际功能主要是一般主观性,互动功能主要是交互主观性。三种功能的主观性强弱形成了一个等级链:

功能	篇章功能	人际功能	互动功能
视角	客观视角	言者视角	听者视角
主观性	无或弱 <	主观性 <	交互主观性

1.2 视角与主观性的判定

话语标记主观性的表现与视角密切相关,那么如何判定话语标记的视角?是否有语言形式标准?方梅、乐耀(2017:40)在研究汉语立场表达(stance-taking)的语言形式时指出:"它会涉及指称问题,比如对立场表达者的指称;还会通过带有评价或情感意义的词汇来表达立场意义;而有时则是需要这些手段搭配起来构成一些规约化的格式来表达话语立场。"虽然这不是专门针对话语标记的,但对话语标记完全适用。所谓"立场"是指说话人所说的话语表达了某种情感立场、态度立场,无论是正面的还是负面的,也就是我们说的主观性。他们所说的"指称语"最主要的就是人称代词,所以话语标记中的人称代词往往就体现了视角。处在句法主语位置的人称代词往往决定了视角,如"我(们)说/想/看",视角就是言者视角"我(们)",而"你(们)说/想/看",就是听者视角"你",下面我们会对汉语人称代词的话语标记进行专门谈论,这里暂不展开。当然,很多话语标记不含人称代词,有的标记简单到只是一个词,如"好、嗯",但很多是省略或者隐含了人称代词或指称语,如"老实说、说实话、坦白地说、想想看、知道吧",这些标记是可以补出来的,当然,确实也有标记不含人称代词,且没有隐含或省略人称代词,这些标记的视角恰恰就可能是客观视角,主观性很弱,或者弱到可以忽略不计。换个角度说,含有人称代词(包括隐含和省略)的话语标记从形式上说是能体现主观性的典型标记,这些标记的主观性差异非常明显。

(1) 老　师:好,我们开始上课,大家预习了吗?
　　 留学生:预习了。

(2) 老　师：你们还有什么问题吗？
　　留学生：没有了。
　　老　师：<u>好</u>，那我们下课。
(3) 老　师：这个问题明白了吗？
　　留学生：明白了。
　　老　师：<u>好</u>，我们现在看下一个句子。
(4) 老　师：<u>我跟你说</u>，你已经缺了很多课，要注意了。
　　留学生：老师，对不起，我以后注意。

上面是前一章举过的例子，例(1)(2)(3)，话语标记"好"，无论是表示话题的开始、结束，还是切换，都是篇章功能的体现，不含且不隐含人称代词，它的视角是客观的，看不出有什么主观性。例(4)标记"我跟你说"则是明显带上了说话人的印记，标记是从"我"的视角提醒、警示听话人，在很多时候，"我跟你说"的"我"可以省略，这并不影响视角的体现，如：

(5) a. 王　志：1991年、1992年两次评院士，对你难道就没有打击吗，评不上？
　　　 袁隆平：这个事情，<u>我跟你说</u>，有位记者来访问过我。
　　　　　　　　　　　　　　　　　　　　　（转引自张黎：2017：113）

上例的"我跟你说"的"我"完全可以省略，视角没有任何变化：

(5) b. 王　志：1991年、1992年两次评院士，对你难道就没有打击吗，评不上？
　　　 袁隆平：这个事情，<u>跟你说</u>，有位记者来访问过我。

当然，有的标记人称代词一定不能省略，像"我说/想/看"，如果省略了"我"，只剩"说/想/看"，本身就构不成话语标记，在话语中难以立脚：

(6) a. 吕维民：这个很好的问题，我回去研究研究，让我们的团队好好研究研究。
　　　 袁　岳：丁威。
　　　 丁　威：<u>我说</u>，如果他07年要开200家店<u>我说</u>，他肯定是要卷铺盖回家的。他如果真的说开两到四家店，他在中国实际上是非常有机会的。　　（转引自张黎：2017：114）
(6) b. 吕维民：这个很好的问题，我回去研究研究，让我们的团队好好研究研究。
　　　 袁　岳：丁威。

> * 丁威:<u>说</u>,如果他 07 年要开 200 家店<u>说</u>,他肯定是要卷铺盖回家的。他如果真的说开两到四家店,他在中国实际上是非常有机会的。

上面变换例子中的标记"我说"如果删掉"我",整个话语就会让人莫名其妙。还有的标记虽然没有主语,可以说听者主语是隐含的,如"看/瞧你说的":

(7)"影子爱人?好看不?""(我)<u>老实说</u>,不觉得好看。" (BCC)

(8)"你一天怎么这么爱摔跤,我从网上给你订个拐杖你拿上。""(我)<u>就说呢</u>,一天脑子也不想啥呢,提前老年痴呆了。" (BCC)

上两例的"老实说""就说呢",实际上都是说话人视角,隐含了言者主语"我",但如果补上,反而会很别扭,完全不符合口语习惯。有没有形式上的言者主语"我(们)"首先会受到句法的制约,必须遵循句法规则,即使可以省略,也是在句法允许的范围内,而主语隐含的现象则是规约化的结果。话语标记的形成都经过了标记化的历时过程,形成后就具有定型的特点,也可以说是一个相对封闭的构式,成分不能随意替换或变换,就隐含的主语来说,已经规约化后,并不能补出来,尽管不违反句法规则,像"老实说、进一步说、总的来说、退一步说"等标记,都隐含了言者主语"我",但这些话语标记却不能加上"我",因为不合表达习惯。然而,尽管不能补全言者主语,但言者的视角是非常清晰的,它表达了说话人的主观情感、立场或态度。张旺熹、姚京晶(2009)将含有第一人称的话语标记称为"我"类标记,认为它们的话语功能涉及话题认知和话语提示两大类,都"具有较强的主观性",这指的就是说话人的情感的体现。

与上面说话人视角通过言者主语的形式来表现主观性相似,交互主观性的听者视角是通过听者主语来反映,典型的听者主语形式是用第二人称代词"你",如"你说/想/看、你看/说你、你呀你、你知道、你还别说、你看你"等等。姚占龙(2008)称"你/我+说/想/看"这些标记的主语"你、我"是"傀儡主语",它们只是句法形式的主语,它们主观化成为标记后,表达的是说话人的某种情感,他举例子:

(9)我是文王的儿子,武王的弟弟,当今天子的叔叔,<u>你说</u>我的地位怎么样?

(10)如此美丽的艺术形象,<u>你想</u>能不吸引孩子们吗?

(9—10 转引自姚占龙,2008)

上面的两个标记"你说""你想"实际表达的是说话人的主观判断,但它们采用了听者主语,所体现的主观性就不是一般的主观性,而是交互主观性,它是通过移情的手段或方式实现的。所谓"移情"(empathy),通俗地说就是设身处地为他人着想,把自己的感情倾注到别人或事物上,从而感受其结果。把移情引入语言学的是日本语言学家 Susumu Kuno(久野暲),语言学的移情指的是言者对自己所描述的事件或事件参与者的态度,Kuno 还提出了"句法突显原则"(Syntactic Prominence Principle),即哪个成分的所指对象的移情值高,哪个成分在句法上就取得突出地位。语言学角度的移情着眼的是说话人的视角(李向华,2013)。Kuno(1987:206—209)认为说话人在描述一个事物时必然会选定某一个视点(point of view)或某一个观察角度(camera angle),这就是说话人跟所描述的事件的参与者发生或近或远的各种不同程度的关系,说话人描述事件或状态时所采取的视角,也就是说话人站在某一言语参与者或行为参与者的立场或角度来进行叙述就是移情于该对象(董秀芳,2005),将听者"你"安排为主语,话语标记的视角转为听者,也就是将关注的对象受话人放在突显位置。我们注意到,第二人称代词"你"作为主语的话语标记多是表达说话人的负面评价,如"你看(看)你""你说你",也有人称之为"责怪式"标记,它们常常在话语中起到缓和语气的作用,其目的是希望对方接受批评和改正意见,如:

(11) <u>你看你</u>,我的美丽的清洁工,你的发型好像有点问题。 (CCL)

采用听者主语是移情的重要表达方式,视角由说话人转为听话人,言者完全从听者的立场来看问题,交互主观性得以显现。

与言者主语的"我"可以省略一样,听者主语的"你"亦是如此,像"你看看/瞧瞧你"也可以说成"看看/瞧瞧你","你还别说"也可以省略"你"说作"还别说","你"能否省略跟"我"同样受句法制约。标记隐含主语"你"的情况远不如"我",很难找到,其原因很可能就是移情,因为听者主语是移情的一种方式,把言者主语转为听者主语,所以隐含与之形成了矛盾,必须要显现,即使可以省略那也是能添加上的。张旺熹、姚京晶(2009)在谈到"人称代词+说/想/看"主观性时,认为造成这类标记的主观性差异的深层机制"可能是,不同人称代词对于对话框架中言者、听者互动关系的激活度存在着差异","我+说/想/看"可进入对话框架,"激活"言者的主观性,因而较易获得标记言者主观性的相关话语功能,而"你+说/想/看"能"激活"对话框架中言者和听者的互动关系,进而有条件语法化为表征言者交互主观性的话语标记。这段话看起来有些深奥,实际上就是我们说的视角与主观性的关系。

1.3 部分交互主观性与等级细化

话语标记的主观性判定不简单,因为很难有量化标准,在大的功能类别下的各个小类,甚至每个标记的主观性表现也会有细微差别,尤其在具体语境中,同时还会存在许多过渡状态,只能根据其功能类别进行大致确认。张旺熹、姚京晶(2009)对含有人称代词的话语标记的主观性进行了探讨,将含有人称代词的话语标记分为"我"类和"你"类,探讨了这两类标记各自内部的主观性差异,认为第二人称标记"你看"具有"话语提示、话题认知、言者移情、话语引导"四种话语功能,排出了四种功能的主观性等级序列为:

话语提示　＜　话题认知　＜　言者移情　＜　话语引导
（主观性）　（部分交互主观性）（交互主观性）　（交互主观性）

其区分主观性强弱的标准与我们是一致的,他将同一标记又区分出不同的功能,主观性同样也是有差异的,姑且不去争议是否属实,但可以确定这就是一种细致的研究,从微观区分了同一个标记的主观性差异,这正好是对上述说法的佐证,他们的研究还有一点值得注意的,就是提出了"部分交互性"的说法。什么是"部分交互主观性",他们并没有给出明确的定义,只是在分析"你看"话语提示功能时说:"除在标引听者认知时具有主观性外,还可在标引言者认知时,即'借你/您(听者)之口,言我(言者)之意',表现交互主观性特征。"这段话不太好理解,对照他们前面对"话题认知""只标引言者的主观性"的说法,我们可以把这句话理解为这里的交互主观性涉及"听者"和"言者",但它的路径却是"听者→言者",这显然与一般对交互主观性"体现出说话人对听话人的认同和关注"即"言者→听者"的路径不符,他们后面对"言者移情、话语引导"主观性分析时认为它们"具有典型的交互主观性特征",所以主观性等级最高,路径又有反转。

通过比对几种说法,"部分交互主观性"的含义应该是,标记在表现主观性(言者)的同时开始关注听者,表现出交互主观性,也就是视角开始有所转移,出现了移情的态势,确切地说,"部分交互主观性"就是话语标记在表现出主观性的同时还包含了交互主观性,也就是我们说的主观性具有过渡状态,这也符合认知语言学所说的"家族象似性"或者"边界模糊"的特点,体现了认知规律在语言上的反映。"部分交互主观性"可以用下图来表示:

图 4-1 主观性与部分交互主观性的关系

整个标记的视角仍然是说话人,总体体现的是言者的主观性,但同时将焦点转向听者,表现出对听话人的关注,意在提醒听话人参与、认同话语活动或者给予面子与尊重。如何从形式上判定部分交互主观性？一如上面的视角标准,就是标记仍旧是言者主语,包括省略与隐含,但宾语或受事位置是听话人,亦包含省略和隐含的听者宾语,典型的标记有:"不是我说你、不瞒你(您)说、我跟你说、我告诉你"等,省略或隐含听话人的有:"(对你)不客气地说、恕我(对你)冒昧、说(你)句不客气的"等。方梅、乐耀(2017:208-211)专门谈了"不是我说你"的主观性问题,相关阐述正好说明了这类标记表现的主观性与交互主观性的关系,他们认为"不是我说你"类话语标记语都是在用它组织话语时发生主观化的,体现的是说话人的主观情感,这类结构都是用在对话中,例如:

(12) a. 二姐夫,<u>不是我说你</u>,你不能冷手拣个热"煎堆",混了一个便宜媳妇就算的。　　　　　　　(转引自方梅、乐耀,2017:208)

表面上说话人不想责备"二姐夫",但后面还是在说"二姐夫",看起来前后矛盾,"这种前后语义的反逻辑其实点明了言者的一种'批评'的言语行为。这类话语标记更凸现了口语语体体现的人际交互性"。这就很清楚地表明,"不是我说你"这一类标记,总体上表现的仍然是言者主观性,但其间夹杂了"交互主观性",这就是所谓"部分交互主观性"。司红霞(2009:178-179)在对插入语进行研究时,将"不是我说你、不瞒您说"等列入"交互主观性插入语",认为前者"提醒对方自己说的话可能会让他感到难堪,表明言者对对方的在意";"不瞒您说、恕我冒昧"拉近与听话人的关系,她认为"不是我说你、不瞒您说"等标记具有交互主观性无疑是正确的,但单凭对它们的主观判断就作出结论难免有些武断,我们认为应该有形式上的依据,这类标记只能是"部分交互主观性"的体现,因为整个标记还是言者视角,体现的主要是言者主观性,部分交互主观性主要通过听者宾语来实现。当然,如果要对这类标记主观性再进行细致区分,可以确定其主观性等级链为:主观性＜部分交互主观性。我们整个主观性等级链可以细化为:

篇章功能	人际功能		互动功能
客观视角	言者视角	视角转向听者	听者视角
主观性无或弱 ＜	主观性 ＜	部分交互主观性 ＜	交互主观性

至此,可以进一步明确话语标记功能与主观性的关系,就是话语标记的主观性是通过其功能来实现的,功能不同,主观性也不同,或者说不同功能所表现的主观性存在差异,并形成了主观性等级。吴福祥(2005)注意到了语法化与话语标记主观性问题,指出:"话语标记表达的是说话人(对话语关系以及言谈事件中受话人地位)的主观态度,本质上是语言中的'主观性'和'交互主观性'标记。"我们认为这种认识应一分为二来看待,前文论述过,不是所有话语标记都具有主观性,有的标记主观性很弱,可以忽略不计,话语标记主观性是通过功能来体现的,篇章功能就没有主观性或者说主观性可以忽略不计,如果认为所有标记都具有主观性,那么功能的区分就失去了意义,也不符合语言事实。另一方面,这个说法也道出了话语标记主观性的重要性,就是话语标记的主观性在某些功能中发挥了非常重要的作用,或者说功能的实现对主观性有很大依赖。

上面我们从主观性视角出发,综合国内外研究对话语标记功能的分类,采用三分法,即话语标记功能分为篇章、人际、互动三类,也对三种功能和主观性的关系进行了详细分析,并总结出了三种功能主观性等级链,在此还想强调的是,篇章功能所体现的主观性很弱或者为零,而人际功能与互动功能的都具有主观性,互动功能最强,因为它体现的是交互主观性。反过来说,话语标记人际功能和互动功能的完成很大程度依赖于主观性的表达,也就是通过表达主观性来达成交际的目的。在人际功能中,话语标记帮助表明言者的态度、立场,确定双方的人际关系,增加语力,如果没有话语标记的主观性,实现人际功能无所依傍,宛如空中楼阁。如标记"不是我说你",将例(12)的引文扩大后是:

(12) b. 陈万利没法,只得缓和下来说:"二姐夫,<u>不是我说你</u>,你不能冷手拣个热'煎堆',混了一个便宜媳妇就算的。"

这段话语是"陈万利"数落"二姐夫",言者表达对听者的不满和责备,也可以说是一种负面评价的表达,如果删掉标记"不是我说你",话语如下:

(12) c. 陈万利没法,只得缓和下来说:"二姐夫,你不能冷手拣个热'煎堆',混了一个便宜媳妇就算的。"

可以看到,如果没有"不是我说你",语气则强硬得多,根本体现不出言者想"缓和下来"的意图,说话人放缓语气的目的是让听话人接受自己的责备,从而在实际行动中有所回应。所以这里的"不是我说你"不仅表现了言者的主观性,而且因为将关注视角转向听者,与之互动,产生了交互主观性,就是上面说的具有"部分交互主观性",因而使人际功能得以实现。以互动语言学的眼光看,在会话互动中,话语标记就是交互主观性表达的方式,使互动功能得以实现。方梅、乐耀(2017:229—231)在分析"负面评价构式"时所列举的话语标记有"你看/瞧你""你说你""不是我说你"等,这些标记并不含贬抑意义的词,人称代词也不能替换,它们能表示负面评价,核心因素就是交互主观性(或部分交互主观性),是主观性或交互主观性规约化的结果,所以没有主观性和交互主观性,话语标记的人际功能和互动功能也就无从实现,二者互为依托、相辅相成。

第二节 话语标记的人称代词与视角及主观性差异

2.1 关于含人称代词话语标记的讨论

主观性的本质在于说话人的立场或"自我"表达。主观性与主观化包括说话人的视角、说话人的情感、说话人的认识三个方面,说话人的视角是后面两方面的出发点,是主观性中最为关键的因素,可以说视角决定了情感与认识。视角又与人称代词有着密切关系,有三个被公认的主观性标记:情态、认知动词、第一人称主语(黄蓓,2019:125)。"第一人称代词一向被视为主观性最基本的语言载体,因其直接编码了作为主观观点的说话者。"(黄蓓,2019:130)虽然这里只强调了第一人称代词,但就话语标记来说,不光第一人称代词是主观性的重要观测点,其他人称代词也是如此。

从汉语的话语标记来看,虽然每个标记都会有一个视角,却不一定含有人称代词,其视角需要具体分析,但含有人称代词的话语标记的视角与人称代词一定具有某种关联,是确定标记主观性及差异的重要依据,所以对话语标记的主观性研究,含人称代词的话语标记非常值得关注。

在汉语话语标记研究中,含有人称代词的标记确实较受关注。梳理以往对含有人称代词的话语标记研究成果,可以归纳出三种主要路子或者范式。一是对"你/我+V"的研究,其中的"V"主要是指"说、想、看"等几个动词,如曹秀玲(2012),曾立英(2005),陈振宇、朴珉秀(2006)等,前者对"我、你"与"说、想、看、知道"几个动词组成的系列话语标记进行了考察,分析了这些标记的对立与中和,重点对其成为话语标记的过程展开了研究,后二者则只是对"我/你+看"组成的话语标记的主观化或现实情态进行了考察,此外还有姚占龙(2008)是从"说、想、看"的主观化及其诱因角度展开研究的,其主要研究对象也是人称代词"我、你"与"说、想、看"组合产生主观化成为话语标记的过程;二是对含有人称代词话语标记的个案研究,这方面的成果非常丰富,如刘丽艳(2006)对"你知道",乐耀(2010、2011a)对"你像""不是我说你",钟玲、李治平(2012)对"不瞒你说",郑娟曼、张先亮(2009)对"你看你"等等,像研究"不是我说你"就有多篇论文;三是将含有人称代词的话语标记作为一类进行研究,如张旺熹、姚京晶(2009)将含有人称代词的话语标记概括为"人称代词类话语标记系统",分析这些含人称代词标记的不同功能以及主观性差异。

上述学者从各自角度对含有人称代词话语标记开展研究,其成果都具有一定的研究价值与参考价值。但也不得不说,上述研究还存在一定的不足,就是没有突出含人称代词话语标记作为一个类别的特点,"我/你+V"只进行了局部小类的考察,张旺熹、姚京晶(2009)虽然将研究对象冠以"人称代词类话语标记系统",但实际上研究时对象也只是"我/你+说/想/看",并没有超出之前狭隘的"我/你+V"范围,难免让人产生以局部代替整体的感觉。

综上,我们认为应该在众多个案和小类研究的基础上对含人称代词的话语标记进行较为全面的考察,发现其中的规律和特点,为相关研究提供支撑。

2.2 含人称代词话语标记的构成

含有人称代词的话语标记的范围是:话语标记含有某个或多个人称代词,其位置可能处在标记任何位置,整个标记结构为短语或小句。

汉语的人称代词主要有"我、你、他",它们的复数形式是"我们、你们、他们",还有一个表示尊敬的"您"。在构成话语标记时,主要以单数形式"我、你"为主,它们的复数或礼貌形式可能出现在变体中,如"你说"可以有"你们说"或"您说"等变体,第三人称构成的标记几乎没有,关于这一点张旺熹、姚京晶(2009)做出了清楚解释,核心原因是含"他/她"的形式不在会话框架中,不可能成为话语标记,所以含有人称代词的话语标记就是含有人称代词"我、你"的话语标记及其变体形式。

人称代词在标记中出现的位置有这样几种情况:
1) 我/你+V,如:"我/你+说/想/看/知道"

2) 介+我/你……,如:"以我/你之见、依你/我说/看、在我看来"

3) 我+V,如:"我说什么来着、我想说的是(话题开始)、我觉得、我(个人)认为、我想强调一遍"

4) 你+V,如:"你像、你比方/比如、你说/看你、你呀你、你还别说、你知道、你猜怎么着、你比如说、你也是、你就说"

5) V+我/你……,如:"要我说、听我说、恕我直言、看/瞧你说的、不瞒你说、去你的、好你个……、真有你的、说你什么好"

6) "我、你"同现,如:"我告诉你、不是我说你(不是我+VP+你)、我给你说"

上述各种构成类型的标记都出现了人称代词,且是作为标记出现的常态。这些标记的人称代词是否出现存在两种情况,一是必须出现,而且如果不出现可能标记结构都不能成立,像结构类型1)就是这样的,"想、说、看"不和前面的"我、你"结合,就不能构成话语标记,如:

(13) a. 你想盖茨都同意了,我还有什么可说的。 (CCL)

(13) b. *想盖茨都同意了,我还有什么可说的。

二是有的标记的人称代词可以省略不出现,这些不出现的形式也可以看成是变体,像"你还别说"可以说成"还别说",如:

(14) a. 尹志全说:"你还别说,保不齐。那回唱《御碑亭》,让咱反串了一回柳生春。你猜怎么着?" (CCL)

(14) b. 尹志全说:"还别说,保不齐。那回唱《御碑亭》,让咱反串了一回柳生春。你猜怎么着?"

如何看待"你还别说"中的"你"是否出现?是出现的情况多还是不出现的多?我们在"CCL语料库"中分别以两种形式进行搜索,得出的数据是,"你还别说"有50例,而"还别说"只有4例,两者的使用例数比为12.5∶1;"你"也可以说成"您",在CCL中搜索"您还别说"有7例,使用例数比为14∶1。所以语言事实表明,"你还别说"虽然可以省略"你",也可以说成"您还别说",但"还别说""您还别说"使用概率比"你还别说"低得多,可以说"你还别说"这个标记,人称代词出现的形式是标记的基本形式,而省略或变换为尊称的形式可以看成其变体。当然,还有与此相关的另一种情况,那就是有的标记基本形式不含人称代词,但实际上也隐含了人称代词,大部分是可以补出人称代词的,如"形+地+说"构成的话语标记,"坦率地说、不客气地说、不含糊地说、准确地说"等,这个构式的标记都隐含了说话人"我",有时可以加上"我",如:

(15) 审判长,各位法官,(我)<u>坦率地说</u>,我作为一名律师从接到这个案子就没敢对胜诉抱有幻想。　　　　　　　　　　(CCL)

但同样,在 CCL 中"坦率地说"的数量为 38 例,"我坦率地说"的数量则只有 4 例,所以不出现"我"的形式为基本形式,而出现的则是变体,隐含人称代词的标记形式上不见得就可以补出人称代词,如:

(16) a. 因此说,洒红节,<u>准确地说</u>,应该算是印度式的"狂欢节"。
(CCL)

(16) b. ? 因此说,洒红节,<u>我准确地说</u>,应该算是印度式的"狂欢节"。

基于上述情况,在考察含有人称代词的话语标记时,我们只选取基本形式中包含人称代词的为对象,而不将省略人称代词的变体形式和隐含人称代词的话语标记纳入考察范围。

2.3　人称代词在话语标记中的分布

从上面总结的含人称代词话语标记中人称代词的分布规律可以看出,含人称代词的话语标记存在明显的对称与不对称现象。这里所说的对称是指在构成格式中,同样的位置既可以是第一人称代词"我",也可以是第二人称代词"你",如格式 1),"人称代词+说/想/看",可以构成"我+说/想/看",也可以构成"你+说/想/看",格式 2)中"以我之见、依我说/看",也可以构成"以你之见、依你说/看"。与之相反,不对称是指在某个格式中,人称代词只能是第一人称或第二人称代词,二者没有对应的结构,如果替换,要么不成立,要么不构成话语标记,如"你看你"不能变换为"我看我","好你个……"也没有"好我个……",而"我告诉你"虽然可以变换为"你告诉我",但后者则不一定是话语标记,如:

(17) 你是当局者迷,我是旁观者清!<u>我告诉你</u>,那个韦鹏飞不简单,绝对不简单! 　　　　　　　　　　　　（转引自董秀芳,2010）

上例中的"我告诉你"不与其他话语粘连,表明说话人的见解和态度,是个明显的话语标记。

(18) 但是,聪明的,<u>你告诉我</u>,我们的日子为什么一去不复返呢?
(CCL)

上例中的"你告诉我"虽然也没与其他话语粘连,但它不能省略,具有概念意义,不是话语标记的用法。我们在"CCL 语料库"中对"你告诉我"进行搜索,共得到了 624 条语料,"你告诉我"很多与其他话语标记粘连,采取抽样方式,我们对前50条进行逐一辨认。前50条中,不与其他话语粘连的有21条,不少前面还有"请",都具有概念意义,没有话语标记用法。所以,不对称的话语标记结构,即使人称代词变换后可以成立的结构却很可能不是话语标记。

从上面归纳出的人称代词在标记中的位置类型可以发现,"我""你"出现对称分布情形的主要是1),其次是2)的部分标记。1)中的"我/你+说/想/看"呈现最为整齐的对称的现象,有"我说、我想、我看、你说、你想、你看"6个标记,另外还有标记化程度较低的"我知道"和已经常用作标记的"你知道"这一组。在2)中有"依我看""依我说""以/依我之见"和"依你看""依你说""以/依你之见"对称的几组。其他类型则大多不是对称的,如"好你个……""去你的",完全没有对称的"好我个……""去我的"这样的说法。有的虽然有对称的形式,但其中对应的那个却不一定是话语标记,如"我说什么来着"和"你说什么来着",前者是个话语标记,具有表达预期实现和不满两种具体功能,例如:

(19) 余:<u>我说什么来着</u>,还是缺钱嘛。　　　　　　　　　　(CCL)
(20) 余:<u>我说什么来着</u>?干活儿的事儿,别叫女同志。这女同志一累了哇,就容易犯糊涂。　　　　　　　　　　　　　　　　(CCL)

前一个"我说什么来着"表示说话人的预期准确,后一个则表示对"叫女同志"做法的不满。而"你说什么来着"完全是个问句,表示对他人之前说过的某个内容的再次询问或确认,不是话语标记:

(21) 你少插话好不好!别看徐姐不姓咱们的姓,别看徐姐不算咱们族人,你说什么来着?说她没有选举权与被选举权是不?
　　　　　　　　　　　　　　　　　　　　　　　　　(CCL)

为什么含人称代词的话语标记会只在"人称代词+说/想/看/知道"和"以/依+人称代词+只见"少数几个结构类型上形成"我、你"的对称分布呢?关于"我/你+说/想/看"结构作为话语标记的研究不少,综合以往研究的成果,能归纳出一定的规律。姚占龙(2008)认为在这个结构中,"说、想、看"因为逐步主观化,不再表示具体的动作,由表示"认识情态"而成为话语标记;陈振宇、朴珉秀(2006)则主要从"现实"与"非现实"情态上将这个结构区分为两种情况;曹秀玲(2016:127-145)对这个结构进行了详尽的考察与研究,经过对语料的统计分析,发现"我/你+说/想/看"在功能分布上,询问意见与发表意见或推断形成了整齐对立,在这种情况中,"说""看"可以自由替换而功能不变,如:

(22)于大妈:老傅啊,比比他们再看看你,这个名额你看给谁合适啊?
(CCL)

此处的"你看"可以换成"你说",也可以换成"你想"。通过"你+说/看/想"表示征询听者的认识,或很多时候只是形式上的征询,而实际目的则是希望对方确认自己的认识或意见,不一定需要对方回答。"我+说/看/想"正好相反,说话人是明确表达自己的认识、看法或态度,而"不必考虑对听话者而言是否确证"(陈振宇、朴珉秀,2006),故而二者目的是一致的,"以我/你之见、依你/我说/看"分布的对称与此一样。所以少数几个结构的"我/你"呈对称分布,这与它们搭配动词的认识情态密切相关,在这样相对封闭的结构中才形成了规律性的对称分布。按照陈振宇、朴珉秀(2006)的研究,"我/你+看"可以根据后面的话语区分为"现实与非现实"两种不同的情态意义,不同的情态意义其表现形式就不一定对称了,所以这几种结构的对称也是有限的,如"你知道"已经主观化,其话语标记的用法已经很多,与之对称的"我知道"则还不多,曹秀玲(2016:144)认为"我知道"的语法化程度还较低,是"正在向话语标记发展",还处在"主谓结构和话语标记'双重身份'时期"。张旺熹、姚京晶(2009)认为"人称代词+说/想/看"类结构所表现出的外在标记能力和标记功能上的不对称。根本原因在于各个结构表现主观性的不对称,后面还将对它们的主观性差异展开分析。

2.4 含人称代词话语标记的语境与语体特征

含人称代词的话语标记使用的语境与语体会有什么规律?具有什么特征?我们以"BCC语料库"为语料来源,分别对同一标记在叙述语境和对话语境中使用的频次进行统计。

表 4-1 结构 1)标记统计表

标记	报刊	对话	二者比	标记	报刊	对话	二者比
我说	206	894	1∶4.34	你说	101	314	1∶3.11
我看	107	34	1∶0.32	你看	499	399	1∶0.8
我想	1303	186	1∶0.14	你想	47	8	1∶0.17
我知道	223	712	1∶3.19	你知道	62	71	1∶1.15
合计	1839	1826	1∶0.99	合计	709	792	1∶1.12

表 4-2 结构 2)标记统计表

标记	报刊	对话	二者比	标记	报刊	对话	二者比
以我之见	37	0	37∶0	以你之见	0	0	0
依我之见	24	4	1∶0.17	依你之见	1	4	1∶4
依我说	52	0	52∶0	依你说	13	15	1∶1.15
依我看	698	49	1∶0.07	依你看	11	0	11∶0
合计	811	53	1∶0.07	合计	25	19	1∶0.76

表 4-3 结构 3)标记统计表

标记	报刊	对话	二者比	标记	报刊	对话	二者比
我说什么来着	1	160	1∶160	我觉得	13026	193574	1∶14.86
我想说的是	70	1206	1∶17.23	我(个人)认为	362	397	1∶1.1
合计	71	1366	1∶19.24	合计	13388	193971	1∶14.49

表 4-4 结构 4)标记统计表

标记	报刊	对话	二者比	标记	报刊	对话	二者比
你说/看你	240/136	12659/9082	1∶52.75/1∶66.78	你呀你	12	503	1∶41.92
你还别说	7	277	1∶39.57	你也是	0	2244	0∶2244
你猜怎么着	20	60	1∶3	你比如说	0	2	0∶2
你就说	132	5090	1∶38.56				
合计	535	27168	1∶50.78	合计	12	2749	1∶229.08

表 4-5 结构 5)标记统计表

标记	报刊	对话	二者比	标记	报刊	对话	二者比
要我说(呀)	70	1174	1∶16.77	好你个……	15	131	1∶8.73
恕我直言	56	1701	1∶30.38	看你说的	29	603	1∶20.8
不瞒你说	97	885	1∶9.12	去你的	6	0	6∶0
说你什么好	0	367	0∶367	真有你的	11	42	1∶3.82
合计	223	4127	1∶18.51				

表 4-6 结构 6)标记统计表

标记	报刊	对话	二者比	标记	报刊	对话	二者比
我告诉你	102	976	1∶9.57	不是我说你	0	87	0∶87
我给你说	28	1900	1∶67.86				
合计	130	2876	1∶22.12	合计	0	87	0∶87

从语言交流的形式可以分为书面语与口语两种,学界也习惯将书面语与口语作为对应的两种语体,可以称之为"二分法",也有将"书面语体"称为"正式语体","口语语体"称为"非正式语体"。但只将语体区分为书面语体和口语语体两种,有些过于狭窄,按照"非此即彼"的逻辑,很多"跨界"的现象就不好处理,于是学界就提出了较为细致的说法,"三分法"将语体区分为"正式语体""非正式语体""通用语体",还有以"三分"为基础,在"正式语体"中增加一个"典雅语体",在"非正式语体"中增加一个"俚俗语体",各语体之间都存在过渡现象和成分(冯胜利,2006∶3),这样更为精细地区分出了语体类型。对照这些说法,上面各表格中含人称代词的话语标记的语体风格分别为,结构 1)为通用语体,结构 2)中的"以/依我/你之见"为正式语体中的典雅语体,其他的为通用语体,结构 3)中除"我说什么来着"为非正式语体,其他为通用语体,结构 4)中的"恕我直言"为典雅体,其他均为非正式语体和俚俗语体,将其语体情况统计如下:

表 4-7 含人称代词标记语体统计

正式(含典雅)	通用	非正式(含俚俗)	总计
6	15	18	39
15.39%	38.46%	46.15%	100%

从上表我们可以看出,含人称代词的话语标记正式语体的占比较低,通用语体和非正式语体相加占比接近 85%,也就是说,绝大部分含人称代词的话语标记是用于口语会话中。再将上面各标记的使用语境的例子数量进行统计,得出下表:

表 4-8 不同语境例子数量统计

报刊高于对话的标记	对话高于报刊的标记
11	28
28.2%	71.8%

可以看出，含人称代词的话语标记主要出现在对话语境中，其中有意思的是，像"去你的"是比较典型的口语标记，可对话中没有，只在报刊中检索到6例：

(23) 战友说："你去给我站两个钟头，我给你4元钱！"那战友说："去你的，4元钱谁干？加一倍吧。""好，8元！"为此，两人都受到连首长批评。 (BCC)

(24) "老师，您瞧他，人家都担任导演了！"一位姑娘调皮地说。"去你的，别在这儿给我吹了！谁呀？谁呀！"小伙子一边说一边用手捅那位女同学。 (BCC)

(26) 雨田笑着说："嘿，唱得不赖，有点李谷一的味道！""去你的，别贬人了。"玉芬笑着说，又问："怎么去了这半天？队里有事吗？" (BCC)

(27) 表弟在读初三，个高体壮，只是太贪玩，学习上不去，看来是想提前落实"后路"。"去你的，好好念你的书，要是念不上，就等着天天去放羊吧。"舅舅一句话，把表弟吓得躲回房里去了。 (BCC)

(28) 美国便任意拿来用一用，用不着的时候便板起脸来说，"去你的，巴拿马的国旗是不能代表巴拿马的?！" (BCC)

(29) 司机从兜里掏出一盒香烟，弹出一支叼在嘴上说："大老爷们儿，办事儿忒肉！去你的，我正好儿歇会儿，抽支烟。" (BCC)

BCC注明上面6个例子都出自《人民日报》，但无一例外都不是叙述方式，都带有引号，出自人物的对话，所以即使是报刊，也未必就是书面语体，很多是引用的会话。由此可知，含人称代词的话语标记大多出现在口语的会话中，连"恕我直言"这样的具有典雅性的标记，会话中出现的例数是报刊中的30多倍，说明它虽然是正式语体标记，但却具有强烈的会话色彩。

从上面几个表格的数据可以发现，通用语体的标记在报刊、对话中出现的数量基本持平，相差最大的是"依我看"为52∶0，而非正式语体在对话中出现的数量则大大超出在报刊中出现的数量，最大比是"说你什么好"为367∶0，在结构3)、4)、5)、6)中，绝大多数标记在对话中出现的数量都超出在报刊中的10倍以上，这些都是很清楚地显示，含人称代词的话语标记具有很强的会话色彩，或者说，它们多用于会话语境。

使用人称代词是篇章衔接的重要手段之一，在叙述语篇或非会话形式中，第二人称很难用到，主要是第一人称和第三人称，尤其是第三人称，所以现在在篇章层面的人称代词运用研究上，主要集中在第三人称的回指上。第一人称书面叙述表达上往往采取零形回指，避免过多出现第一人称代词,这也是汉语书面语语篇的一个重要特点。有研究指出:"汉语学术文章中尽量避免使用第一人称指示,即便使用,也多用'笔者''作者''本文'而非'我',目的是摈弃主观论断。"(刘风光、薛兵,2014),所以"在人称指示系统里,第一人称指示是对话语发出者的标记"。第一人称的使用具有很强的互动色彩。还有研究将英汉人称代词作为篇章衔接手段使用特点进行对比后,发现"英语使用人称代词的地方,汉语多用省略法……在代词的使用上英语充分表现出它的显性特征,而汉语语篇的指示照应则往往呈隐性状态"(刘莹莹,2012)。由此看来,从人称代词使用规律看,在汉语叙述语篇中,会尽量少用人称代词,如果使用,更多的是第三人称,第一人称会用到,但第二人称很少。与之相反,由人称代词构成的话语标记,主要用于口语会话,而且很少含有第三人称的,互动色彩很浓。上述规律体现了书面语篇与口语会话的不同特征,人称代词的使用呈现互补分布。

近年互动语言学兴起,研究者关注言语双方会使用怎样的语言手段在会话序列构建社会互动规则,会话中双方如何使用话语标记也是其中重要的语言手段,而含人称代词的话语标记可以说就是会话参与者表达自己情感、认识和立场非常直接的方式。可以说含人称代词的话语标记与会话语境二者呈现出相辅相成的关系,一方面,会话语境中,会话双方自觉不自觉多采用含人称代词的话语标记来直接表达自己的情感与认识,另一方面,会话语境促使会话参与者为达成交际目标而主动采用相应的含人称代词的话语标记。

前文阐述过,含人称代词的话语标记只有第一人称和第二人称,几乎没有第三人称的,这也从另一角度证明这类标记的会话性质与互动功能,因为会话语境中,参与的两方只有说话人和听话人,二者角色不停轮换,不是说话人"我"就是受话人"你",参与者不可能有"他",这些含人称代词"我、你"的结构在会话中不断运用,经过主观化,也就是标记化成为话语标记,这样使它们既具有很强的口语色彩,也多用于会话语境。

2.5 含人称代词话语标记的功能与主观性

含人称代词的话语标记在会话中主要具有什么样的功能?这是考察含人称代词话语标记特点的重要方面。曹秀玲(2016:128-129)将"我/你+说/想/看/知道"结构的8个话语标记的功能进行了细致统计,归纳出了它们诸如"征询意见"等12种具体语用功能,并列出了每个功能分布表。我们再对这12种功能按照篇章功能、人际功能、互动功能三大功能进行分类,归类为下表:

表4-9 "我/你＋说/想/看/知道"功能统计(曹秀玲,2016:128－129)

大类别	篇章功能	人际功能	互动功能
具体类别	意见推断(3)、开启话题(1)、抢话打断(1)	责备抱怨(3)、解释开脱(2)、欣羡赞誉(2)、醒悟夸耀(1)、了解情况(1)	征询意见(2)、寻求认同(4)、劝慰说服(5)、警告提醒(1)
数量	3(5)	5(9)	4(12)

注:括号内数字为具备该功能的标记数量。

从上表可以看出,"我/你＋说/想/看/知道"8个标记,从三大功能类别看,呈现不均衡的状态,主要表达的是人际功能和互动功能,三者数量分布为:篇章功能＜互动功能＜人际功能,如果以小类数量为观察点,则为:篇章功能＜人际功能＜互动功能。按照功能与主观性的对应关系,单看"我/你＋说/想/看/知道"8个标记,主要表达的是人际功能和互动功能这样的高主观性功能,小类数量呈现的分布规律"篇章功能＜人际功能＜互动功能"与功能对应的主观性等级也相吻合。

为进一步验证上面的规律,再对照上面总结出的含人称代词的话语标记结构类型,对结构2)－6)归纳出每个标记的功能[①]:

表4-10 含人称代词结构2)－6)标记功能统计

大类别	篇章功能	人际功能	互动功能
具体类别	阐发意见(7):以我之见、依我之见、依我说、依我看、我觉得、我(个人)认为、我想说的是	责备抱怨(9):我说什么来着、你说/看、你呀你、你也是、说你什么好、好你个……、去你的、不是我说你 表明态度(3):恕我直言、不瞒你说、要我说(呀) 欣羡赞誉(1):真有你的	征询意见(4):以你之见、依你之见、依你说、依你看 寻求认同(4) 超预期:你还别说、你猜怎么着、看你说的 警告提醒(2):我告诉你,我给你说 引发(2):你比如说、你就说
数量	7	13	12

以上统计虽然未必精准,但大致能看出这些含人称代词话语标记的具体语用功能的分布规律,与对曹秀玲(2016)分布规律的统计相当,可以确认含人称代词的话语标记使用的基本事实,那就是它们主要用于会话,且以表

---

① 与曹秀玲(2016)不同的是,我们在确定每个标记功能时只考虑它的核心功能,不考虑其他多功能。

达人际功能和互动功能为主,具有较强的主观性。

乐耀(2010)对北京话中的"你像"进行了全面研究,很多方面能对含人称代词话语标记有较强的互动功能提供证明。乐耀(2010)认为北京话中的"你像"词汇化成了语用标记,归纳出"你像"具有举例标记、话题标记和话语标记三种语用功能,例句分别如下:

(30) "地球",我们知道,我们在这里,我们有水,还有太阳系的外缘行星,你像远的天王星、海王星、冥王星,因为它离太阳太远了,那个里头温度非常低。

(31) 你像羚羊的话,它一般是急转弯,不停地急转弯。

(32) 他立即高兴地舒展开眉头,又夸奖我态度好。你像我这种态度本来应该早枪毙的为什么把我拖到现在才枪毙实在让他想不通。我当然索性要态度好到底。

(30—32 转引自乐耀,2010)

上面三个例子虽具有不同的语用功能,但表示举例和话题标记的"你像"实际上都可以省略"你",但用"你像"更加突出了口语与互动色彩,作为话语标记的"你像",其作用是"使得言谈更加连贯、更加具有交际互动性"。所以"'你像'词汇化的动因主要来自对话语体的交互性需求及交互主观化。北京口语中的语用标记'你像'具有交互主观性。也就是说在言谈中,说话人用明确的语言形式表达对听话人的关注,而对听话人的关注用语言形式加以编码或使之外化的过程就是交互主观化"(乐耀,2010)。由此可以明确含人称代词话语标记的人称代词在其标记化中的作用,也理解了含人称代词话语标记容易出现的语境及主观性特点。

Edward Finegan(1995)说"主观性"和"主观化"研究集中在"说话人的视角、说话人的情感、说话人的认识"三个方面,这三个方面并不是孤立互不相干的,而是有着密切的逻辑关系。"说话人的视角"是后面两个方面的起点与基础。确定了"视角",才能恰当地体现"情感"和"认识",反之,如果"视角"不明,"情感""认识"的属性就可能紊乱,交际时就可能产生误解,所以三者是"主观性"的有机组成整体,其内在逻辑性不是随意的。上述三个方面也是话语标记的主观性组成要素,说话人首先要通过一个"视角"来表达"情感"与"认识",而人称代词就是"视角"最显性的标志,相对不含人称代词的话语标记,因为"视角"的清晰,表达的"情感""认识"也就会得到突出,主观性则得到加强。李秀明(2011:118—120)在对语篇功能标记的子类"衔接连贯标记"下的小类"举例式标记语"进行分析时列举了多个典型标记,有"如、例如、比方说"等,例子为:

(33) 其实,历史是一种不以人的意志为转移的客观存在,对于历史的认识却是人的主观感受,而由于每个人的生活经历不同,在社会中所处的地位不同,他们对历史的主观感受就可以有许多的不同。<u>比如说</u>,有了日本的侵略才有了中国的抗战,但由于对于战争的体验不同,就会对历史产生不同的认识。<u>又比如说</u>,同样是参加了抗战的老兵,有在正面战场作战的、有在敌后战场作战的,他们的感受也会有很大的不同。

(转引自李秀明,2011:118)

篇章功能的话语标记主观性很弱,尤其是衔接这一小类,它们的功能就是把话语串联起来,使话语在逻辑上构成一个整体。在考察"举例式标记语"的最后,李秀明(2011:120)指出这类标记还有一个在口语中常见的"你比如说",例子是:

(34) 我们说近代以来西方思想对中国的影响非常大,<u>你比如说</u>西方近代哲学,对中国近代历史的影响大不大? 很大。

(转引自李秀明,2011:120)

他认为它是"由召唤读者的标记语'你'和举例式标记语'比如说'组合而成的,它同时具有人际功能和语篇功能,也可以把它看作是个紧缩式元话语标记"。他对"你比如说"的分析有两点非常值得肯定,一是将它定位为"口语常见",二是认为它"具有人际功能"。对照前面的"比如说","你比如说"为什么就产生了新的因素或特点? 原因非常简单,就是因为"你比如说"包含了人称代词"你"。两个标记同样都是表示举例,但包含了"你"就体现出了明显的听者"视角",所以产生了交互功能,主观性较之不包含"你"的形式就不一样了。上面例子的"你比如说"就如前面对"你像"的分析,由表示举例而向表示情感演变,会逐步主观化为词汇形式,也是标记化过程。联系前文综述"人称代词+说/想/看"标记化研究成果,很多都着眼于"说、想、看"这些动词从动作义虚化为认识情态义,实际上这个结构之所以能发生主观化与语法化,其直接诱因是这些动词与人称代词的结合,这些动词如果不是因为和人称代词相结合就不可能产生主观性与主观化,也就是有了"视角"继而才能表现"情感""认识",才会体现出主观性而完成主观化。

与人称代词能明确体现视角密切相关的是,人称代词是移情手段的重要表现形式。前面相关部分详细介绍与阐述过语言学的移情手段,何自然(1991)认为移情就是交际双方情感相通,能设想和理解对方用意,换句话说,就是说话人站在听话人的立场进行表达。有个大家耳熟能详的语言现象,就是电视记者在报道负面新闻采访当事人时,提问时会采取下面这样的方式:

(35)记者对被处罚当事人:咱们骑摩托最好戴上头盔,这样咱们安全有保障。 （北京电视台节目《红绿灯》）

记者使用"咱们"而不用"你",就是在言语上把自己与采访对象结为一体,目的是让对方尽量不抵触采访而达成自己的新闻采访目标,从语言上分析就是运用了移情手段。其实不只是负面新闻报道出现这种语言现象,有研究对电视访谈节目的称谓语现象从语言学进行了阐释（参见吕建军,2008）,饶安芳(2013)分析在话语中人称代词的非常规用法能体现主观性与交互主观性。其所说的人称代词非常规用法,就是我们这里说的通过人称代词的换用来进行移情。她归纳出了三种非常规用法,分别是:用第一人称代替第二人称单数或复数,用第一人称复数代替第一人称单数,用第二人称复数代替第二人称单数。实际上刚才记者采访的例子还不在这三种模式之中,这样概括似乎还不够全面与准确,但可以肯定的是这种种情况都是运用不同的人称代词来实现移情,通过移情来表达不同的主观性。

上述情况在含人称代词的话语标记中同样存在,含人称代词话语标记的人称代词主要是第一和第二人称代词,单数人称代词是基本形式,都可以处在短语结构之首,从句法上说,处在短语之首很可能就是动作发出者,就是标记主观性的视角。Kuno(1987:209—218)指出移情是说话人与其在句中所描写的事件或状态的参与人或物的关系的密切程度,说话人总是从某一个视点（point of view）或某一个观察角度（camera angle）来描写事物状态。在此基础上,Kuno 提出了"句法突显原则"(Syntactic Prominence Principle),哪个成分的所指对象的移情值高,哪个成分就会取得句法上的突出地位,这样体现在代词的运用上就会是哪个代词移情值高就会取得句法突出的位置。耿德本(1996)运用 Kuno 的移情理论对英语并列结构人称代词的顺序进行了研究,就发现人称代词排列顺序与移情值的高低有密切关联。所以人称代词的运用是移情实现的手段之一,可以把指称听者的人称代词放在句法突出位置,通过改变视角而实现移情,以达到言者的交际目的。张伯江(2010)在分析汉语中限定词位置上的人称代词总是居前的现象时,发现了"该人称代词表示了说话人'移情'的方向——说话人把自己认同于该人称代词所代表的那个人的说话/认识立场"。谈的虽然不是话语标记问题,但说明了居首人称代词在移情上的意义与作用,话语标记所含人称代词的功能亦是如此。张伯江(2002)用"移情焦点"(empathy focus)来解释这种现象产生的原因,新的移情焦点因突显的需要被转移到句首,占据主语位置代替原来强施事成分,成为一个弱施事成分。张旺熹、姚京晶(2009)在分析"你+说/想/看"的言者话题认知功能时指出:"言者运用'你'类标记标引自身对于当前话题的认知、建议等。其突出功能在于'借你/您(听者)之口,言我(言者)之意'。"把为什么要这么使用解释得非常清楚,言者的目的是"通过对于听者的观照,在最大程度上与其达成意志共同体"。这种效果的产生就来自人称代词的使用,从"我"变为"你"改变了视角实现移情,从而使主观性发生质的变化,由言者主观性变为交互主观性,所以张旺熹、姚京晶(2009)认为"你"类言者认知话题标记具有典型的交互主观性特征。曹秀玲(2016:130-131)通过比对,指出"你V"后面的小句陈述的其实是说话人自己的观点和态度,用"你V"旨在引起听话人注意,并与说话人达成共识。她还认为,从功能上说,用不同的人称代词表达的功能是一样的,如"你说/看"和"我说"都可以用于责备抱怨,如:

(36) a. 你说,这叫什么事啊,全都采访去了。 (CCL)

可以发现,上例中的"你说"不仅可以换成"你看",还可以换成"我说":

(36) b. 我说,这叫什么事啊,全都采访去了。

"你说"换成"我说",表示责备抱怨的功能没有改变,但因为主观性视角的改变,二者还是有差别,"你说"表示责备抱怨的同时,更重要的是取得听话人的认同,甚至要引起听话人产生同样的感觉,而"我说"则只是单纯表达说话人自己的不满,在某种语境下还会让听话人产生责备的对象包含了自己,二者效果不一致。

通过上面的阐述,可以知道含人称代词的话语标记与不含人称代词的话语标记一个很大不同是,前者因为所含人称代词明确标示了视角,主观性就显得非常明确,移情的表现形式也表现得很清楚,后者相对来说就隐晦、含蓄得多,需要参与交际的双方根据语境去体会与领悟,互动功能也不如前者突出。

2.6 含人称代词话语标记的主观性规律及等级

人称代词决定了含人称代词话语标记的视角,视角又与主观性性质相关联。从含人称代词话语标记的构成就可以知道,这类标记不可能是单个词,一定是由人称代词组合形成的短语结构。前面概括出来的6种结构类

型,按照人称代词出现的位置、是哪个人称代词、第一和第二人称是否同现等情况,它们的主观性呈现如下几条规律:

第一,人称代词居首,上述结构类型的 1)、3)、4)属于这种情况,即"我/你+说/想/看""我+V""你+V"三种结构,结构 1)人称代词"我、你"呈对称分布,后两种不对称,关于这一点,前文已进行了详细论述。人称代词居首,其视角非常明确,换言之,居首的人称代词可以看成视角的标志。视角又与主观性性质紧密相关,第一人称"我"居首,非常清晰地表明是言者视角,体现了说话人情感、立场,话语意义聚焦于说话人,而第二人称"你"居首,视角则转变为听者,体现了说话人对会话参与者面子的注意,而且希望引发听者的回应,话语意义聚焦于听话人,因为"你"出现在句首,标记具备了互动功能,主观性体现为交互主观性,这种情况还包含了"你"的重复,如"你说(说)你""你看(看)你""你呀你"等。前文对主观性与交互主观性的关系做了细致阐述,主观性体现了言者的情感、立场,可以称为言者主观性或一般主观性,交互主观性来源于主观性,但强于言者主观性。言者主观性只是单纯表明说话人的态度、立场,而交互主观性则是通过移情,站在听话人的视角来实现互动功能以达到交际目的。

人称代词居首的标记,人称代词的位置与主观性及强弱形成了如下对应关系:

代词位置	"我"(居首)	"你"(居首)
	↓	↓
主观性类型与等级	言者主观性 <	交互主观性

第二,人称代词居后,这里所说的居后是指在短语结构动词或其他词后,即人称代词不是句法上的主语,其后可能还跟有别的成分,属于这种情况的有结构 2)、5),结构 2)是介词短语。"依我之见"类与"我认为/觉得"功能一样,"依你之见"表示说话人征询听话人意见,具有互动意味;结构5)的"要我说、听我说、恕我直言"与"依我之见"相同,而"看/瞧你说的、不瞒你说、去你的、好你个……、真有你的、说你什么好"都是表达说话人对听话人的某种态度、评价,其视角还是说话人,但因为出现"你",针对性就显得非常明确,也具有一定的互动功能。按照人称代词对应的视角、功能,这类标记的主观性及强弱形成的对应关系如下:

主观性类型	言者主观性	
	↓	
主观性强弱	含"我"标记 <	含"你"标记

第三,人称代词同现,即"我、你"同现,一个标记同时出现了第一人称和第二人称两个代词,结构 6)是这种类型,"我、你"同现的情况中,我们注意到"我、你"在标记中顺序并不是随意的,"我"一般在"你"的前面,如"我告诉你""不是我说你(不是我+VP+你)""我给/跟你说",也有个别"我"在"你"后面的,如"你听我说/讲"。无论人称代词是否居首,"你"大都出现在"我"的后面,形成了"……我+V 或其他+你"的基本格局,"我""你"位置不可以对换,如果互换,不一定还是话语标记,甚至不一定成立,跟原来的标记也不一定有关联性。如"我告诉你"作为话语标记具有多种功能,董秀芳(2010)认为它的多种功能的共同点是强调。如果将其中的"我""你"互换,"你告诉我"的说法也有,但它未必是话语标记。按照话语标记的形式标准,"我告诉你"与其他成分不粘连,可以实现位置的线性移动,且没有概念意义,可以删掉,如:

(37) a. 你是当局者迷,我是旁观者清! 我告诉你,那个韦鹏飞不简单,绝对不简单! (转引自董秀芳,2010)

(37) b. 你是当局者迷,我是旁观者清! 那个韦鹏飞不简单,绝对不简单!

(37) c. 你是当局者迷,我是旁观者清! 那个韦鹏飞不简单,(我告诉你)绝对不简单,我告诉你!

上例的 b、c 删掉或移动了"我告诉你"都对命题意义没有影响,它的功能是表示"郑重告知"。"你告诉我"则不一样,虽然有这个说法,但它并没有话语标记的用法,我们以前后加",",断开粘连成分将"你告诉我"在 CCL 中进行搜索,一共得到 59 例,即使不与其他成分粘连,但大部分都具有命题意义。如:

(38) 我怕不够条件,余静同志,哪方面不够,你告诉我,你帮助我,我一定努力争取! (CCL)

上例的"你告诉我"虽然可以移动到"哪方面不够"前,但绝对不能省略,如果省略整个话语意义将会改变,而且移动位置也不像前面的"我告诉你"具有任意性,所以它不是一个话语标记。我们通过对 59 例"你告诉我"语料进行分析,发现有 44 例"你告诉我"后面引导的是疑问句,占到全部例子的 74.6%,比例相当高,如:

(39) a. 致庸五内俱伤,冲动地上前抓住翠儿摇晃着喊道:"翠儿,你告诉我,为什么? 为什么?" (CCL)

上例的"你告诉我"可以省略而不影响话语意义的完整:

(39) b. 致庸五内俱伤,冲动地上前抓住翠儿摇晃着喊道:"翠儿,为什么?为什么?"

也可以实现位置的线性移动:

(39) c. 致庸五内俱伤,冲动地上前抓住翠儿摇晃着喊道:"你告诉我,翠儿,为什么?为什么?"

(39) d. 致庸五内俱伤,冲动地上前抓住翠儿摇晃着喊道:"翠儿,为什么?为什么?你告诉我。"

相对前面"你告诉我"后不是引导疑问句的例子,"你告诉我"参与命题意义的贡献小得多,具有话语标记的意味较浓,但它有较为严格的语境要求,即后面必须接疑问句,上例因为前面有人物称呼"翠儿"和对话的语境,"你告诉我"才显出话语标记意味,像下面例子就不同了:

(40) 把你们这些不顾民众死活的官僚和精英打翻在地的,只有毛主席,你告诉我,我为什么不能崇拜他?我们还有其他选择吗?

(CCL)

这个例子的"你告诉我"如果省略的话,后面的问句就成了反问句,不需要回答,而且也不清楚是向谁发问,所以相对前面出现了听话人称呼的情况,"你告诉我"的标记特点又更淡一些。"你告诉我"在引导疑问句时,表示向听者要发出疑问或质问,希望得到对方回应,具有互动功能,表现出话语标记的特征,由此可以说它正在虚化,向话语标记演进,但还只限定在具体某种语境。我们以"我告诉你""你告诉我"前后加","的方式,即确定两个小句不与其他成分粘连,在"CCL语料库"中进行搜索,前者有154例,都是话语标记用法,而后者只有59例,具有标记部分特征的为44例,二者数量比是3.5∶1,前者使用频率较大,比例高于后者,这也从一定程度看出完成了标记化的"我告诉你"与没有完成标记化的"你告诉我"跟使用频率的关联性。

上面对"我告诉你"和"你告诉我"的分析,说明了"我""你"同现的标记,主要格局是"我"在"你"前,且"我""你"在标记构成上不是对称分布,"我""你"互换后不一定还是话语标记,与原标记也没有关联性。

这类标记"我""你"同现及"我"多在"你"前基本格局的视角是什么?主观性又具有什么特点?与前2类判断标准一致,"我"在"你"前的,标记的视角与其就是一致的,像"我告诉你""我给/跟你说"等,"我""你"在标记中居首,与第一类一样,就是言者视角或听者视角,主观性表现为言者主观性或交互主观性,即使像"不是我说(V)你"这样的"我"并不居首,但也还是言者视角,主观性总体来说也是言者主观性。特别要指出的是,这类标记"我""你"同现,且呈现出"我"在"你"前基本格局的情形,它相对前两类,主观性有不同表现与特点。

上面说过,诸如"不是我说你"这样的标记,视角还是言者"我",但因为后面有听者"你",意义明确指向听者,它的主观性就变得不再单纯,就像"我说/想/看",如果变成"我说/想/看+你",其意义与功能就明显不一样了,主观性也不会跟之前完全等同。

这类"我""你"同现标记,因为"我"后有"你",虽然言者视角的基本局面没有改变,但它与"我"后面没有"你"的标记只有单纯的言者主观性并不一样,它具有部分交互主观性。前面已经阐述过"部分交互主观性"的含义,这里不再重复。部分交互主观性具有两个特点:第一,整个标记主观性的主体不是交互主观性而是一般主观性或言者主观性,只是部分具有"交互主观性",这与单纯的主观性是有一定差别的;第二,"部分交互主观性"的来源是视角的变换,因为视角经历了"由'言者自身'转移到'听者自身'继而回到'言者自身'的变化过程",即"我"→"你"→"我"视角的转换,视角从开始到结果都是"我"。诚如前述,"你+V"这类标记,其实都是通过移情转换视角来聚焦于听者,达到互动效果而实现交际目的。判断主观性的标准是视角,而人称代词则是视角的标志。"我""你"同现且"我"在"你"前的话语标记是典型的具有部分交互主观性的标记,它们的基本视角是说话人"我",具有言者主观性或一般主观性,而"你"在后,意义焦点开始转向听者,与后面没有"你"的标记不一样,它引导的话语大多与听者有关或者是听者在意的,表现了说话人对听者的关注,显出移情趋向和互动功能,也就具有了部分交互主观性。

按照"主观性＜部分交互主观性＜交互主观性"标准,确定"我、你"同现标记的主观性及强弱对应关系如下:

人称代词位置	"我"前"你"后	"你"前"我"后
	↓	↓
主观性类型与等级	部分交互主观性 ＜	交互主观性

2.7 含人称代词话语标记的特点概括

综上阐述,含人称代词话语标记的几个特点如下:

第一,含人称代词话语标记主要用于口语会话语境,具有较强的互动功能,而且因为这一点,其语体特征也主要表现为通用性与口语性,有些标记,诸如"恕我直言",虽然本身具有很强的书面语体典雅色彩,但它也主要用于口语交际中而非书面叙述语篇,只是其语境较为正式,有别于口语中的大白话。

第二,含人称代词话语标记的功能主要是人际功能和互动功能,以篇章功能为主的少,这跟上述第一个特点密切关联,因为它们主要用于口语交际语境,口语交际的核心是达成交际目标,所以篇章功能不是口语交际重点考虑的。与之相关联的,含人称代词话语标记中主要起篇章功能的是带有"我"的标记,即"我"居首或者是"介+我"组成的短语,也就是整个标记视角是说话人的,视角为听话人或包含"你"的标记一般都不会主要起篇章功能,后者主要是起人际功能或互动功能。

第三,含人称代词话语标记的人称代词的位置与视角、主观性形成了对应性,含人称代词的话语标记因为出现了人称,也就非常清晰地标明了标记的视角,而视角又与主观性直接相关,按照它们的关系和主观性强弱等级标准,可以列出含人称代词话语标记的对应关系:

第三节　话语标记分类与基于教学的分类①

3.1　以往话语标记的分类

3.1.1　分类的总体特点

国内外学界关于话语标记的分类,可谓众说纷纭,各自依据自己对话语标记的理论认识、研究视角等进行分类,各种分类有相同的部分,也有很大部分不同,从总体上说,对话语标记的分类体现出这样几个特点:

首先,话语标记的分类标准往往与话语标记功能密切相关。前面谈到过国外话语标记研究的几大路子,任绍曾(2007)概括为话语连贯的路子或

---

① 本节主要内容以"人类学视角下对外汉语教学中的话语标记分类探析"为题发表在《广西民族大学学报(哲学社会科学版)》2020年第5期,本书有较大修改。

社会互动的路子、语用学路子、关联理论路子三大类,黄大网(2001)认为西方话语标记研究的学者出现了两大阵营,一是以 Schiffrin、Redeker、Fraser 等为首的"连贯派",二是以 Blakemore、Jucker 为首的"相关派",两派分歧的焦点是对交际认识的不同。不管是研究路子还是派别,实际上都是对话语标记功能认识不同而形成的。前面较为详细地阐述过关于话语标记功能的各种说法,我们最后采用话语标记三大功能说法,即篇章功能、人际功能、互动功能,取的就是各家说法相互交叠的部分,可谓"最大公约数"。在对话语标记进行分类时,各家都是按照自己对话语标记功能的理解,并以此为依据展开分类,具体分类情形下面会谈到,在此不再展开。

其次,对话语标记分类都注意到了类别的层次性。这与上一点有非常强的关联性,因为分类的标准都基本依据话语标记的功能,而功能的划分比较集中和概括,只有几大功能,所以同一功能就基本是一个大类别,然后下面再根据具体实际和应用情况等确定出具体标准划分出子类,子类下面还可以划分出更小的类别,有的具体标记还可能出现兼类现象。但应该指出的是,个别话语标记分类出现了层次不清的情况,将不同层次的标记混为一体,这是对话语标记分类时应该避免发生的问题,必须做到标准一致、层次清晰。

最后,话语标记的分类呈现出开放态势。这指的是在以往对话语标记进行分类时,往往不能做到穷尽各个类别,无论是上位层次还是下位层次,话语标记的类别都没有全部列出来,还可能提出新的类别,也有很多类别呈现出交叉状态。徐赳赳(2010:272)从篇章语言学研究角度总结汉语话语标记研究现状后指出了话语标记还有待研究的几个重要课题,其中就有"汉语话语标记到底有哪些主要类别?"从他的问题可以知道,目前这个问题还没有解决,换个角度看,这也说明话语标记分类及研究都是呈开放性的。

3.1.2 国外关于分类的代表性观点

国外关于话语标记的分类的代表性观点如下,分类标准的主要依据是各自对标记的认识与理解:

Erman(2001)认为话语标记的功能主要体现在语篇性、交际性、元语言性,所以就以此将话语标记分为语篇标记、交际标记、元语言标记三大类,当然,这三大类是上位层次的;Fraser(1999)根据话语标记的语用功能将狭义的话语标记分为四类:对比标记、阐发标记、推导标记、主题变化标记,这似乎不是上位层面的。

从话语标记连接作用角度划分话语标记类别被多人采用,但划分出的类别却不尽相同。Halliday & Hasan(1976)从话语标记连接关系角度在上位层面划分为四大类型:增补型、转折型、因果型、时间型,大类型下各自包含若干小类型;Schiffrin(1985)分为两大类:引发性的和应答性的;Quirk(1985)分为七类:列举、总结、同位、推断、转折、对比、结果。

Fraser(1996)从信息性质类别将话语标记分为四类:第一类,基本标记,对应基本信息;第二类,评论标记,对应评论信息;第三类,平行语用标记,对应平行信息;第四类,话语标记,对应话语信息。这里的标记是广义的,话语标记只是其中一种。

Bach(1999)从话语标记对话语的修饰关系角度将话语标记划分为十三类:话题标记、附加标记、阐释标记、总结标记、让步标记、对比标记、换言标记、强调标记、真实标记、秘密标记、关系标记、缓和标记、解释标记。

Blakemore(2002)根据语境效果将标记分为四类:引入语境含义的标记、加强语境假设的标记、取消语境假设的标记、指示话语在语篇中作用的标记。

Rouchota(1996)根据标记的内容把话语标记分为编码概念意义标记和编码程序意义标记两大类,其含义为,前者是表示交际者情感、态度、意图的标记,后者是表示话语内部关系的标记,可以理解为前者是主观性的标记,后者是起篇章功能的标记。

Jucker & Smith(1998)根据交际双方的关系将话语标记划分为提出标记、接受标记两大类别。

Watts(1989)根据话语标记出现的位置划分为两类:左话语标记、右话语标记;Lenk(1998)则反对 Watts 的分法,认为不应该根据话语标记所在的位置来划分,而应该根据话语标记表示的关系来划分,他将话语标记分为前指标记和后指标记,前者表示该话语标记与前面语篇之间的关系,后者表示后续关系,这实际上还是从连接角度区分的,位置关系也可能与之有交叠。

从上面各种分类来看,国外对话语标记分类角度是多种多样的,将功能作为分类的依据是主流,但也有不依据功能进行分类的,如按照信息性质、语境效果、标记位置等进行分类。

3.1.3 国内分类的主要意见

3.1.3.1 外语学界的主要意见

国内有关话语标记的分类也是多种多样,各种说法实际上都能从国外分法中找到影子,尤其是外语界学者的分法。

最早对话语标记进行分类的是冉永平(2000),将话语标记分为八类,分别是:话题标记、话语来源标记、推理标记、换言标记、言说方式标记、对比标记、评价性标记、言语行为标记,细推敲起来,各类是否在同一层面还需要斟酌。

陈新仁(2002)从语言三大元功能出发,将话语标记分为三类:概念性标记、人际性标记、语篇性标记。

赵刚(2003)主要依据标记的语用功能分为三大类:发话衔接标记,下面再分为顺接型、逆接型、添加型、对比型、同位型等小类;信息处理标记,下面再分为注视要求型、发话踌躇型、感叹型等小类;话题提示标记,下面再有话题提示型、归纳评价型、补充修正型等。与之角度类似,于国栋、吴亚欣(2003)也分为三类:承上型话语标记、当前型话语标记、启下型话语标记,其分类似乎更着眼于话语标记与话语的关系。类似的分法还有肖亮荣(2004),也分为三大类:引导性标记、推导性标记、态度标记。

王立非、祝卫华(2005)按照功能将话语标记分为两大类:逻辑连接标记语、填充标记语,前者再细分为13小类,主要是根据逻辑关系将语篇连接起来的连词和副词,后者只是用于填充停顿,具有一定的交际功能与意义,如保持话语流畅,分为两小类:有语义的和没有语义的(只有交际意义)。具体分类如下表:

表 4-11　王立非、祝卫华(2005)话语标记分类

	分类	话语标记语举例
话语标记语	附加性标记语	also, furthermore, moreover, besides, still, and, too, in addition
	列举性标记语	for instance, for example, such as
	对比性标记语	but, on the contrary, however, on the other hand, nevertheless, yet
逻辑连接标记语	重复性标记语	in other words, namely, that is
	因果性标记语	since, because, so, thus, hence, therefore
	顺序性标记语	first, secondly, thirdly, next, in the first place
	总结性标记语	in summary, to sum up, in sum, in total
	让步性标记语	though, although, even if, even though
	时间性标记语	after, meanwhile, now, before, when
	强调性标记语	above all, very, almost, actually, really, fully, extremely, completely, totally, indeed, incidentally
	资格性标记语	if, unless, whenever
	选择性标记语	either/or, other than, neither/nor, otherwise
	对等性标记语	as well as, at the same time, or

填充标记语	分类	话语标记语举例
	无明确含义填充语	ell,oh,yah
	有含义填充语	you know,you see,I mean,I think,yes,no,of course

吴亚欣、于国栋(2003)从元语用意识角度分为五类,并注意结合汉语进行了考察:强调或突出所述命题的内容,如"你听我说、告诉我、事情是这样的、我想讲的是";表明对命题的态度,如"老实说、不是我说你、实话告诉你、话又说回来";确认前述命题的内容,如"这么说、看样子、看来、也就是说、你是说";话语具有实据性,如"就我所知、依我看、据说、众所周知";发起或结束一个话轮,如"就这样吧、顺便问一下、换句话说"。

何自然(2006)从言语行为类型进行分类,如下表:

表 4-12 何自然(2006)话语标记分类

类型	功能	标记示例
施事类	增强施事力度,修饰言语行为	老实说、不瞒你说
态度类	表明对所述内容的评价和态度	确切地看、还说呢、不管怎么样
实据类	表明所述信息的状态和可信度	看样子、那还用说、在我看来
传信类	表明信息的来源或实据	据说、据报道、据调查、实话说

于国栋、吴亚欣(2003)从语篇构建的角度分为三类:承上型话语标记语、当前型话语标记、启下型话语标记。承上型分为推理类、总结类、转折类,如"这么说、好了、不过、你是说、如此看来、换句话说"等;当前型指与前后话语没有明确必然的联系,多由模糊限制语构成,如"我认为、说白了、我觉得、确切地说、据调查";启下型有话题引发和话题转换两个小类,如"是这样、顺便问一下"。

吴亚欣、于国栋(2003)从话语标记对元语用意识的标示进行分类:强调或突出所述命题、表明对命题的态度、确认前述命题的内容、使话语具有实据性、发起或结束一个话题,认为从元语用功能的角度来讲,话语标记把原本不太清楚的、隐藏在话语当中的一些语用效果从语言的底层带到了语言的表层,把一些不确定的因素确定下来。

从上述国内外语界对话语标记的分类意见看,呈现出这样几个主要特点:一是其研究对象主要以英(外)语语言事实为主,汉语不是其关注的重点,大多是从对比角度来考察汉语事实,单纯以汉语为对象进行研究的不多;二是对国外相关理论借鉴的程度相对来说较高,如采用语用学、言语行为等西方语言学理论对话语标记进行分类;三是从语用连贯或衔接角度着眼的多,从主观性角度考察的较少,只有少数划分出了诸如"态度类"这样主观性强的类型,大多还是将具体篇章功能作为划分话语标记类别的依据,于国栋、吴亚欣(2003)完全就是根据话语标记的衔接作用把话语标记划分为"承上""当前""启下"三类。

3.1.3.2 国内关于汉语话语标记的分类

关于汉语话语标记的分类,国内学界的分类标准可以归纳为两种情况:基于功能的分类与非基于功能的分类。

与国外研究一样,按照话语标记的功能对话语标记进行分类是最通常的做法。基于功能的分类大致有几种范式:

第一,按层次性进行分类,就是先按照话语标记的功能逐层进行分类,如李秀明(2011:102—138)将话语标记分为语篇、人际两大功能类别,每个大类下又分为4个小类,有的小类再分出更小的类别,如语篇功能下有话题结构的小类,这个小类又分出了话题选择、话题开始、话题转换、话题结束、序数序列连接等5个更小的类别;与李秀明相似,陈家隽(2019:58—70)在认定话语标记具有多功能性的前提下,将话语标记的主要功能概括为人际与语篇两大功能,前者包括提示说话人态度、体现交际互动功能两类,后者有话语组织功能(包括话题功能、话轮功能、语篇组织功能)、话语关系功能(包括时间关系功能、逻辑关系功能)、语篇修正功能;张黎(2017:21—22)从交际功能分为话语组织、人际互动、元语言三种,每种下面再分为若干子类,子类下还有小类,以此类推,如话语组织功能下分为交际进程、话轮控制两类,这两类下面再分为几个更小的类;较为严谨的是殷树林(2012:70—71),他依照标记的三大功能将标记分为三大类:语篇标记、人际标记、互动标记,大类下再分小类。语篇标记下再分为话题标记、阐发标记、推论标记、对比标记、言语顺序标记;人际标记下有证据标记、态度标记、言语行为标记、面子标记、主观化标记;互动标记下分为引发标记、应对标记、提醒标记、征询标记、踌躇标记、分享标记。且每大类标记不是穷尽的,呈开放性,可以再根据情况归设新类,其分法的优点:首先是标准保持一致性,其功能类别是在综合了国内外普遍说法的基础上概括出来的;其次是层次区分得较为清楚,各小类处在平行位置;最后是类别呈开放型,不绝对化,符合标记实际情况。当然也有些问题,如"主观化标记"指什么?它与"态度标记"是什么关系?他并没有做出解释。因为对功能的理解和划分的不同,上述分类都有很多不同,但它们都是从功能角度按层次进行分类的。

第二,直接按具体功能进行分类,不区分层次,如孙利萍、方清明(2011)"自上而下"透视话语标记的系统性,从语用功能角度将汉语话语标记分为来源凸显型、言说型、总结性等17种,称这种分类远没有穷尽,也没必要穷尽。他们的分类其实是从下位进行的分类,各类别划分的标准不断转换,层级也多相混,对话语标记的层次性与主观性等重要特征也认识不够全面,如认为标记的篇章衔接功能是一个高层次功能,基本涵盖了所有标记,主观性评价是仅次于篇章衔接功能的高层次功能,除极少数标记没有主观性,其他的都有,但二者是什么关系?有无主次之分?各类标记的划分跟这两大功能是什么关系?对这些关键性问题都显得语焉不详。

非基于功能的分类。张黎(2017:21-22)认为给话语标记分类可以从多个角度进行,如来源、形式、分布、功能等。从来源角度可以分为专用与借用两类,从结构稳定性上可以分为固化格式和可变形格式两大类,从结构形式上分为由单句、短语、单词构成的三类,从分布上可以分为位置固定和不固定两类;刘丽艳(2006)从形式、功能两个角度分别对汉语话语标记进行分类,从形式上分为词汇形式标记和非词汇形式标记两类,从功能上分为中心交际活动标记和非中心交际活动标记;还有从语体角度进行分类的,如阚明刚、杨江(2017:38)将话语标记分为新闻独白语体用、访谈对话语体用两大类,下面再分为段落间用、句子间用、话轮内用、话轮间用,分属两种语体,再下面又分为多个更小的类,其分法是基于自身建语料库的想法,从一般角度看,层次、角度、标准都有些混淆。

还有从其他角度划分的,尤其是具体某个类别的个案研究,出现了多种类型的话语标记类型,如李治平(2015)、孙利萍(2017)各自出版了"言说类话语标记"专著,所谓"言说类"是从标记"语义—语用"角度区分出一类话语标记,方梅(2000)将"语义弱化连词"作为一类标记,也是如此,只不过她说的"语义"是虚词的"语法义"。

从上述划分意见可以看出,非基于功能的划分与功能也有密切关联,是以功能为基础的其他角度的划分,这与话语标记作为语用现象的本质密切关联。

3.1.3.3 主观性在汉语话语标记分类中的体现

从上面关于汉语话语标记的分类情况来看,有的分类已经把主观性作为分类的重要参照或依据,甚至出现了与主观性或主观化直接关联的标记类型。如陈家隽(2019:76—77)明确按照话语标记功能进行分类,总的分为两大类,即人际功能型与语篇功能型,前者的下位类型包括说话人态度类、交际互动类,"说话人态度类"显然就是从主观性角度区分的;殷树林(2012:70—71)将标记分为三大类,人际标记下有面子标记、主观化标记,这也是从主观性视角着眼的。

话语标记主观性在分类或者在具体类别研究中体现的是作为某个小类的共性。如曹秀玲(2016:30、16—26)只用不到1页的篇幅粗粗引用李秀明(2011)有关话语标记的功能类别表格,介绍了按照功能类别进行的分类,也没有表态是否同意这种划分,虽然指出了这种分法的不足,却并未提出自己的分类主张,后面具体讨论了"总结类话语标记""超预期话语标记"等小类,其中对"超预期标记"小类标记的功能、形成、语体特点等做了较为全面的考察。所谓"超预期标记"(也有的称为"反预期标记"),曹秀玲(2016:16)将其划分为一类的依据是:"表示认识主体对客观事物认识上的不足",它是话语标记在表达"传信"功能时主观性的体现;另一方面,大量的话语标记个案研究考察的角度就是某种具体主观性,如郑娟曼、张先亮(2009)将"你看你"这类标记称为"责怪式标记",所说的"责怪"就是一种具体的主观性;张旺熹、姚京晶(2009)将含有人称代词的话语标记定为"人称代词类话语标记",乐耀(2011a)将"不是我说你"这样的构式作为一类,其实都是以主观性为考察焦点的。

庞恋蕴(2011)基于教学从话语功能角度将标记分为话题标记类、信息组织类、情态标记类三类,她所说的"情态类"并不属于语法上说的"情态范畴",而是说话人的"情感和态度",其实就是标记的主观性,其重要的启示意义是,从教学来看,主观性是话语标记划分的重要依据,主观性是确认学习汉语话语标记难易程度的关键因素。

但不能不说,上述对汉语话语标记类型的划分有一个关键问题就是没有厘清功能与主观性的关系,将它们并立在一起而没有认识到程序性与主观性是话语标记的两面,构成了一个坐标系,功能与主观性是这个坐标系的两轴。

3.2 基于教学的话语标记分类

3.2.1 分类原则

面向国际中文教学的话语标记分类是基于教学实际进行的,体现教学与学习的规律。这种分类旨在提高教学与学习效果,这也是分类的出发点,所以,基于这样的目的,首先要确定分类标准,确定标准时注意以下几条原则。

第一，分类标准要符合汉语话语标记的实际情形，乔姆斯基提出语言学研究的"三个充分"，即观察充分、描写充分、解释充分，都是说明弄清语言本来面貌的重要性，按照话语标记一般理论将汉语话语标记的构成、功能、类别、形成等等描写清楚是开展汉语教学的前提与基础，所以针对汉语作为第二语言教学的话语标记分类应该符合汉语话语标记事实，不能单纯为了教学抛开和不顾汉语话语标记的事实而另搞一套，这样的分类只能是"空中楼阁"，所以这条原则是分类标准的基础。

第二，分类要适合汉语作为第二语言学习和教学，所谓适合学习和教学就是话语标记范围要清楚、重点和难点要清楚、学习和教学的顺序要清楚，这样分出的类别无论是学习还是教学都容易实施，这条原则是分类的核心。以往针对汉语教学的话语标记分类研究少之又少，能看到已有的成果有阚明刚、侯敏(2013)，从其研究视角出发将话语标记按照语体分为书面语标记、口语标记两大类，两大类下再区分为若干功能类型，在将话语标记语体分类与汉语教学关联时，认为语体分类可以"提醒教学中注意语体区分以提高学生听说读写能力"，说法本身没什么不对，但很模糊，区分了话语标记的语体类别就可以提高听说读写能力了？让人有点儿不得要领，从语体划分类别的目的应该是培养学习者得体表达和理解话语的能力，这只是教学的一个方面，覆盖面显得较窄，所以这样分类还是没有抓住标记教学的特点。庞恋蕴(2011)从话语功能角度将标记分为话题标记类、信息组织类、情态标记类三类，这种分法实际上没有超出功能分法的套路，虽然有的部分相对其他分法可能有利于教学，如提出的"情态标记类"，也是我们认定的教学重点和难点，但总的来说分类还是教学特点不足，没有突出教学的适应性。

第三，分类的可操作性要强，可操作性包括这样几点，一是类别不能太繁杂，二是要有形式上的标志，容易判别，三是便于理解与应用。

3.2.2 话语标记教学类别与对应因素

基于上述分类原则，以前面的论述为基础，我们认为面向汉语作为第二语言教学的汉语话语标记分类的依据是话语标记的主观性，按照话语标记主观性的强弱分为三类：低主观性类、较高主观性类、高主观性类。后两类的"较高主观性"和"高主观性"也可合称"高主观性"，因为从学习难度角度看，它们的区别有时并不是很明显，但如果难度有差异时，这种差异很有可能就是之间的区别造成的，它们之间还是有差别的。

上面我们在论述话语标记的功能与主观性关系时排出了主观性等级

链,主观性类别与主观性等级链的对应关系为:

  类别: 低主观性类 较高主观性类 高主观性类
  等级链:主观性无或弱 < 主观性 < 部分交互主观性 < 交互主观性

  前面论述过,对于将汉语作为第二语言的学习者来说,从其对汉语话语标记的学习难易程度看,主观性越强则越难以掌握,我们划分出的主观性类别其实也是一个学习与教学顺序,重点与难点是高主观性标记。根据庞恋蕴(2011)的调查,留学生最常用的"然后、我觉得、还有、一般来说"等10个话语标记,按照她把话语标记分为"话题标记类、信息组织类、情态标记"三类的标准,10个最常用标记中属于"情态标记类"的仅2个,而留学生较少使用的"你还别说"等10个标记中"情态标记类"占到9个,她所区分的3个类别与我们不同,"话题标记类、信息组织类"基本属于篇章标记,对应"低主观性类"和"较高主观性类","情态标记"类属于一般说的"人际标记"和"互动标记",对应"较高主观性类"和"高主观性类"。我们自己的调查也基本验证了上述说法,我们选取了10个常用话语标记,通过对汉语水平初、中、高三个层次的留学生的测试,正确率大致相同,结果也是主观性强的标记掌握程度低于篇章、话题功能强的标记。如"一般来说""我看""不是我说你""你还别说"分别对应4种主观性类别,语言都很简单,前两个无论是教材还是学习者的语言使用都很常见,但后两个则不是,"不是我说你"实际上是说话人要责备听话人,但为了缓和语气,让听话人容易接受,所以关注焦点向听话人转移,出现移情态势,具有"部分交互主观性",整个标记理解难度加大,而"你还别说"完全是站在听者视角,表现出"交互主观性",留学生理解不了,更遑论使用,庞恋蕴(2011)举了这样的例子:

  (41)(留学生请中国学生去小饭馆吃饭后)
    留学生:你觉得这儿的饭菜怎么样?
    中国学生:<u>你还别说</u>,做得不错呢!

留学生对中国学生说的"做得不错"能理解,但对"你还别说"则不得其解,回去翻词典、查语法书等仍是不明白。所以,话语标记字面简单未必就容易理解,主观性强度是制约理解的关键因素。

  前面我们已经对话语标记功能与主观性进行了全面阐述,后面将专门讨论语体分布与主观性的关系,在这里列出涉及的各方面因素,它们与话语标记主观性等级类别对应关系如下:

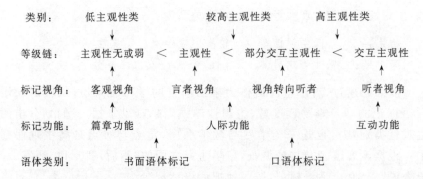

3.2.3 教学标记类别的规律与意义

上面的关系对应图综合了汉语话语标记坐标与相关因素,它体现了学习与教学规律,在教学中的作用主要有以下几点:

第一,面向汉语作为第二语言教学的汉语话语标记类别是根据话语标记的主观性强弱划分的,3个类型的顺序也是难易程度的顺序,从左到右主观性从弱到强,教学与学习的难易度与之一致。

第二,话语标记的主观性是根据标记的视角来确定的,视角既是主观性强弱确定的标准,也是话语标记归属判定的形式依据,前面详细对此进行了论述,标记所含的"指称语"体现了视角,"指称语"最主要的就是人称代词,所以话语标记中的人称代词往往就体现了视角(包括省略和隐含的),处在句法主语位置的人称代词一般就决定了视角,如"我(们)说/想/看",就是言者视角"我(们)","你(们)说/想/看",就是听者视角"你(们)",所以主语是第一人称代词的标记表达就是言者的主观性,即一般主观性,而主语是第二人称代词的标记表达则是交互主观性,"部分交互主观性"整个标记的视角仍然是说话人,总体体现的是言者的主观性,但同时将焦点转向听者,表现出对听话人的关注,意在提醒听话人参与、认同话语活动或者给予面子与尊重,从形式上看就是标记仍旧是言者主语,但宾语或受事位置是听话人,整个标记是在主观性中包含了交互主观性,这就是"部分交互主观性",按此形式标准,话语标记可以"对号入座"。

第三,主观性类别与功能类型基本上是一一对应的,从功能研究话语标记和进行分类是话语标记研究的重要课题,也是话语标记研究其他问题的基础,而且已经取得了很多成果,以主观性标准对话语标记进行分类并不是要推翻和否定对功能的研究以及从功能角度对话语标记进行分类,相反,我们充分认同和肯定功能研究的成果,并将其吸收到自身研究中,我们的出发点是面向汉语作为第二语言教学的话语标记教学,认为从主观性角度划分汉语话语标记类别更适合学习与教学,通过各家对话语标记功能类型的研究,概括了话语标记具有篇章功能、人际功能、互动功能三大功能,也得出了它们与主观性之间的对应关系,这样就可以将从功能角度划分的话语标记类别按照对应关系纳入到主观性类别中,也可以与视角形成形式上的对应。

第四,主观性与语体的对应关系表明了话语标记教学的范围与重点,书面语标记主要属于篇章功能部分,主观性低,而这部分学习起来并不难,人际功能部分既有书面标记也有口语标记,主观性处在过渡状态,下连低类,上接高类,与书面语体标记有很大部分交叠,使用频率高,是学习和教学的主要部分,高主观性类的主要是口语标记,无论在学习者"输入"还是"输出"时,两个层面都会直接影响学习者的语言交际,所以成为学习和教学的难点。下一节将详细论述话语标记的语体分布以及与汉语作为第二语言标记教学的关系。

当然,上面所述是几个核心方面,在学习和教学实际中,还会有与之相关的其他因素,如学习者母语、标记是否可以对译等等,这些后面将进行全面阐述。

3.3 注意的问题

从主观性角度对汉语话语标记进行分类是面向国际中文话语标记教学的一种尝试,我们在充分梳理汉语话语标记分类的基础上,吸收各种分类的长处,基于学习和教学的特点,经过认真考察和分析,认为以主观性为依据进行的分类既符合汉语话语标记的规律,又体现了学习与教学的特点,有助于汉语作为第二语言学习获得与应用汉语话语标记,对教学及相关工作都不无裨益。

需要注意的两点是:

第一,从主观性对汉语话语标记进行分类,完全是从学习和教学的角度考虑的,与其他分类不同的是它不是单纯的理论研究,而是着眼第二语言学习和教学,具有应用价值,是对话语标记分类研究的补充。

第二,面向国际中文教学的话语标记分类并不排斥其他分类,而是从一个新的角度进行分类的结果,话语标记有一个重要特点就是"非排他性(non-exclusivity)",即语篇分布与语用功能相同的标记可以相互替换,我们面向国际中文教学从主观性角度对汉语话语标记进行分类,目的是便于学习和教学,它与其他分类可以形成对应,可以并行不悖。

就国际中文教学来说,明确按主观性角度进行的分类,可以将学习与运用中的标记进行新的分类,按照类别情况安排教学顺序,确定教学重点与难点,有针对性地开展教学,做到有的放矢,帮助学习者有效构筑汉语语篇能力,掌握地道汉语。

第四节　话语标记的语体特征暨主观性与教学①

4.1　有关话语标记语体的不同观点

在涉及话语标记的使用语境或语体特征时,国内外研究有两种观点:一种是话语标记完全是口语中的语言现象,书面语没有或者不存在;另一种是话语标记不仅仅是口语中的现象,口语、书面语都有,但口语中更多。

关于第一种意见,这与话语标记理论的产生有密切关联,在回顾话语标记研究过程时我们介绍过,最早发现话语标记现象的是英国语言学家Randolph Quirk,1953年他在《随意的交谈——日常口语的一些特征》的讲座中,第一次明确注意到口语中的"常见修饰语"(recurrent modifiers),诸如"you know、you see"等修饰语交流中对信息传递没有什么作用,是"表面上没有功能与意义的成分",是口语交谈中经常出现的标记(陈家隽,2018),所以从一开始话语标记就是基于对口语交流分析而发现的语言现象,无论是使用数量和频率,口语形式确实是话语标记依附的主体。后来的互动语言学更是为这个观点提供理论支撑,因为互动语言学家关心的是言语双方会使用怎样的语言手段在会话序列构建社会互动规则,话语标记就是其中的重要语言手段。Jucker & Ziv(1998)即认为话语标记具有"口语特征",是"非正式的,甚至有具体的性,常出现在女性言语中"。冉永平(2000)在对国外话语标记研究状况进行介绍时就说越来越多的学者趋向认为话语标记是"口语或会话交流中一种十分常见的话语现象"。国内对汉语话语标记的研究,也不乏此种意见,如刘丽艳(2011:23—27)认为话语标记具有"对口语交际信道的依赖性","是口语交际所特有的语用现象";张黎(2017:139—140)明确指出话语标记纯粹是一种口语交际现象,即使像"大家都知道"这样个别标记出现在书面语中,一般也是仿照口语交际而转写的书面语。

大多数研究持第二种意见,即话语标记同时存在于口语与书面语中,但是口语中更常见。殷树林(2012:60)综述国外研究状况时谈到 Beaman、

---

① 本节主要内容以"话语标记的语体特征与对外汉语话语标记教学"为题发表于《对外汉语研究》(第二十三期)(商务印书馆,2021)。本书有修改。

Grabe 认为口语体偏向使用并列连词和插入语,而副词性连词只能在书面语中使用,其观点概括起来一是口语、书面语都有话语标记,二是话语标记有分工,有的用于口语,有的则用于书面语。国内关于这一点多数还是认为汉语话语标记口语、书面语共存,如曹秀玲(2016:3)认为话语标记"不仅存在于口语中,也存在于书面语中";殷树林(2012:60)认为"从总体上看,话语标记多用于口语,但仅仅局限于口语是不恰当的";董秀芳(2007b)则明确界定像标记"只见"为书面语中的话语标记。这些研究表明话语标记不仅仅是口语才独有的成分。

4.2 话语标记的语体特征

4.2.1 语体和话语标记

标记作为话语现象不只局限在口语形式中,现代汉语口语、书面语有相当一部分是重合的,只是话语标记在口语中应用得更为普遍,不能因此否认它同样存在于书面语。董秀芳(2007a)对此有明确的表述:"有些话语标记只用于书面语,如'只见';有些话语标记只用于口语,如'别说';有些则既可以用于书面语,也可以用于口语,如'谁知道'。"

学界习惯将语言形式区分为书面语与口语,也有的同时将它们区分为两种主要语体,这也是人们使用语言进行交流的两种方式。这里说的口语,常常只是单指口语的会话方式,而口语还有另一种方式,那就是独白,独白又可以区分为演讲、讲话等等,独白在日常生活中不是常态,所以其特点往往被忽视,演讲、讲话这类口语与会话形式不同,它是带有书面语色彩的,即使是会话方式,如果是新闻访谈、谈判等,言语也会带有书面语色彩。所以,所谓话语标记是口语中的言语现象,指的是纯粹的日常会话方式,也就是人们通常说的"大白话",当然,有一些话语标记就是这样的"大白话",只用于纯口语会话,如"你还别说""好你个……""你看你"等等。反过来,书面语有自己的特点,有一部分书面语表现形式在口语会话中是不能或很少出现的,有些与之相匹配的话语标记在日常生活中就可能不会出现,如"可见""岂料""一言以蔽之"等等,同样,有的文学作品在记录或表现日常生活时也会出现口语形式,那也会使用纯口语会话才用的标记。所以,从语体角度来说,话语标记也可以分为口语体标记、书面语体标记、通用语体标记等不同种类。语体区分的因素,既包括出现的语境,也指话语标记本身的语言形式,二者有很大的交集,但不是百分之百地重合,即大部分话语标记出现在某种语境,其本身的语体形式也与语境相符,而也有少量不是这样,如有的本身形式是书面语的话语标记可以在口语语境中出现。

口语、书面语是两大言语交际形式,冯胜利(2006:2)对它们和语体的对应关系做出了描述:

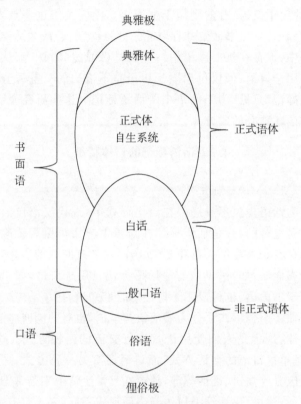

图 4-2　汉语语体及关系

从上图可以看到,口语、书面语有交叠的部分,对应的语体也有交叠的部分,冯胜利(2006:前言 3)对它们的关系作出了概括:"书面语不一定都是正式语体;同时,书面正式语体也不是不能说的(它也是一种语体)。"我们认为这符合现代汉语的特点,其看法是正确的。

4.2.2　话语标记的语体特征与分布

从汉语口语、书面语的关系及其对应的语体来看,可以概括出话语标记语体的几个特征。

首先,话语标记不只是口语特有的言语现象,现代汉语的直接源头是"白话文",追求的是"言文一致",所以口语、书面语并没有绝对界限,所谓"白话文"是既可以写也可以说的,但后来逐渐又衍生出书面语这样的正式语体,书面语与文言文并不是同一形式,但它吸收了文言文某些成分,如词语与句式等,并形成了典雅体,成为正式语体的最高级,而这部分言语形式是不用于日常口语交际的,使用概率相对也不高。又因为口语和书面语本身大部分是有交集的,所以话语标记不会只是口语的专用形式,大部分话语标记是既可以用于口语,也可以出现在书面语中,以"老实说"为例:

(42) 我从乡下跑到京城里,一转眼已经六年了。其间耳闻目睹的所谓国家大事,算起来也很不少;但在我心里,都不留什么痕迹,倘要我寻出这些事的影响来说,便只是增长了我的坏脾气,——<u>老实说</u>,便是教我一天比一天的看不起人。 (鲁迅《一件小事》)

(43) 销售人员:买一、买一三千不如买——它呢。
顾客:啊?
销售人员:一步到位,这车,机器<u>老实说</u>不算、不算是……
(转引自张黎,2017:81—82)

表达同样意思的标记"说实话"与之也差不多,甚至"实话实说"这样明显带有书面语色彩的话语标记在口语中也不是不可以说,即使出现在对话中也不会让人觉得别扭或者不合适:

(44) A:你知道这件事吗?
B:<u>实话实说</u>,还真不知道。

所以不能武断地认为话语标记只是口语现象,或者牵强地解释为书面语中的话语标记是仿照口语形式转写在书面语中的。即使是典雅体也不一定就不用话语标记,冯胜利(2006:3)界定的"典雅体"为"以嵌偶词+古句型及其语法为主",所以像"一言以蔽之"就是典型的典雅体标记。阚明刚、侯敏(2013)建立了一个话语标记语料库,将《新闻联播》和《鲁豫有约》两个节目分别作为"书面语语料库"和"口语语料库"来源提取话语标记,语料字数基本相当(分别为 5.56 千万字、5.66 千万字),最后得到书面语体专用标记 135 个,口语体专用标记 2419 个,二者共用的 263 个。根据这组数据可以大致描画出话语标记的语体分布状况,那就是大部分话语标记是在口语中使用,书面语中也有专用的话语标记,但数量比口语中的标记少得多,有一部分话语标记在书面语、口语中同时使用。

其次,话语标记有语体的分工。由于标记具有非排他性,即可能有多个标记具有同样的功能或表达同一意思,从语体角度看,也可以说标记有不同的语体变体,在语体分布上形成互补,之间可以根据语体需要进行转换,就是一般说的"语码转换"。如典雅体的有"一言以蔽之",非正式体的口语可以说"一句话";正式语体书面语有"换言之""换而言之""细而言之""据说""总而言之",非正式语体口语有"换句话说""细说起来""有人说"

"总的来说",两方存在整齐的对称表达。那么这种现象是否就是有学者(张黎,2017:139—140)说的书面语中的话语标记"一般也是仿照口语交际而写的"呢?不妨以"换言之""换而言之"与"换句话说"为例进行个案考察。"换言之""换而言之""换句话说"语义功能一样,这些话语标记,按李秀明(2011:134—137)的说法属于"注释说明"标记,表示解释,起篇章组织功能,它们的语体特征也非常明显,既有口语体,也有书面语体,那么"换言之""换而言之"是不是按照口语标记"换句话说"改写成书面语标记的呢?这需要看"换言之""换而言之"在古代汉语中是否就作为话语标记存在了,经过对"CCL语料库"和"BCC语料库"古汉语语料检索,可以找到不少语料:

(45) 此为背后之手势,换言之,即无线电之表徵。吴王归,盛奖玉之能。　　　　　　　　　　　　　　(清·何恭弟《苗宫夜合花》)

(46) 温台处犹树之叶也,边圉之外障者也。换言之,金华乃浙东之心,而亦浙西所视为安危者也。　　　　(民国《大清三杰》)

上面的"换言之"都是作为话语标记出现的,这些语料为晚清和民国初年,虽然都不是太老,但可以证明在现代汉语之前,"换言之"作为话语标记就已经形成,并且出现在了书面语中,而不是由口语的"换句话说"转写成书面语话语标记的。有意思的是,"换言之""细言之"有时也可以说成"换而言之""细而言之",如:

(47) 尽管可以与他再度"恋爱",却不会再为他牺牲一丝一毫。换而言之,曾经为吴为大干一场的他,也再不会为吴为付出一丝一毫。
　　　　　　　　　　　　　　　　　　　　　　　　(BCC)

但检索古汉语语料却没有搜到一条,这样可以知道,"换而言之"这类标记的"而"是后来加上的,就是为了凑足四音节,显得更书面化。另据曹秀玲(2016:22—27)的考证,"岂料""岂知"在先秦时期就开始出现,其后逐步开始语法化,到魏晋南北朝时期就有话语标记的用法,到唐代即明确成为话语标记,而现在使用频率很高的同类话语标记"没想到"到明朝时才出现话语标记的用法,而且在现代汉语中还没有完全标记化,这些都说明虽然不能排除存在"口语标记转写为书面语标记"的可能,但口语与书面语都存在话语标记是不可否认的,而且二者存在对称分布的情形,在口语、书面语中发挥相同的功能。话语标记的语体变体不仅具有语体的对称性,而且还有各种过渡状态的标记,某类话语标记从语体风格上可能会形成一个连续统供使用者选择,如征询标记语体连续统:

你说、照你说、依你说 ＞ 在你看来、就你看来 ＞ 依你之见、以你之见
　　　口语　　　　　　　口语＋书面语　　　　　书面语

超预期的话语标记语体连续统：

没想到、哪想到、＞ 没料到、谁知、＞ 不料、殊不知 ＞ 岂料、岂知
没成（承）想　　　　　哪知
口语（非正式）　　　口语＋书面语　　书面语（正式）　书面语（典雅）

通过上述个案的呈现可以知道，话语标记及其变体会对语体进行多层面覆盖，其语体连续统为使用者提供了各种选项，使用者可以根据语境来选择匹配的标记。

当然，也并不是所有的标记都会存在语体连续统，也不是所有标记都具有对称性，也就是说不是所有话语标记都能在语体上进行"语码转换"，那么这其中有没有什么规律呢？我们发现，按照上面冯胜利（2006:2）描画的口语、书面语与语体对应关系图所示，话语标记处在口语语体与书面语体交叉的那部分一般都会存在语体对应标记，可以按语体需要进行转换，典型的标记一般是处在标记语体连续统中间，口语、书面语都可用，如表示征询的标记"在你看来"处在中间，口语、书面语都可用，那么往下的口语"俗端"就有"照你说"，往上的书面语"雅端"就有"依你之见"，形成了"俗""雅"对称；而与之不同的是，如果没有语体连续统中端的标记，很可能就不对称，尤其是分别处在语体对应图两极（典雅极、俚俗极）部分的标记很难会有对应的。如表示总结的书面语体标记"综上所述""有鉴于此"都是典雅体，没有贴切对应的口语体标记，虽然可以转换为口语或一般表述，但"综合上面说的""以这种情况为前提进行考虑"却未必是话语标记，或者很难有这样的表述，尤其是后者。又如书面语标记"只见"，董秀芳（2007b）对它做过细致研究，"只见"是书面语表达方式，如果换成口语表述，可以说成"只（是）看见"，但后者并不是话语标记，"只见"经过语法化成为一个话语标记用来表示"在叙述主线上引进一个新出现的情形并提请读者注意"，而且它引导的是非视觉描述的情形，与"看见"的原意相去甚远，如：

（48）陈信心里更是紧张，一口大气也不敢吐，只见方青芬缓缓地说……
　　　　　　　　　　　　　　　　　　（转引自董秀芳，2007b）

因为作为标记的"只见"的使用"仅限于书面语，而且仅限于描述性、文学性较强的文本中"，所以口语交际中用不到，也就没有与之对应的标记。与之相反的是，纯口语非正式体标记也会没有对应的书面语正式体标记，越是

接近俚俗极的标记越难有对应的书面语正式体标记,尤其是难有接近典雅体的,其中原因很简单,那些纯口语标记只用于口语交际,非常丰富、传情、传神,但却不符合书面语的典雅要求,而且书面语追求正式、简洁,也不需要使用那么多辅助手段,所以标记更多地在口语中使用,二者数量上就不是均衡的,这可能也是有人提出话语标记是纯口语现象的原因。像话语标记"我说什么来着""你还别说""你看你""你呀你""你猜怎么着""不是我说你"等标记,口语俚俗色彩非常浓,其功能与意义大多是规约化的结果,而且互动性很强,都是用在口语会话中,很难有与之对应的书面语标记,更不可能有典雅体标记,像"好你个……",在此基础上又产生了"好你个头"这样的标记,完全处在俚俗极,当然无法登上"大雅之堂"。例如:

(49) 老队长气得把拐杖戳得嗒嗒响,一把将胸前的代表证掠下来,"<u>好你个畜生</u>,我走,我走!"张义民意识到自己刚才的话说硬了。

(BCC)

(50) 郝周道摆明了是要邀功。<u>好你个头</u>!孟擎雷真想海扁他一顿。

(BCC)

"好你个……"是个表斥责的标记,一般用在口语会话中,即使在书面语料中出现,多是直接引述会话,或转述会话,都具有会话语境。而在这个标记的基础上产生的"好你个头"除了表示对交际另一方言语的否定外,还表示不满、呵斥,都完全没有对应的正式语体标记。

4.3 话语标记语体特征与功能的关系

关于话语标记的功能,我们采用话语标记功能"三分说",即话语标记所具有的功能为篇章功能、人际功能、互动功能,话语标记都有一种核心功能,也就是每个标记一定具有上述某种功能,基于此,话语标记按照功能划分为多个类别,如篇章功能下有话题标记、阐发标记、推论标记、言语顺序标记等等,人际功能下有态度标记、言语行为标记、面子标记等等,互动功能下有提醒标记、评价标记、征询标记等等,这种对话语标记类别的划分的优点是分类视角一致、层次性强,可以避免目前标记分类标准紊乱、层级混淆的不足。

在上述前提下,可以看到,不同语体的话语标记在功能上会呈现出分布上的区别。话语标记在口语交际中更为活跃,尤其是在对话形式的口语交流中,言语双方都希望通过会话达成交际目的,所以会话的互动性强,都会在具体的交际场景中展开,双方对交际内容都有认知,关注焦点是交际意图的实现,加之口语交际形式不如书面语严谨,并呈现出跳跃性与松散性,所以,话语标记从功能角度说,在使用中其重要程度为互动功能、人际功能强于篇章功能,可以概括为:互动功能、人际功能＞篇章功能。而书面语正好与之相反,书面语讲究言语的简洁、凝练与庄重,冗余成分少,强调语篇的开承启合,加之没有口语会话的互动性,所以对表达互动功能的话语标记需求降低,人际功能也不太高,话语标记三种功能在书面语中的程度排列顺序呈现为:篇章功能＞互动功能、人际功能。与之相对应的是,口语语体的标记:人际功能、互动功能＞篇章功能;书面语体的标记:篇章功能＞人际功能、互动功能。这个规律符合语言事实,也是语体对话语标记选择取向的表现。阚明刚、侯敏(2013)在对其建立的话语标记语料库进行两种语体标记功能对比时得出的统计数据很好地证明了上述观点,表达篇章功能的"话题顺接"在书面语体标记中占比最大,而表达人际功能的"话语态度"则是口语语体标记使用频率最高的,所以阚明刚、杨江(2017:143)通过对话语标记语料库的书面语体标记与口语体标记的数据比对之后,得出了"从话语标记整体看,书面语体重语篇构建,口语语体重人际构建"的结论,大致体现了话语标记语体功能分布规律。

在论述话语标记功能与主观性关系时,我们提出了话语标记功能与主观性的对应关系和主观性等级链:

篇章功能＜人际功能＜互动功能

主观性强度　　　　无或弱 ——————→ 强

按照这个等级链关系,书面语体话语标记与口语体话语标记亦构成一个主观性等级链,那就是:

书面语体标记 ＜ 口语体标记
↓　　　　　　　　↓
篇章功能 ＜ 人际功能 ＜ 互动功能

由此可以得出结论:书面语体标记的功能主要是在篇章组织方面,主观性较弱,甚至弱到可以忽略不计,而口语体话语标记与之相反,它们的主要功能则体现在人际关系和互动上,主观性和交互主观性在功能发挥上起着重要作用,人际功能和互动功能的实现必须依托主观性和交互主观性。

4.4 话语标记语体特征与学习者使用特点

4.4.1 汉语学习者各语体话语标记使用情况

以话语标记的语体特征及其与标记功能的关系为参照,可以对汉语作为第二语言的话语标记习得情况进行考察,分析学习者使用话语标记的语体特征及其相关规律。

根据现有的可用资源,我们决定利用相关语料库进行汉语学习者话语标记的使用情况考察,选定"HSK 动态作文语料库"作为语料来源①,是学习者书面输出的语言材料,能够体现学习者运用汉语话语标记的使用面貌。

先考察汉语学习者话语标记总体使用情况。由于"HSK 动态作文语料库"没有标注话语标记,无法提取到学习者使用的全部话语标记,我们采取语料对比的方式进行考察,即以母语者使用话语标记情况为参照来考察汉语学习者使用的情况。阚明刚、杨江(2017:122—123)以《新闻联播》《鲁豫有约》两档电视节目为对象建立的语料库提取到话语标记,经过统计,得到了两种语体使用最活跃的前 10 个话语标记,摘取如下表:

表 4-13 电视节目语料库前 10 个不同语体话语标记

排名	书面语体标记	口语体标记
1	此外	对
2	据了解	好
3	请看报道	好的
4	不过	对不对
5	另外	第二
6	为此	是吧
7	因此	另外
8	据悉	所以
9	据介绍	第一
10	随后	对吧

需要说明的是,他们所说的书面语体和口语体标记并非标记本身的语体,而是根据文本来源确定的,即只单纯依据出现的语境而忽略了话语标记本身形式所具有的语体特点,《新闻联播》是书面语体,《鲁豫有约》则为口语体,出自前者的就是书面语体标记,后者则为口语体标记,所以上表中的"另外"在两种语体中都出现了,说明"另外"兼书面语体和口语体;"请看报道"是《新闻联播》特别用到的一个标记,是主持人用来衔接解说和具体新

---

① 该语料库由北京语言大学开发,是母语非汉语的外国人参加高等汉语水平考试(老 HSK 高等)作文考试的答卷,共计 424 万字。

闻之间的标记。考虑到上面两个标记的特别情况,我们去掉"请看报道",同时也把口语体中重复出现的"另外"删掉,这样两种语体各得到 9 个标记,把这些标记作为搜索关键词在"HSK 动态作文语料库"中进行定向搜索,再经过人工鉴别,剔除不是话语标记用法的语料,得出这些标记出现的数量,并排序列出下表。

表 4-14 "HSK 动态作文语料库"中对应电视节目语料库话语标记的使用统计

排名	书面语体标记		口语体标记	
	标记	例数	标记	例数
1	因此	2304	所以	5040
2	不过	1474	第一	789
3	另外	263	第二	221
4	此外	182	对吧	24
5	为此	61	是吧	26
6	据了解	11	对不对	17
7	据悉	8	对	0
8	随后	7	好	0
9	据介绍	0	好的	

虽然两个语料库的语料规模有差异,但比对二者提取到的话语标记数量,如前 10 个书面语体标记的数量均在 1000 到 3000 多,口语体标记后 8 个都是在 1100 到 1500 之间,而相同的标记我们从"HSK 动态作文语料库"提取到的最多的也有几千例,可见数量规模可以作为参考。从上表可以看出:一是汉语学习者话语标记运用高度集中,分别排在两种语体首位的标记的数量遥遥领先于其他标记;二是集中在篇章功能的标记,位列两种语体首位的"因此""所以"两个标记都是表示因果关系的,典型的篇章功能标记,而且两种语体没有区别。

对照上面两个表可以看出,在汉语学习者使用的话语标记中,书面语体和口语体排在前三位的都是起篇章衔接的标记,而且都是书面语、口语中通用的标记,像"据悉""据了解""据介绍"这样完全书面语体的标记用得不多,甚至没用,非常清楚的是,两个意思接近的标记,"此外"和"另外",都表示"补充"和"追加",在电视语料中,"此外"排在"另外"前,而汉语学习者的情况正好相反。上述现象体现出汉语学习者在使用话语标记时的两个特点:一是会较为自然地使用篇章功能的话语标记,且两种语体差别性小;

二是口语体标记或口语、书面语通用的标记为优先选用的标记。

4.4.2 汉语学习者各语体话语标记选用情况

我们将意义、功能基本相同但语体不同的话语标记作为对比项,在"HSK 动态作文语料库"中进行检索,对各种语体标记使用的数量进行对比。选择的话语标记对比项分为两种,一种为简单的口语体和书面语体对应,另一种则是还有中间状态。选择时注意回避只单纯在会话中才使用的标记,尽量选择书面表达容易被采用的。经过检索,得出的数量列表如下:

表 4-15 "HSK 动态作文语料库"同义标记不同语体统计

对比组	标记	语体	例数
1	换句话说	口语体	32
	换言之	书面语体	3
2	简单来(地)说	口语体	7
	简言之	书面语体	0
3	说实话	口语体	42
	实话实说	书面语体	5
4	总之	书面语体、口语体	536
	总而言之	书面语体	239
	总的来说	口语体	131
5	没想到	口语体	68
	谁知	书面语体、口语体	8
	不料	书面语体	6
	岂料	书面语体(典雅体)	0
6	依我看	口语体	67
	在我看来	口语体、书面语体	58
	依我之见	书面语体	2
	以我之见	书面语体	5

上表除第 4 对比组外,其他各组的数据清楚地显示,汉语学习者所使用的话语标记都是口语体多于书面语体,两种语体兼用的多于书面语体。第 4 组较为特别,"总之"是书面语体、口语体兼是的标记,其例数最多非常自然,而书面语体"总而言之"的例数反而高于口语体的"总的来说",与其他组情况不一致,导致出现这种情况可能的原因是这两个标记因为使

用频率非常高且学习者非常熟悉它们之间语体的对称性,不像其他组大多更为熟悉的是口语体标记,所以学习者在写作语境中更多地选择了书面语体标记。由上表例数可以看出,汉语学习者在功能、意义相同的一组话语标记语体上的选用规律大致为:口语体＞口语体、书面语体/书面语体、口语体＞书面语体＞书面语体(典雅体),越靠右的话语标记越被优先选用,其使用频率也越高。

"HSK动态作文语料库"为汉语学习者书面输出语料,语体定位是书面语体表达,但即便如此,学习者在进行书面表达时,仍然优先选用口语体话语标记,这体现了汉语学习者在使用话语标记时的几种倾向:第一,语体意识,语料本为书面作文,表达上应该以书面和正式语体为主,但上述情形显示,在话语标记使用上学习者优先选用的是口语体标记,这表明学习者在表达上语体意识不够清晰,在表达时,同样意义的话语标记并不能选用与写作相匹配的书面语体标记,而是选用了口语体标记;第二,意义认知度,汉语学习者习惯从字面意义来推测语言成分的意义,在话语标记选择上亦是如此,意义明显的标记被优先采用,如上表的第5对比组,相同功能的一组标记,对学习者来说,"没想到"的意义对他们来说最为熟悉,所以出现的例数就远高于不熟悉的"岂料";第三,选用策略,语体通用的优先选用,因为现代汉语口语和书面语有相当部分是重叠的,这样口语、书面语中通用的标记被广泛选用,不容易出错,学习者在采用时就愿意选择,可以规避出错,而对书面语体,尤其是典雅体的标记就采取回避策略,另一方面,对陌生和不太熟悉的标记也会采取回避策略,如上表的第6对比组中的"依我之见"和"以我之见"的例数就可能是在回避策略下避免使用的结果。当然,上面的倾向并不能说明所有情况都是如此,像第4对比组就是例外,例数最多的"总之"是书面语体、口语体通用的,这还符合上述规律,但书面语体的"总而言之"高于口语体的"总的来说"与其他对比组显出的倾向不一致,只能算作特例,出现这种情况的原因可能是"总而言之"和"总的来说"对学习者来说都是认知度很高的标记,学习者对它们都很熟悉,也很了解它们的语体特征,所以在写作语境中都选择了书面语体标记。

4.4.3 汉语学习者对主观性强的话语标记使用情况

综合李瑶(2016)等的研究,我们抽取几个所谓"情态类"标记,即主观性较强的话语标记,其中既有书面语体标记也有口语体标记,在"HSK动态作文语料库"中进行检索,将这些标记的使用例数列表如下:

表 4-16 "HSK 动态作文语料库"强主观性标记使用统计

序号	标记	语体	例数
1	别提了	口语体	2
2	你还别说	口语体	0
3	恕我直言	书面语体	0
4	不瞒你说	口语体	0
5	恕我冒昧	书面语体	0
6	话又说回来	口语体	10
7	不是我说你	口语体	0

从上表可以知道,7 个主观性较强的话语标记,有 5 个使用例数为零,2 个例数也非常少,与前面使用例数以千来计的比,几乎可以忽略不计,由于语料库是书面写作和命题作文的因素,加之不是口语形式,这些因素可能会减少上述主观性较强的标记的使用概率,但使用例数为零的情况也在相当程度上可以看出,主观性强的话语标记不是学习者优先选用的,而且与语体没有关联性,无论什么语体,标记主观性越强可能越被回避,说明这些标记没有掌握好,所以在输出时使用率就不高。

4.4.4 汉语学习者话语标记使用规律

通过对"HSK 动态作文语料库"进行考察、分析,可以概括出汉语学习者在书面输出上话语标记使用的基本规律。

第一,篇章功能话语标记会被优先选用,而且数量、频次很高,而人际功能、互动功能话语标记使用较少,没有显出两种语体及功能的差异性。

第二,口语体或口语体、书面语体通用的标记会被优先使用,纯书面语体标记使用得很少,这说明学习者一是不太能区别话语标记的语体,二是书面语体标记掌握得不如口语体标记。

第三,主观性强的标记不是优先使用的标记,两种语体都是如此。

4.5 对教学的启示

4.5.1 话语标记及语体特征与汉语教学

长期以来,话语标记在汉语作为第二语言习得与教学研究中没有受到应有的重视,相对语音、语法、词汇、功能等语言学习要素,话语标记的作用不是那么突出,尤其在初级阶段,较之其他语言要素的刚性地位,话语标记则显出更多的柔性,前者似乎是"雪中送炭",而话语标记好像是"锦上添花",但到了中高级阶段,学习者虽然一般交际没什么问题,但汉语总显出有别于中国人,出现了"最后一公里"现象,如何解决这个问题?熟练掌握与运用话语标记就显得很重要了,虽然不是问题的全部,但也是"临门一脚"的核心因素之一,有必要提高汉语话语标记在汉语交际能力中作用的认识。

由于话语标记不具有概念意义,所以母语为非汉语的学习者在学习与交际时会产生问题,一是输入上不好理解,二是输出上使用不当。"输入"与"输出"是运用汉语进行交际时的两个方面。话语标记虽然不具概念意义,但"输入"时会制约对话语的理解而影响交际者做出适当的反应,所以在"书面输入"时,学习者如果对话语标记不清楚,可能理解上会有误,在口语交际时更可能因为不明白话语标记的含义而无法进行沟通和做出恰当反应,以致交际难以开展;在表达时,也就是"输出"层面,话语标记掌握不好,一是不能很好地构建话语,组织不起来合适的语篇,二是不能有效、得体地表达意思而实现交际意图。无论是"输入"还是"输出",正确理解与使用话语标记是学习者汉语地道的重要标志,掌握不好话语标记对学生语篇能力的形成非常不利。

4.5.2 话语标记语体特征与教学

弄清楚了话语标记的语体特征、分布、各语体标记及其关系等问题对汉语作为第二语言的话语标记教学有相当的启发意义。

首先,可以确定话语标记教学的范围,上面论述了语体分布情况,现代汉语口语、书面语呈交叠状态,只有分立最上层的典雅极与最下层的俚俗极两个部分有明显的差别,双方基本不混用,所以大部分话语标记都具有语体连续统,只有处在最两端的部分才分别使用在不同语体,处在中间状态的部分不同语体都可以使用,而且数量上也占了多数。阚明刚、侯敏(2013)通过统计得出的数据证明了"书面语体中的话语标记大部分都可在口语体中使用"的事实,汉语作为第二语言学习者无论学习还是使用汉语,主要就是这个范围,两个语体极的部分不容易接触,也难以运用,只能作为努力的方向,而二者交集部分才是主要范围,通过对语料库话语标记使用情况的考察也证实了这一点。实际上这个范围不仅仅是话语标记的范围,而且从语体角度出发的所有汉语学习项目都是如此,话语标记只是包含在其中而已。

其次,可以确定教学重点,这从上面的范围确定就可以知道,针对汉语作为第二语言学习的教学,话语标记教学的重点就是那部分口语、书面语完全交集的标记,它们适用面广、使用概率大,而且不太容易出现不得体的情况,从交际策略来看也会是学习者最愿意选择的。

再次,可以确定教学的难点,从学习的角度看,话语标记是由词、短语或小句构成的语言单位,类似于词汇,汉语词汇教学的难点是那些意义不能从字面义推测出来的词语,如"江湖"跟"江河"构成形式一样,意义解码方式却完全不同,因为话语标记不具有概念意义,它具有程序性与主观性特点,所以对话语标记的解码与应用突出的是其功能,与词汇学习难点相仿,容易从字面意思理解其功能的标记容易掌握,上面阐述过话语标记功能与主观性的关系,表篇章功能的标记从字面意义就能理解,而表人际功能、互动功能这些主观性强的话语标记就难掌握了,像"这样说来""总而言之"这些表篇章功能的标记,对外国学习者来说既好理解也容易运用,常常能从母语中找到对应的话语标记,但如果是主观性很强,尤其是交互主观性很强的标记,因为这类标记语用规约性强,带有很浓的民族性,完全不能从字面意思得到答案,也难在他们的母语中找到对应的标记,遇到这样的标记,他们往往会理解有误,当然也难以运用,如:

(51) 中国人:你还别说,这家饭馆的菜做得真不错。
　　＊留学生:我没说,……　　　　　　　　　　（转引自庞恋蕴,2011）

留学生对后面话语理解没问题,而对话语标记"你还别说"则莫名其妙,他不明白这个标记是一个超预期标记,表达了中国学生对这家饭馆水平超出预判的主观性,这个标记字面意思虽然很简单,但对汉语不熟练者的交际就会有障碍,所以按照话语标记主观性等级链可以推导出学习难度的等级链,即:

篇章功能＜人际功能＜互动功能
主观性强度　　无或弱 ───────→ 强
学习难易度　　易 ───────→ 难

根据前述对话语标记语体分布的分析,书面语体标记主要承载篇章功能,口语体标记主要表达人际功能和互动功能,而且书面语体标记大多包含在口语语体中,所以汉语作为第二语言的话语标记是口语中表人际功能与互动功能的标记,尤其是后者,它运用范围广,有利于培养学习者的交际能力和语篇能力,这也符合第二语言学习的规律。

最后,可以确定教学的顺序,按照第二语言教学先易后难的原则,汉语话语标记教学应该先学习篇章功能的标记,然后再学习人际功能、互动功能的标记,特别是那些表交互主观性的标记,它们常常是汉语独有的,同类型的标记也要先口语再书面语,按照语体连续统顺序展开,其他当然还要按照第二语言教学一般的顺序原则进行,如使用频率、结构繁简等原则,总之,要符合认知与学习规律。

第五节 话语标记的位置与主观性

5.1 以往关于话语标记位置的研究

关于话语标记在话语中的位置,在话语标记研究中关注度相对较低,相当多的研究成果没有涉及话语标记的位置问题。以往关于话语标记位置的讨论主要集中在两个方面,一是话语标记是否有固定的位置,二是话语标记的位置与其功能是否具有关联性。

关于第一个方面,也就是话语标记是否有固定位置,学界主要有两种意见,一种是有固定位置,另一种是没有固定位置,但有一些标记位置是固定的。Schiffrin(1987)认为话语标记一般必须处在话段的起始位置,这个观点与她被认为是语篇连贯功能研究范式代表是一致的(陈家隽,2019:7—10),她将研究焦点放在话语标记的语篇连贯(coherence)的语用功能上,认为话语标记的主要功能就是使语篇更为连贯,话语标记出现在话语起始位置才体现其连贯功能,所以她把固定在起始位置作为认定话语标记身份的几个重要条件之一。与 Schiffrin 相似,Jucker & Ziv(1998)也认为话语标记在语法上具有位于句子开头的特征。国内学者也有持相同意见的,李宗江(2007)认为话语标记主要用于句首,而且认为这一点是学界的共识。语法位置与话段位置并不是同一概念,但话段的"起始位置"与"句首"是具有高度重合性的。与认为话语标记具有固定位置不一样的意见是认为话语标记的位置不是固定的,如刘丽艳(2006)认为话语标记的位置"具有相对灵活性";张旺熹、姚京晶(2009)认为标记具有线性位置灵活化特点,"可实现不同程度上的线性移位"。还有在认定标记位置是灵活的大前提下,也有的学者提出有的标记位置是"定位"的,如张黎(2017:33)提出标记位置有固定和不固定两种,且他所掌握的语料不定位标记占绝大多数,定位标记一般多为话语组织标记。

关于第二个方面,话语标记位置与其功能等的关联性,有些方面无须讨论,如开启话轮的标记自然在前,转换话轮的在中间,结束话轮的在后,这些不说自明。郑贵友(2020)讨论了影响汉语话语标记功能表达的形式因素,认为标记的位置是功能表达的形式因素之一,它对功能表达的影响是直观的,但比较薄弱,不如同现成分、音律特征等其他形式因素大,他所说的标记对功能影响的观察点是话轮组织功能,也是表面的关联性。关注话语标记位置与其主观性表达的差异深层关联性的是完权(2017),他注意到话语标记的位置与其主观性、交互主观性之间具有关联性,占据不同语法位置时表达的主观性不一样,话语标记在话语左侧主要是主观性,而在右侧则主要是交互主观性,通过对英语、法语、汉语话语标记语法位置与主观性表达的对比,得出了汉语(交互)主观性的表达不依赖标记特定的位置,他的研究思路给我们提供重要启迪,那就是除了表面显而易见的关联性,话语标记的位置与其主观性可能具有某种关联性。

5.2 话语标记的位置分布与主观性

Traugott(2003)明确指出话语标记具有"程序性、主观性"两个特点。话语标记的主观性有(一般)主观性、交互主观性和部分交互主观性三种,一般主观性为说话人的视角、意义向说话人聚焦,交互主观性是说话人站在听话人立场、意义向听话人聚焦。部分交互主观性是整个标记的视角仍然是说话人,标记总体上是一般主观性,但同时将焦点转向听者,表现出对听话人的关注。话语标记所表现的主观性并不均衡,与其功能具有密切关联,起篇章组织功能的标记主观性较弱,甚至没有,而人际功能、互动功能的标记则具有较强的主观性,尤其是互动功能标记,主要表现的是交互主观性,这两种功能的标记属于高主观性标记。

5.2.1 话语标记的位置分布

张黎(2017:22—35)从所掌握的语料中一共甄别出95个话语标记,这些话语标记的分布位置分为固定和不固定两种,其中不定位标记有64个,定位标记31个,其中前置标记19个,后置标记7个,中置标记5个。我们将这95个标记的位置分布及功能分类列出下表:

表 4-17 95 个标记的位置与功能

序号	标记	位置	类别
1	啊$_1$	非	元语言—自我反馈
2	啊$_3$	非	人际互动—关系调节
3	哎$_1$/唉$_1$	非	元语言—自我反馈
4	哎$_2$	非	元语言—信息突显
5	哎$_3$/唉$_2$	非	元语言—信息突显
6	(你还/真)别说	非	元语言—信息突显

续表

序号	标记	位置	类别
7	不瞒你说	非	元语言—信息突显
8	不是我说你(们)	非	元语言—表态
9	大家/我们(都)知道	非	人际互动—寻求认同
10	对	非	元语言—自我反馈
11	对吧	非	人际互动—寻求认同
12	对不对	非	人际互动—寻求认同
13	对了$_1$	非	话语组织—交际进程—交际转换
14	(我)告诉你$_1$	非	元语言—信息突显
15	(我)告诉你$_2$	非	元语言—信息突显
16	好$_2$	非	话语组织—交际进程—交际转换
17	好家伙	非	元语言—信息突显
18	好了	非	话语组织—交际进程—交际转换
19	(也)就是(说)$_1$	非	元语言—信息突显
20	(也)就是(说)$_2$	非	元语言—解释
21	(你)看	非	人际互动—寻求认同
22	(你/你们)看看	非	人际互动—寻求认同
23	可以说	非	元语言—解释
24	老实说	非	元语言—信息突显
25	嗯$_1$	非	话语组织—话轮控制—填补空白
26	嗯$_2$	非	元语言—自我反馈
27	那个$_2$	非	话语组织—话轮控制—填补空白
28	那什么$_1$	非	话语组织—话轮控制—填补空白
29	那什么$_2$	非	人际互动—联络
30	你看$_1$	非	人际互动—寻求认同
31	你看$_2$	非	人际互动—协商
32	你说$_1$	非	人际互动—联络
33	你说$_2$	非	人际互动—寻求认同
34	你说说	非	人际互动—寻求认同

续表

序号	标记	位置	类别
35	你想	非	人际互动—寻求认同
36	你想想(看)	非	人际互动—寻求认同
37	你/您知道	非	人际互动—寻求认同
38	(你)瞧	非	人际互动—寻求认同
39	实话说	非	元语言—信息突显
40	是不是	非	人际互动—寻求认同
41	说白了	非	元语言—解释
42	(咱们)说(得)明白点(吧)	非	元语言—解释
43	(它/这)说起来	非	元语言—信息突显
44	(咱/咱们)说实话	非	元语言—信息突显
45	(我/我们)说实在的	非	元语言—信息突显
46	(我/咱/这)说真的	非	元语言—表态
47	他妈(的)	非	元语言—表态
48	(你/您/你们)听我说	非	人际互动—联络
49	(你)听着	非	人际互动—联络
50	我的意思(就)是(说)[123]	非	元语言—解释
51	我敢说	非	元语言—信息突显
52	我跟你说/讲	非	人际互动—联络
53	我看	非	元语言—信息突显
54	我是说	非	元语言—解释
55	我说$_2$	非	人际互动—联络
56	我说你	非	人际互动—联络
57	我问你	非	人际互动—联络
58	我想	非	元语言—信息突显
59	要我说	非	元语言—信息突显
60	(这/这话)(该)怎么说呢	非	元语言—信息突显
61	这个$_2$	非	话语组织—话轮控制—填补空白
62	(你/您)知道吧	非	人际互动—寻求认同

续表

序号	标记	位置	类别
63	（你/您/你们/大家）知道吗$_1$	非	人际互动—联络
64	（你/您）知道吗$_2$	非	人际互动—寻求认同
65	唉$_4$/哎$_3$	定—前	人际互动—联络
66	不是	定—前	元语言—表态
67	对了$_2$	定—前	元语言—自我反馈
68	好 1	定—前	话语组织—交际进程—交际启动
69	好 3	定—前	话语组织—交际进程—交际结束
70	好的$_1$	定—前	话语组织—交际进程—交际进程
71	好的$_2$	定—前	话语组织—交际进程—交际结束
72	好嘛$_1$	定—前	元语言—信息突显
73	那$_1$	定—前	话语组织—话轮控制—话轮转接
74	那个$_1$	定—前	话语组织—话轮控制—话轮转接
75	那么$_1$	定—前	话语组织—话轮控制—话轮转接
76	你	定—前	元语言—信息突显
77	然后$_1$	定—前	话语组织—话轮控制—话轮转接
78	（它）是这样（子）（的）$_2$	定—前	元语言—解释
79	所以$_1$	定—前	话语组织—话轮控制—话轮转接
80	我说$_1$	定—前	元语言—信息突显
81	（它/他/你）这个$_1$	定—前	话语组织—话轮控制—话轮转接
82	（咱们/我/我们）（跟你/您）这么说吧	定—前	元语言—解释
83	这样（吧）$_2$	定—前	元语言—解释
84	啊$_2$	定—后	人际互动—联络
85	哈	定—后	人际互动—寻求认同
86	好不好	定—后	元语言—表态
87	好嘛$_2$	定—后	元语言—表态
88	是吧	定—后	人际互动—寻求认同
89	（就）是这样（子）（的）$_1$	定—后	话语组织—交际进程—交际转换

续表

序号	标记	位置	类别
90	（就）这样（子）（的）$_1$	定—后	话语组织—交际进程—交际转换
91	那$_2$	定—中	话语组织—话轮控制—话轮延续
92	那么$_2$	定—中	话语组织—话轮控制—话轮延续
93	然后	定—中	话语组织—话轮控制—话轮延续
94	所以$_2$	定—中	话语组织—话轮控制—话轮延续
95	完了	定—中	话语组织—话轮控制—话轮延续

我们对这 95 个标记的位置分布及功能进行了统计，结果是属于人际互动类的标记共 31 个，占全部 95 个标记的 32.6%，其中定位标记只有 5 个，非定位标记 26 个，占 83.9%。可以与之对照的是，全部 95 个标记中非定位标记 64 个，占比为 67.4%，人际互动类标记非定位的占比高出全部标记中非定位标记占比 16.5 个百分点。人际互动类标记所表达的主观性主要为交互主观性，这个非定位比例与之是否存在某种关联？这是我们探究的焦点。张黎(2017)将话语标记功能类别划分为"话语组织功能类""人际互动功能类"和"元语言功能类" 3 种，"话语组织功能"就是篇章组织功能，"元语言功能类"中，"表态"小类就属于"人际功能"，表达了（一般）主观性，如果把"表态"小类归到"人际互动功能"高主观性大类来计算，这样 95 个标记中则有 37 个，占比 38.9%，其中定位的 8 个，不定位的 29 个，不定位的占 37 个的 78.4%，这也高出全部定位标记占比 67.4%将近 11 个百分点。

5.2.2 位置与主观性

张黎(2017:34)也发现定位标记主要是话语组织标记，这个规律也是较为明显的，但上述统计比例表明，主观性强的标记其非定位性远高于一般比例，这其中是否也有规律可循？

再对 31 个人际互动标记的位置分布情况进行进一步的统计分析，31 个人际互动标记中有 5 个定位标记，非定位标记有 26 个。从理论上说，非定位标记可以出现在话轮（或语句）的前、中、后三个任意位置，张黎(2017：106-138)根据所掌握的语料对每个人际互动标记进行了分析，其中对标记多出现的位置也作出了描述，如对"那什么"的位置描述为"出现在话轮开头或话轮中的一个句子前，也可插入在具有句法结构关系的成分之间"（张黎，2017：109），按照他对每个标记位置的描述我们对 26 个人际互动标记的位置进行统计,像"那什么"的位置就记为"前、中",情况有"前""中""后""前—中""前—后""中—后""后—中"等7种情况,我们把这些标记具体所属的人际互动功能小类等统计数字列表如下:

表 4-18 "人际互动"标记位置分布

位置	前	中	后	前—中	前—后	中—后	后—中
数量	4	2	1	12	4	1	2
具体分布	联络3 寻求认同1	寻求认同2	寻求认同1	联络5 协商1 寻求认同6	寻求认同3 联络1	寻求认同1	关系调节1 寻求认同1

上述 7 个位置,除"前—后"较为特别外,其他 6 种大概可以分为"倾向前置"与"倾向后置"两种情况,"前""中""前—中"属于"倾向前置","后""中—后""后—中"属于"倾向后置",前者有 18 个,后者有 4 个,二者数量比为 4.5∶1,5 个定位标记中,前置 2 个,后置 3 个,大体持平。"元语言"中"表态"类标记具有的主观性也是很明显的,它们同样属于话语标记高主观性大类,再把这小类 6 个标记纳入位置考察范围的话,6 个标记定位与非定位各 3 个,倾向前置的 4 个,倾向后置的 2 个,二者比为 2∶1,倾向前置的居多。

5.3 高主观性话语标记的位置特点

从上述统计数据可以看出主观性强的话语标记在使用时所处位置的两个基本规律,一是位置较为灵活,二是倾向前置居多。

5.3.1 位置的灵活性

从话语标记位置总体分布说,定位标记为少数,且以篇章功能标记为主,主观性强的标记非定位性的占比明显高于平均比率,说明其非定位性强于其他话语标记。还有更为突出的是,主观性强的非定位标记的位置可以处在话语前、中、后的任意位置。我们以张黎(2017)确认"人际互动功能"中"寻求认同"小类的标记为例进行具体考察,"寻求认同"小类共 18 个标记,其中定位标记仅 2 个,非定位标记 16 个,占比高达 88.9%,位置分布数据如下表:

表 4-19 "寻求认同"标记位置分布

位置	前	中	后	前一中	前一后	中一后	后一中	总计
数量	1	2	0	6	4	1	2	16

可以看到,在前置倾向占主导的大趋势下,6种位置均有分布,其位置分布的灵活性可见一斑,究其原因,这应该与说话人的交际策略密切相关,也就是在交际中,说话人会根据"寻求认同"的需要在话语最合适的地方使用话语标记表达交互主观性,以达到取得对方"认同"的交际效果。再看其他例子:

(52) 你看,"坟墓"和"天神"听起来不协调,但我想把坟墓说得可怕些,就像六翼天神那样沉寂,我不能把它去掉。　　　　　　　(BCC)

"你看"前置,其目的是提醒听话人注意自己后面的话,后续的叙述或评价可能超出了听话人甚至包括说话人自己的预见,但说话人自己认为是正确或合理的,标记表达了交互主观性以期达到得到听话人"认同"的交际效果,采用的交际策略是"先行提醒",所以"你看"放在整个话语前面,放在中间与后面都不如前面合适。

(53) 你自己也有个小儿子,对吧,你应当理解这一点。如果你剥夺了他的继承权,你自己能安稳度日吗?　　　　　　　(BCC)

前面叙述了一个事实,而且都是有关听话人的,其后追加一个"对吧",目的是要求听话人认可自己的叙述是正确的,后面则是继续就前面的问题提出结论与意见,"对吧"提醒听话人认可开始提到的前提而接受后面的结论或意见,说话人的交际策略是"步步深入","对吧"是引导"深入"的关键。

上述"你看""对吧"两个标记并非定位标记,只是分别多用于话语前面与中间位置,但它们也可以置于其他位置,其表达的交互主观性与功能并没有什么不同。大部分非定位标记,其位置是可以进行线性移动的,所以它们可以出现在多个位置,正如完权(2017)所得出的研究结论,汉语话语标记的主观性和交互主观性与其处在什么位置没有关联性,这也佐证了汉语话语标记位置具有灵活性的特点,标记放在什么位置,取决于表达交互主观性交际策略的需要。

(54) A:你瞧,敌人出动了吧!
　　　B:你怎么知道?
　　　A:咳,你想想,三更半夜的,要是没有人惊动它,它怎么会飞起来呢?我们冲吧!　　　　　　　(BCC)

(55) 再说,我既然来接你了,你想想,不去也不行吧? （BCC）
(56) 滕大老板,你照会长那个装一船,就好了。你橘子不卖难道留在家里吃? 你想想。 （BCC）

上面三个例子,标记"你想想"分别出现在前、中、后三个不同的位置,例(54)的"你想想"放在话语前,是对前面说话人"你怎么知道"的直接回应,强调后面的结论毋庸置疑,以此强化"认同"的必然性;例(55)放在中间,前面陈述了一个事实,用"你想想"表达后面结论的正确性,从而促使对方付出实际行动;例(56)"你想想"放在最后,说话人把意见和结论都陈述完了,末尾追加一个"你想想",其作用就是最后打消听者的疑虑,认可自己的说法。实际上,上面三例中的"你想想"可以进行移动,其表达的交互主观性都是一样的,但现在的位置是最符合交际情景表达需要的,所以说话人根据感觉将标记放在自己认为最合适的位置以取得最能达成目的的效果。

5.3.2 倾向前置的居多

高主观性标记非定位的占了大多数,这些非定位标记从理论上说可以处在话语的前、中、后任意位置,但其位置分布是不是保持大致均衡呢? 位置分布呈现怎么样的趋势呢? 还是以"你想想"为例进行语料统计,在"CCL语料库"中我们以"你想想"为关键词进行了搜索,共获得735条语料,因为语料过于庞大,我们采取了抽样方式进行统计,抽取前50个标记作为样本,前52条语料中出现了50个标记"你想想",也就是排除了2条非话语标记,经过逐个辨认,最后确认处在话语前的有29例,中间的有20例,后面的仅1例,所占比例分别为58%、40%、2%。从这组数据可以看出,"你想想"虽然是一个非定位话语标记,但它出现的绝大多数位置是在话语的靠前的位置,前、中、后位置分布的概率为:前＞中＞—后①。"你想想"最重要的功能是说话人希望听话人理解自己的叙述或评价,认同自己的观点,但他站在对方的视角,采取移情的方式将话语聚焦听话人,表达了交互主观性,也体现出了一种主动的交际策略,他力图尽早把意图传递给听话人,让听话人认同自己的说法,所以放在前面是首选,即使在中间也一定是在寻求认同的最重要结论之前,会尽量避免放在后面,因为那样不符合自己达成交际的意图。我们来看例子:

(57) 你想想看,有我李敖这样的人出来,这是多么好的榜样? （CCL）

---

① 此处"—"表示距离大。

(58) 遭到拒绝了,面子上挂不住,四十三的人了,你想想,去拜个师都不让进门,不去了。　　　　　　　　　　　　　　　　　　(CCL)

(59) 我要有10万元放到银行,每月利息收入比得上一位高干,你想想看。　　　　　　　　　　　　　　　　　　　　　　　　　(CCL)

上面三个例子均出自在 CCL 搜索到的"你想想"标记用法的前 50 个例子,"你想想(看)"分别出现在话语前、中、后不同位置,(57)(58)两个例子,无论在前还是在中,"你想想(看)"都是在说话人得出的结论或评价前,在中间,前面的是简单的事实陈述,"你想想(看)"寻求听话人认同自己的结论或评价的意图非常明显,所以"你想想(看)"放在结论和评价前是达成交际意图的最佳位置,而例(59)之所以放在最后,说话人明显认为前面的事实或结论的正确性太显而易见了,或者已是一般人的共识,所以在话后追加一个"你想想看"来提醒听话人。

从上面"你想想(看)"的例子我们可以知道,虽然非定位的高主观性标记的位置可以根据说话人的交际意图放在话语的前、中、后任意位置上,但像表达交互主观性这样的高主观性,为了尽快达成交际意图,说话人都会倾向于把它们放在评价或结论前,引导听话人注意和认同,所以它们的最佳位置是话语前或中间,而不是放在后面,只有少数特别情况才会放在后面,那就是自己的评价或结论具有广泛的共识性,听话人的认知自然包含在共识之中,追加标记只是简单提醒。

循着上面思路,我们进一步深入探究高主观性标记位置倾向前置的规律。以标记"你看"为例,张黎(2017:123—124)认定它为表达"人际互动—寻求认同"的标记,为区别于表达"人际互动—协商"的"你看",记为"你看$_1$","你"可以省略,后者记为"你看$_2$",如:

(60) 你看我说得没错我看得没错吧?　　　　(转引自张黎,2017:124)

(61) 所以在这种情况下,我想也许离开对你和公司都是最好的选择,你也可以有更好的职业发展的平台,你看这样好不好?

　　　　　　　　　　　　　　　　　　　　　　(转引自张黎,2017:137)

两个例句中,"你看"后面虽然都接的是问句,但前例的问句是反问句,意思是肯定的,"你看"的功能是寻求对方认同自己的观点,后面例句的"你看"引出的是征求对方意见的问句,完全是商量,所以虽都是表达"人际互动"功能,但互动的具体目的是有差别的。我们以"你看$_1$"为对象分析其位置分布。"你看$_1$"为非定位标记,张黎(2017:123)认为它"用于肯定说话人所述信息的作用","出现在会话进程中的一个话轮前,或话轮中间"。我们在

"CCL 语料库"进行搜索,语料规模很大,有 3000 余条,通过对前 100 条的辨别,绝大部分都在话语前,但有少数几条在中间,如下例:

(62) 三毛做到了如她所写的:"无言是最高的境界,你看,天地不是无言吗?" (CCL)

没有在后面的用例。

张黎(2017:124)认为"你看₁""其功能是提示听话人注意自己后面要说的信息的合理性、正确性,以寻求听话人认同,即期望从听话人处求证自己的叙述、观点或建议,所以该标记也有寻求拉近与对方关系的作用。其后序的核心话语为肯定性的叙述、评价或建议功能的话语"。我们注意到"你看₁"因为后序话语"为肯定性的叙述、评价或建议功能的话语",这一点与它的位置前置性有着密切关联。"叙述、评价"的正负属性与针对对象与标记位置有着更为紧密的关联性,所谓"正负属性"是指评价是正面还是负面的性质,如果"叙述、评价"的对象是听话人,说话人又要表达负面评价,这些标记的前置性倾向会更强。标记"你看你"在结构上与"你看₁"很相似,前者把"叙述、评价"的对象限制为听话人,经过规约化,"你看你"成为表达对听话人负面评价的话语标记。张黎(2017)没有将"你看你"纳入到所考察的 95 标记之中,但"你看你"却是一个常用的表达互动功能的标记,它表达了说话人对听话人的责备,责备的目的是希望听话人能按自己的意见对其行为进行修正,所以按张黎(2017)对标记功能的分类可以归到"人际互动—寻求认同"。我们在"CCL 语料库"中经过搜索,得到"你看你"语料 70 条,都是会话语料,其位置全部处在话语前,只个别前面另有语气词,"你看你"实际仍是处在话语前,如:

(63) 牛:哎呀,你看你,余德利,我好不容易劝老刘吃了饭,你又勾他往死胡同想。 (CCL)

与上面例子相似,还有像"不是我说你"这样的标记,其含义也是表示说话人对听话人的不满,后序话语同样也是说话人对听话的负面评价,张黎(2017:101−102)将其归为"元语言—表态"一类,认为它的功能是"说话人向受话人表达自己的态度、评价等主观因素信息"。实际上它与"你看你"从主观性角度看都属于高主观性一类的标记,前者表达的是交互主观性,完全站在听者的视角,而后者是部分主观性,总体视角还是说话人,但通过移情开始向听者聚焦,尤其二者的共同之处是表现了对受话人的负面评价。通过对 CCL、BCC 语料的检索,绝大部分语料中作为标记的"不是我说你"都基本处在话语前,但前面可能会出现对听话人的称呼。如:

(64) 他便对洪慕修道:"姑爷,不是我说你,你们这维新的人物,太迷
　　　信外国人了。这种内科的病症,西医是不成的,应该请中国大夫
　　　看看。" (BCC)

　　通过对"你看"等标记的考察可以知道,主观性高的标记,一般都不是定位标记,但在使用中前置倾向性强,直接针对听话人的标记表现更为突出,特别是表达负面评价的标记。出现这样很强的位置倾向的原因与第一点一样,也是说话人交际策略选择的结果,因为标记前置能使受话人尽早领会说话人的态度和立场,争取主动,为受话人接受自己的意见奠定基础以达成交际目标。如"不是我说你"最重要的作用是缓和语气,提升后序负面评价听话人的结论或意见的接受度,以便达成受话人接受自己责备、批评的目的。

　　上述两点是高主观性标记位置分布上的大致规律,它们既符合标记总体特征,又显出了自身的个性。两个规律也存在内在关联性,位置灵活是总体特性,因为主观性强,所以靠前位置成为优先选项,特别是针对受话人本身的评价或意见的标记,这其中尤以负面评价更为突出。

5.4　对主观性与位置认识的误区

　　在对话语标记位置与主观性的关联性研究时,尤其是个案研究中,有种力图按位置与主观性等级建立联系的倾向,这种倾向本身无可厚非,但如果只注意个案而忽视话语标记位置的总体特征,就难免"只见树木,不见森林",尤其要避免凭主观感觉来判断主观性等级。

　　王敏(2019)对"真是的"的"反预期"认识情态①程度等级进行了归纳,提出了几个等级序列,其中有一个等级序列就是按照"真是的"的位置排列的:句首＞句中＞句尾。所举例子为:

(65) a. 王通说:"真是的! 那天只要我手里有一枝小曲尺,说老实话,
　　　咱们的罢工失败不了!"

话语标记的句法位置可进行线性移动而功能不变,上例"真是的"移动后可以变换为:

(65) b. 王通说:"那天只要我手里有一枝小曲尺,真是的! 说老实话,
　　　咱们的罢工失败不了!"

(65) c. 王通说:"那天只要我手里有一枝小曲尺,说老实话,咱们的罢
　　　工失败不了! 真是的!"

---

① "反预期"其实就是一种具体的主观性。

作者认为"真是的""位于句首,开门见山地表达自己的态度,然后再陈述事实,统辖整个话语内容,主观性更强。位于句中的'真是的'则只能它统辖后面的话语内容,对整个命题进行评价。而位于句末煞尾的'真是的'则是在陈述完事实之后,再补充自己的情感态度,更容易理解为追补成分"。语言成分句法位置的统辖范围是句法语义范畴问题,与话语标记的主观性完全不在同一层面,实际上"真是的"处在话语中任何一个位置都没有改变它的视角和语义聚焦倾向,而这才是主观性强弱区分的原则,所以从一个位置移动到别的位置主观性强弱并没有发生改变,因为判定话语标记的一个标准就是该语言形式可以进行线性移动,位置移动不会带来功能、主观性等本质的变化。下节会谈到话语标记主观性与语气的关系,"真是的"可以通过添加某些成分来加强语气,如前面可以加副词"可、还",交际时也可以通过语音轻重变化等手段表示强调,但其主观性没有改变。进一步说,如果所概括的"真是的"句法位置主观性强弱等级链成立的话,那么它是否具有普遍性?是不是话语标记主观性都有类似这样的规律?缩小范围说,是不是其他"反预期"标记都如此?各类话语标记与个案虽然多少会有差异,但大致规律应该差不多,既然"真是的"有这样的主观性等级规律,那么别的话语标记也应该大致如此,但答案显然是不确定的。标记有定位与非定位两种,那么是否就要认为定位标记中居中、居后的主观性就要弱于居首的呢?再以此去推断非定位标记,尤其是主观性高的标记,是不是在不同位置主观性就产生变化了呢?如果真是如此,这就与话语标记可以自由进行线性移动产生了很大矛盾,而这是判定话语标记的一个关键指标,所以显然不能这样认定。与位置关联的是交际策略,也是说话人为达成交际目、取得理想交际效果的手段之一,就"真是的"来说,说话人会根据交际语境和交际对象的特点来安排自己的话语,放在什么位置要根据说话人为达到满意的效果来选择。

所以在考察话语标记位置与主观性的关联性时一定要注意将个案研究与整体特征结合起来,同时要遵循语言学原则,避免根据个人主观感受来判断。

第六节 话语标记主观性暨等级与情态等的关系

6.1 话语标记的主观性与情态

闫露(2018)、庞恋蕴(2011)等基于汉语作为第二语言学习视角对话语标记进行了分类,其中都把表达情态作为话语标记的重要功能,并将其划为话语标记的一个大类,称之为"情态类",而且通过汉语学习者使用话语标记的情况的考察发现情态类话语标记是各类标记中最难掌握的。她们所说的"情态"是"情感态度"的缩略,是从语义着眼的,并不是语法上通常说的情态范畴,其实就是主观性的表现,由此可以看出,无论是理论研究还是应用考察,话语标记的主观性与情态有着密切关联,二者既有联系又有区别。

语法上所说的情态是一个句法语义范畴,是与时态、体态一样的句法语义范畴,在形态语言中表现得非常清楚,它是指与说话人对事件所做主观判断的语法化意义对应的语言表达形式,如情态动词、副词等,分为道义情态、认识情态与动力情态。系统功能语法所说的狭义情态,是相对时态来说的,时态是指说话的时间,是时间维度,而情态是说话人的判断,是评价维度,都是相对命题来说的,对命题起限定作用。具体来说,情态指说话人对谈论事物的判断,涉及命题句中"可能"或"不可能"的"概率",或是提议句中"强烈要求"或"温和要求"的"义务"。广义的情态可以理解为说话人对谈论之事的状态所做出的判断,或让听话人所做的判断,情态是指"肯定"和"否定"之间的过渡等级,都有形式化标志,是要用情态动词来体现的,还包括小句内的语气附加语、小句外的评价附加语等手段(韩力、张德禄,2019)。范伟(2017:130—159)将情态的表现方式分为成分情态与构式情态。

情态分为句法范畴和话语范畴两个层面,句法层面情态一定有对应的句法形式,一般是通过情态词来表现,情态词主要有情态动词、情态副词、语气词等,情态动词诸如"必须、可能、可以"等,情态副词诸如"也许、大半、还、千万"等,语气词"吧、嘛、着呢、呗"都可能表达某种情态,句法层面的情态也就是范伟(2017)所说的成分情态,直接与命题意义相关。话语层面的情态则是指某个话语单位表达了某种情态,而组成的成分可能并不包含情态词,即前述广义情态的表现方式,即除了用情态动词来体现外,还包括小句内的语气附加语、小句外的评价附加语等手段,即包括范伟(2017)所说的"构式情态"。两种情况的例子如下:

(66) 更重要的是千万不要干涉员工的行动。　　　　　　　(CCL)
(67) 一个人混到了这步田地,那滋味比死也好不到哪儿去。 (CCL)

前一例用情态副词"千万"表达道义情态,后一例用"好不到哪儿去"这个结构来表达认识情态。无论是哪种情态、哪个层面的情态,都表达了说话人的认识、情感和立场,所以情态就是主观性的一种表现形式,也是主观化的结果,关于这一点,有学者(杨黎黎,2018)对情态的主观性、主观化、交互主观等问题进行了专题研究。

话语标记与情态是语言中两个不同性质的东西,前者作为语言形式是话语中的一个成分,而后者是一个句法语义范畴,有明确的语言形式来表达这种范畴。主观性则是说话人留在语言中的个人印记,是语言的一种属性,情态、话语标记都可以表达主观性,话语标记也可以作为表达情态的语言形式。情态有不同种类,标记功能也可以有多种。情态与命题意义相关,话语标记则无关。

话语标记与情态的交叠是在话语层面,即作为话语标记的语言成分可以表达某种情态,虽然它不对整个话语的命题意义产生影响,但它表达的情态成为整个话语的情态或成为整个话语情态表达的一部分,如:

(68) 佟湘玉:<u>瞧你说的</u>,啥钱不钱的,嫁鸡随鸡,嫁狗随狗,嫁妆再好,也比不上人好。　　　　　　　　　　　　　　　　(CCL)
(69) 朱信不以为然地摇摇头:"<u>瞧你说的</u>! 我倒听说有坤角改唱歌的,可我还没听说哪一位唱小生的改唱流行曲了呢。"　　(CCL)

上面两例的"瞧你说的"作为话语标记,都表示对前面说话人所说话语的否定,是认识情态,例(68)的"瞧你说的"所表达的认识情态就是整个话语的情态,后续话语是在否定前面说话人内容后对自己认为正确事理的陈述,例(69)则与后续话语中的情态副词"倒"一起表达了整个话语情态。所以话语标记可以在话语层面表达话语情态,也是广义情态表达的一种形式或手段。在对话语标记进行时,有的研究将"表示情态"作为话语标记的一种功能,或是将"情态话语标记"作为话语标记的一类。闫露(2018)、庞恋蕴(2011)都是从汉语作为第二语言教学角度研究话语标记与学习情况的,发现情态类话语标记是各类标记中最难掌握的。她们的研究证明了两个事实,一是话语标记可以表达情态,二是表达情态的话语标记是学习的难点。可以说,话语标记也是表达情态的手段,因为情态是主观性的一种表现形式,所以表达情态的标记属于高主观性标记,符合话语标记主观性等级与话语标记难易程度的对应规律。基于上述认识,情态、话语标记与主观性之间的关系可以用下图表示:

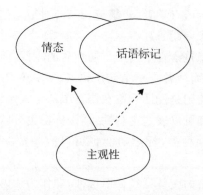

图 4-3 情态、话语标记与主观性的关系

上图主观性与情态之间的实线代表二者的必然性,主观性与话语标记之间的虚线代表二者之间的或然性,即不是所有话语标记都具有主观性,而且不同功能的话语标记主观性的强弱不一致,关于话语标记功能与主观性之间的关系前面有章节专门进行了讨论,在此不赘。

主观性是说话人在语言中留下的个人印记,表达了说话人的认识、情感和立场,但话语标记的主观性与情态的主观性的特点并不完全一致。情态的主观性聚焦的是说话人对命题的评价,即命题为真还是为假,所以无论是哪种情态,都是围绕对命题的态度展开的,而话语标记的主观性涉及面则要广得多,而且篇章组织类的标记相对人际和互动功能的标记,主观性又弱得多,甚至为零。另外,狭义情态与时体等其他语法范畴紧密联系,如有"现实""非现实"之分,也称为"现实情态""非现实情态",范伟(2017)认为情态最核心的语义特征是可能性大小的程度差别,情态既是一个语义范畴,又是一个语法范畴。认识情态表达说话人对命题为真可能性的推断,推断把握有大小不同;道义情态表示催动命题成真的外部要求的强制约束力的大小;动力情态体现行为主体能力的大小和意愿的强弱。这种程度差别是语义的表现,那么主观性是否也具有等级,三种情态之间主观性是否有等级,这个问题目前研究还没有涉及,这与话语标记较为清晰的主观性等级形成了对比,需要进一步探讨。

6.2 话语标记的主观性与具体情感

以往对话语标记分类,一般都根据功能进行,划分大类后再区分小类,分类视角往往就牵涉主观性或情感态度。关于汉语话语标记的分类,如殷树林(2012:71)将话语标记分为语篇标记、人际标记、互动标记三大类,每个大类下再划分若干小类,李秀明(2011:99—101)分为语篇功能、人际功能两个大类,每个大类下又分为4个小类;孙利萍、方清明(2011)没有划分大类,而是从功能上直接将话语标记划分为17类。实际上,在涉及具体某个标记或小类时,学者区分类别的标准是多样的,有按构成成分来命名的,如张旺熹、姚京晶(2009)将含有人称代词的话语标记作为一类,杨才英、赵春利(2013)、李治平(2015)将由言说词构成的话语标记称为"言说类";有的着眼于语法特征来分类,如杨才英、赵春利(2014)将"X的是"这样的标记称为"焦点性标记",某类构式标记成果则非常多,如"你/我＋想/说/看""X然"等等。在类型划分时,有的小类就是从主观性角度命名的,殷树林(2012:71)在"人际标记"下就有"态度标记"一个小类,孙利萍、方清明(2011)各类标记中有"主观性评价"类,都将主观性特点作为一类标记的标签。在进行话语标记个案研究时,学者常将某个或某个小类的标记冠以"……标记"或"表……的标记",如曹秀玲(2016:16－29)将"不料""没想到"等标记称为"超预期话语标记",胡德明(2011)则称之为"反预期标记";周明强(2014)将"瞧你说的""你看你""真是的"等标记归为"埋怨性话语标记",认为它们是陈情性话语标记;方梅、乐耀(2017)则认为"不是我说你"这样的标记表达了言者负面评价的立场,是评价或立场表达的标记;阚明刚、杨江(2017:162－171)将话语标记的主观性表达分为主观情感、主观倾向、主观认知、主观推测、主观意愿和主观预期6类,其中的主观情感按照人的心理学类型区分为"乐""好""怒"等不同种类,并给这些具体情感进行了等级区分,区分的依据是根据修饰情感的程度副词,如"悲伤"有"极其悲伤、很悲伤、悲伤、比较悲伤、有点悲伤"5级。这些分类角度的共同特点是注意到了话语标记的具体主观性。

上述研究提出的问题是,话语标记的主观性是否就是等于某种具体情感、立场、态度?具体情感的等级是否就是主观性等级?

话语标记的主观性是说话人留下的个人印记,包括他的认识、情感、态度和立场等个人因素,所以这些印记在具体标记中一定会通过说话人的某种情感、认识表现出来,或者说,说话人的具体情感等个人因素是主观性的载体。而且这些个人因素往往混淆在一起,很难截然区分是情感、态度还是认识、立场。如:

(70)"文革"中全国都是大批判的战场,十亿人民个个都是批判家。
　　　　没想到,我由于读一本书居然在列车上受到了批判。　　(CCL)

上例的"没想到"表示"超预期"或"反预期",但也表现了说话人对特定时代的自己遭遇的无奈和对当时政治氛围的负面评价。还有像"真是的"和"瞧你说的",前者本来表示的确认、肯定,是一种认识,但因为常常用作确认、肯定负面评价,最后变成表达不满和责备,后者本来只是否定前面说话人的话语,但也由否定前面话语变成了表达对前面说话人的不满。所以,话语标记的主观性就是通过某种具体情感、认识、立场等来体现的。具体情感等因素在表现上会出现强弱程度的差异,例如同是高兴或悲伤的心情肯定会有程度差别的,表现在语言形式上,就会像上面阚明刚、杨江(2017)通过程度副词来区分。但具体情感的程度差别并不就是话语标记主观性的等级,话语标记的主观性是说话人留下的个人因素的属性,是一个抽象的语言学概念,它的等级是按照主观性性质来区分的,而不是依据某种具体情感的程度进行区分。人的具体情感纷繁复杂,程度也千差万别,同一个人对同一类事的情绪也会程度不同,不同情感之间更是难以横向比较,比如同是责备,有真责备,还有嗔怪,甚至娇嗔,这不好区分哪个程度更强,如果非要区分,很容易只能凭主观判断,而情感程度与外在表现不一定是一致的,很可能会有非真实表现,所以话语标记的主观性虽然要通过具体情感来表现,但它是语言的一种特性,并不等于具体情感,评判其强弱等级的依据只能是语言学本质,而不是个人感觉。

6.3 话语标记主观性的强弱与语气

话语标记的主观性及等级很容易与语气及其强弱联系起来,自然会产生语气强就等于主观性强的想法,所以有必要对二者的关系进行梳理。

汉语语气是语法研究的一个传统课题,很多问题已经达成了共识,也存在一些分歧。《现代汉语词典(第 7 版)》对"语气"的注释是:"①说话的口气;②表示陈述、疑问、祈使、感叹等分别的语法范畴。"语法界达成的共识是上面的②,所以无论是现代汉语教科书还是各家语法著述,都将现代汉语的句子类型,即句类,按照语气分为陈述句、疑问句、祈使句、感叹句 4 种,4 种语气就是 4 个语法范畴,每个句类都有语法形式标记与语音特征。分歧在于义项①,按照一般的句类划分,并不包含"口气",那么如何处理"口气"?它跟"语气"是什么关系?因为这些问题,对语气的看法就产生了分歧。比较有代表性的情况是,将语气和口气分开,将它们作为两个并列的语法范畴,如孙汝建(1999:9)指出:"语气(modality)是指说话人根据句子的不同用途所采取的说话方式和态度。口气(tone)是指句子中思想感情色彩的种种表达法。语气只有陈述、疑问、祈使、感叹四种,口气包括肯定与否定、强调与委婉、活泼与迟疑等等。"我们认为,4 种句类和口气都是语气的组成部分,交际中,句类也可以用某种口气来表达,口气可以在不同句类体现出来,三者的关系可以图示如下:

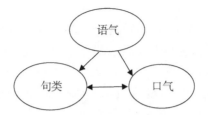

图 4-4　语气和口气、句类的关系

句类与口气是语气下的两个句法范畴,都有形式标记和表达手段,就句内层面来说,可以通过句法、词汇形式和语音手段来表现,如可以通过语气词、句调来表现,在书写上还可以通过标点符号来表达。句类可以具有某种口气,如陈述句,可以表现肯定、否定的口气,也可以表达强调与委婉、活泼与迟疑等。4 种句类都可以通过句法、词汇、语音手段来表示强调,如同是感叹句:

(71) a. 好看!
　　　b. 真好看啊!
　　　c. 太好看了!

上面都是感叹句,但口气不同,即使是同一个句子用不同的重音也会表现出口气的强弱。人们日常生活中说"语气强烈"更多的是指口气①,如反问句虽然是问句形式,但它的意思是肯定的,而且比陈述句语气强,原因是它表达了"强调"的口气。

话语标记的形式可以说是各种句类和口气都有,如"你还别说"是陈述句,也是否定句,"瞧你说的"是祈使句,"我说什么来着"是疑问句,"好你个……"是感叹句。李先银(2017:18)将否定标记分为回应和对应,实际就是直接和委婉两种情况,"得了吧"是直接否定,"你看你"则是委婉否定,在交际中,单从口气看,直接否定自然会比委婉否定强。话语标记在使用中也会表现出某种口气,口气有强弱区别,如"真是的"表达不满和责怪,为了加强语气,可以说成"也真是的""可真是的"。当然还可以通过重音以及非语言手段来表达或辅助表达。

语言的主观性是说话人在话语中留下的个人印记,与语气有着密切关联,感叹句表达了说话人自己对相关人和事的评价、态度和情感等,直接或委婉也是说话人情感或态度的表达方式与程度,所以语气也是主观性表达

---

① 也包含语调和句调,可以通过重音来表达。

的方式之一,话语标记同样如此。但主观性是话语标记的一种主观特性,与语气强弱通过口气来区分不同,决定话语标记主观性强弱的标准是主观性本身的性质,即有无主观性和属于哪种主观性,篇章功能的标记没有主观性或者主观性很弱,所以篇章功能标记的主观性就弱于人际和互动功能标记,前面我们已经对此问题进行了详细论证,得出了标记的主观性等级链:

  人际、互动标记＞篇章标记

标记不同主观性强弱的等级链:

  交互主观性＞部分交互主观性＞一般主观性

所以话语标记可以有不同的语气,同一语气也可以有不同口气和强弱,但只要主观性本身性质没有改变的话,标记主观性的强弱就不会发生变化。以"真是的"为例:

(72) a. 江月蓉道:"你这么做,人家怎么看？你真是的,看我干什么？你从来都不是个缺少主意的人。"   (CCL)

(72) b. 江月蓉道:"你这么做,人家怎么看？你可真是的,看我干什么？你从来都不是个缺少主意的人。"

后一例的"你可真是的"语气明显比"你真是的"强,表达的责备意味也更突出,但两个标记的主观性没有变化,都是交互主观性,主观性属性一样,所以它们的主观性并没有差别。不同的是语气,说话人使用哪个取决于其交际目的和策略,实际上,在具体交际中,即使是同一个"真是的"也可以通过重音来表示语气,不是非要用"可真是的"来加强语气。这也是一般都把"可真是的""也真是的"作为"真是的"的变体而不是另一个标记的原因,它们只是语气不同而已,主观性并无差别。

第五章 话语标记主观性及等级在学习中的规律与作用

第一节 学习者汉语话语标记运用的调查与分析[①]

1.1 调查背景

本次调查紧扣课题的核心,即话语标记主观性问题,了解汉语作为第二语言学习者学习话语标记的基本情况,在全面收集与掌握话语标记学习情况的基础上,重点考察学习者对高主观性话语标记的理解与运用状况,力图发现与总结出其规律,验证研究的理论假设。

基于这样的理念,调查重点为了解汉语作为第二语言学习者以下三个方面的情况:

(1) 对话语标记的元认知情况,包括对话语标记的了解、功能、作用等方面;

(2) 话语标记运用的习惯,包括是否使用、使用频率等;

(3) 常用各类/个话语标记的具体应用,尤其注意考察学习者是否体现了研究假设的话语标记难易程度或顺序。

同时,还观察上述三个方面与学习者母语背景、汉语水平之间是否具有关联性,以全面把握影响汉语作为第二语言学习者话语标记理解与使用的相关因素,为建立与完善学习者学习掌握汉语话语标记难度体系提供实证依据。

1.2 调查的设计与实施

1.2.1 问题设计

问卷结构:本次问卷共设计了19道题,16道为单选题,3道为多选题。问题由三部分组成:第一部分,个人自然情况;第二部分,对话语标记的认

[①] 本节主要内容以"第二语言学习者汉语话语标记运用的调查分析"为题发表于《汉语应用语言学研究》(第9辑)(商务印书馆,2020),作者署名为"潘先军、刘恩赐",本书有修改。

知;第三部分,话语标记的运用。

设计原则:

第一,题干语言尽量简易,因为接受调查的对象均为母语非汉语的学习者,语言水平参差不齐,不能因为对问题表述难以理解影响对问题的判断;

第二,形式尽量简单,问题以单项选择题为主,这样避免理解的干扰;

第三,以具体应用为主,全部问题除个人自然情况外,理论方面的仅3道,涉及对话语标记的概念、功能和使用情况,其他都是根据我们课题核心问题,主要以刘丽艳(2011)和曹秀玲(2016)两本话语标记研究专著中的典型话语标记例句作为素材,结合"CCL 语料库",编写出含有考察话语标记的题目共 10 道,意图是通过我们的选择与编排,在实际应用中发现受试者对于汉语话语标记的应用规律与特点,调查尽量做到客观,尤其是不能有意诱导受试者选择符合课题假设目标的选项。

1.2.2 调查实施

调查时间:2018 年 12 月 20 日—2019 年 1 月 20 日。

调查方式:通过"问卷星"平台,发送微信链接,进行网络版问卷填写。

调查样本:共回收问卷 160 份,其中有效问卷 160 份。

样本构成:

(1) 参与调查的留学生年龄以 18—25 岁为主。

参加此次调查问卷的人员,年龄在 18—25 岁的比例占到了 75%,可见此次参加调查的人员大多是来自高校的学生,根据调查过程中反馈的信息,多是国内高校的同人邀请或组织自己学校的学生参与问卷,也有部分在海外任教的同人和担任中文教师志愿者的研究生邀请或组织自己学校的学生参与问卷,所获数据也印证了上述事实。

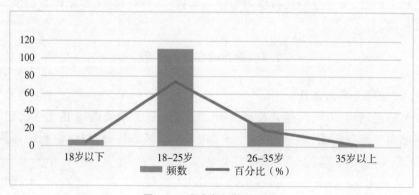

图 5-1 受试者年龄分布图

(2) 亚洲留学生居多。

从被调查者的国籍数据来看,来自亚洲国家的留学生比例占一半左右,其中以除日、韩、朝以外的亚洲留学生为主;来自世界其他国家的留学生占比近30%;欧美国家和澳大利亚的留学生占比最少,为10.63%,但来源国家和地区大体还是均匀的。

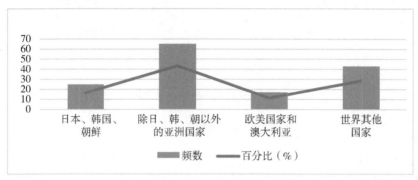

图 5-2　受试者国家分布图

(3) 近五成学习者学习汉语的时间在三年以上。

在参与调查的留学生中,有近五成的学习者已经学习了三年以上的汉语,说明此次调查者的汉语水平基本处于中高级水平,对话语标记有一定的接触和了解;按汉语水平与学习时间划分,具体见以下诸图:

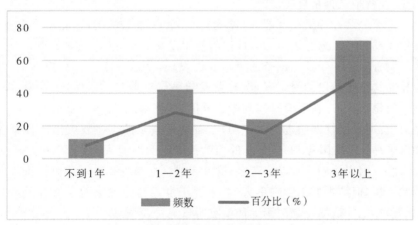

图 5-3　受试者汉语学习时间分布图

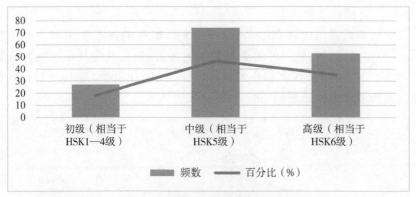

图 5-4 受试者汉语水平分布图

1.3 调查结果与分析

除对整个调查结果进行综述性分析外,这里只对上述调查重点所获得的数据进行分析。

1.3.1 影响话语标记使用的相关因素

在设计调查问卷时,第一部分为受试者的个人情况,共 4 个问题,分别是年龄、来源国、汉语学习时间与汉语水平,设计这 4 个问题的目的是考察学习者这四个方面是否会影响话语标记的使用,是否构成话语标记的使用因素,也就是是否是自变量。

这部分调查结果在上部分"样本构成"已经做了说明,在此不再重复,我们发现,年龄、来源国与话语标记的使用没有关联,或关联性很小。通过统计调查对象的年龄和调查的渠道我们发现,受试者大多是高校学生,但对比非这个年龄段的受试者,没有发现结果与年龄有关联性,或者说关联性不明显,这一点在后面研究具体话语标记运用的准确率与汉语水平的关系时,会通过线性回归进一步证明;了解学习者来源国主要突出了日本和朝鲜半岛,这些国家属于所谓的"汉字文化圈",这部分学习者占比为 15.63%,因为他们具有汉字背景,这或多或少会影响到其对话语标记的理解和使用,但结果显示影响不大,与来源于世界其他国家的学习者无论在对话语标记的认知还是使用上都没有明显差异,不构成话语标记使用的自变量。

4 个问题中,后 2 个问题,就是汉语学习时间与汉语水平明显构成话语标记使用因素,这二者之间本身就有很强的关联性,学习时间越长汉语水平就高,这是很自然的,但对某个人来说可能会出现二者不匹配的现象,就是学习时间和应达到的水平有出入,学习不到 1 年的人数占 10%,但汉语水平为初级的占18.13%,这显示学习1年以上的学习者有的水平还未达到中级水平,学习时间与汉语水平二者更重要的是汉语水平,所以在分析时我们主要参考的因素是汉语水平,而对学习时间没太多关注,因为这是个别人的个别情况。下表是各水平学习者对话语标记的认知程度统计:

表5-1 汉语水平与话语标记认知程度统计表

级别	总人数	知道话语标记的人数	知道话语标记的人数比	不知道话语标记的人数	不知道话语标记的人数比
初级	29	12	41.38%	17	58.62%
中级	76	29	38.16%	47	61.84%
高级	55	28	50.91%	27	49.09%

对话语标记概念的了解也可以说是元认知,学习者水平不同差异也显而易见。高级水平学习者有超过一半知道话语标记,高出中、初级水平10个百分点左右,但数据也出乎一般情理,就是中级水平者竟然低于初级水平者,虽然差距不大,这给我们的教学的启示是要加强中级水平学习者的话语标记教学,中级阶段的教学重点是培养成段表达能力,而话语标记教学的缺失或薄弱会成为语篇能力进步的障碍。关于学习者水平与话语标记使用的关联性在后面的分析我们还会突出强调,在此不再展开,只想强调学习者个人因素中,汉语水平是话语标记使用的变量因素。

1.3.2 对话语标记的元认知

调查中有3个问题考察学习者对话语标记的元认知程度,分别是:

5. 你知道什么是话语标记(discourse markers)吗?
   □知道 □不知道
6. 请从下列四组句子中选择含有话语标记的句子。(多选)
   □A1 这个孩子真懂事。
   □A2 这个,咱们先开个会哈。
   □B1 那个你不用担心,我来想办法。
   □B2 那个,我想问问电子账户的事儿。
   □C1 对面山头上不是有一群羊吗?
   □C2 不是你到底去不去啊?
   □D1 你过来,我跟你说个事儿。
   □D2 我跟你说,我可不是挑拨你们的关系。

7. 你觉得话语标记有哪些作用?(多选)
   □ 引出话题。
   □ 连接上下文,使形式和内容更加连贯。
   □ 表达感情,促进双方互动。
   □ 不起任何作用。

3个问题既考察受试者对话语标记不同方面的元认知程度,也考察其能否实际辨别出话语标记,同时还考察它们之间的相关性,即理性认知与实际辨认能力之间的相关性。

第5题考察受试者对话语标记的概念的了解程度,"知道"的比例占43%,"不知道"的比例占57%,说明有超过半数的接受调查者并不知道和了解什么是话语标记,再细致区分,汉语水平不同认知也有较大差异,其差异详见表1。

第6题列出了四组话语,每组有一对相同的短语,其中一个是话语标记,另一个不是,问题的语言选择以简易为标准,初级阶段学习者也基本能理解,避免因为语言太难不明白而造成调查不能进行,本题有效填写人数为160人,调查结果见下表:

表 5-2　对含有话语标记的句子选择统计表

选项	选择人数	比例
A1 这个孩子真懂事。	44	27.50%
A2 这个,咱们先开个会哈。	87	54.38%
B1 那个你不用担心,我来想办法。	51	31.88%
B2 那个,我想问问电子账户的事儿。	74	46.25%
C1 对面山头上不是有一群羊吗?	33	20.63%
C2 不是你到底去不去啊?	54	33.75%
D1 你过来,我跟你说个事儿。	68	42.50%
D2 我跟你说,我可不是挑拨你们的关系。	90	56.25%
平均正确率		47.66%

注:表中 A2、B2、C2、D2 是含有话语标记的句子。

平均正确率为47.66%,这个数字与上一题43%知道话语标记的比例大致吻合,中间的差距不到5个百分点,不排除有些受试者虽然不知道话语标记概念,但凭语感做出了正确选择。47.66%的正确率和43%的知道率都说明有半数以上的学习者既不知道话语标记的概念,也不能正确辨识话语标记,像"你过来,我跟你说个事儿",非常明显不含有话语标记,还有超过 40% 的受试者选择,说明很多学习者不能准确判断话语标记与非话语标记。这个问题如果按照受试者汉语水平来统计,结果如下:

表 5-3　各级别对含有话语标记的句子选择统计表

例句	初级		中级		高级	
	人数	比例	人数	比例	人数	比例
A1	13	44.83%	22	28.95%	9	16.36%
A2	11	37.93%	38	50%	38	69.09%
B1	12	41.38%	25	32.89%	14	25.45%
B2	8	27.59%	32	42.11%	34	61.82%
C1	7	24.14%	21	27.63%	5	9.09%
C2	6	20.69%	24	31.58%	24	43.64%
D1	11	37.93%	33	43.42%	24	43.64%
D2	14	48.28%	41	53.95%	35	63.64%

注:表中 A2、B2、C2、D2 是含有话语标记的句子。

每项话语标记选择的正确率排列非常整齐,就是初级<中级<高级,而且差距都在 10 个百分点左右,这符合一般情理与事先的假设,尤其是上面的知道率初级水平还高于中级,说明知道并不等于能正确辨识,但基本上汉语水平越高,对话语标记的辨识程度也会越准确。平均正确率是,初级 33.62%、中级 44.41%、高级 59.54%,高级程度的学习者对话语标记的辨识水平最高,但也不足六成。

第 7 题考察受试者对话语标记作用的认识,得到的数据统计如下:

表 5-4　话语标记功能认识统计表

选项	选择人数	比例
引出话题	73	45.63%
连接上下文,使形式和内容更加连贯	77	48.13%
表达感情,促进双方互动	77	48.13%
不起任何作用	12	7.50%

前三项数据非常接近,但每项都没有达到一半,说明受试者大多还是没有认识到话语标记的作用,还有少数人居然认为话语标记没有任何作用,再对受试者按照汉语水平区分,统计结果是这样的:

表 5-5 各级别话语标记功能认识统计表

选项	初级		中级		高级	
	人数	比例	人数	比例	人数	比例
引出话题	10	34.48%	31	40.79%	32	58.18%
连接上下文,使形式和内容更加连贯	7	24.14%	41	53.95%	29	52.73%
表达感情,促进双方互动	15	51.72%	35	46.05%	27	49.09%
不起任何作用	5	17.24%	5	6.58%	2	3.64%

在所有选项中,选择前两项的,也就是认为话语标记有篇章功能,选择率也呈现"初级＜中级＜高级"状态,说明汉语水平越高越能意识到话语标记的篇章功能,最高也没有达到六成,这也正好与选项"不起任何作用"形成了印证;而在选项"表达感情,促进双方互动"上,三个水平层级的认识很接近,初级最高,三者之间的差距不足5个百分点,平均为48.95%,说明大部分学习者没有意识到话语标记表达感情的人际功能,水平越高反而认识越不够。

3个问题的统计结果可以互为印证,可以得出这样的结论:不论是对话语标记的元认知和作用还是实际辨识,汉语作为第二语言学习者不了解的都在一半以上;汉语水平会影响学习者对话语标记作用以及辨识程度,汉语水平越高,对话语标记的认识与辨识越准确;对话语标记情感与人际功能超过一半的学习者没有认识,而且与汉语水平关联性不强。

1.3.3 话语标记的使用习惯

问卷的第8、9题考察学习者日常交流时是否会有意使用话语标记和使用哪类标记:

8. 您在平时与人对话交流时会有意使用话语标记吗?
   □ 经常会
   □ 有时会
   □ 偶尔会
   □ 从不会

9. 下列哪些话语标记是你经常使用的?(多选)
   □ 话题结构标记语(如:对了、你看/你瞧瞧、说起来、我说/你说、是这样,等等)
   □ 衔接连贯标记语(如:比如/比如说、话又说回来,等等)

☐ 证据来源标记语(如:听说、据说、俗话说,等等)
☐ 注释说明标记语(如:换句话说、也就是说,等等)
☐ 含糊表达标记语(如:一般来说)
☐ 明确表达标记语(如:那还用说、更别说,等等)
☐ 交际主体标记语(如:不瞒你说、说实话/说真的、说白了、大家都知道,等等)
☐ 其他话语标记语

第8题的统计结果如下表:

表5-6 话语标记使用频率统计表

选项	人数	比例
经常会	40	25%
有时会	66	41.25%
偶尔会	41	25.63%
从不会	13	8.12%
本题有效填写人次	160	100%

所列出的选项最后的排列是:有时会＞偶尔会＞经常会＞从不会,"经常会"与"偶尔会"几乎相当,大多数是"有时会"。按照汉语水平统计,结果是这样:

表5-7 各级别话语标记使用频率统计表

选项	初级		中级		高级	
	人数	比例	人数	比例	人数	比例
经常会	8	27.59%	15	19.74%	17	30.91%
有时会	11	37.93%	36	47.37%	19	34.55%
偶尔会	9	31.03%	18	23.68%	14	25.45%
从不会	1	3.45%	7	9.21%	5	9.09%

"经常会"呈现高级＞初级＞中级,"有时会"是中级＞初级＞高级,将这两项合并,也就是使用频率大的状态,各级分别是:初级65.52%,中级67.11%,高级65.46%,三者数值非常接近,相差不足2个百分点,这说明平时有意使用话语标记的学习者超过六成,但中高级阶段的学习者与初级阶段的学习没有明显的差异。

第 9 题罗列一些常用话语标记类型,并举出例子,让受试者选择,统计结果如下:

表 5-8 经常使用的话语标记语类型统计表

选项	人数	比例
话题结构标记语(如:对了、你看/你瞧瞧、说起来、我说/你说、是这样,等等)	104	65%
衔接连贯标记语(如:比如/比如说、话又说回来,等等)	85	53.13%
证据来源标记语(如:听说、据说、俗话说,等等)	85	53.13%
注释说明标记语(如:换句话说、也就是说,等等)	33	20.63%
含糊表达标记语(如:一般来说)	63	39.38%
明确表达标记语(如:那还用说、更别说,等等)	32	20%
交际主体标记语(如:不瞒你说、说实话/说真的、说白了、大家都知道,等等)	55	34.38%
其他话语标记语	19	11.88%

按照汉语水平统计,情况如下表:

表 5-9 各级别经常使用的话语标记语类型统计表

类型	初级		中级		高级	
	人数	比例	人数	比例	人数	比例
话题结构	16	55.17%	52	68.42%	36	65.45%
衔接连贯	12	41.38%	42	55.26%	31	56.36%
证据来源	13	44.83%	42	55.26%	30	54.55%
注释说明	8	27.59%	14	18.42%	11	20%
含糊表达	11	37.93%	30	39.47%	22	40%
明确表达	6	20.69%	14	18.42%	12	21.82%
交际主体	5	17.24%	29	38.16%	21	38.18%
其他	6	20.69%	6	7.89%	7	12.73%

两相对照,表现出的一致性比较明显,就是属于篇章结构方面的话语标记使用频率高,表达交际主体主观性的都低于上述类型,而且这点与汉语水平之间的关联性不强,各层级学习者话语标记使用频率数值虽然不尽

一致,但状态比较一致,见下曲线图。

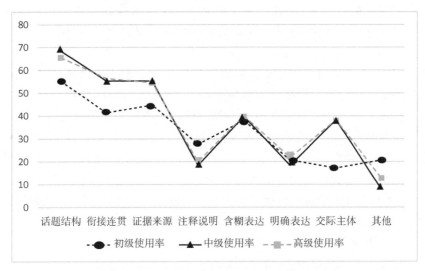

图 5-5　经常使用标记类型对比图

1.3.4　常用话语标记的运用

这部分在整个问卷中占比最高,共 10 道题,考察受试者能否选用正确的话语标记。问题的形式为两个人的对话,在 4 个选项中选择唯一正确的话语标记。10 个正确的话语标记分别是:你看、我说、是这样、听说、你知道、"你说"和"再说"(搭配使用)、别提了、话又说回来、不是我说你、大家都知道。从难易程度上说,每道题所给语境都是比较容易理解的,也是在初级阶段就能学习和接触到的。所得统计如下表:

表 5-10　10 个常用话语标记选择正确率统计表

标记	你看	我说	是这样	听说	你知道	你说、再说	别提了	话又说回来	不是我说你	大家都知道	平均正确率
正确率(%)	68.13	56.88	82.5	88.13	51.25	43.75	75.63	42.5	31.88	71.25	61.19

从上表可以看出,对这 10 个常用话语标记的运用总体正确率超过 60%,有 7 道题的正确率超过 50%,这个数字高出了元认知的知道率,说明在具体语境中,多数学习者即使不知道话语标记的概念,但也会运用某些话语标记,尤其是常用话语标记,这与已有的语感和语言习惯有关,但是,标记运用的准确率差别很大,准确率最高的和最低的相差 50 多个百分点,

说明在对话语标记的准确应用方面,不同的话语标记运用正确率由强到弱形成了这样的差别链:听说＞是这样＞别提了＞大家都知道＞你看＞我说＞你知道＞//你说、再说＞话又说回来＞不是我说你。"听说"和"是这样"的正确率超过80%,说明大部分被调查者对话题结构标记语的掌握情况较好,这也与上面调查篇章结构方面的话语标记使用频率高相吻合,说明这类话语标记是容易被学习者掌握的。从"你说、再说"开始,正确率出现了比较大的下降,"不是我说你"正确率最低,在这道题中错选为"你看"的占比高达46.88%,反而超出正确率15个百分点,超过2/3的受试者不会用"不是我说你"。设计问卷时,"//"后的标记篇章功能、话题功能比情感功能要弱,主要体现的是主观性和交互主观性,调查的结果基本符合设想,就是主观性强的标记可能在学习和运用时难于主要起篇章和话题功能的标记。

如果考虑学习者汉语水平的变量因素,统计结果如下:

表5-11 各级别10个常用标记选择正确率统计表

标记	你看	我说	是这样	听说	你知道	你说、再说	别提了	话又说回来	不是我说你	大家都知道	平均正确率(%)
初级正确率(%)	55.17	34.48	62.07	86.2	48.28	41.38	58.62	31.03	24.14	68.96	46.9
中级正确率(%)	61.84	47.37	85.53	89.47	40.8	43.42	75	36.84	23.68	64.47	56.84
高级正确率(%)	83.64	81.82	89.09	87.27	67.27	45.45	85.7	56.36	47.27	81.82	72.54

为了进一步验证汉语水平与标记选择正确率的关系,我们对所得问卷的原始数据进行了线性回归分析。为了使线性回归的结果更精确,在控制国籍变量的前提下,也同时考虑了被试者年龄、学习时间、作答时间等相关因素,所得结果如下:

表5-12 10个常用话语标记选择正确率与相关变量线性回归分析

项目	参数
年龄段	1.9819075
学习汉语的时间	5.4013316***
汉语水平	5.8230857*

续表

项目	参数
答题时间	－.00180542
国籍	Yes
调整后的 R^2	0.1618
F 值	7.43

说明:* $p<0.1$;** $p<0.05$;*** $p<0.01$。

  由线性回归分析可以得出,以上 10 个常用话语标记选择的正确率与受试者汉语水平呈正相关态势,即学习者汉语水平越高,对常用话语标记的选择正确率越高。上文我们提到,学习者学习汉语的时间会影响其汉语水平,在不考虑学习者个体差异的前提下,一般来说学习时间越长,汉语水平越高。因此,学习者学习汉语的时间会影响其汉语水平,二者都会影响学习者对话语标记选择的准确率,而像年龄段、答题时间、国籍等因素则与话语标记选择的准确率没有明显关联。不同汉语水平受试者选择话语标记的准确率大致为"初级＜中级＜高级",具体到每个标记的正确率也基本保持了上述状态,只有 1 到 2 项稍有出入。我们从表 11 中也可看出,初、中级受试者在部分题目的准确率上较为接近,这也印证了我们之前所说的中级与初级水平受试者在元认知程度方面的出入。而高级水平的学习者掌握程度大大好于前二者,而且对常用话语标记的理解与应用都处在较好的状态。各标记的差别链分别是,初级:听说＞大家都知道＞是这样＞别提了＞你看＞你知道＞你说、再说＞我说＞话又说回来＞不是我说你;中级:听说＞是这样＞别提了＞大家都知道＞你看＞我说＞你说、再说＞你知道＞话又说回来＞不是我说你;高级:是这样＞听说＞别提了＞你看＞我说、大家都知道＞你知道＞话又说回来＞不是我说你＞你说、再说。从各自的差别链排列顺序看,总体上越排在后边的话语标记在各级别差别链上越接近,说明主观性强的话语标记都是掌握的程度相对弱的,初、中级的差别链相近,只有少数顺序有变化,而高级较之前二者顺序差别相对大些,这可能与语感和个人使用习惯相关,但大的格局没有明显出入,还是比较一致,就是主观性强的标记掌握程度低于篇章、话题功能强的标记。为更清楚和直观地显示上述数据及之间的关系,我们列出正确率对比图如下。

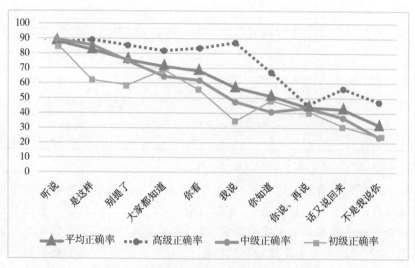

图 5-6　10 个常用标记运用正确率对比图

1.4　结论与不足

本次调查,共收到 160 份有效样本,各种来源和各类学习者都占有一定比例,样本可以支持本次调查行为,所获数据能反映出汉语作为第二语言学习者对话语标记的认知与运用情况,也与预设的情况大体吻合。

(1) 调查的结论

通过对数据的统计分析,本次调查得出如下几个结论:

结论一,汉语作为第二语言学习者对话语标记的认知度偏低。

上文提到,在元认知上,知道和了解话语标记的受试者仅四成多一点儿,实际能准确辨认出话语标记的也不足五成,当然,汉语水平不同,认知程度也不同,这一点在结论二谈及差异性时会详细说明。上文在介绍"样本构成"时谈到,受试者可能多为在高校学习者,他们多是在国内高校接受正规的汉语教育。他们对话语标记的认知度尚且如此,其他的就可想而知了,所以从总体来说,汉语作为第二语言学习者对汉语话语标记的认知还是比较薄弱的,大体反映了目前的教学现状(教材、教学内容与教师课堂讲授)。

结论二,对话语标记的运用表现出明显的差异,差异主要体现在三个方面。

首先是汉语水平的差异,无论是对话语标记的元认知、辨识还是使用习惯和运用正确率,都显现出"高级＞中级＞初级"的状态。为保证受试者都能理解,问卷在语言、例句用语与出现的话语标记等方面都尽量采用初级水平的汉语，结果还是出现了差异，而且这种差异是对话语标记各方面理解的正常反应，尽管中级水平受试者有个别重要参数（如元认知）会低于初级受试者，但在实际运用上还是显出了比初级高的正常状态。这从另一个角度也说明在中级阶段加强话语标记教学的迫切性。因为中高级的主要教学目标就是培养学习者成段表达的能力，而话语标记又是成段表达能力，也就是语篇能力的重要组成部分。

其次是认知与实际应用的差异，从上面我们对具体数据的统计及分析可以看出，各层级汉语水平的学习者无论是对话语标记的认知程度还是辨识的准确率都不是很高，自称经常使用话语标记的比例亦是如此，但在给出的具体语境中能准确选择合适的话语标记的比例却比前述数值要高，有的话语标记使用准确率高达近90%，这种差异说明，即使没有理论上的认知与知识，在具体语境中也能凭借语感和一般语言知识正确使用一些话语标记，当然前提是具有一定的汉语基础。话语标记是语用现象，也被称为语用标记语。语言在使用中自然也是不可避免会使用这些标记，它们并不是外加的什么特别的语言形式，而是学者对语言现象进行理论总结后概括出来的，所以汉语作为第二语言学习者在汉语学习时不可避免会接触到话语标记，也会伴随性地习得某些话语标记，故而会产生前述认知程度与实际应用的差异。

最后是对话语标记运用程度的差异，调查的最后部分我们选出10个常用的话语标记，考察受试者在具体语境下正确选择使用话语标记的能力。数据分析表明，各级别对10个话语标记选择的总体正确率为：初级＜中级＜高级。通过对160名受试者的选择结果进行线性回归分析，可知受试者汉语水平会影响其选择话语标记的准确率，二者呈正相关关系，即汉语水平越高的学习者，对话语标记的选择与运用效果越好。但同时我们也发现，话语标记选择的准确率在10个不同标记之间的差异也十分明显，准确率最大相差50%以上，各层级的数据统计大体也是如此。这说明不同的话语标记在掌握程度上差异是非常大的，这也是结论三重点关注的部分。

结论三，各类话语标记存在一个难度等级梯度，大致与我们的预设相当。

在上一部分的数据统计中我们详细地列举出了10个话语标记运用的正确率及其呈现出的差别链，再联系对话语标记作用和使用习惯调查所获得的数据，我们发现，表示篇章、话题功能的标记，无论是在主观认知程度、使用频率还是运用正确率方面都高于表达交际主体情感、立场的话语标记。也就是说，各类话语标记依据其功能类别对汉语作为第二语言学习者来说存在着一个难易梯度,主观性越强的话语标记很可能就越难以被学习者很好地掌握。

关于话语标记的功能,国内外学术界有较充分的研究。无论是国外研究路子还是国内的具体分析,程序性与主观性是话语标记的两个基本属性,程序性体现在功能上就是篇章功能,发挥衔接与关联作用,主观性主要标示情感立场,在我们的调查中,无论是主观认识还是实际运用,篇章功能的话语标记都明显好于情态功能标记,调查结果支持了我们的基本预设。

关于话语标记的分类,研究视角不同,划分的类别也不同,前面对话语标记分类进行了详细介绍,也提出了基于教学的分类的原则与标准,按主观性强弱划分了话语标记的教学类别。调查验证了分类是符合学习者语言事实的,从汉语作为第二语言的角度考察话语标记学习与教学,就学习或教学难度来说,话语标记的主观性是核心因素,各类话语标记从主观性角度形成了难易梯度或等级。

在本次调查中,10个常用话语标记运用正确率偏低的基本都是主观性较强的话语标记,平均正确率最低的是标记"不是我说你",这个标记的主观性强的原因是它是一个责备义话语标记,因为具有较强的交互主观性,采用了移情手段表现出对听话人的关注,调查基本验证了我们研究的假设,即话语标记主观性越强,学习者越难掌握,就是学习的难点。但这也让我们发现了很多问题:为什么是"不是我说你"正确率最低?按照主观性等级标准,同样是高主观性的话语标记,如"你说""你知道"这样的具有交互主观性的标记怎么还比"不是我说你"只具部分交互主观性的标记容易掌握?那么"主观性越强,学习者越难掌握"的假设是否符合实际?除了主观性强弱之外是否还有其他因素影响学习难度?其他因素还有哪些,它们之间的关系是什么?这些问题启示我们问题并不是那么简单,研究假设还不够完善,需要更全面、更细致来看待标记主观性在学习中的作用,话语标记学习中可能存在一个难度系统,各个因素有着密切关联。

(2) 调查的不足

虽然调查结果在去除一般调查允许的误差基础上实现了调查目标,可以作为课题研究的相关依据,但也存在一些不足,主要不足有两点:

不足之一:样本的代表性还不是非常完美。前面在对"样本构成"进行统计分析时就说明受试者可能以国内高校在读留学生为主,那么受试者的来源会不会构成调查结果的自变量呢?比如会不会对元认知比例影响很大呢?从一般情理说,非高校在读学习者元认知可能会低于在读者,所以这还不会对结构构成大的负面影响,但从实际运用结果来说就不好判断与推测了,所以我们的结果只能忽略这方面的因素,如果有必要和条件还可以再次开展新的调查。

不足之二:调查方式本身不够完善。汉语作为第二语言学习者在话语标记的掌握上是分为输入与输出两个层面的,调查问卷的方式,尤其是标记的具体运用都是输入层面的,众所周知,从难度来说,输出大于输入,所以调查只在输入层面展开,结果应该还要打折扣。根据白娟、贾放(2006)的调查,留学生使用话语标记的特点一是量少,二是只用标记的实义、少用虚义,这说明留学生对话语标记的使用是采用回避策略,所谓的"虚义"可能主要就是指主观性强的,因为篇章衔接、话题组织功能强的标记主观性都弱于表情态的标记,也是学习者容易运用和使用率高的。囿于调查方式考察输出的不便,我们无法考虑输出层面,但可以推测,输出层面的情况只会比输入层面情况更差。此外,没有对学习者进行单独分级调查,选取的标记代表性、准确性、权威性等方面也有瑕疵。

第二节 基于主观性等级的话语标记学习难度体系[①]

2.1 标记的本质与学习难度

"标记"现象在语言中广泛存在,从不同的角度可以区分为不同的标记,如从语法角度看,有语法标记,汉语中"把""被"就是"把"字句和被动句的标记;从语义角度看,有语义标记,词汇中有语义标记,"电视机"本来指"黑白电视机",后来出现"彩色电视机"("彩电"),其中"彩色"就是语义标记。标记是语言对称性的表现,如果不对称,某一方面就需要用标记来进行区分,正常表达一般不需要用标记,特别表达就需要用标记,如汉语中的"肯定"与"否定"这一对语法范畴,在普通话中,表示"肯定"无须加标记,而表示"否定"则需要加"不"或"没"等否定标记。话语标记作为话语中的一类成分,是话语中的"标记",也属于语言"标记现象"的一种。

从二语习得角度看,有标记语言形式的习得难于无标记或弱标记性的语言形式(周小兵,2009),所以习得或教学顺序都是先学习无标记形式后学习有标记形式、先弱标记形式后强标记形式。话语标记也是语言标记现象的一种,在学习时,其难度本身就超出了无标记的形式,而且相对母语学

[①] 本节主要内容为论文《话语标记的主观性差异与等级及其在汉语教学中的应用》的组成部分,发表在《汉语国际教育学报》(第十辑)(科学出版社,2022)。本书有修改。

习者来说,第二语言学习的情况就复杂得多,狭义的第二语言学习都是指成人,他们与母语或第一语言的自然习得不同,已经有一种(甚至多种)语言背景,而且他们注重对语言规则、规律的掌握,因为根据规则、规律进行类推是人类基本认知法则,同时也会主动采取某些学习策略与方法,如此等等,不一而足,这就注定第二语言的学习会受到多种因素的影响与制约。前面通过分析和论证,得出了高主观性的话语标记就是学习难点的结论,这只是一个总体规律,在实践中就具体某个标记来看,可能会出现这样的情况:某个或某些标记虽然是高主观性标记,但学习者实际上并不难理解和掌握,甚至应用得很普遍、很熟练,上一节的调查也反映出了这个现象,这就与结论呈现出了程度不等的矛盾状态。如何解释这种与规律相悖的现象?辩证法告诉我们,任何事物都不是单一的,事物一定会有多个方面,规律的形成一定会受多重因素的影响,各种因素之间一定会具有关联性。话语标记的学习规律也是这样,除了主观性之外,还有其他因素对学习者理解和掌握话语标记有着制约和影响。所有因素来自三个方面,这三个方面分别是话语标记本身规律、学习者自身因素和教学操作,三者的关系构成了一个三角形,如下图:

图 5-7 话语标记学习难度来源与关系

所以,话语标记的学习难度不只是某种单一因素在发挥作用,一定会有多重因素组合在一起,形成一个难度体系。

本节围绕标记主观性及等级本身涉及的因素展开探讨,是基于标记本体研究角度的,主要着眼理论分析,教学操作与处理等应用方面后面章节再进行专门讨论。

2.2 汉语话语标记学习难度体系构成因素

前面不同章节阐述了话语标记主观性与功能的关系、主观性差异与等级的构建、基于主观性等级的学习分类等问题,提出与论证了主观性差异与功能的大致对应关系:

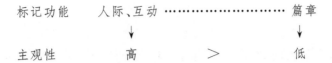

这是学习难度体系的核心或关键,亦即难度体系的"纲",在这个总纲的引导下,所有相关因素形成了大致整齐的对应,从而构成难度体系。

构成难度体系有诸多因素,这些重要因素有来自话语标记本身的,包括语体因素、表达方式与表达形式等,也有来自学习者自身的,如学习者的母语背景与汉语话语标记对应情况以及带来的迁移作用等,下面就几个主要因素及它们之间的关系进行阐述。

2.2.1 语体因素

前面相关部分详细讨论了话语标记的语体特征与主观性的关系及在学习中的表现,话语标记的语体分布与主观性等级密切相关,语体是学习难度体系的重要因素之一。

话语标记现象的发现肇始于口语,所以国内外研究都有一种意见认为话语标记只是口语现象,书面语中不存在,这种观点过于绝对。普遍认可的观点是,话语标记不单是口语中的现象,书面语中同样存在,但口语多于书面语,有学者通过语料统计证实了这种观点(阚明刚、杨江,2017)。所以从学习汉语话语标记的角度看,学习顺序应该是:口语>书面语。

从语体上来说,话语标记可以分为口语体、书面语体和通用语体,同样功能的标记可能会形成语体互补和连续统,三种语体话语标记使用的语境或交流形式并不是截然分离的,尤其在口语形式中,可能都会出现,只是频率有区别。书面语体的标记大都是篇章功能的,而口语标记以人际、互动功能为主,所以前者的主观性低于后者。对照口语标记多于书面语标记的语言事实,再结合上面的对应关系图,将语体列入难度体系,对应关系可以如下:

上面体现的是一个大致的对应关系,纵向走势表示的主要关系并不是绝对的,口语标记中也会有篇章功能的标记,主观性自然也低,反之,书面

语中的标记也会有表人际或互动功能标记,而且同一标记可能具有多种功能,如"我说"既有"开启话题"的篇章功能,还有"意见推断""责备抱怨"等多种人际和互动功能(参见曹秀玲,2016:128－129)。从这个对应关系图可以确定口语话语标记要优先于书面语标记,下面我们还要谈到教学的重点和难点是高主观性标记,因为话语标记主要应用于口语交流形式,而且口语体标记数量上也多于书面语体,所以话语标记教学的主要精力应该放在口语教学上,教材、教辅编写等方面的处理也要体现这个原则。

2.2.2 表达方式与表达形式

主观性表达方式核心是看说话人在使用话语标记表达主观性明确的程度,尤其是表达具体情感时的清晰程度,是着眼于交际双方的。表达方式有"婉转表达"和"直接表达"两种。"直接表达"就是标记明确,直接表达了说话人的某种情感,听话人不需要通过语用推理来理解标记所表达的情感、态度和立场等,而"婉转表达"正好相反,说话人不是直接明确表达自己的情感,而是采用迂回婉转的方式来表达,听话人需要根据语境来推断说话人的真实意图和情感。

李秀明(2011:142－167)总体将话语标记的功能分为篇章功能和人际功能两大类,又将人际功能分为含糊表达、明确表达、评价态度、交际主体4个小类。他说的"含糊表达"和"明确表达"跟我们说的"直接表达""婉转表达"有所不同,他分类的着眼点不是主观性,而是标记跟话语命题意义的关系,"含糊表达"指的是"作者不愿意或者不能对某个命题作出完全肯定的表达和评价",如"一般认为""大致来说"等标记,"明确表达"则相反,如"显而易见的是""从根本上说"等,区别是二者语义的明确性。实际上,他说的"含糊表达"和"明确表达"从主观性角度来说,并没有什么太大差别,反倒是"评价态度""交际主体"类的标记主观性比较强。李先银(2017:18)从"刺激—反应"的模式出发,将表达否定的标记分为"回应"和"对应","回应"是"明示反应","听话人不需要推理,仅从字面意义就能获知说话人表达的意图、态度和情感","对应"则相反,前者如"得了吧""去"等,后者如"你看你""真是"等。我们所说的"直接表达""婉转表达"与李先银的"回应""对应"较为一致,着眼主观性表达的明确程度。

与表达方式密切相关的是表达形式,表达形式着眼点是构成话语标记的语言成分与意义关联的程度。汉字是汉语的书写符号,对汉语的特点有着极大的制约作用。汉字是音、形、义的结合体,汉语语素、构词、组词成语、造句都与汉字特点相关。在实际教学中,教师都会指导学生从构成词、短语的汉字去推测、理解整个语言单位的意义,学习者也会按照这样的规律去运用汉语进行交际,无论是输入还是输出。如"江河"的意义理解为"江+河","老师和学生"理解为"老师+学生","她漂亮"理解为"她+漂亮",就是一般说的字面意思与实际意义一致,这既符合汉语的规则,在实际中,无论是"教"还是"学"也都是这样进行的。但汉语同样也存在整体意义不等于构成成分相加的,如"江湖≠江+湖""开夜车≠(晚上)开+车",也就是字面意思不等于实际意义。所以汉语在形式表达意义上存在字面意思等于实际意义与字面意思不等于实际意义对立的格局。

虽然话语标记概念意义已经虚化,但它与话语的命题意义与虚化前的意义还是具有密切的联系,而这一点在直接表达上体现得非常清楚。以篇章功能的言说标记为例,表达主观性就很直接,像"据说""说实话","据说"表示信息来源,"说实话"引入话题,都非常直接,也是字面意思,"说实话"除了表示引入话题外,也表明了说话人的态度,具有一定的主观性,但都是很清晰的明示,听话人无须进行语用推理。而像"瞧你说的""你说你",表达责备情感,字面意思与其语用功能或语用含义完全不符,这是标记主观化和规约化的结果。

与主观性表达的"婉转"和"直接"对应,标记字面意思与实际语义功能的关系呈现出两种状态,"婉转表达"的标记字面意思与语义功能不符,"直接表达"则基本一致,换句话说,前者从字面意思推断不出语义功能,交际中需要进行语用推理,后者则可以,不需要进行语用推理,也即李先银(2017:18)所说的"间接反应形式在语义上具有两面性,即字面意义与话语意义,两者甚至是相反的"。从理解话语的角度看,话语标记就是理解的"钥匙",然而对于二语使用者来说,这一点恰恰是制约交际的核心因素。尽管字面意思与话语意思相距甚远、主观性表达婉转,需要进行语用推理,但母语使用者对标记的规约意义很清楚,语用推理过程几乎可以忽略不计,听到"瞧你说的""你看你",马上知道说话人对自己不满,后续话语肯定要埋怨、批评自己。而作为一个二语学习者则不是,从学习顺序和实际来看,意思一致的会先习得,也容易掌握,这也符合汉语的组合规律,类似无标记形式,而意思差距大的需要单独激活,如果之前没有存储,肯定不知对方所云,当然更不会明白它所表达的说话人的情感,结果自然就是交际的不畅。听到"瞧你说的""你看你",完全不知道对方对自己不满,也难理解"瞧你说的"包含的复杂情感。

所以话语标记的表达方式与表达形式也是构成难度体系的重要因素,且与话语标记主观性等级存在对应关系。

2.2.3 学习者的母语背景

在二语习得研究中,学习者的母语背景是非常受关注的,母语背景被认为是影响二语学习的重要因素之一。二语习得研究从心理学角度将母语对目的语学习的影响称为"迁移","迁移"分为"正迁移""负迁移""零迁移"。前两个是一组对立的概念,"正迁移"是指母语的规则与目的语一致或相近,学习者能利用母语中与目的语相同的规则学习和获得目的语相关的知识和技能,而"负迁移"正好相反,母语的规则会干扰对目的语规则的掌握,导致学习难度加大。在影响迁移的因素中,语言标记性是其中的重要因素(赵杨,2015:61—68)。

母语的标记现象对二语的学习具有迁移作用,一般规律是:"第一语言中的无标记形式容易迁移到中介语里;第一语言中有标记形式不容易迁移到中介语里。"(周小兵,2009:230)Eckman(1977)对标记现象作出了预测:"L2 中那些不同于 L1 且标记程度更高的区域学习时会有困难,其困难等于其标记程度。"①

话语标记在各种语言中都存在,无论是功能还是主观性,它们在很多方面都具有共性,但每种语言又具有自己的个性与特点以区别于其他语言,话语标记同样如此。所以母语背景的不同对话语标记的学习也会产生不同的迁移作用。

在汉语话语标记学习中,与难度相关的是学习者母语中是否含有对应的标记,或者能否直接对译出来,如果有或者能,基本上都是字面意思与话语意思相同的,也主要是直接表达的低主观性标记,这类标记容易习得,符合二语习得理论中母语正迁移的规律。与之相反,字面意思与话语意义距离远,在学习者母语中很可能就没有或者不能对译,这也是语言认知方式都具有民族性特点的表现,每种语言都会有独特的语言形式来表达自己独有的情感方式,汉语高主观性话语标记也是这样的,通过字面意思的对译,一则很可能不是话语标记,二则话语意思可能南辕北辙。我们以 12 个不同主观性的言说标记为例,将汉语对译成英语,看看两种语言话语标记的对应情况。

表 5-13　12 个言说标记的汉英对译

标记	英语	标记	英语
总而言之	In a word	我说什么来着	What did I say
总的来说	In general	不是我说你	I'm not talking about you

---

① L1、L2 分别指第一语言、第二语言,可以类推。

续表

标记	英语	标记	英语
综上所述	To sum up	说你什么好	How to say you
说实话	To be honest	瞧你说的	Look what you said
据说	It is said that	你说你	You said you
换句话说	In other words	你还别说	Don't say it

从上表可以清楚地看出,左边 6 个标记的英语对译,无论是意思还是体现的主观性,都和汉语一样,也都是话语标记。而右边的则相距甚远,英语对译的基本上只是汉语字面意思,话语实际意义完全不对,更遑论情感与功能了,当然,英语中也可能会有话语意义和主观性与之相匹配的话语标记,先不说情感是否能准确对应,二者的表达形式可能风马牛不相及,这样更会增加学习的难度。可以对此进行佐证的是学习者使用标记的数量,上表左边 6 个标记在语料库中都有不少用例,而右边 6 个用例则很少,有的甚至为 0,具体数量见下面表 14,这个事实说明能对译的学习者掌握得好、运用得多,反之则掌握不好、回避使用。

2.3 学习难度体系及含义

综上,以汉语话语标记主观性等级为基准,将与之关联的因素,尤其是影响与制约汉语作为第二语言学习的因素,可以较为清楚地勾勒出汉语话语标记的难度体系,我们将难度体系相关因素与对应关系细化呈现如下:

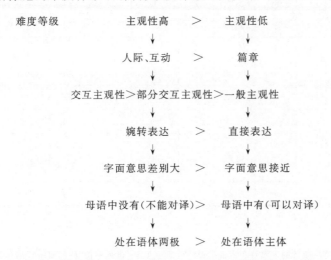

需要指出的是,上面的对应关系并不是绝对的,只是一个大致的对应

关系。横向关系表示在这组因素中二者的难度等级,纵向关系表示上列具有此因素的标记大多能与下列因素对应,但并不是所有标记都会与之对应。无论横向还是纵向关系,都不排除有与之不完全相符的个案。这个难度体系及相关因素的对应关系也与我们学习者语言使用话语标记语言事实调查得出的结论相吻合。还以前面举过的 12 个言说话语标记情况来进行阐述,同时为了更全面地呈现不同标记具备上述因素的不均衡性,增加了"一言以蔽之""你说"两个言说标记作为对比项。把从"全球汉语中介语语料库"(qqk)搜索到的例数及相关因素列表如下:

表 5-14　14 个言说话语标记难度影响因素①

序号	标记	例数	主观性	功能	间接表达	不等于字面意思	母语无与不能对译	语体	有无具体情感
1	总而言之	182	−	篇章	−	−	−	书	−
2	总的来说	134	−	篇章	−	−	−	通	−
3	综上所述	28	−	篇章	−	−	−	书	−
4	说实话	200	−(+)	篇章(人际)	−	−	−	通	−(+)
5	据说	105	−	篇章	−	−	−	书	−
6	换句话说	21	−	篇章	−	−	−	口	−
7	我说什么来着	1	+	人际	+	+	+	口	+
8	不是我说你	0	+	人际	+	+	+	口	+
9	说你什么好	1	+	人际	+	+	+	口	+
10	瞧你说的	0	+	互动	+	+	+	口	+
11	你说你	0	+	互动	+	+	+	口	+
12	你还别说	1	+	互动	+	+	+	口	+
13	一言以蔽之	4	−	篇章	−	−	−	书(典雅)	−
14	你说	192	+	互动	+	+	+	口	+

---

① 为便于难易程度统计的一致性和表示是否具有该特点符号的同质性,我们对统计项目表述角度做了必要的调整。

前12个标记对应情况相对比较整齐,1—6为低主观性标记,基本跟篇章功能对应,也符合字面意思与实际语义功能大致相同、是直接表达且母语中也要有类似标记或可翻译等特征,而7—12与之前6个的特点正好相反,这样,表格中"＋"越多,学习难度越大,这两个部分标记的"＋""－"基本形成了对立局面。但是,13、14则不是,虽然它们主观性强弱不同,但主观性高的用例数反而大大超出主观性低的,与上面的规律恰好相反,具体说来原因并不复杂,"一言以蔽之"学习者不太使用的原因在于它的语体特征,它是一个典雅体的标记,符合处在语体两极(典雅极和俚俗极)不易习得和使用的规律,而"你说"虽然是一个互动标记,具有高主观性,但它是一个直接表达、字面意思与标记的语义功能差不多的常用标记,且在学习者母语中也有对应说法,所以"你说"这样的标记并不是高主观性标记中难以掌握的,这也很好地解释了我们调查中为什么像"你说"这样高主观性(交互主观性)标记反而正确率高于"不是我说你"(部分交互主观性)的现象。上面表格说明,话语标记主观性的强弱与功能、表达方式、母语情况等因素存在大致对应的关系,这种对应关系与学习难易程度也是对应的。

标记具有的相关因素不是绝对均衡的,会被主观性规律之外的规律所制约,所以某些标记难易程度总体上还要看具体情况,但都是有规律可循的,像"一言以蔽之",其困难在于它的语体特征,因为表达形式完全是文言格式与词汇,学习者不明白字面的意思,如果在学习时,告诉学习者它与"总而言之""一句话"一样,英语都是"In a word",同样也是一个标记,再说明它的语用环境,学习者很快就能掌握并得体运用,较之"不是我说你"等标记还是要容易,"不是我说你"如果译成英语则是"I'm not talking about you",既不是话语标记,也没有表现出"责备"的情感。所以,主观性等级程度原则还要考虑一些个别因素的影响,要避免"一刀切"的做法。但是,主观性等级层次是话语标记各层次的核心要素,它体现了学习的难易程度,是开展话语标记教学最重要的层次原则,高主观性标记是教学的重点,具有与主观性关联因素越齐全的标记就越是难点。

所以,话语标记的教学要根据二语习得理论和汉语话语标记本身的特点有针对性地展开,要认识到影响话语标记学习难度因素的多样性及其相互关系,不能一概而论,也不能"胡子眉毛一把抓"。

第三节　话语标记与汉语交际能力[①]

3.1　话语标记教学的相关研究

话语标记研究在近十几年成为汉语研究的一个热点,涌现出了众多研究成果,但对它的应用研究却显不足,对汉语作为第二语言或外语教学的话语标记研究成果还比较少,而且较为零散,已经出版的话语标记研究专著中有的"捎带"讨论了留学生在汉语学习中的话语标记问题,"点到为止"的意味较强。如刘丽艳(2011:184—196)在"跨文化交流"的主题下分析外国留学生(主要是韩国学生)学习和运用汉语话语标记的情况;曹秀玲(2016:245—259)第八章"汉语作为第二语言话语标记习得研究",从教材分析与留学生测试两个方面对话语标记学习展开了研究;李治平(2015:181—200)第十二章为"言说词语话语标记与第二语言教学",从留学生学习汉语的出现话语标记偏误角度进行了分析。论文数量也不多,如白娟、贾放(2006)通过调查发现留学生使用话语标记的特点一是量少,二是只用标记的实义,少用虚义;阚明刚、侯敏(2013)从教学角度出发将话语标记按照语体分为书面语标记、口语标记两大类,但该文没有从教学角度深入探讨汉语话语标记的特点与功能,其价值在于提出了"教学启示"。此外还有多篇硕士学位从国际中文教学角度对话语标记进行了研究。

梳理以往关于话语标记的教学应用研究成果会发现,以往研究的重点一般都放在了语言事实的描写上,大多力图勾勒出汉语作为第二语言学习者使用话语标记的基本面貌,在此基础上发现和总结话语标记的使用规律,如哪些对他们较难,或者对其使用话语标记偏误进行分析。这些工作诚然有其积极意义,但却忽略了一个基本问题,那就是话语标记对汉语学习究竟有什么作用和意义。

从第二语言教学的普遍理论出发,学界已经达成了共识,那就是第二语言教学的根本目的是通过教学让学习者能运用目的语进行交际,换言之,培养学习者的语言交际能力是第二语言教学的基本任务。所以,话语标记的作用与应用应该放在交际能力上进行考察与分析,也就是要把话语标记的教学纳入交际能力培养之中,这样才能正确认识与把握话语标记及其教学。

[①] 本节以"话语标记对汉语作为第二语言交际能力的影响和作用"为题发表在《汉语教学学刊》2020年第2期(北京大学出版社),本书有修改。

3.2 语言交际能力

从第二语言学习与教学的角度看,话语标记的习得与运用是学习者语言能力和言语交际能力的组成部分。

什么是语言能力与语言交际能力?吕必松(2007:60)认为"语言能力指的是一个人掌握语言知识、语用知识和相关文化知识的能力",是内在的能力;语言交际能力"指的是一个人用语言进行交际的能力",是语言能力的外化。二者的关系很清楚,语言能力是"体",语言交际能力是"用"。从第二语言学习角度看,培养学习者语言交际能力是教学的目标,也是根本任务,所以语言的交际能力往往是衡量第二语言学习者水平的关键因素和指标。美国语言学家M. Canale(1983,转引自刘珣 2000:77—78)提出言语交际能力由四个部分组成:语言能力、社会语言能力、话语能力、策略能力,范开泰(1992)指出汉语交际能力包括语言系统能力、得体表达能力、文化适应能力三个方面。综合上述各种说法可以把语言交际能力归纳为语言的"体"和"用"两个方面,语言交际能力实际上是由两大部分组成的,如下图所示:

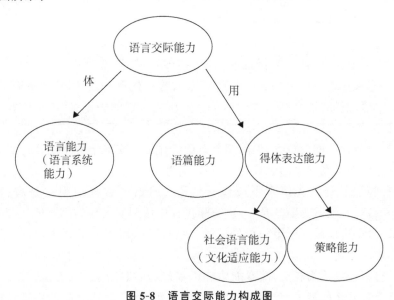

图 5-8 语言交际能力构成图

汉语语言交际能力可通俗形象地概括为"能表达、会表达"。所谓"能表达"指具备汉语能力,懂得把要表达的材料组织为规范形式;"会表达"就是能根据具体语境准确、得体地把"能表达"的内容表达出来。

3.3 话语标记与语言交际能力的关联性

话语标记与汉语交际能力的"语篇能力"和"得体表达能力"都具有密切关联性。

Traugott(2003)指出程序性与主观性是话语标记的两大特性，Blakemore(1987)认为话语标记的程序意义表示的是话语之间或话语与语境之间的一种关系，这种关系在处理话语命题意义、语义信息时起语用制约作用，董秀芳(2007a)界定话语标记"只是一个连接成分"，从上述国内外学者的观点知道，话语标记对篇章构成具有一定作用，对应到汉语学习者交际能力，就成了篇章能力的组成部分。语言的"主观性"(subjectivity)是指语言中表现说话人本身意愿、态度、情感等主观因素的成分，说话人在表述时，自觉与不自觉都会表明自己的感情、态度和立场，在表述中留下自身的印记，话语标记主观性的表达反映了汉语独有的认知方式和特点，选用合适的话语标记表达自己主观性是达成交际目的的一个重要手段，所以对汉语学习者来说能否得体表达与话语标记的理解和使用密切相关，话语标记与学习者交际能力中的得体表达具有重要关联性。

3.3.1 篇章能力与话语标记

3.3.1.1 篇章与篇章能力

篇章能力，也被称为语篇能力，这就涉及了"篇章""语篇"概念。"篇章"一词来自英语中中"discourse"或"text"，在翻译上，不同学者采用了不同的术语，诸如"篇章""语篇""话语"等，研究它们的理论有"篇章语言学""话语分析"。Halliday(1970)指出语言有概念、人际、语篇三个纯理论功能，其中篇章功能对概念、人际功能有促进作用。实际上关于篇章的界定、性质等诸多问题学者的意见都不一致，有些学者认为篇章包括口语和书面语，有些学者则认为篇章不应包括口语。具有代表性的观点是廖秋忠(1992:182)，他认为篇章是"一次交际过程中使用的完整的语言体"。归纳起来，篇章应该是大于单句单位成段、成篇的话，既指书面文本，也包括口语形式。

与篇章或语篇相关，篇章能力或语篇能力，概括起来就是指运用话语进行连贯表达的能力，包括对句际关系、超句关系、会话规则的熟悉程度。语篇能力包含了这样几个方面：第一，语篇衔接与连贯能力，省略、替代、照应、关联语使用等；第二，语言融合能力，有效运用语言形式、结构等完成语篇理解与表达；第三，构建语篇风格的能力。

就汉语作为第二语言教学来说，"篇章能力"中的"篇章"有宏观与微观两个层次,宏观层次是指表达某一主题的完整文章,主要是书面文章,也包括口语中正式语体独白类的文本,如演讲、报告等,微观层次是指超出单句单位的一段话,就是用语言完成某个活动或相对完整地表达某个意思,也就是国际中文教学通常说的"成段表达"。我们关注的是微观层面的"篇章",即"成段表达","篇章能力"即是"成段表达能力"。原国家汉办2007年发布的《国际汉语能力标准》把汉语能力分为三个层面五个等级,第一层为语言能力总体描述,第二层分为汉语口头交际能力与书面交际能力,第三层分为口头理解与表达能力、书面理解与表达能力;2009年发布的《国际汉语教学通用课程大纲》对四级[①]的教学目标与内容的要求有这样的内容:"可以进行一些基本的成段表达,能组织简单的篇章",五级要求是:"具备组织比较完整的篇章的能力";2002年发布的《高等学校外国留学生汉语教学大纲·长期进修》要求在中级阶段培养学生的"成段表达的能力"。李扬(1993:101)强调中高级阶段应该培养成段、大段表达能力,以达到带动中高级汉语主干课教学。这是汉语学习自然规律的体现,也是学习阶段性的必然要求。在汉语学习的初级阶段,尤其是入门阶段,学习者主要是掌握"生存汉语",语言形式基本上是一问一答的会话方式,但这些是难以满足开展语言活动需求的,所以在学习者水平稍有提高后,培养学习者相对复杂、完整的表达能力既是教学目标也是提高学习者汉语水平的当然途径,所以篇章教学的重要性就突显出来。曹秀玲(2000)曾指出:"要让留学生尽快习得'汉语化'的语篇模式,必须加强语篇教学。"

3.3.1.2 "成段表达"与话语标记

"成段表达"很容易让人望文生义认为单纯指表达,即"输出",尤其是口语,这么理解有失偏颇。口语输出当然是"成段表达"的核心,但没有"成段输入"就不可能产生"成段输出",亦即"成段表达",而且不仅仅是口语形式,"交际方式"包括了"口头"和"书面"两种方式,所以"成段表达"涵盖了口语和书面语两种方式。

目前国际中文教学实际情况表现为,初级阶段学生进步很快,很快就具备了日常会话能力,反而到了中高级阶段,学习者进步速度放慢,学习进入"平台期",汉语水平不太容易有明显提高,这与教学有密切关联,就是篇章教学不够强,学习者的成段表达能力提高较慢,很多研究表明教材的成段表达训练不够(刘弘,2019;杨德峰,2018)。教材是教学的主要依据,教

---

① 《国际汉语教学通用课程大纲》根据《国际汉语能力标准》将教学内容分为五级,参照一般把汉语水平分为初、中、高三个层次的普遍做法,《国际汉语教学通用课程大纲》的四级相当于中级,五级相当于高级。

材成段表达的训练内容不足自然导致了学习者成段表达能力提高慢,可以说是目标明确而落实不足。

既然培养学习者"成段表达能力"是中高级阶段的主要教学目标与任务,那么中高级阶段就要加强篇章教学,强化学习者成段表达训练。当然,篇章能力训练是一个系统工程,不是一蹴而就的。

吴福祥(2005)认为国内外话语标记研究可以归纳为"基于话语产出""基于话语解释"两种模式,前者主要研究话语标记如何在言语产出过程中对口语表达或语篇组织起衔接、连贯作用,后者侧重于话语标记如何在交际过程中对话语的理解起到提示、引导和制约的作用。他说的"基于话语产出"正好说明了话语标记在篇章能力也就是成段表达能力中的作用。具有篇章功能的话语标记是重要的衔接成分,它与其他手段一起共同把一个一个的单句串联起来,成为有关联的句段,乃至成篇。又由于话语标记是独立成分,具有词汇性质,所以在输入上能让学习者抓住上下文意思连接关键,帮助理解输入的材料(无论口头的还是书面的)的意思,而在输出上更为重要,它能在形式上把零散的句子串起来表达完整的意思,实现交际意图。我们在教学实际中经常遇到这样的情况,学习者输出的每个句子都对,但罗列在一起并不是一段,其原因就是缺少话语标记这类衔接成分,构不成语段。所以在此意义上说,习得与运用话语标记是成段表达能力的关键要素之一。来看两段语料,进行篇章形式的对比:

(1) **杨斌:也许有苦衷**

有了好消息马上告诉父母,这是人之常情。如果是我,我肯定会把中奖的事告诉他们。<u>不过</u>每个人的情况不同,要所有人都和我一样也是不现实的。<u>我想</u>,这个青年对中奖一事守口如瓶,一定有原因,可能涉及他与父母兄弟之间的感情,以及对这笔巨款用途的规划。<u>换个角度来说</u>,突如其来的500万元对于一个农村家庭,也许是不能承受的,长远来说未必是好事,应该鼓励他采取谨慎的态度。中了大奖告不告诉父母,不能单纯地作为孝与不孝的分水岭,我们应给予足够的宽容。

(《发展汉语·高级口语Ⅱ》第10课)

(2) **韩东秀:**就是讲了这样的一个故事,有一个高三女孩,因为她的母亲是严重地对智能手机上瘾不好好照顾她,<u>然后</u>在家里跟人家在一起的时候,她那个妈妈是什么"来吃饭""关门""音乐关小一点"都是用这样的聊天工具跟她聊,<u>然后</u>最严重的一次就是,她是高三嘛,<u>然后</u>她们学校有一个典礼,所有的家长都在,<u>然后</u>校长在舞台演讲的时候,她妈突然发现有一个电源插孔,<u>然后</u>就直接冲上去,充电,<u>然后</u>所有的家长就愣了。她是在干吗?

(电视节目《世界青年说·TK11谁是手机控,神秘人视频问候》,转引自黄程珠,2018)

这两段话性质基本一样,都是在某个较为正式场合下的口语独白形式成段表达,前者是一个中国人表达对一件事情的看法,出自国际中文教育高级阶段口语教材,后者则是一个外国学生在中国电视节目中叙述一件事情。可以看到,前者在发表对事情的看法时,通过三个话语标记,把整段话紧密连接在一起,同时使阐述显得变化有致,几方面都顾及,也体现了自己的看法。再反观后者,作为一名高级阶段的汉语学习者,意思虽然表达清楚了,除了有个别表达错误外,最明显地显出篇章能力不足,不断地使用同一个话语标记"然后",而且用得不对,如果能准确、合适地运用话语标记,其效果就会好得多。通过对比,可以看出,母语使用者非常自然恰当地使用了话语标记,量并不多,但整段话就显得完整、流畅,相反,汉语学习者不能准确恰当运用话语标记,使整段话显得凌乱糅杂。由此可见话语标记在篇章构成上的关键作用。

3.3.2 得体表达能力与话语标记
3.3.2.1 得体表达的含义

话语标记对汉语作为第二语言学习者言语交际能力的影响突出表现在得体表达能力上,包含了在具体语境中能理解输入的话语并准确、得体地做出反应、表达自己的意思,既符合汉语的会话规则,又能掌握交际对方的真实意图和做出相应的回应,使交际意图得以达成。这在口语交际中显得尤为重要,也可以说这是交际互动能力的体现。进入中高级阶段后,学习者的汉语水平不仅体现在篇章能力上,还体现在交际的自如与地道上,追求能无障碍地与汉语母语者交流是其目标,所以交际中的"互动能力"就被突显出来了。"话语标记"这些在初级阶段不显眼的成分就变得很重要了,除了把单个句子连接成话段外,它们还有个重要特点就是表达说话人的主观性,体现了说话人的情感、态度和立场,它是说话人真实意图的体现,是交际目的达成的关键,又因为它是情感因素的载体,而情感表达是带有民族性和规约性的,这些标记常常不能从字面意思推断出来,也不太容易从学习者的母语找到对应的成分。如此一来,无论是在输入层面还是在输出层面都会对言语交际能力产生一定程度的影响。

3.3.2.2 话语标记对输入的影响

(1)话语标记与解码

在输入层面上,因为话语标记对理解话语有提示、引导与制约作用,所以在交际互动时会影响解码效率与正确率,以及是否能及时与准确回应。

(3) 甲:哇,新车呀,太酷了,多少钱呀?

乙:五十多万。

甲:啊?! 这么贵! ……<u>你还别说</u>,贵是贵了点儿,但一看就气派。

(4) (寒假结束返校,留学生遇到中国学生)

留学生:嘿,你的香港之行怎么样?

中国学生:唉,<u>别提了</u>,钱包和手机都被偷了。

(3—4 转引自李瑶,2016)

前一例出现了话语标记"你还别说",从交际上说留学生只是"旁听者"——在听两个中国人对话,后一例中国学生用到了话语标记"别提了",留学生直接参与了交际,是交际一方。两个例子的性质都属于"输入"层面,实际上会话内容都比较简单,不过是日常生活的交流,对中国人来说,在类似交际中使用话语标记非常普遍,这些话语标记也是随口而出的,但对留学生来说,理解这些话语就"卡"在了这些看似简单的话语标记上。李瑶(2016)的解释是,关于前一例,留学生也许基本明白说话人想表达的是"车很贵,但值得"的意思,但他们不懂说话人为什么要加"你还别说"这几个字,也许心里会嘀咕"为什么不让人家说话呢",也不明白"你还别说"包含了"说话人以前认为买这么贵的车不值得"的想法;关于后一例,留学生听到"别提了",仅从字面理解的话,他会认为对方不想让他谈起这件事,误以为自己说错话,惹对方不高兴了。她的分析较为简单,基本只是从话语标记推测原因,但还是符合实情。

这两段对话的汉语都不难,对初级水平来说没什么多高的难度,但恰恰是出现的两个话语标记增加了理解的难度,中高级阶段的留学生可能也不一定就能理解得明白无误。按照话语标记的性质,它们不具有概念意义,删除也不影响话语意义的构建,上面两个例子如果删除各自的话语标记,留学生对整个话语理解起来反而更加顺畅,不会产生上述疑惑,但如果不用话语标记,体现不出说话人的真实感情和意图。可以深入分析一下这两个话语标记的语用效果。

前一例的"你还别说"是超预期标记,甲看到乙的新车,觉得不错,发出"太酷了"的赞叹,紧接着问了价钱,乙回答"五十多万",这个价格大大出乎甲的意料,"这么贵"流露出意外与吃惊的意思,但同时会让人感觉似乎不值,说话人意识到这样不妥,马上用"你还别说"来一转折,"贵是贵了点儿",但"气派",超出一般的预期,变成了对乙的新车更强的赞美。这是甲在交际中根据情境很快做出的调整,维护了对方的面子,使这次交际得以继续。"你还别说"具有交互主观性,采取移情的手段,站在听话人视角来表达对此事的态度,所以留学生单从字面意思去推测,会以为这是不让人说话,当然就理解不了简单会话蕴含的语用含义,这就是话语标记所起的制约作用,本来可以提示与引导解码,但没吃透话语标记,反而产生误解。后一例的"别提了"作为一个动词短语,确实有阻止听话人说哪方面事情的意思,但"别提了"经过语法化成为一个话语标记,不再表示阻止别人说话,而主要是表达说话人"不如意"的心情,而且也在提示听话人后面的话语就是自己遇到的不如意的事。侯瑞芬(2009)对此有专门论述,如:

(5)掌柜:老邢,你不是去京城办事去了吗?怎么会沦落到这种地步?
老邢:别提了,上回衙门不是给锦衣卫踩踏了吗?楼知县派我到兵部去要银子。　　　　　　　　　　　　　　　　(CCL)

上例"别提了"就是这个标记的典型用法,不再表示阻止对方,而是继续对方的话题,它在表达说话人不如意心情的同时引导和提示听者解码的方向,但偏偏留学生"不解其意",而且"会错意",以为自己说话有什么不妥而招致说话人"不让自己说",使交际无法继续。

(2)话语标记影响理解的规律

哪些话语标记在输入层面容易影响学习者正确解读话语?这中间有什么规律?我们认为有这样几个因素:

第一,字面意思与语用意义的相关程度。

虽然话语标记不具有概念意义只具程序意义,但程序语义与话语标记在标记化之前的概念意义多少还是有一定的关联,只是成为标记后原来的概念意义已经虚化。如标记"你/我+说",其动词"说"已经不再具有动作言说义,而是经历了从"言说义"到"认识情态义"再到话语标记的过程(姚占龙,2008),但汉语作为第二语言学习者并没有这样的概念或意识,根据汉语的特点从字面意思去推测语言形式的意义是一般的习惯和规律,所以如果话语标记的语用意义与原来的概念意义关联性程度高,那么在输入层面对这些标记的理解就容易,或者说解码的正确率就高。如"老实说""说实话""一般来说""有人说"等,虽然各自的语用意义不同,有表示说话人态度的,有表示信息来源的,但这些与字面意思都有很高的关联性,所以学习者听到这些,理解起来并不会太难,甚至这些标记还有帮助理解语段的作用。但如果是"你还别说"和"别提了"等就不同了,字面意思是说话人阻止听话人发表意见,但标记的实际语用意义并不是阻止对方说话,而是表达"没想到"和"真倒霉",前者后面所接续的话语一般是赞扬性的,后者则是说话人自己认为遇到的"倒霉事",由于这两个标记的语用意义与字面意义相去甚远,所以在理解时就可能产生较大偏差,乃至"曲解",类似的还有"你说你""好你个……"等表示说话人对听话人不满和责备的标记,出现这些标记在输入上往往给学习者带来困扰,影响他们对话语的理解。所以,就话语标记语用意义与字面意思的相关度来说,相关越紧密的就越容易理解,距离越大的就越难理解与把握,难易程度规律可以表述为:字面意思与语用意义不同>字面意思与语用意义接近。而且这个不受字面意思文字复杂程度的影响,上面所列举的两种情况的标记从字面看都很简单,理解起来都很容易,但语用意义就不那么简单,难的那类并不是语言形式本身,而是其背后的交际规约。

第二,语用意义表达的明确程度。

话语标记在话语中主要是通过表达语用意义来发挥语用功能,在表达语用意义时,有的标记很直接与明确,如"可贵的是、太可惜了、毫无疑问"等标记,表达的意思很直接、明了,对学习者来说,在接受信息时,看到或听到这些话语标记容易理解,并能对理解全部话语起到帮助的作用,如:

(6) <u>毫无疑问</u>,21世纪会需要大批兼备东西方经营管理知识的MBA人才。(CCL)

留学生在听到"毫无疑问"这个标记时,马上就能知道说话人的意思,不会产生误解。而对那些间接或婉转表达语用意义的标记,解码则可能会费周折,不能准确把握,甚至"曲解",如"下次再说、以后再聊、话又说回来、你想、不瞒你说"等标记,都不是直接表达说话人的交际意图,而是"别有用意",必须透过现象抓住其实际意图。"下次再说、以后再聊"是总结性标记,婉转表示说话人想结束谈话;"话又说回来"表示说话人后面要说的内容与前一方面是对立的,他的态度出现了转变;"你像"并不是说听话人像,而是举例子,引起听话人注意;"不瞒你(您)说",李治平(2015:147-148)认为这个标记有多重功能,但主要是有两个:一是实现"告白"情态,目的是"以言成事,取得听话人信任之效",二是表达"泄露"的情态,就是"间接泄露要说的一件不便、不能或不轻易说出的事件或真相",而且它还有拉近与听话人距离的意图,所以"不瞒你说"在输入层面上是不好处理的。上述间接表达标记都比直接表达的标记相对难理解,与之相关的是,话语标记中有一部分是表达说话人对事物评价的,评价分为正面评价与负面评价,尤其评价涉及听话人时,往往正面评价较为直白,而负面评价比较婉转,因为负面评价想让听话人接受,需要婉转、圆通,以达到维护对方面子的效果,如前面提到直接表达的"可贵的是"就是正面评价,比较清晰,而表负面评价的"不是我说你""说句难听的"则婉转得多,"不是我说你"其实是"我要说你",但它有缓和语气的重要功效,"说句难听的"也是指责听者。所以直接表达与间接表达、正面评价与负面评价两种相对应的话语标记的难易程度可以表述为:间接表达＞直接表达,负面评价＞正面评价。

第三,主观性强弱程度。

前文已经验证了汉语话语标记对于第二语言学习者来说,其学习难度与标记的主观性密切相关,主观性越强学习越难,在此不再展开,仅就输入层面理解难易程度影响因素进行简单阐述。在主观性强度上,一般的言者主观性是低于交互主观性的,那么为什么在输入理解上,后者就比前者难呢？这与两者的语言表现形式有密切关系,简而言之,话语标记的视角是决定主观性的标志,体现在形式上就是,话语标记主语(包含省略和隐含)是言者主语的就是一般主观性(言者主观性),如果主语是听者,主观性则是交互主观性,一般主观性(言者主观性)的主语一般会是第一人称代词,交互主观性的主语采用第二人称代词,所以"我+……"形式的话语标记表现的是一般主观性(言者主观性),"你+……"表现的则是交互主观性,不是这两种方式的则是客观视角(他者视角)。交互主观性采用听者视角,关注的焦点为听者,是通过移情手段实现的,而正是移情手段的使用增加了学习难度,因为这与学习者的母语不一样,移情带有规约性和民族性,影响了认识方式和语言表达方式,这种情况是汉语特有的,在学习者的母语中可能没有对应的现象。表达一般主观性(言者主观性)的标记,如"我说/想/看",学习者能较容易地知道它们是言者说自己,而像"你还别说""你像",学习者就费解了。当然中间还有个"部分交互主观性"环节,标记整体还是一般主观性(言者主观性),但关注点开始向听者转移(移情),形式上表现为话语标记宾语位置上出现第二人称代词,如"不是我说你""看你""不瞒你说"等。这样主观性强弱程度对话语标记理解难度的影响可以表述为:

交互主观性(移情)＞部分交互主观性(部分移情)＞一般主观性或言者主观性

上述内容是话语标记在输入层面影响学习者正确理解话语的因素和一般规律。需要说明的是,三个因素并不是割裂开的,可能很多标记三种因素叠加在一起,所以成为理解与把握的难点。

3.3.2.3 话语标记对输出的影响

(1) 话语标记与口语表达流利的关联

在输出层面,话语标记关系到学习者口语表达的流利与地道,这是言语交际能力的关键因素。前面论述了在输入层面话语标记对理解话语的作用及其影响因素,理解是做出反应的前提,也是言语交际的基础,但衡量言语交际能力高低的标志还是输出,尤其是口语表达,人们通常用"说一口流利(或地道)的外语"来形容某人的外语水平很高,就是这个意思,由此知道口语好的两个标志就是"流利"和"地道"。衡量"流利"和"地道"当然是多方面的,包括语音、词汇、语法、语用等各方面,通俗地说,就是要像母语者一样或接近母语者水平。学习者汉语口语是否"流利"与"地道"与能否正确使用汉语话语标记密切相关。

闫露(2018)进行了一项很有意义的研究,就是探讨汉语话语标记与留学生口语流利的关系,她把汉语话语标记分为话题组织、情态表达、填充三类,采用电脑软件对留学生的录音文本进行自动分析,从语速、发音速度、发音时间比、平均语流长、平均停顿长五个指标计算留学生的口语流利性,最后计算出留学生使用不同类型的话语标记的情况和流利性五个指标之间相关程度,证实话语标记的掌握情况与流利性之间存在相关性,其结论是:留学生使用话题组织类、情态类话语标记与语速、发音速度、发音时间比、平均语流长都呈显著正相关,与平均停顿长呈负相关,所说的正相关是指使用话语标记越理想就越流利,负相关指的是平均停顿长很短;留学生使用填充类话语标记与语速、发音速度、发音时间比、平均语流长均为负相关,与平均停顿长呈正相关,这类标记的相关程度没有达到显著程度。她所说的填充类标记指的是填充话语间空白或者用来表示思索的话语标记,如"嗯""啊""呃""这个""那个"之类的标记,它们本身就是"无词之词",所以与流利性关联性不大也是情理之中的。所以按照闫露(2018)的研究,在口语表达上,话语标记掌握得好坏与流利性是直接相关的,其结论具有可信性。

(2) 话语标记与口语表达地道的关联

输出水平的另一个衡量标准是"地道"。"地道"的含义是使用话语标记准确、得体,符合汉语语用规则、交际习惯,还包括了体现出汉语思维特点和能采取积极主动的交际策略等形而上的因素。话语标记是话语间的程序成分,而恰恰是这些不具概念意义的程序成分在表达的"地道"上起着重要的作用。来看两个例子,同样是形容一件衣服,汉语母语者和汉语作

为第二语言者的表达:

(7) 高级水平汉语学习者:我喜欢这件衣服,很流行,很漂亮,这个很好。

(8) 中国学生:我觉得这件衣服一开始挂在那里的时候还挺一般的,<u>没想到</u>,穿上效果这么好。<u>我看</u>我买了吧。

(7—8 转引自黄程珠,2018)

可以看到,高级水平汉语学习者对衣服的描述很清楚,语法也没问题,从交流的角度看信息传递很准确,不会产生歧义。但是,其表达就是几个句子堆砌在一起,不够自然、流畅,显得较为生硬,不符合汉语的表达习惯。虽然学习者已经是高级水平,可说出来的还不是地道汉语,究其原因,对照中国学生的形容就知道问题出在了话语标记的使用上,中国学生不过是用了两个话语标记,整段话不光衔接得很自然,而且体现出说话人前后情感变化,事情叙述变得错落起伏,交际效果当然大大高出汉语学习者。两相对照,话语标记对地道表达的意义就不言而喻了。

(3) 话语标记在口语表达中的状况

因为话语标记的使用关系到语言表达的流利与地道,也是衡量学习者语言水平的标志,那么学习者对汉语话语标记在输出层面尤其是口语表达使用的情况是怎么样呢?总体来说情况不太理想,学习者也并不是完全不使用话语标记,但运用情况不均衡,有好有坏。具体可以概括为以下三个方面:

第一,衔接(篇章)标记用得多,主观性标记用得少;

第二,言者主观性标记用得多,交互主观性标记用得少;

第三,形式简单意义直接的标记用得多,形式复杂意义间接的标记用得少。

这三个方面实际上经常交叠在一起,并不一定是分立的。黄程珠(2018)以江苏电视台《世界青年说》(谈话)节目为研究对象,将参与节目的外国汉语学习者的汉语水平定位为"高级",通过对该节目二十期语料进行统计,这些高级汉语学习者一共使用了 33 个话语标记,我们将其表转摘如下:

表 5-15 二十期《世界青年说》高级水平汉语学习者话语标记统计(黄程珠,2018)

然后 571 次	好 27 次	我说 5 次
但是 525 次	是吧 25 次	我是说 3 次
就是 466 次	你知道吗 21 次	完了 3 次

续表

其实 233 次	我跟你说 19 次	我看 3 次
对 226 次	你看 18 次	还有 3 次
所以 214 次	这个 17 次	我的意思是 3 次
对吧 59 次	嗯 16 次	在我看来 3 次
哦 55 次	那么 25 次	你知道 2 次
那个 41 次	你说 10 次	Bong 2 次
哎(诶)37 次	是不是 9 次	砰 2 次
就是说 31 次	喂 5 次	对了 1 次

这档节目是谈话类的节目，表达上虽然是口语为主，但应该体现正式、庄重的风格，参与者来自多个国家，汉语水平已经达到高级，是已经熟练掌握汉语的学习者，他们使用话语标记的情况基本代表了汉语学习者的最高水平。从他们使用话语标记的情况看到，二十期一共只用了33个话语标记，总体数量不多，除却因为是上电视媒体这种正式场合不敢随便以及话题内容的因素外，可以知道汉语学习者话语标记使用情况总体是用得少，这对他们的表达流利性和地道性产生负面影响。

上面全部33个标记，单纯从使用频次来说应该很高，前6个话语标记使用就多达2235次，但却是集中在这几个上，而且都是起衔接作用的篇章功能标记。闫露(2018)的研究也发现学习者高频次反复使用的标记也是集中在"然后"等几个标记，与这个表格形成了印证。与之反差很大的是，主要表达人际功能、互动功能这些主观性强的标记使用就很少，以主语是"我"和"你"为主观性标准对照这33个标记，只有9个①，只占27.2%，从汉语学习角度说，话语标记主观性越强习得难度就越大，所以体现在使用上就越少，这组数据再次证明了这一事实。白娟、贾放(2013)，李瑶(2016)，闫露(2018)都从各自角度对外国留学生使用话语标记展开了研究，她们对话语标记划分的类别并不尽一样，但都有"篇章组织类"和"情态类"标记，而且都发现"情态类"标记是各类标记中留学生掌握得最不好的和回避使用的，与之相反，掌握得最好的都是起衔接作用的篇章组织类，我们的调查也基本与此吻合，只是我们对话语标记的主观性进行了更为细致的区分。

---

① 不含"我的意思是"，这个标记表解释，是篇章功能标记。

从上表还可以看出，全部33个标记虽然形式包含了词、短语、小句多个形式，但无论哪种形式都很简单，最少只有1个汉字，最多也只有5个汉字，而且意思都很简单，基本上语用意义和字面意思没有太大距离，而且这些标记与其母语之间有对应的标记，使用起来就顺手得多，如用得最多的"然后"，英语有"then"，二者意义与用法基本相当。这点与输入层面保持了一致，即简单、明了的标记容易理解，也容易输出。

还有一点特别值得关注，就是使用话语标记的语体选择上，上面33个标记没有一个是纯书面语体标记，最多只是口语、书面语都可以说的，如"然后""在我看来"等。语料来源为电视谈话节目，并不是日常生活场景，虽然每个人的风格可能不一样，但话语应该较为正式，不像日常会话那样随意，但这些参与者尽管是高级水平，却没用到一个书面语体的标记，诸如"恕我直言""可见""简言之"等，这同样说明没有掌握好得体表达的手段，汉语言语交际能力还不够健全。由此可见，话语标记虽是不具概念意义的"小成分"，但却是汉语学习者汉语流利和地道的"大问题"。

汉语学习者话语产生标记使用问题的原因很简单，那就是在话语标记的选用上采取回避策略，可以概括为"避生就熟""避繁就简""避难就易"。话语标记不具概念意义，用不用并不影响意义的表达，尤其交际一方是中国人时，中国人往往能判断出其全部意思，而且不会计较对方流利与得体性的不足，这客观上造成学习者对话语标记的不重视。所以交际时他们会自觉不自觉采取回避策略，这种回避不是单纯不用话语标记，而是用一些不用一些，用"熟""简""易"的，不用"生""繁""难"的，主观性越强，就越可能回避使用。

3.4 话语标记对交际能力构成的作用

话语标记对汉语学习者汉语交际能力构成的作用在于：

话语标记在输入与输出上均对学习者的言语交际能力产生影响，体现在篇章能力和得体表达能力两个方面，但这两个方面并不是均衡的，在难易程度上呈现出得体表达能力＞篇章能力，表达输出＞输入理解，即得体表达能力难于篇章能力，流利地道表达难于理解反应能力。

体现在微观层面上，无论是在输入还是在输出上，具有篇章功能的话语标记，是容易学习、容易理解的，学习者运用起来较为顺手，且使用频率较高，而主观性强的话语标记则相对较难，越强就越难，学习者掌握不好，所以理解起来就困难一些，严重时会因为"曲解"和"误解"造成交际不顺，在使用时则有意无意采取回避策略，只用熟悉、容易和口语性的，回避那些主观性强的,尤其是具有交互主观性的,也不太会区分话语标记的语体特征差异,正式的书面语话语标记相对也用得少,这些对学习者表达的地道性起到不良影响。

　　强调话语标记在交际能力中的作用并不是要将话语标记放在一个不恰当的高度,相对语音、语法、词汇、功能等语言学习要素,话语标记的作用不是那么突出,尤其在初级阶段,较之其他语言要素的刚性地位,话语标记则显出更多的柔性,从交际能力培养看,前者似乎是"雪中送炭",而话语标记好像是"锦上添花"的。反观教学实际,在初级阶段,教学效果很明显,学习者进步很快,很有成就感,到了中高级阶段,学习者进入"平台期",教学效果不明显,学习者感觉不到自己的进步,也不知道如何进步,学习者一般交际没什么问题,但汉语总显出有别于中国人,存在"最后一公里"现象,如何解决这个问题?熟练掌握与运用话语标记就显得很重要了,虽然不是问题的全部,但也是"临门一脚"的核心因素之一,有必要对汉语话语标记在汉语交际能力中的作用有清醒的认识,从而在教学中按照它们的不同功能、作用进行相应的处理,使话语标记在交际中得以恰当运用。

第六章 汉语教学中的话语标记考察分析

第一节 教学与考试大纲中的话语标记统计分析

1.1 几种大纲出现的话语标记统计

我们选取了几部国际中文教学大纲和考试大纲,对其中的词汇部分进行甄别,筛选出其中在实际应用时能作为或经常作为话语标记使用的词汇,对大纲出现的话语标记进行考察分析。这几部大纲分别为:《汉语水平词汇与汉字等级大纲(修订本)》《高等学校外国留学生汉语教学大纲·长期进修》《高等学校外国留学生汉语言专业教学大纲》《新汉语水平考试(HSK)大纲》《商务汉语考试(BCT)大纲》《新中小学汉语考试(YCT)大纲》。长期以来,这几部大纲一直作为教学、教材编写和汉语水平测试中的依据,具有较高的权威性。我们对这些大纲收入的话语标记逐一进行统计和分析,需要说明的是,这几部大纲都设有词汇大纲,收录了相应数量的词语,统计的话语标记就是从收入的词语中筛选出来的,它们是以词汇身份收入的,大纲只是对所收入的词语进行了词性标注,并没有标注话语标记。

1.1.1 《汉语水平词汇与汉字等级大纲(修订本)》

《汉语水平词汇与汉字等级大纲(修订本)》(2001)(后文简称"《等级大纲》")词汇部分分为甲、乙、丙、丁四个等级,分别对应不同的学习层次,其中甲、乙级词为常用词汇,是初级阶段要掌握的,丙级词为次常用词,为中级阶段学习的,丁级词为低频词,为高级阶段学习的,四个级别一共8822个词语,其中收录了 77 个可以作为话语标记的词语,列举如下。

甲级词汇中有 25 个话语标记:

　　啊　别　不错　不如　当然　得　对　哈哈　好　可是　可以　客气　劳驾　那　那个　那么　嗯　确实　然后　什么　喂　呀　有意思　这个　这样

乙级词汇中有 15 个话语标记:

哎 哎呀 不得了 不敢当 不要紧 此外 倒(是) 哼
就是 据说 看来 看样子 恐怕 瞧 算了

丙级词汇中有 26 个话语标记：

哎哟 唉 对了 废话 怪不得 咳 呵 就是说 可不是
闹着玩儿 噢 哦 其实 恰恰 是的 说不定 无论如何
无所谓 要不 哟 再说 这样一来 真是 总而言之 总算
总之

丁级词汇中有 11 个话语标记：

归根到底 可想而知 ……来看(来讲) ……来说 由此可见
怎么着 这么着 真是的 众所周知 总的来说 诸如此类

四个级别共有 77 个话语标记，占 8822 个词语的 0.87%。

1.1.2 《高等学校外国留学生汉语教学大纲·长期进修》

《高等学校外国留学生汉语教学大纲·长期进修》(2002)(后文简称"《长期进修大纲》")词汇部分按照学习阶段分为初等阶段词汇、中等阶段词汇、高等阶段词汇三个部分，初等阶段词汇又分为最常用和次常用两小类，三个阶段词汇一共 8042 个词语，提取到 40 个可以作为话语标记的词语，全部如后：

初等阶段共 18 个话语标记：

最常用词汇：

啊 不错 不如 得 好 劳驾 喂 这个

次常用词汇：

哎呀 唉 就是 据说 看来 看样子 可不是 例如 没什么
显然

中等阶段共 17 个话语标记：

毕竟 得了 够呛 好家伙 可见 况且 那么说 噢 哦
譬如 无论如何 要不然 也好 这么着 这样一来 总而言之
总之

高等阶段共 5 个话语标记：

简而言之 可想而知 ……来看(来讲) 综上所述 总的来说

40 个话语标记占全部词汇的 0.49%。

1.1.3 《高等学校外国留学生汉语言专业教学大纲》

《高等学校外国留学生汉语言专业教学大纲》(2002)(后文简称"《汉语言专业大纲》")词汇部分按照学习年限分为一年级词汇、二年级词汇和三、四年级词汇三大部分,一年级词汇又分为一级词汇和二级词汇两个小类,一共收词语 7554 个,提取到 39 个可以充当话语标记的词语,占全部词汇的 0.51%,具体如下。

一年级词汇共收 7 个话语标记:

一级词汇:

  啊 哪儿(哪里)

二级词汇:

  唉 哎呀 不敢当 据说 哇

二年级词汇共 20 个话语标记:

  哎哟 不见得 不至于 得了 干脆 够呛 怪不得 咳 好就是 可不是 难怪 噢 哦 然而 无论如何 无所谓 至于 总而言之 总之

三、四年级词汇共 12 个话语标记:

  反之 换句话说 岂有此理 显而易见 也罢 也好 由此可见 与此同时 这样一来 众所周知 综上所述 总的来说

1.1.4 《新汉语水平考试(HSK)大纲》

《新汉语水平考试(HSK)大纲》(2009—2010)(后文简称"《新 HSK 大纲》")包括 1-6 级,6 个级别的全部词语为 9750 个,提取到可以充当话语标记的词语 136 个,占全部词汇的 1.4%。其词汇大纲从二级起,高的级别覆盖了低一级的词汇,所以从二级起,列举的标记都是新增的,低一级的话语标记都在高一级的词汇中复现了,不再重复计算。

一级词汇共 6 个标记:

  好 看 哪(哪儿) 那(那儿) 喂 这(这儿)

二级词汇新增 6 个标记:

  别 得 对 好 可能 所以

三级词汇新增 6 个标记:

但是　当然　还是　看　其实　然后

四级词汇新增 17 个标记：

啊　不过　差不多　后来　看　可是　另外　其次　确实
然而　如果　虽然　因此　于是　原来　怎么样　最后

五级词汇新增 14 个标记：

唉　比如　不然　此外　从此　从前　而且　反而　哈　还是
后面　没关系　首先　说不定

六级词汇新增 25 个标记：

哎呦　本来　不好意思　归根到底　嗨　呵　嘿　看来　可是
没辙　难怪　嗯　哦　说不定　算了　虽然　无可奉告　幸好　呀
要不　要不然　要命　因此　终于　总而言之

1.1.5 《商务汉语考试（BCT）大纲》

《商务汉语考试（BCT）大纲》（2014）（后文简称"《BCT 大纲》"）词语共 4000 个，提取到 37 个可以作为话语标记的词语，占全部词语的 0.93%：

啊　比如　不过　不好意思　成　此外　当然　那么　怪不得
胡说　据说　况且　劳驾　例如　另外　那么　其实　然后　首先
算了　所以　听说　万一　往往　显然　行　幸好　幸亏　要不
要是　怎么　怎么样　这(这儿)　这样　正好　总之　最终

1.1.6 《新中小学汉语考试（YCT）大纲》

《新中小学汉语考试（YCT）大纲》（2009）（后文简称"《YCT 大纲》"）词汇分为 4 个级别，共 1130 个词语，提取到 13 个可充当话语标记的词语，占全部词语的 1.15%：

这　那　哪儿　好　当然　但是　喂　得　啊　别　打扰
另外　听说

1.2　大纲中话语标记分析

为清晰起见，将上述 6 种大纲的相关数据列表如下：

表 6-1　6 种大纲词汇与话语标记对比数据

大纲 数据	《等级 大纲》	《长期进修 大纲》	《汉语言专业 大纲》	《新 HSK 大纲》	《BCT 大纲》	《YCT 大纲》
词汇总数	8822	8042	7554	9750	4000	1130
标记数	77	40	39	74	37	13
标记占比	0.87%	0.49%	0.51%	0.76%	0.93%	1.15%

可以看到，6 种词汇大纲出现的话语标记都很少，在全部词汇中所占的比例非常低，其中 5 种低于 1%，最高的《YCT 大纲》占比也不到 1.2%。实际上从各大纲提取到的话语标记还不见得就一定是话语标记，其话语标记身份存在两种情况：一是话语标记身份较为明确的，主要是那些以短语形式进入词汇大纲的，在各大纲中，越是到高阶段词汇收入的短语就越多，这些短语在实际应用中一般都是起到话语标记的作用，如《等级大纲》中丁级词的 11 个话语标记均为短语，其中有"真是的"这样口语色彩非常浓的话语标记；二是可能作为话语标记的，这部分主要是词的形式，是不是话语标记情况各异，有显有隐，像"哼""嘿"这些表示语气的拟声词，在实际应用时作为话语标记的可能性很大，但也有很多词只是存在作为话语标记的可能，如"好""看"，如果只是单纯的形容词和动词，它们并不是话语标记，但"好"有可能单用，"看"构成"你看"或"看你"则成为话语标记，还有很多连词，能否成为话语标记还要看具体语境，要看这些连词关联功能"弱化"的程度(方梅，2000)，所以这部分词的话语标记身份还处在游移状态，在收入词汇大纲时，特别是在低阶段，收入这部分词汇的着眼点并不是因为具备话语标记功能，主要还是其词汇功能，所以在各词汇大纲中提取的词语完全是话语标记的还要打折扣，数量比上述数据还要低。

我们再对从 6 种大纲中提取到的话语标记进行归类，按照主观性强弱分为 A、B、C、D 四个档次归为 4 类，列表如下：

表 6-2　6 种大纲话语标记主观性情况统计

大纲	A	B	C	D	说明	总数
《等级大纲》	56	20	0	1	A、B 跨类 12 个	77
《长期进修大纲》	29	11	0	0	B 跨类 3 个 A 跨类 1 个	40
《汉语言专业大纲》	30	9	0	0	A、B 跨类 7 个	39
《新 HSK 大纲》	58	13	0	3	A、B 跨类 6 个	74

续表

大纲	A	B	C	D	说明	总数
《BCT 大纲》	26	11	0	0	A、B 跨类 1 个	37
《YCT 大纲》	10	3	0	0	A、B 跨类 2 个	13

说明:A、B、C、D 分别对应无或弱主观性、一般主观性、部分交互主观性、交互主观性。

从上表可以看到,从 6 种大纲提取的话语标记基本集中在 A、B 类,也就是低主观性标记,这些标记主要是表达篇章功能,起衔接作用,而具有部分交互主观性和交互主观性的标记微乎其微,6 种大纲都没有部分交互主观性标记,4 种没有交互主观性标记,2 种虽有,但分别只有 1 个、3 个,少到可以忽略不计的程度。

最后,对 6 种大纲提取的话语标记进行语体甄别,各大纲数据如下表:

表 6-3 6 种大纲话语标记语体统计

大纲	口语体	书面语体	口语兼书面语体	书面语兼口语体	总数
《等级大纲》	56	9	9	3	77
《长期进修大纲》	26	7	3	4	40
《汉语言专业大纲》	22	14	2	1	39
《新 HSK 大纲》	44	10	12	8	74
《BCT 大纲》	22	5	7	3	37
《YCT 大纲》	10	0	2	1	13

通过上表可以清楚看出 6 种大纲不同语体话语标记的分布,呈现出较为一致的态势,那就是出现的话语标记主要都是口语体的,只有《长期进修大纲》相对平衡一些,其他的基本都是口语体标记占据绝对优势;6 种大纲共有纯书面语体标记 45 个,属于中高级阶段的为 38 个,所以书面语体标记主要部分都是在中高级阶段。

1.3 基本结论

通过上述对 6 种大纲词汇部分的考察,基本了解了话语标记在国际中文教学词汇大纲的分布面貌,可以得出几点结论。

首先,词汇大纲收入词语的着眼点没有考虑话语标记因素。大纲收入的词汇都是从词汇概念意义出发的,再是没有概念意义只有语法意义的虚词,而后者会在语法大纲部分重点呈现,而作为语用现象的话语标记既没有被词汇大纲关注,语法大纲也不会单列,所以成为词汇大纲、语法大纲"两不管"的边缘成分,体现了话语标记不被关注或重视的尴尬状态。实际上,从词汇大纲提取的话语标记来看,短语形式那部分,尤其是书面语体标记,都是典型的话语标记,从话语标记角度开展教学更切合语言事实,但这部分的数量却很少。事实上,话语标记的词汇性很强,很多标记都是词汇化的结果(董秀芳,2007a),无论是从话语标记词汇性特点还是语块教学或构式等视角出发,在不将话语标记单在大纲列出的情况下,应在词汇层面给予话语标记更大的关注。

其次,提取的话语标记数量占比非常低,对习得和教学具有负面影响。虽然汉语中话语标记的数量并没有确切数字,但阚明刚、杨江(2017)从《新闻联播》和《鲁豫有约》两个电视节目单位时间内语料中就提取到超过 1000 个话语标记,且都是日常生活中耳熟能详的,反观从 6 种词汇大纲提取到的话语标记数量,再对照各大纲的词汇总量,不能不产生"九牛一毛"的感觉。上文详细论证过话语标记对汉语作为第二语言学习者汉语交际能力的作用和影响,话语标记对学习者汉语的流利和地道表达具有"临门一脚"的意义,教学中要给予重视,尤其是在中高级阶段。所以,各词汇大纲所收话语标记在数量上与其作用是不匹配的。

最后,词汇大纲所收的话语标记没有体现标记的教学规律。这主要反映在两个方面,一是各词汇大纲所收的标记没有体现主观性特点,二是语体分布不协调。上面两个表格的数据清楚显示了各大纲收入的话语标记,主观性强的 C、D 类标记几乎阙如,书面语体标记也偏少,出现这样的情况都说明没有把握好话语标记的本质和特点,不符合话语标记习得和教学规律。

第二节 教材中的话语标记考察分析[①]

2.1 两套教材出现的话语标记

当前,国际中文教材数量规模很大,我们选取汉语教材《博雅汉语》(第二版,下同)和《发展汉语》(第二版,下同)作为考察对象对其话语标记情况进行统计分析,因为这两套教材目前被国内高校广泛采用,影响较大,且它们

[①] 本节主要内容以"国际中文教材中的话语标记考察与分析——以〈博雅汉语〉〈发展汉语〉为对象"为题发表于《中文教学与研究》(第 1 期)(商务印书馆,2023),本书有修改。

水平层次全、课型覆盖面广、体系较完备,是具有代表性的国际中文教材。

李晓琪主编的《博雅汉语》2012年起由北京大学出版社陆续出版,是一套综合汉语课程教材,一般为精读课或综合课程使用。教材分为4个层次9册,分别为《博雅汉语·初级起步篇(Ⅰ、Ⅱ)》《博雅汉语·准中级加速篇(Ⅰ、Ⅱ)》《博雅汉语·中级冲刺篇(Ⅰ、Ⅱ)》《博雅汉语·高级飞翔篇(Ⅰ、Ⅱ、Ⅲ)》,按照话语标记的认定标准[①]对这套教材课文中出现的话语标记进行了统计,重复出现的标记只算作1个,跨级出现的只算最初出现级别的1次,单独记录下来,最后得出的数据列为下表:

表6-4 《博雅汉语》出现的话语标记统计

教材	标记数量	分类数量				兼类(含)
		A	B	C	D	
初级	25	12	10	1	2	
准中级	27	12	10	1	4	2(A、B或B、A)
中级						
高级	21	13	4	0	4	
合计	73	37	24	2	10	跨级9(含)
语体统计	口语体61,书面语体2,口语、书面语体10					

李泉主编的《发展汉语》2011年起由北京语言大学出版社陆续出版,全套教材由综合、口语、听力、阅读、写作等多课型教材组成一个完整的教材体系,全套教材共28册,我们重点对其综合教材、口语教材进行考察,尤其口语教材是考察的重中之重,后面单独考察分析。这里先对其综合教材课文中出现的话语标记进行统计,综合教材分为初、中、高三级,每级2册,共6册。与上面对《博雅汉语》统计的标准一样,重复出现的话语标记只算作1个,跨级出现的也只算最初出现级别的1次,但单独记录下来。

表6-5 《发展汉语》出现的话语标记统计

教材	标记数量	分类数量				兼类
		A	B	C	D	
初级	28	14	8	0	6	1(A、B)
中级	18	8	4	4	2	1(B、A)

---

① 即不与其他成分粘连、不含概念意义、表达程序意义。

续表

教材	标记数量	分类数量				兼类
		A	B	C	D	
高级	68	47	18	1	2	2(A、B)
跨级	12	69	30	5	10	
总计	114	其中:口语74,书面语11,口语、书面语29				

统计均为人工操作,不排除有一定的误差,误差的主要情况有:认定误差,不能保证全部标记认定都符合标准,也不能确保所有话语标记没有遗漏;分类误差,分类也可能出现不准;统计误差,统计数据在算法和计数上可能有欠准确的。所以数据只是反映了话语标记在教材中出现的一个大概面貌,能看出话语标记在教学中的基本情况。

2.2 两套教材出现的话语标记分析

2.2.1 教材话语标记的数量

两套教材不含重复出现的话语标记,《博雅汉语》出现73个,《发展汉语》114个,为对比清楚起见,图示如下:

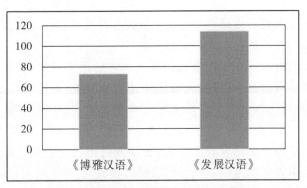

图 6-1 两套教材出现的话语标记数量对比

从总量看,《发展汉语》比《博雅汉语》话语标记出现的数量多41个,如果把标记数量平均到每册教材,《博雅汉语》每册为8.1个,《发展汉语》每册为18.8个,可以知道,《发展汉语》出现的话语标记大大超出《博雅汉语》。但问题并不是《发展汉语》比《博雅汉语》话语标记出现得多就好,关键是教材应该出现多少话语标记是合适的。

到目前为止,各种对汉语话语标记研究的成果并没有给出现代汉语中话语标记的数量,甚至是大概的数量,不能不说这种局面让人很尴尬。造成这种局面的原因是多样的,与话语标记的判定标准、开放性、动态性、不确定性、多形态性等等都有关系,汉语话语标记的数量无法确切统计。在此情况下,为了分析上述两套教材出现的话语标记数量是否合适,只能借助相关研究结果作为参照。阚明刚、杨江(2017:57)以中央电视台《新闻联播》、香港凤凰卫视《鲁豫有约》两个节目为语料来源,过滤提取将近 12 千万字的文本,提取到了 1018 个话语标记,这些话语标记无论是口语的还是书面语的,都是日常生活中人们耳熟能详的,从汉语学习者角度看,绝大多数都较为浅显,相对各种大纲的高等级词汇都更容易一些,如提取的书面语话语标记最长的字符数是 5 个,诸如"这就意味着""正因为如此"之类,都是由很基础的词语构成的,口语话语标记最长的 6 个字符,如"总之就一句话",非常浅显。其统计出的话语标记数量虽然不能确定是汉语全部话语标记,但对照这个数量规模,上述两套教材出现的话语标记则真可谓"九牛一毛",两相比较,《博雅汉语》出现的标记仅约为 7.2%,《发展汉语》为 11.2%,这样说起来,两套教材出现的话语标记仅从数量上说都显得严重不足,而实际上我们在对教材进行统计时,一个标记的多个变体都各按 1 个计入,如"就……来说""就我来说""就他来说"是按 3 个标记计算,所以上面教材的标记数量还要再打折扣。即使《发展汉语》出现的话语标记数量超过《博雅汉语》,但二者标记的数量规模并没有本质差别。

两套教材出现的话语标记数量严重偏少反映出的核心问题是:话语标记在教材编写时不是编写者考虑的因素。

一般的教材编写在选取语料时重点考虑的因素是词汇、语法、功能以及文化因素等,即使在高级阶段会注意到篇章因素,但话语标记没有纳入其中,这些都说明教材编写对话语标记重要性的认识不够;两套教材都是综合教材,综合课也被称为"精读课""基础课",是目前国内国际中文教学课程体系中最重要的语言技能课程,精读教材话语标记数量的严重不足,是教学对话语标记的地位认识不够的突出表现,其不良后果就是导致学习者对话语标记掌握不好,对他们语篇能力的提升和得体地道表达造成一定的负面影响;作为教材的课文是学习者学习汉语时重要语料,也是输出时的范本,在输入时话语标记的缺失会造成理解得不够全面,进而会在表达时不会用或回避使用,所以在实际中,即使是高级水平的汉语学习者为什么还是和母语为汉语者有差距,除了语音上的"洋腔洋调"外,就是表达的不地道,后者与话语标记的使用密切相关。

2.2.2 话语标记的功能与类型

在对两套教材出现的话语标记进行统计时,对话语标记对应的主观性进行了细化分类与统计,也就是基于教学进行分类,即分为 A、B、C、D 4 类。A 类为主观性低或弱,对应的是篇章功能类;B 类为一般主观性标记,主观性高于 A 类,这些多是人际类标记;C 类为部分交互主观性的标记,主观性高于 A、B 类,对应的是人际功能标记中出现向听者移情那部分;D 类为交互主观性标记,主观性最强,对应的是互动功能标记。这 4 类分属低主观性、较高主观性、高主观性 3 种类型,将两套教材画出对比图如下:

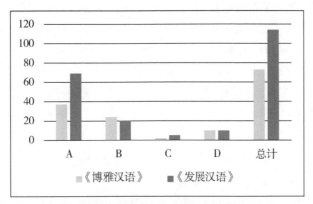

图 6-2　两套教材出现的话语标记类别对比

另外,依照标记的语体风格,区分为单纯口语标记、单纯书面语标记、口语和书面语兼用三种情况,将两套教材情况画出对比图如下:

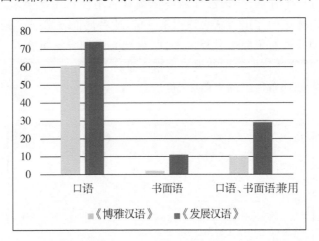

图 6-3　两套教材出现的不同语体话语标记数量对比

从上面两个图可以看出,两套汉语教材出现的话语标记就分布情况来看非常一致,话语标记的数量分布为:A＞B＞C＞D,A、B 两类数量大大超出 C、D,也就是主观性越强,出现得就越少。不同语体的标记分布数量也完全一致:口语体标记＞口语书面语兼用标记＞书面语体标记,尤其是《博雅汉语》,纯书面语体标记为 2 个,仅占全套教材标记的 2.74％,《发展汉语》出现纯书面语体标记为 11 个,也只占 9.65％。

通过上述数字知道两个事实:

第一,在国际中文教学最核心课程的教材中,出现的话语标记主要是篇章功能类的,这类标记主要起的作用是衔接话语,容易引起编者注意,也便于编排,所以出现概率与频次比较高,而具有较强主观性的标记则被忽视。

第二,口语体的标记出现概率和频次大大高出书面语体标记,一方面体现了话语标记口语色彩强、口语中用得多的规律,另一方面也表明书面语体标记被忽视,说明教材编写者语体意识不够突出,精读教材所用语料是以书面语为主的,除了初级入门阶段的课文一般采用会话形式外,从初级阶段后半程起就以叙述方式为主了,进入中级后,语料基本都是选用已经刊出的各题材原文,并稍作改编,这些选文的书面语色彩比较浓,但两套教材出现的话语标记在这一点上没有任何体现,其结果当然是负面的。

2.2.3 话语标记的等级排列

教材中语言项目的编排都要遵循从易到难的顺序,这也符合学习的规律,所以无论是词汇、语法还是功能,我们都制定了大纲,大纲都进行了水平分级,教材编写时都会依据大纲进行。但话语标记却没有大纲,客观上说明话语标记不像词汇、语法和功能那么具有刚性作用与要求,主观上也说明对话语标记的作用与意义认识不到位,这种局面就造成了教材的话语标记的出现并没有依照难易程度安排,可能是遇到什么就用什么,完全不像词汇、语法等项目那样按照大纲去精心设计与安排。将两套教材出现的话语标记数量分布情况画出曲线图:

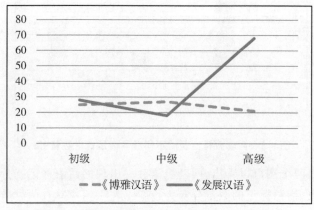

图 6-4 两套教材各级别出现的话语标记数量对比

再将两套教材的各种标记的数量画出对比图：

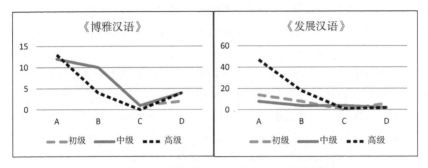

图 6-5　两套教材各级别出现的各类话语标记数量

从上面数量分布图看,两套教材各个层级出现的话语标记都不是正常分布。《博雅汉语》初、中(含准中)、高 3 个级别出现的话语标记基本持平,没有呈有序增加的态势,特别是中高级阶段在语篇、语段教学成为教学重点时,话语标记数量居然一如初级阶段,丝毫没有表现出大幅增长的态势,既不符合教学规律,也没体现教学重点;《发展汉语》中级到高级倒是有很大增长,跳跃性很大,但中级较之于初级居然还略有下降,所以整个增加和减少基本上都是没有规划地出现,较为随意。较之数量上的缺乏计划,两套教材在话语标记出现的难易度上也是同样考虑不周,篇章功能类的标记在初级阶段都是占据了绝对数量,主观性强的 C、D 类很少,这还是符合话语标记难易程度顺序的,但到了中高级阶段,C、D 类却仍处在"弱势",依然没有得到重视,两套教材的中高级阶段话语标记还是篇章类占据了数量上的绝对优势,主观性强的甚至阙如,足以看出,虽然培养学习者成段表达能力是中高级阶段的主要教学任务,但对学习者篇章能力和得体表达能力构成具有重要影响的话语标记却没有得到应有的重视,标记教学的重点被本末倒置。

通过对《博雅汉语》和《发展汉语》综合教材出现的话语标记进行统计与分析,窥一斑而知全豹,有关国内高校国际中文核心课程的话语标记教学状况,可以得出以下几点结论：

第一,作为教学核心的综合课或综合课教材中出现的话语标记数量严重偏少,而且形式较为单一,集中在篇章类,因为输入的不够很有可能导致输出的匮乏,对学习者的篇章能力与成段的得体表达能力产生负面影响。

第二,话语标记的安排几乎没有规划,较为随意,既没宏观设计,如从总体上考虑如何安排,微观上也没有具体安排,如各类顺序编排,基本上是语料遇到什么就用什么,没有单独进行有针对性的教学安排。

为什么会出现这样的局面,根本原因在于对话语标记的作用与意义认识不够,所以导致不重视。我们对话语标记的作用与意义应该有正确的认识,对它在汉语学习中的地位应该准确定位。我们强调话语标记的重要性并不是要话语标记放在一个不恰当的高度,相对语音、语法、词汇、功能等语言要素与作用,话语标记的作用不是那么突出,尤其在初级阶段,较之其他语言要素的刚性地位,话语标记则显出更多的柔性,前者似乎是"雪中送炭",而话语标记好像是"锦上添花"的。反观教学实际,在初级阶段,教学效果很明显,学习者进步很快,很有成就感,到了中高级阶段,学习者进入"平台期",教学效果不明显,学习者感觉不到自己的进步,也不知道如何进步,学习者一般交际没什么问题,汉语总显出有别于中国人,总存在"最后一公里"现象,如何解决这个问题?熟练掌握与运用话语标记就显得很重要了,虽然不是问题的全部,但也是"临门一脚"的核心因素之一,有必要对汉语话语标记本身和教学给予足够的认识。我们通过问卷调查了教师对话语标记的教学情况、重视程度等,发现大部分教师没有意识到话语标记的重要性,教学中随意处置或置之不理,结果是学生不能很好地习得和运用话语标记。实际上这个问题与教材的设计密切关联,教材是课堂教学的物质依据,如果在教材编写时对话语标记进行适当处理、突显其作用,教师在使用教材时就会相应予以关注,技能训练时得到强化,效果就会好得多。所以教材是开展话语标记教学的基础,重视话语标记的作用首先应该从教材开始。

2.3 口语教材中的话语标记考察

2.3.1 《发展汉语》口语教材出现的话语标记

目前国内高校国际中文教学语言技能课程体系绝大多数采取分技能设置课程方式,以综合课为核心,分别按照听、说、读、写不同技能设课,形成"1+3"(综合+口语、听力、阅读)和"1+4"(综合+口语、听力、阅读、写作)的主要格局,有的在此基础上再开设复合技能课程,如"听说课""读写课""视听说"等。学习者口语程度是衡量汉语水平的一个重要观测点,承担口头表达技能训练任务的课程是口语课,话语标记的学习和运用与口语课密切相关,那么话语标记在口语教学中的情况如何呢?下面选取国内代表性口语教材进行统计分析。

再以《发展汉语》系列教材中的口语教材作为考察对象,选择原因很简单,一是《发展汉语》在国内高校使用面较广,影响较大,二是该教材已经经过修订,出版了第二版,较之前更为成熟,更重要的是该教材成体系,整体性、配套性很强，这是目前国内出版的众多教材难以与之比肩的。

《发展汉语》口语教材一共 3 级 6 册，分别是《发展汉语·初级口语（Ⅰ、Ⅱ）》《发展汉语·中级口语（Ⅰ、Ⅱ）》《发展汉语·高级口语（Ⅰ、Ⅱ）》。我们从《发展汉语·初级口语（Ⅰ）》和《发展汉语·初级口语（Ⅱ）》开始，提取每册中出现的话语标记，对于重复的标记，我们只提取首次出现的，数量上不再重复计算。下面我们逐册列出各册教材出现的话语标记。

《发展汉语·初级口语（Ⅰ）》（王淑红、幺书君、严橚、张葳，2012）共 23 课，提取到 22 个话语标记，全部列举如下：

啊　差不多　当然　对不起　马马虎虎　没关系　没问题
没意思　那么　哦　所以　也许　这样　好　好的　对　好啊
听说　可是　哪里（哪里）　是啊　没想到

《发展汉语·初级口语（Ⅱ）》（王淑红、幺书君、严橚、张葳，2012）共 21 课，提取到 39 个标记，列举如下：

哎　噢　啊　哎呀　不过　比如（说）　对了　对……（我）来说
当然了　嘿　好/好啊　好吧　好的　就是　据说　据……（朋友）说
接着　看来　看你　没错　你说　那好　哦　其实　是啊　是这样的
天哪　听说　太好了　我看你呀　喂　我看　先……然后……
幸亏……　一般来说　要不然　真的　真可惜　真没想到

《发展汉语·中级口语（Ⅰ）》（路志英，2011）共 15 课，提取到 44 个话语标记：

哎呀　哎　啊　百闻不如一见　不见得　不见不散　这么着吧
不瞒你说　不好意思　不好说　别逗了　此外　对呀/对　对我来说
对了　嗯　好的/好　哼　简单地说　据说/据介绍　看你说的
看你说哪儿去了　没准儿　难怪　那好吧　哦　其次　说实在的
什么呀　说实话　说白了　天哪　万一　喂　我是说　要不然（这样）
一言为定　也罢　一是……二是/再是……　这样一来　这么说
这样吧　这还用说吗　主要是……其次是……还有就是……

《发展汉语·中级口语（Ⅱ）》（蔡永强，2011）共 15 课，提取到 55 个话语标记：

噢　不见得　不言而喻　别提了　不可思议　不知不觉
把丑话说在前面　不是闹着玩的　此外　除此之外/除了……还……
听口气/看上去/听上去　反之　嗨　后来……再后来……　呵呵

先……再/接着……然后…… 本来……后来…… 嘿 话又说回来
毫无疑问 确信无疑/错不了 还有 话不能这么说 话是这么说
看来 看把你吓得 例如/如 那好 其实 所以 俗话说 算了
试想 说得准确点儿 我(个人)觉得 无可争议 我们知道 我相信
我想插一句 幸亏/好在/想不到/没想到 想着点儿/记着点儿
于是 一方面……另一方面……/一来……二来…… 有人指出
因此 要不 我劝你……/我看你还是……吧 也就是说/换句话说
这要看怎么说 怎么会/怎么也不明白/不知怎的/真奇怪
总之/总而言之/总的来说/总的来看 真可怜/太可怜了/真让人同情
怎么能这样呢 这么说 再说

对上面中级的话语标记需要特别说明的是，提取的标记除来自生词、课文外，还有课文后的"功能训练项目"，同一功能项目中会列出几个话语标记，生词和课文中并没有出现，我们将同一功能项目列出的几个话语标记都摘取出来，但记为1个标记，如"幸亏/好在/想不到/没想到"在"功能训练项目"列为一类举出，就按1个计算。

《发展汉语·高级口语(Ⅰ)》(王淑红，2011)共15课，提取到67个话语标记：

唉 (要)不然的话 抱歉 比如 不曾想 不可思议 不用说
不言而喻 除此之外 此外 当然 等等 更有甚者 更重要的是
根据/据(……)估算/统计/报道 归根结底 还有一点 几经考虑
过去……从……起……目前/现在…… 简单来说 接着 久而久之
就拿……来说吧 据了解 据说 据统计 可是 可以看出 然而
另一方面 那么现在 你想想 其实不然 千不该,万不该 如此看来
起初……后来……再后来…… 实际上 始料不及 (专家)说……
(马来西亚《星洲日报》)说…… 是啊 首先……第二……第三……
说实在的 俗话说 所以 所以说 坦率地说 我想插一句 无奈
无可非议 ……(调查数据)显示 要知道 也就是说 一般来说
因此 由此可见 有人(计算、统计)过 有人说 有调查显示 于是
与此同时 ……之一……之二……之一 再说 这样一来 众所周知
总而言之/总之/一句话 最开始/最初……,后来/而后……,最终……

《发展汉语·高级口语(Ⅱ)》(李禄兴、王瑞，2011)共15课，提取到57个话语标记：

比如 不难发现 不说别的,就说…… 此外 从这方面来说

从……来讲/看　从另一个角度看　当然　更有甚者　更何况　更为重要的是　换个角度说　据……报道　经(诊断)……　据不完全统计　进一步说　简言之　接下来　可以预见的是　可见　可以说　可谁也没想到的是　两相比较　例如　另一方面　你说　那么我想　其实　迄今　让人欣慰的是……　……认为　如此而已　事实上　实际上　试想　适得其反　首先……其次……还有……　事与愿违　事实说明/证明/表明　说到底/说穿了/一句话/说白了　……(实验)显示　由此说来　一是……二是……三是……　这样　有人说　严格说来(严格地说)　依据(相关规定)……　因此　总之　一发不可收拾　仔细想一下　在不经意中　这样一来　诸如此类　真的　乍看起来/初看起来/从表面看来　……(文章)指出

与中级口语一样,高级口语话语标记的来源除了生词、课文外还设有专栏"表达方式",教材列出表达方式时将其变体也列出,所以我们一并提取,但只记为1个,如"乍看起来/初看起来/从表面看来"。

2.3.2　《发展汉语》口语教材话语标记统计分析

如果不考虑重复出现,上述6册《发展汉语》口语教材各自出现的话语标记数量可以通过如下图进行对比:

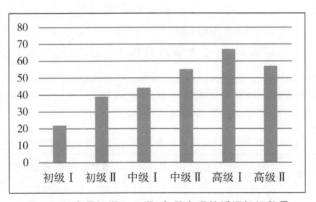

图6-6　《发展汉语·口语》各册出现的话语标记数量

按照初、中、高3个阶段来计算,也就是分别将《初级口语(Ⅰ、Ⅱ)》《中级口语(Ⅰ、Ⅱ)》和《高级口语(Ⅰ、Ⅱ)》同层级2册合并,且跨级出现的不重复计算,《初级口语(Ⅰ、Ⅱ)》重复6个,初级阶段出现过的有16个在中级口语重复(含1个还在高级复现),8个在高级阶段重复出现(含1个还在中级复现);中级阶段的有14个在高级出现,《中级口语Ⅰ》的有2个在《中级口语Ⅱ》重复出现;《高级口语Ⅰ》的8个在《高级口语Ⅱ》重复出现出现,所以初级 2 册相加后减去自己重复出现的共 6 个,中级 2 册相加后减去初级和自己重复出现的共 18 个,高级 2 册减去初、中级和自己重复出现的共 30 个,最后 3 个阶段出现的话语标记对比如下图所示:

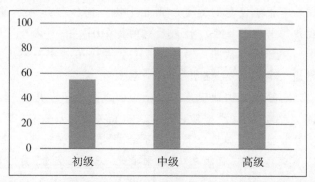

图 6-7 《发展汉语》口语教材各级别出现的话语标记数量对比

从数量及其分布来看,《发展汉语》口语教材出现的话语标记情况明显优于综合教材,一是总量多于综合教材,口语教材 3 个级别共出现了 230 个标记,而综合教材只有 114 个,口语教材是综合教材的 2 倍有余,应该说增长率还是比较高的,而再横向与《博雅汉语》比较的话,数量差距更大;二是数量分布更为合理,无论是各册出现的数量还是分阶段数量都呈现出递增态势,这符合一般的学习与教学从少到多的规律,当然,从具体情况看,还有些不够平衡,那就是《高级口语Ⅱ》与《高级口语Ⅰ》之间的差别显得不太合适,但《高级口语Ⅱ》毕竟还是多于中级和初级各册,基本维持了合理数量规模。

与上面对大纲和教材主观性一致的分类标准,将口语教材出现的话语标记分为 A、B、C、D 四类,数据列表如下①:

表 6-6 《发展汉语》口语教材各级别出现的各类话语标记统计

阶段	A	B	C	D	C、D 占比	兼类情况(含)	阶段总计
初级	32	26	2	1	4.92%	A、B 兼类 4	61
中级	54	37	7	1	8.08%	A、B 兼类 1	99
高级	102	19	0	3	2.42%	A、B 兼类 2	124
类别总计	188	82	9	5	4.93%		284

上表显示,在没有排除少数标记重复出现的情况下,各个类别话语标记

---

① 此表没有排除跨级别、跨册重复出现的。

数量分布在每个阶段呈现高度一致的情况,即:A>B>C、D,而且 A、B 到 C、D 之间出现了"断崖式"减少的状态。李瑶(2016)对高级阶段口语教材话语标记进行分析时选取的教材是《发展汉语·高级口语(Ⅰ、Ⅱ)》和《高级汉语口语(1、2、提高篇)》,她把话语标记分为话题类、组织类、情态类三种,统计的类型数据最少的是情态类,与前两类数据差别非常大,其情态类大致与我们的 C、D 相当,所以数据与我们的考察基本可以形成印证。《发展汉语》口语教材各类话语标记数量分布状况与综合教材情况是一致的,这也说明编写者都没有认识到各类话语标记之间有什么差异,都是从客观需要上进行安排,诚如前述,A 类标记在篇章的构成中作用明显,成段表达对它们的依赖性强,所以出现的数量大大超出主观性强的标记。

最后再看各语体话语标记数量分布的情况,列表如下:

表 6-7 《发展汉语》口语教材各级别出现的各语体话语标记统计

阶段	口语体	书面语体	口语兼书面语体	书面语兼口语体	阶段总计
初级	49	4	6	2	61
中级	66	15	8	10	99
高级	30	50	22	22	124
类别总计	145	69	36	34	284

从上面各语体标记的数量分布来看,《发展汉语》口语教材出现的话语标记语体分布与综合教材相比还是较为均衡的,不像综合教材,本来课文文本书面语色彩要强得多,但出现的话语标记数量上却向口语体"一边倒",明显忽视了话语标记的语体色彩,尤其中高级阶段较之初级阶段基本没什么变化,甚至出现"倒挂"。比照阚明刚、杨江(2017:47)的统计数据,他们将《新闻联播》《鲁豫有约》两档节目分别作为典型书面语、口语代表语料提取了超过 1000 个的话语标记,其中口语标记 925 个,书面语标记 161 个,书面语标记大大少于口语体标记,这也符合话语标记主要用于口语交际的一般说法,按照这两个数据,书面语体标记与口语体标记之间的比例为 1∶5.75。将上表中"口语兼书面语体"标记并入口语体、"书面语兼口语体"并入书面语体,计算出各级书面语体标记与口语体标记之间比例,分别是初级 1∶9.17,中级 1∶2.96,高级 1∶0.72,3 个阶段合并是 1∶1.76,可以看出,书面语体标记越往后占比越高,梯级非常清晰,到了高级阶段,书面语体标记总量超出口语体标记,适应高级口语表达应该正式、得体的要求。

一直以来,在教学实践中采取分技能设课的背景下,一说"口语",业内很多人都把它跟"日常会话""大白话"之间画等号,各阶段口语教学目标也有些混淆,到了中高级阶段,口语教学仍延续初级口语的内容与方式,还是以训练学生的口语会话能力为主,结果就是中高级综合教材出现的是很正式、典雅的书面文本,口语却还是"大白话"式的会话,二者完全像"两股道",各不相干,这不能不说对"中高级口语"的内涵把握不准,"中高级口语"是"中高级汉语"的有机组成部分,是在学习者经过初级阶段学习后,完成了"生存汉语"的培养,从"能说"进入"会说"阶段,要培养学习者语段、语篇得体表达的能力,所以"中高级口语"就是从输出层面对学习者进行口语表达训练,其有别于初级口语的就是会根据交际场景进行表达,超出初级的一般日常会话场景,更多的是如何在各种正式语境中进行成段的得体表达,故而与之适应的话语标记就也要从单纯的口语标记转向正式、庄重的书面语体标记。上述数据表明,《发展汉语》口语教材出现的话语标记,语体上注意到了各语体标记的数量配比与阶段特征,分配、安排上较为周全、合理,突出了各阶段培养目标。

《发展汉语》口语教材关于话语标记教学还有突出的一点就是明确将其单独列进了语言项目,虽然没有使用"话语标记"这个术语,而是将它与其他具有篇章、语用等功能的相关语言点放在一起,单独作为学习或训练的语言项目列入教材。初级教材每课设有"功能句"栏目,安排在"练习"之前,对每个"功能句"的意义、用法进行注释,"功能句"包括话语标记;中级教材每课设有"功能项目练习"栏目,安排与初级类似,而且表达同样功能的形式除了列出课文中出现的以外,还将意思相近、功能相同的形式罗列在一起,起到举一反三的作用,这些"功能项目"包含了大量话语标记,并设计了相应练习内容;高级教材设有"表达方式"栏目,该栏目放在每课最前面,将本课出现的重要表达方式列在一起,每课设置4—6条,每条下再列举2—3个例子,这些表达方式主要内容就是各种复句的关联形式和话语标记,训练学生运用它们进行成段表达。是否应该明确使用"话语标记"这个术语对学习者进行语言知识教学和语言技能训练,这个问题还有待学界同人达成共识,但它在汉语中确实存在并且会对学习者的汉语交际能力产生影响,而且教学中不可回避,这是不争的事实。所以在目前阶段,用不用"话语标记"这个术语还不是紧迫的,重要的是在教学中予以重视。《发展汉语》各级别口语教材通过设置上述专门栏目突出了话语标记的教学,应该说是难能可贵的。在考察国际中文教学教材时发现,话语标记教学能得到突出体现的几种主要方式是:一是话语标记出现在"生词语"中,实际上能进入教材"生词语"栏目的较少,能进入的多是词或词汇性强的短语,而这些词语也未必是话语标记,只是可能用作话语标记,像"嗯""嘿""哈"等语气词,还有很多连词都是如此,是否作为话语标记使用还要看在课文中出现的情况,中高级阶段一些固定短语或类固定短语能进入"生词语",其中有的是话语标记,像"实话实说""归根结底""诸如此类"等,但大量不是固定短语的短语,是不太能成为"生词语"的;二是出现在"语言点"中,国际中文教学各类语言技能教材每课后都会设有本课重要的"语言点"栏目,名称各有不同,是每课的教学重点,综合教材尤为突出,有的话语标记有可能进入"语言点",特别是口语教材能好一些,但因为话语标记没有得到足够重视,口语教材之外,其他的就不会将话语标记作为关注重点,一般都是将重点放在语法、词汇等结构性项目上,中高级因为篇章教学成为重点,复句的关联成为焦点,所以话语标记只是被"附带"关注;三是出现在"练习"中,这一点其实是"附着"于上述两点,进入了"生词语""语言点"的内容再进入"练习"的概率就非常大,尤其是"语言点",所以《发展汉语》口语教材设置了"功能"类项目,里面覆盖了话语标记,这样增加了对学习者进行话语标记训练的机会。

2.4 教材情况总结

上面以《博雅汉语》《发展汉语》为代表,对话语标记在国内综合课、口语课教材中出现的情况进行了较为详尽的考察,窥一斑而知全豹,可以将话语标记在教材中的情况概括为几个方面:

第一,国际中文教学教材整体上对话语标记的作用重视不够,出现的话语标记无论是数量、类型、语体区分等各方面都还有很大的提升空间。其根本原因在于对话语标记的意义认识不到位,所以教材对话语标记的处理与处置都没有规划,较为随意,尤其在中高级阶段没有相应进行加强。

第二,国际中文教学各课型教材在对待和处理话语标记上表现得不均衡,口语课教材相对来说好于综合课教材。综合课教材是核心教材,但对话语标记的安排和处理不如口语课教材,而口语课教材情况之所以能相对好一些,其原因有两方面,一是客观上话语标记的作用在口语中比较突出,尤其是中高级阶段,其作用难以回避,所以促使教材编写时突出了这方面内容,二是教材编写者一定程度上认识到了话语标记在口语表达中的重要性,尤其是成段表达,所以像《发展汉语》口语教材会设置专门栏目开展对话语标记的教学与训练,显示了编写者的态度,具有积极意义。

第三,对基于国际中文教学的话语标记性质认识不清,教材有关话语标记的安排与设计都欠合理。因为话语标记是重要的语用现象,交际中不可避免,尤其到了中高级阶段,成为学习者掌握地道和流利汉语的关键因素之一,所以在各种国际中文教材中都程度不等地出现了话语标记。但可以看到,教材中出现的话语标记远不像语音、语法、词汇等语言要素项目那么有条不紊、有理有据,应该出现什么、在什么阶段出现、出现多少、各类标记出现的顺序等基本上都是"跟着感觉走",或者遇到什么语料就学什么,缺乏总体设计和安排。我们对汉语作为第二语言教学的话语标记进行了细致考察,认为话语标记的主观性存在一个等级梯度,主观性越强,对汉语学习者来说就越难,我们从主观性强弱角度将汉语话语标记分为四个等级类别,也就是前文在统计时提到的 A、B、C、D 4 类,构成主观性等级链:A＜B＜C＜D,C、D 两类主观性最强,也是学习的难点。上面提到的几篇有关话语标记教学的硕士论文在这一点上都与我们相同,印证了我们的观点。但通过上面对几套教材的分析,几乎都没有意识到这一点,话语标记的出现顺序完全没有考虑难易程度,没有突出话语标记的难点与重点,都很自然地大量出现篇章功能这种低主观性标记,而容易导致在输入上影响理解、输出上影响流利和地道表达的高主观性标记出现得少之又少,安排上常常本末倒置。此外,对话语标记的语体类别也认识不够,没有注意到语体的阶段性,这也是对话语标记如何在教学中应用,认识不够清晰和准确的表现。

第三节 教材与大纲的话语标记对比分析

3.1 大纲与教材的关系

大纲具有权威性,是教学的根本遵循,教学内容要根据大纲进行安排、实施,语言测试也要依据大纲进行设计。大纲的实施是通过教材实现的,语言教材在编写时都会依据或者参照大纲,有的依据一种大纲,有的会参考多种大纲来设计、编排教材的内容,制定出具体的编写大纲,如对每册出现的词汇、语法点、功能项目做出详细的安排。

上两节对几种汉语教材和词汇大纲出现的话语标记都进行了分析考察,迄今为止,所有教材都没有专门设置话语标记的栏目,这与各种大纲密切相关,因为话语标记没有作为专门项目进入大纲。话语标记如果列入教材中的"生词语"或语言点项目,就会作为学习或教学的重要讲练内容,其受重视的程度相应就高,话语标记在语法项目中一般都是在篇章衔接部分出现,绝大多数还是关联成分,是否成为话语标记还要看连词的虚化程度,所以"生词语"栏目成为话语标记呈现的关键环节。由此,有必要对汉语教材"生词语"

中出现的话语标记和词汇大纲收录的话语标记的关联性进行考察分析。

3.2 教材中的话语标记与大纲对比

一如前述,还是选择《发展汉语》口语系列教材为代表,对其收入"生词语"的话语标记与几种大纲出现的话语标记进行对比与分析。《发展汉语》的"总前言"对教材编写作出了详细说明,称该套教材为长期进修教材,广泛参考了《等级大纲》《汉语言专业大纲》《新 HSK 大纲》多种大纲,在此基础上依据《长期进修大纲》"设计了词汇大纲编写软件,用来筛选、区分和确认各等级词汇,控制每课的词汇总量和超级词、超纲词数量。在实施过程中充分依据但不拘泥于'长期进修'大纲,而是参考其他各类大纲并结合语言生活实际,广泛吸收了诸如……等当代中国社会生活中已然十分常见的词语",由此可以知道,《发展汉语》在词汇选择上是主要依据《长期进修大纲》,参照其他几种大纲,并适当采用了少量新词新语,由这样三部分词汇组成了教材词汇。我们对《发展汉语》6 册口语教材中以"生词语"身份出现的话语标记进行统计,从 6 册教材"生词语"中提取到了 56 个话语标记,再将这 56 个标记与《长期进修大纲》《汉语言专业大纲》《等级大纲》《新 HSK 大纲》4 种大纲的词汇大纲提取到的话语标记进行比对,考察它们的重合情况列出下表:

表 6-8 《发展汉语》口语教材话语标记与大纲词汇对比

项目	《长期进修大纲》	《汉语言专业大纲》	《等级大纲》	《新 HSK 大纲》
大纲标记数	40	39	77	74
教材与大纲标记重合数	8	11	16	16
重合率	20%	28.20%	20.78%	21.62%
教材与大纲标记比	1∶5	1∶3.55	1∶4.81	1∶4.63

从上表可以看出,《发展汉语》口语教材列入"生词语"中的话语标记就数量来说,比《长期进修大纲》《汉语言专业大纲》的词汇大纲出现的标记数量稍高,而少于《等级大纲》和《新 HSK 大纲》两种大纲,比例相差幅度在 1.6 左右,相差并不大。教材"生词语"中出现的话语标记与 4 种大纲收入的话语标记的重合率则都较低,最高的不足三成,与主要依据的《长期进修大纲》的重合率只有 20%,是 4 种大纲中重合率最低的。

上述 4 种大纲性质与用途有所差别,前两种是教学大纲,后两种是考试大纲,从教材编写的角度出发,教学大纲相对考试大纲来说与教材的关系更为密切,就这一点看,《发展汉语》口语教材在"生词语"中出现的话语标记数量与《长期进修大纲》和《汉语言专业大纲》的词汇大纲相差不大,这至少体现了对学习实际的客观需求,就是二者的数量满足学习的基本要求。而口语教材"生词语"出现的话语标记数量低于两种考试大纲的事实说明,教材生词语出现的话语标记与考试大纲不匹配,不能满足考试的要求。口语教材生词语出现的话语标记与4种大纲的词汇大纲重合率低的情况说明两个事实:一是教材对大纲的遵循度低,《发展汉语》的"总前言"谈到了编写中主要依据《长期进修大纲》,并广泛参照了多种大纲,包含了我们作为考察对照的几种大纲,但话语标记的重合率却很低,所以就话语标记来看,这一点与其"总前言"的内容存在较大距离;二是教材与大纲对话语标记的认识有差别,教材"生词语"中出现的话语标记并不是大纲规定的,教材生词语出现的是基于具体语料的语言事实,而大纲出现的则是基于理想要求的,所以二者重合率低的现象不仅说明教材里的语言事实与大纲理想要求之间有距离,更说明教材编写者与大纲研发者对话语标记认知之间的距离,应该出现什么话语标记、哪些话语标记、出现多少、各等级如何分布等问题,教材编写者与大纲的认识存在较大的差异。

3.3 对比总结

通过上面我们分别对几种大纲、几部代表性教材出现的话语标记进行统计的结果可以知道,从数量上说,教材与大纲相差不大,教材的数量分布呈现出口语教材＞精读等其他教材的态势,对照阚明刚、杨江(2017:57)以两个电视节目为语料来源就提取到1018个话语标记,数量远远大于大纲和教材出现的标记,这个事实说明,大纲和教材所出现的标记仅仅是汉语话语标记的"冰山一角",对汉语学习者来说,掌握汉语话语标记对于他们的汉语能力构成任重道远,也给汉语教学提出了重要课题,就是如何恰当地在教学中突出话语标记的教学,帮助学生在实现汉语交际目标的道路上突破"最后一公里",使其掌握地道流利的汉语。

从对几种大纲词汇部分收入的话语标记的考察和教材"生词语"中出现的话语标记与几种大纲的对比,可以了解到,就话语标记出现的情况看,大纲和教材都对话语标记的学习不够重视,都缺乏合理的规划,而且教材对大纲的遵循度也不高,说明相关人员对话语标记的认知不一致。

上述事实说明,无论是大纲还是教材,在话语标记问题上基本都是呈现"放任自流"的状态,俗话说"纲举目张",所以要想重视话语标记的作用,加强话语标记的教学,使之在教学中得到应有和合适的地位,在大纲中以适当的方式明确列出话语标记、说明其作用与意义是非常必要的,大纲作为指导性纲领,对教材编写和课堂教学都会有规范作用,这样话语标记在教学中不受重视的局面才可能有所改观。

第四节 话语标记在教学中的归属

前文对 6 种大纲的词汇大纲进行了统计分析,诚如前述,这些词语只可能在运用时作为话语标记使用,实际上其话语标记的身份还有待确认。但是话语标记作为一种话语现象,在话语中广泛存在和运用是无可争辩的事实。现行的各种大纲作为教学和测试依据,没有话语标记"身影"是很不正常的,但话语标记是难以回避的语言现象,大纲中它会以其他身份或面貌出现,考察它的种种"身份"和"面貌"可以看出话语标记在汉语教学中的作用与意义。

4.1 话语标记与功能

《汉语言专业大纲》和《长期进修大纲》以附件方式公布了各语言要素大纲,其中包括"功能大纲",两部大纲的"功能大纲"以"功能项目表"进行呈现,前者分为"社交表达""情况表达""态度表达""情感表达""使令表达""谈话技巧"6 大部分 100 个细目;后者在前者的基础上进行了合并、删改、简化、补充,不再设大项,共设 110 个小项,后者对功能项目的说明:"每一个功能项目下面列有该项目的若干常用结构及表达法。"

从话语标记角度观察,有两点值得注意:

第一,大纲所列出的"若干常用结构及表达法"中,有不少就是话语标记,或者可能作为话语标记。如第四部分"情感表达"下的"64. 抱怨"所列出的表达就有"真是的""你看(看)""真倒霉"等话语标记,并举例如下:

(1)<u>你真是的</u>,怎么能把这么多钱放在家里呢?《汉语言专业大纲》

(2)<u>你看看</u>,好心帮个忙,反倒让人觉得是应该的,不接着管下去就成了过错了。
《汉语言专业大纲》

(3)<u>真倒霉</u>,这衣服刚穿上扣子就掉了,这怎么去上班啊!
《汉语言专业大纲》

这三个例句所举出的表示抱怨的常用结构都是非常明显的话语标记,相比"(你)真是的""你看看""真倒霉"在其他语境还有可能不一定作为话语标记,但如果表达抱怨情感,不与其他成分粘连,这就成为典型的话语标记了。

第二,功能项目所设立的纲目与话语标记的功能有很大重合。功能项目基本涵盖了语言使用的各个方面,尤其是口语交际,也覆盖了话语标记所具有的功能。换个角度说,话语标记的功能也蕴含在功能项目中,或者说是其组成的部分。功能项目所列举的表达形式不一定是话语标记,但话语标记一定是功能项目表达形式的一部分,只是它们划分的角度不一样,所以各自功能的内容是交织在一起的。按照话语标记3大功能说,即篇章功能、人际功能、互动功能,对应功能大纲,二者形成一种交叉的局面。殷树林(2012:71)依据话语标记的3大功能对话语标记进行了分类,分类思路如下:

　┌─ 语篇标记:话题标记、阐发标记、推论标记、对比标记、言语顺序标记……
　├─ 人际标记:证据标记、态度标记、言语行为标记、面子标记、主观化标记……
　└─ 互动标记:引发标记、应对标记、提醒标记、征询标记、踌躇标记、分享标记……

功能大纲将功能分为六大部分,每个部分都可能会包含话语标记,而这些方面的话语标记又可能分属不同类别。如功能大纲的第六大部分为"谈话技巧",包括8个小项,其中"开始话题/引入话题""改变话题""退出交谈/结束交谈"明显对应的是话语标记的篇章功能,如列举出来的"众所周知""对了"等表达方式就是话语标记,前者具有"开始话题"功能,后者表达了"改变话题"的功能,功能大纲的例子如下:

(4) 众所周知,男性比女性易得心脏疾病,但那并不意味着女性已摆脱了心脏病的危险。　　　　　　　　　　　　　《汉语言专业大纲》

(5) 看来,一个良好的婚姻制度应该看它是否有利于人的全面发展,能否最大限度地保障个人和家庭幸福。对了,还有一些人提出在新婚姻法中对婚外情加以约束,以法律的名义规定夫妻相互忠实的义务,并对有外遇的一方和第三者给予惩罚。你对这一点怎么看?　　　　　　　　　　　　　　　　　　　　　《汉语言专业大纲》

上面例子的"众所周知""对了"就是话语标记,其功能也确实如大纲的描述,具有"开始话题"和"改变话题"的功能;"态度表达"和"情态表达"功能所包含的话语标记大部分可以对应"人际功能"与"互动功能",如表示"抱怨"的"(你)真是的""你看(看)"都是典型的互动标记:

(6) 你真是的,怎么能把这么多钱放在家里呢?《汉语言专业大纲》

(2) 你看看,好心帮个忙,反倒让人觉得是应该的,不接着管下去就成了过错了。　　　　　　　　　　　　　　　　《汉语言专业大纲》

表示"听任/不在乎"的"算了吧/就这样吧",也是话语标记,大纲例子为:

(7) 算了吧,我再去找他,他也不承认了,以后买东西小心点儿就是了。
(《汉语言专业大纲》)
(8) 不就是格式有点儿问题吗?就这样吧,再重新写一份太费劲了。
(《汉语言专业大纲》)

例子的话语标记都表示了说话人不想纠缠、放弃努力的态度,作为态度标记,表达的是人际功能。所以功能大纲中无论是"态度表达"还是"情感表达"的功能,其中包含的话语标记主要体现了话语标记的"人际功能"和"互动功能",同样属于一大类的标记可能并不能归为标记的某一种功能,呈现出交叉的态势,正如汉语语法中的动词,既可以作谓语,也能承担体词性成分的功能,如作主语与宾语,甚至定语。

但也应该看到,功能大纲不是从话语标记角度的功能出发来区分语言表达功能,所以如果仔细去观察,它们对功能的认识与划分有较大的差异性,如"你还别说"作为话语标记是"超预期标记",表达了互动功能,但在功能大纲中它属于"谈话技巧"部分,作用是"引入话题",这与话语标记的功能就显得大相径庭。功能大纲所举例子如下:

(9) 以前老觉得年龄大了,学不会电脑了,现在真学起来反倒离不开了。——你还别说,自从用上电脑之后,写作的速度快多了。
(《汉语言专业大纲》)

上面例子的"你还别说"就是一个话语标记,但对其功能的诠释和归类就与话语标记的视角显得"南辕北辙"了。还有"对了"在"谈话技巧"部分也分属几个小项,既可以"引入话题",也可以"改变话题"。所以,这提醒我们要认识到,功能大纲的功能与话语标记功能之间并不是完全一致的,视角、思路、认识等都存在一定的差异性。

通过比对,可以看出功能大纲的很多具体类别都包含了话语标记,由此知道,话语标记的功能是语言功能的表现形式的组成部分,也就是说在实现这些功能时,也离不开话语标记的使用,二者有相当的交集。但也要看到二者又有区别,功能大纲是自上而下安排功能项目的,每个功能项目下列举的表现形式,有词、短语、固定格式、常用搭配(套话)、小句、单句、复句等等,中间包含了话语标记,从意义上说,也不区分概念意义与程序意义(实义与虚义),不能体现话语标记作为一个专门类别的语用形式的特点,而且各种功能平行排列,没有体现出各类功能的标记习得或教学的层次性与顺序规律,所以功能大纲不能完全解释与说明标记的功能及其分类。功能大纲最重要的意义是清楚呈现了话语标记是语言功能重要组成部分的事实。

4.2 话语标记与语法

在国际中文教学涉及话语标记的几个大纲中,诸如"词汇大纲""功能大纲""语法大纲",虽然各大纲都没有出现话语标记的专门名称,但都不乏话语标记出现的事实,但相对"词汇大纲""功能大纲"来说,在"语法大纲"中,话语标记表现最不明显,这可能与话语标记的程序性特点密切相关,因为语法着眼的是语言形式的分布与结构作用,也就是语言形式的语法意义,而话语标记的可删除性与之相左,所以二者的出发点与基础相距较大。然而语法大纲也并非与话语标记"绝缘",有的语法项目中也出现了话语标记的身影,只是出现的角度是语法结构与作用。

《汉语言专业大纲》《长期进修大纲》附件中都包含了"语法项目表",这就是"语法大纲",两部大纲的某些语法项目都出现了话语标记。

《汉语言专业大纲》中的"语法大纲"分为"一年级语法项目表""二年级语法项目表""三、四年级语法项目表"三个部分,其中"一年级语法项目表"下还列有"教学语法项目序列",其他两个部分则只有语法项目。在"一年级语法项目表"中"词类"部分"(十一)叹词"列出了"喂、哎呀、啊"3个叹词,实际使用中,它们可能会作为话语标记使用;"二年级语法项目表"中,"词类"部分"(八)连词 2.连接分句的"列举的连词中,像"再说""可见"也是常见的话语标记;"三、四年级语法项目表"除了"词类"叹词中列举的大部分叹词可用作话语标记外,在"固定格式"部分也有话语标记,如"(八)说到/想到哪儿去了",例子为:

(10) 看你说到哪儿去了,我们不都是一家人么,客气什么呀!

(《汉语言专业大纲》)

上例中的"看你说到哪儿去了"就是话语标记,也可以看做是话语标记"看/瞧你说的"的变体。

《长期进修大纲》与《汉语言专业大纲》相似,将语法项目分为"初等""中等""高等"3个阶段列出,每个阶段的项目都或多或少出现了话语标记,如"初等阶段语法项目"的"插说"列出了"你看/听/说""我看""没想到"等常见话语标记;"高等阶段语法项目"中的"口语格式"列出的口语格式,"语气表达"中"名词性零句""叹词"列出的例子都有话语标记。口语格式如:

(11) 瞧你说到哪儿去了,这是我应该做的。 (《长期进修大纲》)

后者的"名词性零句"有:

   好家伙 天啊 我的妈呀 我的老天爷

"叹词"如:

   哎呀呀 啧啧 哎哟

这些都是话语标记成员。

  语法大纲中出现的话语标记的情况说明两个问题,一是话语标记的语法身份,它们是由词、短语、小句等多种语法形式构成的;二是话语标记是不可回避的语言现象,虽然角度不一样,但其作用是客观存在的。

4.3 身份关系

  通过对大纲的考察,可以知道,话语标记在几部大纲中都以不同的身份出现了,分别是词语、语法结构、功能项目表达形式,但身份的清晰程度在三个层面不一样,存在一个逐步加强的过程:

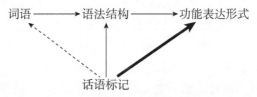

图6-8 话语标记在大纲中的身份与清晰程度①

  在词汇层面,话语标记的身份还不能明确,因为话语标记是话语成分,必须在话语中身份才能得以确认,但词语是基础,充当话语标记的词和短语,尤其是固定短语,都是词语的组成部分,就汉语作为第二语言教学来说,词语教学的关键不是词义,而是应用,田卫平(1997)指出国际中文词汇教学具有"多维性",即词汇教学涉及语法、语用、语音、文化等方面,这里面就包括了可能充当话语标记的词语,所以,大纲或教材在词汇层面如何适当体现话语标记的特点对教学具有基础意义。在几部大纲的语法项目与功能项目中,都有话语标记的出现,说明话语标记在结构与应用上都是不可回避的现象与事实,这一方面表明话语标记在学习与教学中的重要作用,而另一方面,"有实无名"隐性存在导致了教学中不受重视的状况。

  认识清楚话语标记目前在各种大纲的身份与归属,既对全面了解话语标记的作用有意义,也能为提出相应的教学建议提供参照与借鉴。

---

① 线条虚实与粗细代表关系的紧密程度,强弱程度为:粗>细>虚。

第七章　关于话语标记教学的思考与建议

第一节　以往对话语标记教学的认识与设想

现有的话语标记教学研究都注意到了话语标记在学习者汉语水平和交际能力中的重要性,也提出了相应的一些措施和办法,如李治平(2015:196-200)提出了三个方面的对策,分别是:编写《对外汉语话语标记词典》;话语标记要进大纲,进教材,进语法项目;围绕培养三种能力(语言能力、语篇能力、语用能力)开展教学。他的提法在原则上无疑是正确的,相对有些研究只轻描淡写地提出教材和教学要对话语标记予以重视、要具体些,但在如何操作上还是难免有些泛泛而谈,需要对相关问题进行探讨,提出具体方案,避免纸上谈兵。

国外研究认为,长期以来,语用能力教学在二语教学中没有得到重视,作为语用能力组成部分的话语标记运用也是如此,话语标记并不属于课堂讲授语言构成与功能特征的一部分,但大量研究表明,语用能力是可以教的,课堂教学在第二语言语用能力发展中起着重要作用,所以应该结合学习者的语言程度以及话语标记习得状况,适时地在课堂教学中引入话语标记的教学(Hellermann,2007),而且应该开展显性教学(吉晖,2019)。

吉晖(2016)认为外国留学生习得话语标记"离不开课堂语境和社会文化语境的影响,而社会文化语境中的互动是其语用能力习得的主要途径"。输入层面上,课堂教学主要包括教材和教师课堂语言,他通过对中、高级两套口语教材出现的话语标记的考察,认为教材中少量出现的话语标记给学习者带来话语标记的隐性输入,提升了对话语标记的感性认知,为日后的语用习得奠定了基础,但教材中出现的少量话语标记不足以成为留学生话语标记习得的主要途径。课堂教师用语中出现的话语标记,与教材中的话语标记形成了类型上的互补,但同样,教师用语包含的话语标记只是对留学生话语标记习得起着潜移默化的影响,留学生习得汉语话语标记的主要途径还是社会文化语境。只有身处目的语汉语社会文化语境中,随着留学生与汉语社会文化的"社会距离"(social distance)和"心理距离"(psychological distance)不断缩小,在真实语境下,留学生使用话语标记的能力才能实现质的转变。吉晖(2016)所说的"语篇话语标记"并不只是指具有语篇功能的话语标记,而是指出现在口语语篇中的标记,其实就是一般的话语标记,话语标记本身就是话语现象,话语不是句法所说的单句,话语标记一般都是出现在话语丛或语篇中。他所考察的语料其实也非口语会话,而是针对某个话题的口语自述。留学生使用的话语标记最多的是"那个""然后""但是"3个,其次是"所以""但是""这个""而且""那么"5个,作为对照,也对中国学生使用话语标记情况进行了统计,使用最多的也是这8个,只是排序上稍有差异。前面说过其"语篇话语标记"的含义并不是指"语篇功能"的话语标记,但从统计出的位列使用前8位的标记来看,这些标记还基本都是具有篇章功能的标记。从不同水平留学生使用标记的规律看,三个被试层级的留学生中,水平与使用频率呈现正相关态势,就是水平越高使用话语标记频率越高。他的留学生使用话语标记考察结果说明:第一,留学生使用标记主要是篇章功能的话语标记,使用人际功能、互动功能高的主观性标记很少,尤其在这种自述性口语中,因为带有书面语或正式语体性质;第二,留学生使用最多的话语标记均为篇章功能标记,且数量与具体标记都与中国学生相当,说明这些(类)篇章功能标记对留学生来说较为容易习得且与母语使用者接近,但高主观性标记,尤其是会话中情况如何,其研究没有涉及,而且这是一个关键问题;第三,留学生使用标记与其汉语水平有关,这与母语使用者有较大差别。

卢淑芳(2010)梳理了标记理论与二语习得之间关系的研究成果。她所说的标记理论中的"标记"不单纯指"话语标记",而是指语言范畴内部不对称的标记性现象,在表达某个语义范畴时,规则的、普遍的现象无须标记,而特殊的、例外的则需要加标记(参见沈家煊,1999),如汉语普通话表示肯定无须标记,而表示否定则要用"不""没"等标记,标记可以从不同角度划分,如语法标记、语义标记等。卢淑芳(2010)并没有区分哪类标记,但是以"话题标记"为主要对象展开的,她说的"话题标记"就是"话语标记",名称和界定的标准也是采用了Schiffrin话语标记的说法,使用"话题标记"的名称来自徐烈炯、刘丹青(1998)对狭义话语标记的理解,即"加在话题前或后体现其话题性的音段单位"的话语标记,在进行阐述时,她把"话题标记"和"话语标记"当作了两个完全相同的概念交叉混用。她综述相关成果,称国内英语界学者通过研究发现话题标记(话语标记)主要对交际的顺畅、流利地进行有重要作用,但认为话语标记在汉语作为二语学习这方面作用的研究很少。她认为标记理论与二语习得的关系研究主要集中在两个方面:标记理论与二语习得顺序、标记理论与二语习得难度。按照相关理论,无标记的或标记性低的成分习得要先于有标记的成分,在难度上,二语中那些不同于一语且标记程度高的成分是学习难点,而二语中那些不同于一语且标记程度低于一语的成分则没有困难。这两点为确定汉语作为第二语言的话语标记教学重点和难点提供了启迪。卢淑芳进一步总结了以往标记理论在二语习得中的优势研究的几个方面:首先,标记理论可以为二语习得理论提供思路,标记成分是二语习得的困难所在,学习者可能会回避标记成分,标记理论能较好地解释习得顺序、习得难点等问题;其次,标记理论可以为二语教学提供思路,如怎样安排教学顺序,先安排无标记的,后安排有标记的;最后,标记理论在习得研究中有重要的指导和启示意义,以认知发展、标记的相对性等为参照,标记对二语教学都具有指导意义。当然,现有研究还存在很多不足,如汉语作为第二语言的话语标记研究还不够,如何有效利用标记理论来控制和调整教学,科学、顺利促进学习者的教学等方面没有展开。

需要指出的是,卢淑芳(2010)综述的"标记理论"与"二语习得"并不是单纯将某种标记作为对象考察其在二语习得中的作用——无论是语法标记、语义标记、语音标记,还是话语标记,而是着眼于"标记理论"与"二语习得"的关联,是运用标记理论相关内容来指导二语教学或研究,并没有涉及在二语习得中如何对包括话语标记在内的多种标记开展教学,可以说是在形而上层面的,与我们所探讨的汉语作为第二语言的话语标记学习和教学有一定距离,我们认为把各种标记泛泛地都囊括在"标记理论"中,"胡子眉毛一把抓",不够准确,也不好把握,如把"不、没"这样的否定标记与"不是我说你"这样的话语标记混为一谈,它们之间有多少共性?尤其在教学中,都在"标记"的"帽子"下,汉语作为第二语言的学习者如何理解它们?给我们的研究也提供了某些启示:第一,话语标记属于广义的标记,它相对"无标记"现象来说,是"例外的""不规则的",所以在汉语作为第二语言的学习与教学中都是重点和难点,无论是教学内容安排还是教材编写等各环节,都应予以重视;第二,"标记"习得具有顺序性,顺序性与难度、母语迁移等都密切关联,这对从学习角度研究汉语话语标记类型、功能、特点等,从而确定教学类型与重点难点具有很好的借鉴意义。

第二节 话语标记语料库建设

2.1 语料库建设的意义与思路

要对汉语作为第二语言学习的话语标记进行研究和学习指导,首先应该弄清楚汉语话语标记本身的面貌和母语者使用话语标记的语言事实,为汉语作为第二语言学习者提供参照,但不得不说我们这方面的工作远没做好,所以对汉语作为第二语言开展的话语标记研究还缺乏重要的基础与支撑。

前面在对国内话语标记研究进行综述时谈过,从 2000 年左右开始的汉语话语标记研究,很快成为汉语研究的热点,涌现了大量研究成果,从宏观研究到个案探讨,从共时分析到历时考察,涉及众多方面,但有一个方面或问题却语焉不详,那就是汉语到底有多少话语标记?它的使用分布呈现什么状态?已有研究基本上都是采取举例方式展开的,如对标记的功能进行分析时会举出若干例子,在从某个角度对标记进行分类时会举出每个类别的典型例子,更多的小类或个案研究,范围就更窄,即使是某一个小的类别也对罗列是否穷尽都没有交代。张黎(2017:22)从电视对话语料中共搜集到 95 个话语标记,每 230 个字左右会出现一个话语标记,他的统计基本上是人工甄别的。与此不同,阚明刚、杨江(2017:44—53)采用计算机软件对电视节目语料进行话语标记提取,得到书面语体标记 161 个,口语语体标记 925 个,去除共用的 68 个,共计 1018 个,每万字大概使用 6.2 个标记。他们之间的标记数量相差 10 余倍,由此也看出,汉语到底有多少话语标记是不甚清晰的。与之相关的是,母语者使用汉语话语标记的状况几乎是空白,因为即使是熟语料库,也几乎没有对话语标记进行标注的,所以无法了解到母语者使用话语标记的状况,如最常用是哪些,各类标记使用数量怎样,不同语体的标记使用情况如何,如此等等。

与上面母语话语标记研究与使用状况描写情况相当的是,汉语作为第二语言学习的话语标记使用情况的描写也是很薄弱的,基本上只有零星的调查分析,如刘丽艳(2011:184—199)跟踪了一名韩国籍汉语学习者两年,收集了他的口语会话语料,对他习得与使用的汉语话语标记进行了分析,但无论是掌握与使用情况,还是分析结论,都显得较为简单;李治平(2015:187—195)对汉语作为第二语言学习者使用言说话语标记的偏误进行了分析,主要是归纳了言说话语标记的偏误类型;曹秀玲(2016:245—259)通过测试方式发现了某些规律,如有 3 个标记被试掌握最困难,同时还将学习者与母语者使用情况进行了对比;此外还有一些学位论文[①]对汉语学习者学习和使用话语标记展开了研究,主要内容包括对汉语教材中出现的话语标记进行考察、分析学习者的语料出现的话语标记,这类研究大多采取了问

[①] 主要是硕士学位论文,尤其是汉语国际教育专业硕士学位论文。

卷调查或测试的方式来展现汉语学习者掌握和使用汉语话语标记的情况和规律。上述研究都各具意义，但显得零星分散，并没有将汉语作为第二语言学习者使用汉语话语标记的总体面貌呈现出来。

描写清楚话语标记的面貌，建立母语使用者话语标记语料库，将母语使用者使用话语标记的面貌呈现出来，作为第二语言学习者的参考与借鉴；建立学习者话语标记语料库，弄清学习者话语标记使用情况，为教学提供参照与借鉴。

2.2 学习者语料库建设

目前国内专门以汉语作为第二语言学习者为对象的语料库相对还是较少的，主要是以汉语中介语为主题建设的语料库，近些年上线了"南京大学汉语中介语口语语料库""暨南大学华文学院留学生口语语料库""HSK动态作文语料库""全球汉语中介语语料库"等多个语料库，基本上都是标注语料库，其中运行较为稳定且使用率较高的是后两个。特别是"全球汉语中介语语料库"，上线时间较近，而且是在吸取了"HSK动态作文语料库"的经验教训的基础上建设的，检索功能与条目都有了很大改进，检索范围从字、词到体态语达11种之多。但上述标注语料库都没有将"话语标记"列入标注条目，所以无法通过语料库考察汉语学习者话语标记总体使用情况，诸如话语标记使用总数、分布规律、高频和低频标记、偏误概貌等，只能对具体某个标记进行定向检索，所以无从把握汉语学习者话语标记使用整体情况，也就难以确定教学的针对性，如重点难点、偏误规律与类型等，在此基础上开展话语标记教学的大纲研制、教材编写、教学实施等就显得不得要领。基于上述情况，为更好地、有针对性地开展话语标记教学，建设汉语学习者话语标记语料库显得非常必要，具有很强的实用价值。

关于汉语学习者话语标记语料库建设有下面两个思路：一是现有语料库增加话语标记标注项目，二是建设独立的话语标记语料库。

关于前一个思路，是在现有语料库的基础上进行，也可以说是对现有语料库进行完善，增加现有语料库的检索功能，使之对汉语学习者语言事实的呈现更为全面，同时满足更多的检索需求。这个思路的做法相对简单，就是按照它们现有的标注方式增加话语标记项目。

以"HSK动态作文语料库"和"全球汉语中介语语料库"为例，目前均设有"篇章"方面的检索功能，但该功能的内容相对"语法"功能简单得多，"HSK动态作文语料库"相对来说检索功能较为单纯，"句篇检索"中设有"错句检索""错篇检索"和"全篇检索"3个栏目，"错句检索"将错句分成了几十种情况,但没有设立话语标记这类情况。"全球汉语中介语语料库"有"分类标记检索"的检索功能,先设有"字符串一般检索""按词性检索"等11种检索方式,维度多种多样,甚至"离合词"都设有单独检索方式,可以在此基础上增加"话语标记检索",也即跟"词性检索"一样,增加话语标记标注,这样通过"话语标记检索"即可得到语料库全部话语标记。另外"分类标记检索"下有"字""词"等11个检索类别,每个类别再设有多个类型,非常细致,其中设有"篇"的检索类别,"篇"下有"关联词语偏误""其他词语衔接不当""省略不当""语义连贯偏误""语篇偏误存疑",在这些基础上增加"话语标记偏误"一类,既完善了"篇"的偏误类型,也可以得到话语标记偏误的情况,对考察学习者篇章偏误完全可以起到更全面更细致的效果。"全球汉语中介语语料库"包含了书面语语料和口语语料,所以目前已上线的汉语学习语料库如果能增加话语标记标注项目,就能更清楚细致地呈现汉语中介语话语标记使用状况,对全面研究学习者汉语习得与运用具有非常积极的意义。

关于后一个思路,建设专门的话语标记语料库则能为全面、细致、多维考察话语标记使用的语言事实,继而为话语标记教学提供参考,如确定教学范围、内容、重点、难点、方法等。具体来说,它的建设要包含下面几个方面:

首先是语料范围,应该覆盖口语和书面语两种语体,书面语体以学习者成段表达的书面材料为主,口语语体要涵盖会话和独白两种方式,因为独白形式往往是适应正式交际环境的形式,如演讲、致辞等,会话语料应该是真实语境下的自然语料,包括书面语、口语两种交际形式,才能全面反映出学习者话语标记使用的全貌。

其次,除学习者母语背景等自然情况外,语料应区别学习者不同的语言水平层次,这样可以反映出不同语言水平学习者使用话语标记的异同,同时也能描写出不同水平层次使用话语标记的进步趋势,这样能为不同层次的学习者开展针对性的话语标记教学,区分层次上可以采取按照学习时限以及汉语水平考试(HSK)成绩进行简单区分的方法,学习时间在1年内的为初级(HSK 成绩等级在初级范围的),1—2年的为中级(HSK 成绩等级在中级范围的),3年以上的为高级(HSK 成绩等级在高级范围的)。

再次,话语标记的标注信息要细和全,要将每个标记的具体功能、语体特点、偏误情况等详细信息进行标注,这样就能全面、细致地反映出学习者话语标记,也便于研究的多维度检索与考察。

最后,语料还应将具有代表性的教材语料纳入其中,这些教材要涵盖各个层级各个课型(主要是综合教材和口语教材),比照学习者语料话语标记的标注信息内容进行标注,这样既可以了解学习者学习材料话语标记分布的面貌,又可以与学习者使用话语标记的情况进行对比,了解现有教材话语标记的安排是否合理科学、是否符合教学规律等,为研制大纲、编写教材和开展教学提供可资借鉴的依据与参考。

当然,语料库建设并不是件一蹴而就的事,涉及语言学、语言教学、信息处理等多个学科的配合,最好的方式是科研课题驱动,通过设立科研课题,在得到人员、经费、技术、硬件等各方面保障的前提下跨学科联动、各方面协调,基础研究与应用研究相结合,完成语料库建设,上线供需要者使用,具有非常积极的社会效益。从目前上线的几个汉语学习语料库的使用情况看,都得到相关人员的热烈反响并取得积极的科研效应,如"HSK动态作文语料库"2006年12月上线以来,"极大地促进了作为第二语言的汉语教学与相关研究,取得了十分显著的学术效益。例如,在中国知网(CNKI)中查询,截至2018年1月21日,依据该语料库进行相关研究并已发表的各类论文达3129篇"。[①] 所以有理由相信,如果能建成"汉语作为第二语言话语标记语料库",一定会带动话语标记的基础研究与应用研究,拓宽与深化研究领域,推动话语标记及应用研究走上新的台阶。

第三节　基于主观性等级的话语标记教学建议

3.1　话语标记教学涉及的相关因素

从第二语言学习的角度来说,一般认为,影响第二语言学习效果的学习者个体因素有三个方面,分别是生理因素、认知因素和情感因素,其中生理因素的核心是年龄,12岁左右是语言习得关键期,这样语言获得上就有了"习得"与"学得"之分野。"习得"是自然获得,不需要通过课堂教学获得,这主要是指获得第一语言或母语,第二语言学习主要是通过课堂教学来完成的,教学对象主要是成人,所以影响第二语言学习的三种个体因素之间并不是平行的,生理因素是处在其他二者之前的,它们的关系是自变量与因变量的关系——生理因素,即年龄的变化,可能会引起认知和情感的变化,尤其是对认知的影响大。认知因素与认知能力交集,随着年龄的增长,认知能力不断完善和提高,虽然年龄优势会削弱,但成年人的学习能

[①] 数据来源于"HSK动态作文语料库2.0版说明"。

力比未成年人要成熟,自我行为能力更强,在第二语言学习中成为有利因素。一语习得与二语学习,由于年龄的分野而显出有无意识习得和有意识学习、自然环境和课堂环境、自然获得和学习获得等主要差异。

在认知因素中,二语学习者会有意识地采取学习策略与方法来改善和提高自身的学习效果,并会不断对学习方法与策略进行调整与改进。关于学习策略(learning strategies),这是第二语言教学研究的一个重点与热点,涌现出了大量成果,代表性观点有 Oxford(1990:17),将学习策略分为直接策略与间接策略两大类,前者有记忆策略、认知策略、补偿策略三种,后者有元认知策略、情感策略、社会策略三种;Rubin & Thompson(1982)总结出优秀或高效学习者常常表现出的 14 个共同特点,如:不断总结目的语知识、敢于尝试使用目的语、运用语言学知识、利用语块和惯用法等。学习风格(learning styles)也是认知因素的重要方面,它是指学习者在学习过程中表现出的相对稳定的认知方式,关于学习风格的分类也有多种分法,如 Mary Ann Christison 将学习风格归纳为场依存性和场独立性、分析型与整体型、审慎型和冲动型等几组对立的类型,它们具有不同的特征,教师在教学中要有针对性地开展教学,满足不同风格学习者的需求,发挥各种不同学习风格类型的长处,克服各自短处,提高学习效率。

汉语作为第二语言的话语标记教学应该基于二语学习的特点,从认知因素出发,针对学习风格、学习策略一般特点,从显性教学、元意识培养等几个方面进行。

3.2 开展显性教学

二语学习与一语习得之间的联系与区别主要体现在一语是自然获得,而二语是后天学得,而且二语主要是成人学习者通过课堂学习来完成的,这样无论是语言知识的获得还是语言技能的掌握,一语习得者都是隐性(implicit)的,而二语学习者则是显性(explicit)的。表现的方式是,习得者的语言知识与技能来自本身大量的语言实践体验,在不知不觉中获得了本族语的知识与技能,所以如果习得本族语后,即使后期没有显性知识的学习,这并不妨碍他的交际,但他可能不能对自身的语言规律进行很好的解释。二语学习者则不一样,在二语学习中,其对二语的知识与技能大多以显性方式存在,不学习就不能学得。在教学上与知识的隐性、显性存在方式对应的是隐性教学(implicit teaching)、显性教学(explicit teaching),前者指通过暗示的方式,在大量语料输入的基础上让学习者领悟语言运用的规律,后者则是通过明示的方式教授语言知识,在充分讲解和操练的基础上让学习者自觉学习语言知识。从显性教学角度出发,就话语标记教学来说,要明确将话语标记纳入课堂教学语言知识。

在二语教学上,显性教学与隐性教学都需要,不能偏废,既要明确其不同内涵,又要弄清楚二者之间的关系。参照 Stern(1992)的说法,显性教学和隐性教学各自的内涵如下图(吴中伟,2014:26):

显性教学	隐性教学
理性的	直觉的
有意识的学习	潜意识的习得
精心选择的、系统的	随机的
基于认知主义	基于行为主义
抽象的规则学习	应用性记忆、模仿
元认知元语言策略	

图 7-1　显性教学和隐性教学内涵对照

与自然习得一语不同,二语学习都是在课堂环境中进行的,对一个成人来说,接触一门与母语完全不同的第二语言,对目的语完全没有感性认知与技能基础,所以学习中显性教学是第一位的,都需要教师以各种途径将目的语知识教给学习者并通过操练把语言知识转化为语言技能。但又因为学习者多是成人,其已经掌握了第一语言或母语,其思维、心智也是成熟的,所以在学习中他们很容易把目的语与自己的母语或第一语言,甚至是其他的多语言进行对比,由已知的去推知未知的,这也是一般的认知规律,所以也可以在显性教学的基础上开展隐性教学,尤其在目的语环境中,学习者也能学习到相关的语言知识,并转化为语言技能,甚至技能获得先于知识。具体来说,在二语教学中,显性教学是第一位,没有课堂教学明确的知识讲解与技能操练,二语学习者不可能像母语习得那样获得二语能力,只有在获得二语的基本知识与技能的基础上才能利用成人的认知与学习能力开展隐性教学,在语言实践中提高自己的二语水平,所谓先学后用、学以致用就是二语显性教学与隐性教学关系的写照。

显性教学与隐性教学必须相结合,二者是教学的两面,缺一不可,一个母语者在使用语言交际时,隐性知识的运用远多于显性知识,这表现在一个人能很熟练地用母语表达却不能说出来为什么要这样表达,所以在二语学习中,学习者通过显性教学获得了基本语言知识与技能后,能通过"类推"等认知本能进行迅速扩展,而且显性教学也不可能或没有必要呈现全部的知识,很多知识都是学习者通过隐性方式获得的,所以显性教学和隐形教学构成了二语教学整体;最后,显性教学和隐性教学具有层级性和针对性,就是指采用何种方式、以何种方式为主和如何结合要根据教学的对象、水平和内容等来决定和安排,如针对入门阶段学习者,要先开展显性教学,开展语法教学和语音教学有所不同,前者要以显性教学为主,后者则宜以隐性教学为主,针对成人以显性教学为主,针对未成年人要以隐性教学为主,如此等等,不一而足。

　　基于上述显性教学的意义和隐性教学的关系,我们提出应该将话语标记内容明确纳入教学内容并开展话语标记显性教学。前面专门阐述过话语标记对汉语作为第二语言学习的重要性,它是学习者汉语交际能力的组成部分,对学习者掌握地道、流利汉语具有重要作用,是学习者汉语水平的"最后一公里",也是汉语能力的"临门一脚"。那么在教学实际中的情况如何呢?首先,作为语言知识①,话语标记是以隐性形式存在的,几种教学大纲和考试大纲都没有出现"话语标记"的成分或类型,现有几种大纲将汉语教学内容划分为词汇、汉字、语法、功能四大类,按照各大类本身结构再划分为若干小类,如语法按照水平层次区分为语素、词类、结构成分、句类等项目,每个项目下又区分为若干种,如此不断切分,直至最小,但无论是词汇、还是语法、功能,哪一级单位都没有"话语标记",依据大纲编写的各种汉语教材当然也是如此,哪部教材也没有在语言点或者练习中出现过"话语标记"的术语,从这点来说,在知识内容和语言项目中,好像汉语中没有"话语标记"这个概念。而实际上,一方面,无论是大纲还是教材,都出现了具体的话语标记,如大纲的功能项目很多与话语标记功能是吻合的,所举表现某种功能的语言形式就是话语标记,教材自不必说,无论是生词、课文、还是语言点讲解和练习都不乏话语标记,话语标记无处不在,但却是以其他身份和面貌出现的,对学习者是以隐性教学方式开展的,所以学习者也不是没有接触和使用话语标记,但如何理解和使用就完全不像那些明确纳入大纲和教材,并通过显性教学得以呈现与训练的知识,因而产生的结果是,明确纳入大纲和教材的语言知识学习者有非常清楚的意识,自觉与不自觉都会以语言知识来指导或规范自己的言语行为,甚至对自己的偏误都能明确进行解释,有时会发生非常有趣的现象,就是一个外国人能解释"刚刚"和"刚才"的区别,一个没受过相关专业训练的中国人反而说不出来,其原因就是外国人通过显性教学获得了显性知识,而中国人没有,他的运用完全是隐性知识的作用——能运用不能解释。另一方面,从教学研究

---

① 这里说的"知识"是与"技能"相对的。

来看,无论是教学方法研究还是偏误分析,话语标记也是付之阙如,涉及具体话语标记,对它的分析与研究也是归到了其他相关方面,如在进行偏误分析时把话语标记的错误纳入词语误代、多用、少用、错序四种类型,李治平(2015:189)举外国人话语标记使用偏误例子:

(1) *总来的说,如果你打算去克拉科夫旅游,就一定去秋天的时候。

(波兰学习者)

上面的"总来的说"正确说法是"总的来说",是个话语标记,李治平(2015:189)把它归入到"误形"一类,别的还有把"话说回来"说成"话说回头"等,他还把"别说""别提"说成"别提说"归到了"误代"。但这样的错误并不是话语标记的偏误,而是语法或词汇偏误,是学习者把话语标记的语言形式弄错了,跟把"冰箱"说成了"箱冰"本质上是一样的,上面例子"总来的说"是没记住正确说法"总的来说",其错误程度未必就比后面"就一定去秋天的时候"的表述高,因为前者只是个记忆问题,后者才是语法中的错序问题,纠正起来更难,因为它是习惯性或规律性错误。归根结底这些并不真是话语标记的偏误,而是一般的语法与词汇偏误,用一般的偏误分析理论是解释不通的,难免方枘圆凿。又如前面章节引用过的例子:

(2) 中国人:你还别说,这家饭馆的菜做得真不错。
   *留学生:我没说,……   (转引自庞恋蕴,2011)

上例从偏误角度来说,很难把它纳入常见四种偏误类型的任何一种,从句法上说它更没有错误。这个例子是交际中出现了障碍导致不能继续的情况,原因就是留学生不理解中国人使用话语标记"你还别说"的意思与作用。这个例子体现了话语标记在输入层面对汉语学习者理解的负面影响,学习者不明白话语标记"你还别说"的功能和说话人的主观情态,所以导致理解的失误。在输出层面上,话语标记存在的问题是不能正确使用话语标记,主要表现是应该使用某个标记错用了另一个和回避使用,然后才是标记的位置、衔接、形式等是否准确。前面通过考察指出,学习者并非不使用话语标记,但各类功能标记的使用频率和正确程度是不均衡的,使用率和正确程度呈现出"篇章功能(低主观性)＞人际功能、互动功能(高主观性)",以我们多次举例和进行了个案考察的"总而言之""真是的""瞧你说的""你看你"为检索词条在"全球汉语中介语语料库"(qqk)进行检索,搜索到的语料数量分别是182、12、0、0,光从数量看就很清楚地显示了与上述使用频率连续统的高度吻合,正确程度也是如此,"总而言之"182条语料,基本都是准确的,即用来表示"总结"。"真是的"12条语料情况比较复杂,

有的使用完全正确,如:

(3) 弟弟<u>真是的</u>,那么调皮。　　　　　　(qqk,吉尔吉斯斯坦学习者)

也出现了偏误,如:

(4) *太<u>真是的</u>了你啊。　　　　　　　　(qqk,印度尼西亚学习者)

例(4)出现了形式上的错误,即标记"真是的"不能说成"太真是的了",也不能确定说话人是不是明白"真是的"表示不满与埋怨。而中国人口语中经常出现的"瞧你说的""你看你"标记等,"全球汉语中介语语料库"完全没有语料,说明学习者对这类高主观性的标记基本没有掌握,不会使用或者回避使用。

　　将上述情况与教学相联系,可能就是因为关于话语标记的知识没有以显性教学方式呈现,导致了话语标记都是以隐性存在形式通过隐性教学和"自通"方式获得的,而隐性知识与标记掌握的实际状况不匹配,所以出现的情况是各类标记的掌握程度与运用频率不均衡,篇章组织功能这类低主观性标记,学习者通过隐性教学以及"自通"渠道掌握得较好,运用频率和正确率都高,而人际功能、互动功能这类高主观性标记,与篇章功能标记就相去甚远,而这部分标记恰恰是交际中很重要、对学习者汉语是否地道流利具有重要影响的关键因素,通过隐性教学和"自通"渠道是难以获得或者效果很难达到理想程度的,是教学和学习的重点和难点,所以必须让话语标记知识,尤其是高主观性标记,以显性方式存在、以显性教学的形式来呈现。所以有学者(李治平,2015:196-200)提出"话语标记要进大纲,进教材,进语法项目",虽然很大程度是出于一种研究和教学直觉,也没有详细论证,且"进语法项目"说法未必准确,但这个建议本身是合理的。话语标记进了大纲和教材,它就成为了显性的知识存在,也会顺理成章地以显性教学的形式呈现,结合学习者水平层次、标记本身层次、课程类型特点等开展话语标记教学与技能训练,在显性教学的基础上结合隐性教学,这样才符合教学规律和学习者语言实际。如果话语标记不以显性知识存在、不开展显性教学,与话语标记相关的语用能力还是会一如既往得不到重视与加强,"临门一脚""最后一公里"的局面自然也难以改观。

　　如何就话语标记开展显性教学? 现在国际中文教学对于语言知识的教授的一般做法有分散教学与集中教学两种方式,通过这两种方式将语言知识的传授与语言技能的训练结合,最终达到把语言知识转化为语言技能的目的。分散教学的方式是以技能训练为纲,在进行技能训练时根据训练内容讲解所涉及的相关的语言知识,讲练结合,使学习者在掌握语言技能的同时建立、形成与技能相关的语言知识网络,并能对自己的目的语行为进行监控。分散教学从知识的传授方式来说是显性教学,它的特点是,知识的讲授不是系统的,也不是全面的,更不注重理论的传输,只是某一个知识点,甚至是某一个知识点的某一个方面,来源也是多元的,是通过不同的技能和不同的课型实现的,完全呈现出"碎片化"态势,讲解语言知识的目的是为训练技能服务,只有经过较长过程,在学习者具备一定语言技能的基础上才会逐步将知识的"碎片"连成一个网络,而且各个过程基本依赖学习者自身在不断地认知中完成。语言知识的分散教学贯穿学习者整个语言技能训练始终,只是在初级阶段它是唯一方式或主要方式,但到了中高级阶段会同时结合集中教学。

集中教学相对分散教学来说,它通过设置某门课来系统讲授某类语言知识,同时辅以配套的技能训练,达到"学以致用"。集中教学一般在中高级阶段开展,是作为总的语言技能训练的辅助和补充,其目的并不是为了单纯掌握知识或理论,而是为了更好地提高语言技能和交际能力。集中教学与分散教学从知识的传授方式来看,前者是"自上而下",后者是"自下而上",集中教学是从知识本身角度来指导和理解语言技能和言语行为,分散教学则是从语言技能和言语行为本身出发,进而了解和学习相关知识,达到技能与行为正确与规范的目的。像关于汉语语法知识的教学,初级阶段无论是教材还是教师的具体操作,都是在学习和训练时通过语言材料包含语法点的解析让学生模仿、操练,最后能正确运用这个语法点,但到了中高级阶段,无论是课程设置要求还是教学实际,教学单位都会开设汉语语法课程,或必修或选修,系统讲解语法知识,并要完成相应的训练。参照语法教学等系列语言知识教学的做法,话语标记的显性教学也可以采取分散教学与集中教学相结合的做法。分散教学的方式是,在教材中安排了话语标记且作为语言点的前提下,在学习到该话语标记时,结合该标记的具体情况,明确教授话语标记相关知识,如标记的功能、表达了何种主观性或情感、如何使用等,并开展针对性训练,后面会谈到,话语标记学习的重点和难点主要是口语中的表达人际和互动功能的标记,所以承担这类标记教学任务的主要是口语课,其次是综合课,听力也会涉及,无论是何种课型,显性教学都可以采取分散教学方式展开,通过一个一个标记的讲练,集腋成裘,在学习者了解相关语言事实和知识的基础上,学以致用,建立起话语标记概念和意识。集中教学则可以采取开设专题选修课程方式进行,可以是独立的话语标记课程,也可以作为某门课程的专项内容,如"词汇""语法""流行语""固定语与熟语"等课程设立"话语标记"专章,以讲带练、讲练结合,对话语标记实施集中教学。可以参照的做法是,北京语言大学即开设过这类课程,并出版了相关教材,如《汉语口语习惯用语教程》(沈建华,2003),该教材是中高级汉语选修课教材,教材"前言"说"汉语口语习惯用语"包括惯用语、固定格式和固定句式,这些习惯用语的特点是"由两个或两个以上词组成,意思不能从字面直接了解,很多有特别的语用含义,需要结合语境才能理解"。教材一共收录了 500 多个这样的习惯用语,实际上所选的习惯用语就包括了大量话语标记,如第一课所出现的习惯用语就有"你看你""让我说你什么好""看您说的"等话语标记。所以集中教学既可以编写诸如《汉语常用话语标记教程》之类的教科书,也可以在上述教材中专设话语标记部分用于集中开展对话语标记的教学。

3.3 培养元意识

培养元意识是为了提高使用和监控效率。"元(meta-)"是个词缀(前缀),它必须和后面其他成分构成词语才能使用,如"元语言(metalanguage)""元认知策略(meta-cognitive strategies)"等。通俗地解释,"元语言"就是"解释语言的语言","元认知策略"是"指导确定认知策略"的策略。第二语言学习的元认知策略是利用学习过程中获得的知识,确立学习目标与计划和评估学习效果等策略。参照上述概念,我们说的培养话语标记的"元意识"就是通过明确教授学习者话语标记的相关知识并开展训练,使学习者在自己的汉语知识体系中加入话语标记内容,并在语言交际中能有意识地运用话语标记,并能对自己的言语行为有效监控。

Krashen(克拉申)提出了著名的"监控假说(monitor hypothesis)",是指二语学习者已经获得的目的语知识具有对自己的目的语言语行为进行检测、纠正、编辑等监控作用。语言知识可以对语言行为发挥监控作用,二语学习者通过学习语言知识,逐步建立起目的语的元意识,然后能对自己运用目的语进行监控,特别是能修正自己目的语的偏误,所以建立起话语标记的元意识才能对使用话语标记进行有效监控。我们从语言元意识角度出发,对话语标记使用事实进行考察,选取进行了个案研究的一组"言说标记"为对象,利用语料库对母语者、学习者使用"言说标记"情况进行考察与统计。

我们将"BCC 语料库"(对话)和"全球汉语中介语语料库"(qqk)分别作为母语者和学习者语料来源,选取了 12 个不同功能的言说标记在两个语料库中进行搜索,经过简单人工确认后得到了 12 个标记的使用数据,列表如下:

表 7-1 BCC 和 qqk 中 12 个言说标记的数据对比

标记	母语者	学习者	标记	母语者	学习者
总而言之	193	182	我说什么来着	160	1
总的来说	573	134	不是我说你	87	0
综上所述	87	28	说你什么好	367	1
说实话	534	200	瞧你说的	212	0
据说	432	105	你说你	160	0
换句话说	116	21	你还别说	144	1

言说标记是指含有言说词的话语标记,这 12 个标记除"总而言之""综上所述"所含的言说词分别为"言"和"述"外,其他所含的言说词均是"说"。12 个言说标记中,"总而言之""综上所述"和"据说"3 个为书面语体(正式语体)标记,其他的都是主要用于会话的口语体标记;前 6 个标记的功能为篇章组织功能,其中"总的来说""综上所述"列入《长期进修大纲(生词)》,"说实话"列入《长期进修大纲(功能项目表:引入话题)》,"据说"和"换句话说"列入《汉语言专业大纲(语法项目表:短语)》,"据说"表示"信息来源","换句话说"表示"解释";后面 6 个标记是表示人际和互动功能的标记,都是高主观性标记,顺序按照我们确定的主观性强弱顺序由高到低进行排列。为更清晰地展示数据分布状况,以曲线图对上述数据进行呈现:

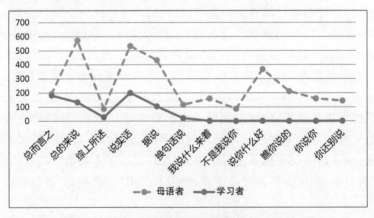

图 7-2 言说标记母语者和学习者使用分布对比图

从上面的曲线对比图看,母语者和学习者使用 12 个言说话语标记大致体现了以下几个特点或规律:

首先,从数量上看,母语者使用的标记总体上都超过学习者,个别标记的使用母语者虽然高于学习者,但差距较小,如"总而言之",但后6个高主观性标记学习者的使用数量几乎可以忽略不计,与母语者的差距体现了本质差别。

其次,从曲线走向来看,母语者使用标记的曲线走向起伏较大,没有体现出什么规律性,而学习者的曲线走向却体现出了一定的规律性,对照母语者的曲线走向,它的规律性体现在两个方面,一是总体起伏较小,前高后稳,二是前6个标记使用的状况,即起伏状态与母语者基本一致。

最后,后6个标记学习者基本不用,与母语者使用状况完全不同。

窥一斑而知全豹,母语者与学习者使用言说标记情况的异同与元意识存在怎样的关联性?话语标记的使用对于母语者来说是作为隐性知识存在于其元意识中的,它的使用是母语者根据交际语境和交际对象来选择的,所以母语者使用12个言说标记程度不同,那是由具体情况决定的,包括语境、交际对象以及标记本身频率等因素,所以没有表现出特别明显的规律,如"综上所述",这本来是个书面语体标记,适用的语境应该是书面写作,但它在母语者的对话中出现,说明根据具体语境,母语者选择了使用,这也说明现代汉语的书面语体形式与口语形式没有绝对区别,但它使用数量是12个标记中两个最少的之一,这就说明"综上所说"主要还是出现在书面写作中的标记,不是口语对话中优先选用的,可以佐证的是在"BCC语料库"(多领域)中,"综上所述"的例数达到733例,同样,"不是我说你"母语者例数也是87例,不能解释为这是因为母语者像学习者那样是不会用它,例数少可能只是使用的语境或对象不如其他标记。反观学习者,其使用话语标记总体与母语者的差距,说明学习者使用话语标记的元意识远低于母语者。而学习者前6个和后6个例数的巨大差别说明了学习者话语标记元意识两个方面的特点,一是对篇章组织类低主观性话语标记的元意识远高于人际和互动功能高主观性标记,可以说,学习者已基本建立起了篇章组织类标记的元意识,它的使用走势与母语者情况大致相当,这就说明二者的元意识也基本一致,因为前6个标记中有5个以不同身份进入了大纲,在教学中,有关篇章衔接的教学与训练都有涉及,甚至还作为重点展开过,相关论述在有关话语标记对交际能力的作用意义已经进行了详细阐述,在此不赘,总之,篇章类的标记,由于显性教学的开展以及母语也存在类似标记进而产生正迁移等多种因素,使学习者已基本建立起了元意识,而高主观性标记使用的阙如则证明了这类标记元意识的空白,因为其功能主要通过主观性的表达来实现,但无论是表达方式还是表达形式对学习者来说只能自己去摸索,所以对这些标记他们不会用,也回避使用,故而要改变这种局面就是要建立起高主观性标记的元意识来指导他们运用和监控,因为这些高主观性标记对学习者汉语流利与地道具有重要作用。我们在教学实际中会发现,即使学习者到了高级水平,即使完全明白诸如"不是我说你"这样字面意思简单的标记却仍在会话中回避使用,说明他们远没建立起这些标记元意识,所以在交际中干脆不用。

3.4　学习策略指导

开展话语标记教学要注意指导学习者建立相关学习策略,满足不同学习风格的需求。

与上述开展显性教学、建立"元意识"相呼应的是,要就话语标记指导学习者建立相应的学习策略。Oxford(1999)将学习策略定义为:"学生采用的特殊的行动、行为、步骤或技巧,以便在发展第二语言或外语技能方面取得进步。"通俗地说,也就是学习者采取的学习方法。Oxford(1990:17)将学习策略分为直接策略和间接策略两大类,前者包括记忆策略、认知策略、补偿策略3种,后者包括元认知策略、情感策略、社会策略3种。吴中伟(2014:87)指出教师需要对学习者进行一定的语言学习策略训练。语言学习策略训练的目标是:通过训练提高学生的策略意识,扩大学生的策略选择范围,帮助学生自我诊断学习中的不足之处,探索适合于自身特点的、针对特定学习任务的最佳学习途径,鼓励学生对学习进行自我管理、自我评估和自我调节,以最终实现自主学习。学习策略教学模式包括专门教学与渗透教学两种。专门教学指进行相对集中的学习策略培训,向学生传授学习策略。渗透教学是指将学习策略技能渗透于课堂教学过程之中。

从以往对学习策略研究的成果看,较多的是聚焦于学习策略所表现出的行为与技巧,而没有从学习者本身来考虑。所谓学习者本身,指的是学习者对学习策略的态度,从学习者对待学习策略的态度来说可以分为积极策略和消极策略两种。积极策略是学习者针对学习中出现的问题和提高学习效果而主动采取或建立的学习策略,而消极策略则相反,是学习者为了应付某个学习或交际任务被动想出的办法或技巧,不是为了真正解决问题或提高学习效果。在指导学习者建立话语标记有效学习策略时,无论是专门教学还是渗透教学,都应基于积极的态度建立策略。如在词汇学习时,词汇知识通常分为两种:接受性词汇(receptive knowledge)与产出性词汇(productive knowledge),其他还有认知型词汇、主动型词汇等(张江丽,2018)。沈禾玲(2009)将学习者的词汇知识区分为积极词汇与消极词汇。从词汇教学情况看,话语标记学习亦是如此。郝瑜鑫(2015)在插入语母语者与学习者的对比研究中发现,学习者使用插入语非常集中,母语者较为均衡,主要集中在几种篇章组织类、实义明确的,使用频次大大高于母语者,最多的(介入评价类)高于母语者6倍,而有的又大大低于母语者。话语标记的使用亦是如此,为什么会出现这样的局面?与之关联的是学习策略,所以在学习策略层面就应该指导学习者建立积极策略。

作为学习策略,可以将话语标记纳入语块,尤其是字面意思与实际意思距离远、高主观性标记。针对话语标记作为语用现象的程序性与主观性特点,它们在使用时是一个语言单位,在学习时,可以将其纳入语块范畴,指导学习者建立起相应的学习策略。话语标记的使用是语用能力的表现,不是单纯的语法或词汇应用,对其应该正确定性和定位,才能指导学习者建立正确的学习策略。

"语块"(chunks of language)这一概念来源于心理学术语"组块"(chunk)。组块是在20世纪50年代由心理学家发现和提出的。组块是短时记忆容量的信息单位,指将若干个刺激联合成有意义的、较大信息单位的加工过程,即对刺激的组织与再编码。在心理学中,为了方便记忆,我们把一些要记忆的东西加以分类或加工使之成为一个小的整体,就称之为组块。组块是加工处理若干刺激的意义单位,也是记忆的单位。心理学家发现,人们在记忆时,组块具有"7±2"效应,即记忆的极限是7个左右组块,与之相关的是组块化,它是大脑为了减少记忆负担而采取的一种信息整合加工方式。很快,组块的概念被应用到语言研究与学习上,产生了语块的概念。语块是Nattinger & DeCarrico(1992)在90年代初提出的。语块,也被称为词汇组块(lexical chunks)、词汇短语(lexical phrases)、程序化语言(formulaic speech)、预制复合结构(ready-made complex units)等,指连续的或不连续的词语序列,是语言中的预制组块,可整体(或应该)记忆、整体提取,并非基于语法生成或分析的。近年来,计算机技术和语料库语言学通过研究发现,人们在日常使用语言的过程中大量使用固定的语块,而不是通过语法和词汇来构建句子,而且像汉语这样的语言,从按照语法规则组成的语块,其意思并不是组成成分意思的简单相加,需要整体记忆与提取。在口语交际时,存在即时交际的压力,从记忆中提取语言材料时,呈组块方式材料的提取比对单个零碎的词进行编辑加工效率更高。基于上述原因,语块在第二语言学习中很快受到重视,成为提高第二语言学习效率与水平的重要途径,也是成功学习者学习策略的组成部分。

关于语块的界定,国内外学界提出了很多观点,比较有代表性的意见是 Wray(2002),认为语块是一种由两个或两个以上的词构成、整体储存在记忆中、连续或不连续的预制序列,突出了语块的"预制性"特征,表明经常共现的多词结构只要具有整体结构和功能便可以被算作语块。从结构的凝固性、内部结构元的高频共现关系来看,就汉语的特性来说,成语、习用语、固定搭配等就是语块(吴中伟,2014:73)。反观话语标记,无论是词还是短语,大都具有习语性,或是固定搭配,语用意义或功能需要单独提取,不能从字面意思推测,完全符合语块的特征。

根据话语标记的语块特征,可以有针对性地指导学习者建立学习策略。在直接策略方面,记忆策略上进行整体记忆,不要按照一般记忆方式从字面意思去推测,认知策略方面可以根据上文交际语境和下文语境进行分析和推理,补偿策略可以开展合理猜测,从字面意思推测不出意思时去猜测,在间接策略上可以制定元认知策略,确定学习话语标记的重点,即上文论述过的高主观性标记及由此衍生的系列相关特征。像言说标记中表责备的小类,诸如"不是我说你""你说你""我说什么来着""瞧你说的"等,都是语块,且不能从字面意思推测出它们的实际语用意义,已经或正在习语化或构式化。针对这类话语标记,教师要指导学习者建立起有效的学习策略,真正掌握并能运用这类话语标记,在输入上能正确理解,在输出上能准确运用,使自己的汉语学习能达到地道、流利的目标。

周健(2007)认为语块具有以下三方面的作用:第一,汉语语块有助于产出地道表达,培养汉语语感;第二,汉语语块有助于学生最大限度地克服中介语及词汇搭配错误;第三,语块有助于避免语用失误,提高语用水平。这非常切合话语标记教学目标,所以将话语标记纳入语块教学,指导学习者建立相应学习策略是很有意义的。

3.5 区分层次,加强口语教学

培养学习者能与母语者进行交流是汉语教学的根本目的,口语交际能力是汉语作为第二语言教学的重点。话语标记在口语中出现的频率大大高于书面语,学习的难点是常用的高主观性标记,所以在教学中要开展针对性训练,尤其是口语教学。董正存(2012)提出"话语标记是对外汉语口语教学的重要内容",他以"思考标记(thinking markers)"为例,分析了该类标记在话语组织中的作用,认为思考标记是自然、真实的语言交际中必不可少的要素。如果在语言交际中不使用思考标记,会使语言交际的真实度降低。所以,话语标记是语言交际中重要组成部分,理应成为国际中文口语教学的内容。话语标记是真实、自然的语言交际的必备要素,口语教材呈现给学生的语言交际环境应尽量真实自然,因而,在编写口语教材时应充分关注话语标记,构建汉语话语标记系统,综合话语标记的难易程度、不同教学阶段、不同教学目标、教学对象的认知特点和认知水平等因素,对话语标记进行科学取舍和合理分类,使其成为口语教材中的功能项目,在国际中文教学各个阶段的口语教材中呈现出科学合理的层次性和系统性。

上面董正存(2012)关于话语标记教学的意见非常具有启发性,我们认为开展话语标记教学要从不同角度分层分级进行,应遵循以下几个层次性原则:

教学对象水平层次:中高＞初,即中高级阶段是开展标记教学重点对象,而初级阶段则不是。

上文阐述过,按照二语习得的一般规律,有标记语言形式的习得难度高于无标记形式,所以教学顺序的安排是无标记形式优先于有标记形式,在安排和处理教学内容时,尽量先安排无标记的表达形式,学习者只有在积累了一定的语言知识的基础上,才建立起习得有标记形式的意识与基础。话语标记是话语现象的一种,从交际角度看,初级阶段主要还是处在"语言生存"阶段,所以学习的都是以日常交际基本的内容为主,语言形式主要是简单的会话,以单句形式为主,所以在客观上也难以用到话语标记,如果过早地接触话语标记,不太容易掌握,处理不好容易加重学习负担;而中高级阶段的教学则是以成段表达能力培养为主要目标,包括口头的和书面的成段表达,而且要注重学习者得体表达的训练,可以说表达能力的培养从初级的"会说"转到了"说得好",不仅要"达意",还要"传情",要达到这样的表达要求,准确运用话语标记是其中的重要组成部分,这就是我们多次强调的话语标记是学习者掌握地道流利汉语的"临门一脚",事关学习者汉语水平"最后一公里"。在中高级阶段要开展和加强话语标记教学,这既遵循了二语习得先难后易的学习规律,又符合学习者的实际需要,所以在中高级阶段,不仅在教材中要安排话语标记教学内容,而且在实际教学中要明确学习这方面知识并进行训练,不能单单以"伴随性教学"来处理,否则就会产生上文谈及的学习者始终建立不起话语标记的元意识而总完成不了"最后一公里"。

语言形式层次:口语＞书面语。

前面相关部分谈过,话语标记现象的发现肇始于口语,所以国内外研究都有一种意见认为话语标记只是口语现象,书面语中不存在。但普遍被接受的观点是,话语标记不单是口语中的现象,书面语中同样存在,但口语多于书面语,有学者通过语料统计证实了这种观点(阚明刚、杨江,2017)。这里提出的"口语＞书面语"的分级原则是着眼语言的交流形式,不是单纯的语体,前面我们详细阐述过话语标记的语体特征和交流形式之间的关系,从语体上来说,话语标记可以分为口语体、书面语体和通用语体,同样功能的标记可能会形成语体互补或连续统,三种语体话语标记使用的语境或交流形式并不是截然分离的,尤其在口语形式中,可能都会出现,只是频率有区别。

前面阐述过语体与话语标记功能之间的对应关系,书面语体标记大多承担篇章功能,篇章功能的标记主观性较低,对学习者来说,学习与运用都相对较为容易,这部分难的是处在典雅极那部分,但实际上这部分典雅极标记只是因为构成成分与形式都是文言文,学习者不熟悉,也不理解,一旦能转成口语中常用的说法,掌握起来也不算难。而口语体标记主要是具有人际与互动功能的那部分,都是高主观性标记,在口语中广泛被采用,而对于学习者来说,无论是输入还是输出都是难点,尤其是使用率低,所以在口语教学中要重点对高主观性标记的使用进行训练,真正让学习者能充分理解并且得体使用,使其口语达到准确、地道的程度,与高级阶段应具有的语言能力与交际能力相匹配。

第四节　话语标记个案的习得考察与教学实践[①]
——以言说话语标记表责备的小类为例

4.1　问题与思考

在日常交际中,人们经常会使用话语标记来加强互动、组织话语,或表达自己的情感态度。但长期以来,话语标记在汉语作为第二语言的习得与教学研究中并没有受到应有的重视。对于初级阶段的汉语学习者来说,与语音、词汇、语法、汉字等学习要素相比,话语标记绝不是其学习的重要内容。但对于已经学习了多年汉语,基本掌握了汉语本体知识的中高级汉语学习者来说,如果想要进一步提高交际能力,说出更为标准、地道的汉语,话语标记的习得与运用就显得尤为重要。

在国际中文教学实践中,很容易发现,很多学习者的汉语知识体系较为牢固,在考试中也能取得较为优异的成绩,但在与人进行交际时,往往还

---

① 本节初稿作者为刘恩赐,本书有改动。

是无法准确理解对方想要表达的意思,特别是在遇到像话语标记这种语用现象时,学习者由于缺乏对其意义和用法的认识,不能有效使用话语标记,出现误用和漏用,造成交际不能顺畅完成。

我们在对言说话语标记进行个案研究时,发现言说标记中有一部分可以或专门表示对听话人的责备或不满、埋怨等负面情绪,如"不是我说你""你说你""我说什么来着"等,这些标记形成了一个小类。这个小类在口语中使用频率很高,它们都属于高主观性标记,且从字面意思难以推测出语用功能和含义,是话语标记的学习难点。

来看两个例子:

(5) 中国人:<u>你说</u>,他这人可真有意思,放着好好的校车不坐,非要去挤地铁。

　　＊留学生:啊? 我没说呀……

(6) 中国人:<u>你还别说</u>,这家饭馆的菜做得真不错。

　　＊留学生:我没说……　　　　　　　　　　　　(转引自庞恋蕴,2011)

例(5)中,由于听话人没有理解"你说"表示说话人主观不满的这一话语标记用法,以为说话人是在说自己说了这句话,因此会作出"我没说……"这样的回复,不仅给自己带来困扰,也让对话陷入僵局。例(6)留学生对"你还别说"的后续句理解没有问题,但对标记"你还别说"则一头雾水。我们认为,"你还别说"是一个超预期话语标记,表达了中国人对这家饭馆菜品超出主观预期的态度,不具有概念意义,但如果学习者不知道这一标记的语用目的,就会在交际中产生困惑。这说明,在话语标记教学中,应该重点对其功能进行强调,让学习者避免对话语标记概念意义的探索,多了解其程序意义和交际用法。

输入是输出的基础,如果学习者没能很好地掌握话语标记的功能和用法,就不能很好地组织合适的话语,无法有效、得体地表达自己的态度和立场,实现交际意图。例如:

(7) 中国人:今天先到这吧,我一会儿还得去图书馆学习呢。

　　＊留学生:<u>你说你</u>,热爱学习,多好。

(8) A:你好,你在干吗?

　　B:你为什么打电话呀! 你不知道吗? 我正在上课呀! 快点儿挂了电话。

　　＊A:冷静一下,<u>不是我说你</u>,现在不可以聊天的话那就下次吧! 我随时准备接你的电话,下课以后,有空了再打电话吧!

(转引自张丹,2018)

例(7)中,留学生虽然有想要用话语标记组织言语的愿望,但并没有完全掌握"你说你"作为责备类话语标记的用法,仍然把"说"当作用言语表达观点的言说义,这使得"你说你"与后续句的表义产生矛盾,未能实现其责备功能。例(8)中,B对A在上课时间给自己打电话这一行为感到不满,此时可以使用"不是我说你"或"你说你"对其进行批评责备,但这一标记被A使用,A却没有责备和批评B的动机,只是用这一标记来衔接前后话语,这说明听说双方都没有很好地掌握这一话语标记。与表篇章功能的话语标记相比,表人际互动功能的话语标记由于带有较强的主观性和交互主观性,学习者往往更难理解和掌握。因此,这类标记是话语标记教学时的难点,学习者不仅需要理解前后话语关系,还要明确标记的功能和作用,体会说话人的心理感受和交际意图,才能实现对标记的正确使用。

语言学习的最终目的是交际,所以学习者必须要掌握在现实环境中运用汉语的能力。对于母语为汉语的中国人来说,能够根据自己的需求,在对话中选择合适的话语标记来表达自己的情感态度,给听话人以提示。但由于其不具有概念意义,对于母语为非汉语的学习者来说会存在理解和使用上的困难,如果在平时的学习过程中不加以讲解和强调,留学生在交际中就很难能识别和理解这些话语标记,这会使学生交际能力和语篇能力的形成受限。

由于话语标记不具有概念意义,母语为非汉语的学习者在学习时容易产生两方面问题,一是输入上不好理解,二是输出上不会使用,对学生语篇能力与得体表达能力的形成不利。"输入"(input)与"输出"(output)是二语习得研究中的两个重要概念,学习者只有在接收了足够的可理解性输入后,才有可能准确而流利地使用该语言。

与一般词汇、短语和小句不同的是,话语标记不具有真值意义,它只有在实际的语段语篇中才能发挥作用,这对于汉语作为第二语言学习者来说是存在一定困难的。试想,如果学习者不清楚话语标记是什么,就无法在交际中对其作出判断,按照其字面意思理解往往会不知所云,在口语交际中无法做出恰当的反应,使得交际难以展开。

4.2 言说话语标记中表责备小类的习得情况

我们先对这类标记的使用情况进行考察。关于这类话语标记的习得与使用情况,我们主要考察了"南京大学汉语中介语口语语料库""暨南大学华文学院留学生口语语料库"以及"全球汉语中介语语料库"(qqk)中所涉及的口语语料,所得结果如下。

表 7-2 表责备的言说标记使用情况

标记	语料用例(个)	正确用例(个)	使用准确率
我说	2	1	50%
我说什么来着	0	0	/
不是我说你	0	0	/
别怪我说你	0	0	/
说你什么好	1	0	0%
你说	0	0	/
你说说	0	0	/
你说你	0	0	/
你说说你	0	0	/
你说你也是	0	0	/
总计	3	1	33.3%

通过对 10 个表责备的言说话语标记的使用情况进行统计和分析,可以发现,仅有"我说"的 2 例用法和"说你什么好"的 1 例用法,其他标记均没有使用情况,这在一定程度上说明,汉语作为第二语言学习者对这类主观性和交互主观性较强的话语标记基本不会使用,这也符合学习者话语标记习得实际,即主观性越强的标记,越难以被学习者习得和运用。根据主观性强弱等级的排序,"我说"具有较强的言者主观性;"说你什么好"具有部分交互主观性,但交互主观性强于主观性。进一步分析使用该类话语标记的 3 例语料,发现只有"我说"的 1 例语料是正确用法。这说明,在此类标记的使用上,学习者更倾向言者主观性较强的标记,且准确率也相对高于交互主观性强的标记。因此,我们认为,习得交互主观性强的标记要难于习得言者主观性强的标记,这种习得规律也符合主观性强弱等级链的次序。

先来看语料库中"我说"和"说你什么好"的用例:

(9) 我说,你这人太懒了,不能这么懒! (qqk)
(10) *我说,不要去打篮球了,天凉快的时候应该去。 (qqk)
(11) *你的狗死了,叫我说你什么好呢? (qqk)

例(9)中,说话人对听话人"太懒"这一行为表示不满,于是用"我说"先表明言者观点和立场,提醒听话人注意接下来对其进行的指责和批评,并给出了相应的改正建议,希望听话人采纳。该例是学习者对表责备功能的话语标记"你说"的正确使用,说明该学习者能够理解并掌握"你说"表批评责备功能的话语标记用法,但在所搜集到的语料中,这样的正确用法仅此一例。

我们再对比一下例(10)。"我说"由言说义发展为表批评责备功能的评述义,主要是吸收了语境中的消极否定意义,经说话人在认知域的主观加工后,通过言语形式得以外显,经高频使用后固化为表批评责备功能的话语标记。例(10)中,"我说"所在的语境应该是双方在对"是否要去打篮球"这件事发表自己的意见,后续句表达的是说话人对听话人的劝阻和建议,但说话人对听话人行为的不满情绪并不明显,毕竟听话人也并没有做出与说话人预期不符的实质性举动。我们认为,这里的"我说"更多表示的是"言说义"或"认知义",后续句可以理解为说话人所说出的具体话语,也可以理解为说话人对"打篮球"这件事的观点和看法,如"天凉快的时候应该去"①,言外之意可能是"现在天气很热,不适合打篮球",所以建议听话人"不要去打篮球"。因此,例(10)中的"我说"不能看作是表责备义的话语标记用法。

例(11)是学习者使用"说你什么好"这一标记的例子。"说你什么好"这一标记所在语境往往是说话人对听话人过往行为的否定。在口语交际中,当听话人的言行没有达到说话人的标准,或是与说话人预期相悖时,往往会引起说话人的不满。这也说明,说话人对听话人的批评责备不是毫无来由的,而是"事出有因",是听话人的一言一行等客观现实决定的,所以说话人在使用"说你什么好"时,往往会在上下文交代背景信息,那些背景信息都是引起说话人不满和对听话人实施批评责备行为的前提条件。例(11)说话人使用了"说你什么好",同时还补充了言者主语"我",强调了言者视角,说明说话人接下来要对听话人进行批评责备。但反观背景信息,我们发现说话人只提到了"你的狗死了"这一条线索,单凭这个条件我们无法判断听话人的狗死了与听话人行为之间的关联。我们设想可能是听话人没有看好自己的狗,由于疏忽致使狗的死亡;或者是听话人对狗的关照不够,没有让狗得到应有的对待,但这些在说话人给出的信息中并没有体现。我们只了解到"你的狗死了"这一个结论,不足以构成说话人要批评听话人的动因,也会让听者在接收信息时产生困扰,难以达到预期的交际效果。因此,我们认为该例句也不能算是学习者正确使用标记"说你什么好"的案例。

---

① 我们认为这里是学习者情态动词的偏误用法,正确的说法应该为"应该在天凉快的时候去"。

此外,我们参考了胡巧秋(2020)对含第二人称的埋怨义话语标记习得偏误的研究,发现了一些相似的现象,这里只列举几例涉及本节所研究标记的偏误用法。

(12) 小红:我只是说我不喜欢周杰伦,我的室友就不理我了。
　　　*大江:看你说的,你明明知道周杰伦是她的偶像,为什么要在她面前说不喜欢周杰伦。
(13) *甲:不是我说你,今天的天气预报说有雨,你还是带上伞吧。
　　　乙:好的。　　　　　　　　　　　(12—13 转引自胡巧秋,2020)

例(12)中,大江认为小红不应该在她室友面前说自己不喜欢周杰伦,因而对小红这一行为感到不满,此处应该使用"不是我说你"或者"你说你"表达批评指责,学习者却选择了带埋怨意味的标记"看你说的",这一标记虽然也能表达说话人的不满态度,但没有明确标示视角和立场,无法突显较强的主观性和交互主观性,不利于说话人情感的表达。例(13)中,说话人使用"不是我说你"更多表达的是对听话人的规劝和建议。上文提到,"不是我说你"一般表达的是说话人主观认为听话人行为与自己预期不符而产生的责备与埋怨,但从该例的语境中我们无法看出这一点。说话人如果只是想给出建议,我们认为用标记"我说"更为恰当;如果还是想表达对听话人的指责,则需要在"不是我说你"前补充一下背景信息,如"怎么没拿伞?""又不带伞!"等,让自己的责备"事出有因",也更便于听话人理解和接受。

通过对以上偏误的分析,可以看出,学习者对该类标记的习得与使用情况并不理想。主要体现在两个方面:一是学习者没有明确该类标记中"说"的语义变化及其在整体小句中发挥的作用和功能,还是把"说"当作是表言说和认知义的动词;二是学习者没有注意到该类标记与语境之间的紧密联系,话语标记是一种语用现象,只有在真实的交际语境中才能体现出功能价值,这就需要学习者在使用时了解交际语境,选择合适的话语标记表达自己的情感态度。学习者对该类标记的使用习惯和偏误也提示我们,要在教学中紧扣标记主观性强弱等级链,确定从易到难的教学顺序,以符合学习者的认知和习得规律。

4.3　教学建议

4.3.1　教学设计与实施

(1) 明确话语标记概念,根据标记的功能特点选择合适的教学方法。

我们在调查中发现,汉语作为第二语言学习者对话语标记的整体认知度偏低。作为教师,首先应该消除学生对话语标记这一概念的陌生感,在教学过程中,教师要向学生明确话语标记是什么,在交际中扮演什么样的功能和角色,即以显性方式传授话语标记相关知识,使学生将话语标记知识纳入目的语的知识框架,还可以对比英语中如"well""anyway""look at you"等标记来解释汉语话语标记的用法,这样才能在实际中有意识地运用话语标记。另一方面,对于不同类别、不同功能的话语标记,教师要对各标记的使用特点进行强调,如含言说词的责备类话语标记,其语用功能是表达说话人对听话人的指责和不满,是在说话人认为听话人的言行不符合自己预期或违背社会常理的情况下使用的,这与起话语衔接和话轮转换作用的篇章类话语标记有很大不同,需要特别注意其使用语境,教师可以通过创设情境,引导学生理解和掌握这类话语标记的用法,如:

(14) 教师:今天天气预报说下午有大雨,山本建议大卫出门要带着雨伞,可是大卫觉得麻烦不想带,结果下午真的下起了大雨,大卫全身都淋湿了,傍晚时分开始流鼻涕。山本觉得是因为大卫当时没有听从自己的建议,所以才感冒了,此时他会说:"_____,下这么大雨不带伞,你到底是怎么想的?"(你说你)

通过情景法,教师可以告诉学生该在什么时候使用这类标记,能够表达什么样的情感态度,学生可以对此类标记的用法有大致的了解。教师还可以利用课堂上发生的事件即兴进行情景教学,如某位学生连续几天迟到,教师可以说:"马修,不是我说你,怎么又迟到了?"或者某位学生在课堂上喝水,但是总不习惯喝完后把杯子盖紧,结果水洒了一地,此时教师可以说:"我说,这是第几次了?下次请不要再出现这种情况。"这种比较贴合学生日常生活的用例,能够帮助学生更深切地感受这类话语标记的语用功能,从而让学生明确其用法。

在搜集含言说词的责备类话语标记的语料时,发现这类标记的语料多出现在影视作品中,以情景喜剧为主。这类作品较为接近人们的日常生活,情境真实,剧中人物的台词对白偏口语化,且较为地道,是教授此类标记较好的视听素材。教师可以在讲解这类话语标记的时候,选取几部比较典型的影视作品,截取涉及此类标记的片段供学生欣赏,让学生置身母语者所在的语境中,体会其使用该标记时的心理。同时,教师还可以运用讲练结合的形式,在对典型片段进行讲解后,让学生以小组为单位,对其余的片段进行分析。学生也可以根据兴趣选择其他影视作品,收集其中涉及该类标记的语料素材,分析其语境特点,明确说话人表达的主观态度。对于已经掌握该类标记功能特点的学生,教师可以引导学生自己产出语料,在交际场景中模拟对该类标记的运用,发现偏误及时纠正,加深学生对该语言点的印象。

(2)根据主观性强弱等级确定教材中的话语标记教学顺序。

对于该类标记的教学顺序,我们认为,一是要遵循所选用的教材,一般来说,教材对于话语标记的编排会受话题和难易程度两种因素的影响。如果是涉及表达说话人对听话人主观不满和责备态度的话题,该类标记的比重会明显增加,此时,对标记的教学应遵循其主观性强弱顺序,先讲解主观性较强的标记,随着会话和互动过程的深入,再引出交互主观性较强的标记,这也符合学生的认知和习得顺序,具有科学性。二是可以分小类进行教学,言说标记中表责备的这些标记,按照视角和人称代词在主宾语的位置又可以分为几种情况,标记的交互主观性逐渐增强。学生对主观性较强的标记的习得和使用准确率要高于交互主观性较强的标记,而且学生在此阶段已经对人称代词较为熟悉,教师就可以从此入手,先教授主语位置是第一人称代词的标记,如"我说""我说什么来着"等主观性强的标记,再教授主语是第二人称代词的标记,如"你说""你说你"等交互主观性强的标记,结合具体情境,把主观性和交互主观性等不好理解的概念内化到真实的交际对话中,使标记教学既符合主观性强弱等级顺序,又符合学生的认知习得规律。

4.3.2 教材编写建议

(1)增加表人际互动功能话语标记的比重,根据标记主观性强弱等级链确定编排顺序。

话语标记是汉语作为第二语言学习者在中、高级阶段才会大量接触到的语言现象,且多出现在真实的言语交际中,我们以北京大学出版社出版的《汉语中级口语教程(上、下册)》和《汉语高级口语教程(上、下册)》四册口语教材为例,对书中出现的话语标记进行考察。结果发现,以话语衔接、话轮转换等语篇功能为主的话语标记数量居多,如"不过""那倒是""对了"等;表人际互动功能的话语标记出现较少,且以"不瞒你说""说真的/说实在的"等表明交际主体的标记为主,含有人称代词的或含有言说词的表达说话人强烈主观情态的标记几乎没有涉及,这说明教材对不同类别的话语标记的关涉程度有所差异。表达人际互动功能的话语标记主观性较强,相比于表语篇功能的话语标记来说更难习得,但其在真实的言语交际中运用频率较高,不能因为这类标记不容易习得就将其边缘化,这样不利于学习者语篇能力的形成。因此,我们认为有必要在中高级教材中增加表人际互动功能话语标记的比重,同时要提高话语标记的复现率,在中级教材中出现的标记也要在高级教材中予以照应,帮助学生进行巩固,形成记忆闭环。在此过程中,也要注意话语标记习得的先后顺序,即先引入篇章功能较强的标记,再引入人际互动功能较强的标记。对于两种功能兼有的标记(如"我说"),可以先引入其篇章功能用法,再引入其人际互动功能用法。对于含言说词的责备类话语标记,这类主要表示人际互动功能的标记,可以根据其主观性强弱等级链,先引入主观性较强的标记,再引入交互主观性特征比较明显的标记,实现话语标记习得的层级化、系统化。

(2) 课文内容生活化,语言口语化,吸引学习者的学习兴趣。

在课文选材上,要更贴近生活,语言要尽量地口语化,让学生体会到真实的汉语口语。对于涉及含言说词的责备类话语标记的课文,可以多引入学生日常生活的语境,如:

(15) 大卫:这台灯怎么又不亮了?不行,我还得再修修。
　　　山本:<u>我说</u>,你累不累啊?有这修台灯的时间,直接买一个新的不就行了?
(16) 王璐:什么味?怎么还冒烟了?
　　　玛丽:哎呀,坏了!我煮的面,忘关火了……
　　　王璐:天哪,<u>不是我说你</u>,这都第几次了?你下次能不能在旁边看着点儿,这多危险哪!

这两例选材与学生的日常生活相关,具有较强的实用性,也更容易引起学生的情感共鸣。其中的"我说"和"不是我说你"表达了说话人对听话人行为的不满,后续句还提出了自己的建议,带有较强的言者主观性,是含言说词的责备类话语标记较为典型的用法。将类似话语标记与生活化的情境相结合,有利于学生更好地理解和掌握此类话语标记的用法,优化学习效果。

(3) 设置丰富多样的练习形式,为学习者习得和正确使用标记提供帮助。

练习也是第二语言教材最重要的组成部分之一。像话语标记这种没有真值意义的语言形式,我们无法通过大量的机械练习进行强化巩固,鉴于其常用于真实的交际情境这一特点,我们可以在教材中给出一些涉及此类标记的语篇,让学生结合语境去判断话语标记的功能和作用,如:

(17) **Q:请选择合适的话语标记。**
　　　张芳:你还记不记得,当时你跟小林要分手,抱着我一直哭啊,别人还以为我把你怎么了呢……

媛媛：_____,这都过去多久的事了,你还提它干吗啊?
A. 对了　　　B. 听说　　　C. 你说你　　　D. 说真的
（答案：C）

(18) 老大妈：唉,小尤,你看看,又有两个找你算账的……
　　　和　平：(上前欲握手,尤主编夺门要逃,被和平拉住)哎哟,尤主
　　　　　　　编,这位大妈她弄错了,我们不是找您算账的,我们是找
　　　　　　　您领奖的。
　　　尤主编：领奖? 唉,还不如找我算账的呢……
　　　老大妈：你看,我说什么来着? 就你们倒腾这个缺德的手纸啊,
　　　　　　　早晚得有人把你们告到法院去……
　　　　　　　　　　　　　　　　　　　　　　　（电视剧《我爱我家》）

Q：该语段中,"我说什么来着"表达的是(　　)。
A. 老大妈忘记自己刚刚说了什么
B. 老大妈对"倒腾缺德的手纸"这一行为的不满
C. 老大妈准备要说的话
D. 老大妈想让尤主编看看自己说的话
（答案：B）

除了通过语篇考查学生对标记的理解,还可以给出指定话题和话语标记,让学生进行模拟会话练习。可以是给出上下文,选择合适标记的半开放式对话练习；也可以是创设情境,让学生自己组织言语表达的开放式练习。情境设置可以与文化教学相结合,如中国人深受儒家思想的影响,在交际表达上注重含蓄内敛,组织言语时会考虑对方的面子,即便是要表达强烈的指责和不满情绪,也会选择相对委婉的措辞来减缓行事语力,这就产生了如"不是我说你""别怪我说你"等标记的用法。教材可以适当对这些标记背后的社会文化进行解释,再列举一些该类话语标记适用的真实情境,引导学生使用。

4.3.3　强化对学习者的指导与训练

(1) 加强对话语标记的元认知,在交际中培养识别话语标记的能力。

由于学习者国别背景复杂,其母语可能与汉语有较大差异,在习得母语过程中并没有接触过与汉语话语标记类似的语言现象,因此,学习者在接触话语标记之初就要对这一新的概念予以重视。对于教师在课上讲授的含言说词的责备类话语标记,要明确其功能内涵是表达说话人的责备和不满,知道此类标记中某一具体标记应该在什么语境下使用,在交际中表达什么样的作用。

此外,学习者要准确感知自己在学习话语标记过程中遇到的困难和原因,对自己话语标记的习得情况有一个客观的评价。比如,学习者要多问问自己,话语标记的理解和运用对自己言语交际表达有什么帮助?在学习话语标记时是感到痛苦还是充满信心?能否根据语境辨别话语标记使用得正确与否?这些问题不仅可以帮助学习者进行话语标记习得情况的自查,也有利于教师及时了解学习者的学习情况,并针对其问题进行调整或训练。

(2) 培养使用话语标记的意识和习惯,建立有效的学习策略,做到能够根据语境恰当地运用。

话语标记是人们传递信息、表达思想感情、达成话语连贯、实现交际意图的重要手段。因此,我们只有把话语标记放在具体的语境中,才能真正理解它的意义和作用。即便教师通过课堂教学使学生明确了话语标记的概念和功能,如果学生因为怕用错或者觉得麻烦而采取回避策略,也无法真正掌握话语标记。这就要求学习者在现实交际中培养自己使用话语标记进行沟通的意识和习惯,积极主动地使用话语标记。学生在掌握了含言说词的责备类话语标记的功能后,如果觉得对方言行不当或有违自己的认知,就可以使用"你说你""说你什么好"等标记来表达自己的责备和不满情绪。

(19) A:哎呀,太冷了,快点儿走吧!
　　　B:这么冷的天,穿这么点儿,能不冷吗?<u>说你什么好呢</u>。
(20) A:我今天又忘带钥匙了。
　　　B:<u>你说你</u>,我都说过多少次了,"身手钥钱""身手钥钱",你就是这么粗心。

对于外国留学生来说,地道流利的汉语表达可以帮助其顺利地与中国人沟通,实现交际目的。话语标记作为中国人口语交际中常用的语言现象,是留学生掌握地道汉语必不可少的部分,但其陌生性和难度对学习者来说是一个不小的挑战。汉语学习者在刚刚学习一个新的语言点时,往往会伴有较高的学习热情,这就提醒学习者要抓住时机,多在课堂以外的言谈现场中找机会使用该语言点,在具体的语境中检验所学知识,及时复习巩固,保持学习热情。

第八章 话语标记主观性个案研究

第一节 言说话语标记的主观性差异及等级①

1.1 言说话语标记及相关研究

"言说话语标记"是指含有言说动词"说"的话语标记,除"说"外,还包括"讲""提""告诉""道""言""语"等表"言说"的动词,如"别提""我告诉你",也包括省略和隐含言说动词的话语标记,如"一句话",整个结构是名词性短语,言说动词没有出现。我们用"言说话语标记"而没用"言说义话语标记"的表述是由于二者的含义不一样,"言说义话语标记"相对"言说话语标记"内涵较为单一,其范围局限在"言说义",而"言说话语标记"不局限在"言说义",因为"说"除言说义外还有其他义,所以"言说话语标记"实际上就是含有"说"的话语标记,且"说"的含义不仅仅是"言说义",后者包含了前者。

关于言说话语标记,以往研究多从两方面展开,一是将言说话语标记作为一个类别进行研究,二是个案研究。前者的代表成果有李治平(2015),孙利萍(2012、2015),杨才英、赵春利(2013),从言说话语标记的构成、分布、形式与句法语义特征等方面进行全面分析,形式有论文,也有研究专著;后者成果很丰富,而且研究也很深入,具有典型意义的成果有董秀芳(2003a、2007a、2010),乐耀(2011a),侯瑞芬(2009),盛继艳(2013),钟玲、李治平(2012)等等,这些研究从来源、主观性等不同角度对某些具体言说话语标记进行了深入研究。

我们关注的是言说话语标记主观性的等级差别,关于话语标记,研究者关注更多的是话语标记的作用,尤其是话语标记的语用功能,对其主观性的研究还不够深入,研究者虽也注意到了话语标记主观性的差异,但都没有明确意识到话语标记主观性存在等级序列,本节试图以言说话语标记

---

① 本节主要内容以"言说话语标记的主观性差异及等级"为题发表在《北京第二外国语学院学报》2020年第5期,被"中国人民大学复印报刊资料"《语言文字学》2021年第5期全文转载,本书有较大修改。

为考察对象,发掘其主观性等级差别,为话语标记主观性等级序列构建开启思路和提供参考。

1.2 言说话语标记结构类型与主观性

通过对"CCL语料库"检索尽可能全面地搜集言说话语标记,按照"说"在话语标记中的分布情况归纳为以下三种情况:

1) S+说:你说、你(还)别说、你就说;我说、我给你说、我告诉你

2) 说+O:不是我说你、看你说的、你说你、说句难/不好听的、说句公道话、说实话

3) 说+其他:形+说(老实说、坦白地说、简单地说等)、总的来说、很难说、据说、听说、没得说、往……里说、不瞒你说、说白/穿/透/开了、说不好/准、按说

话语标记是话语单位之间的连接成分,它指明前后话语单位之间的关系,具有主观性。孙利萍、方清明(2011)从语用功能角度将汉语话语标记大致分为17类,言说话语标记散布于多类标记,如有来源于凸显型("据说"等)、阐发型("不是我说你""依我说"等)、话题组织型("换句话说""话又说回来"等)、祈使型("我告诉你""你听我说"等)等,最多的当然主要是"言说型"。本节将言说话语标记作为一类,从主观性视角出发,对这类话语标记的主观性及其等级序列进行研究。

上面三种情况只是单纯依照言说话语标记所含言说动词的分布归纳出的,言说动词所处位置并不代表话语标记主观性的强弱,换言之,言说话语标记的主观性等级与言说动词的位置并没有关联。

关于语言的主观性(subjectity)问题,语言学界有过大量的论述,沈家煊(2001)有过集中阐述,在此不赘。语言一定包含了说话人的主观态度、感情,有的语言,如日语,甚至要用明确的语言形式来表达说话人的"主观性",话语标记自然也不会例外。诚如前述,话语标记是话语单位之间的连接成分,本身不具有概念意义,不对说话人想要表达的意义发生影响,只表达程序意义。方梅(2000)从宏观上把话语标记的作用概括为"话轮接转、话题处理、指示说话人态度、指示段落或义群的开始和结束"四大功能。实际上仔细分析,"话轮接转、话题处理、指示段落或义群的开始和结束"与"指示说话人态度"并不在一个层面上,前者都与话语的组织安排有关,后者就是主观性,孙利萍(2012)将言说话语标记的语义特征归纳为程序性与主观性,这从一个角度说明话语标记的主观性是话语标记研究的重要课题,言说类话语标记亦是如此。

1.3 言说话语标记的意义与主观性差异

言说话语标记为什么主观性会不一样？其主观性等级又是怎样的？要回答这些问题，首先要明确，最主要的言说动词"说"除了表示"言说"外，还有其他意思，这直接造成了言说话语标记主观性的差异。按照《现代汉语词典(第 7 版)》解释，"说(shuō)"有 6 个义项，分别是：①用话来表达意思；②解释；③言论、主张；④责备、批评；⑤指说合、介绍；⑥意思上指。第一个义项是最重要的，也就是一般说的"言说义"，后面有几个义项其实也可以归到其中，因为表达意思也是要通过"言说"，但如果从严格的语义范畴来区分，后面有的义项就不能归入其中。据汪维辉(2003)统计，汉语表示言说的动词有上百个，但在普通话里主要就是一个"说"。《现代汉语词典(第 7 版)》列出的"说"的 6 个义项，除了义项③为名词性语素外，其余 5 个均为动词，仔细分析就会发现，5 个义项可以归为 3 个大的范畴：①⑤⑥为一个范畴，都是言说表达，⑤是言说后有结果，⑥是言说内容有指向对象，②④是与前面并列的两个语义范畴，②"解释"义是说话人用话来表达自己对事物的认知，④"责备、批评"则是说话人用言语来表达自己对听话人的评述，这样可以概括出言说动词"说"语义主要就是言说、认知、评述。

盛继艳(2013)在分析"你说"如何演变为话语标记时对其语义演变的过程描述为：

你(代词)＋说(言说义)→你(代词)＋说(认知义)→你说(话语标记)

她所勾勒出的"你说"话语标记化的语义过程，为我们讨论言说动词"说"的语义演变过程提供了参照，这一演变过程实际上主要就是言说动词"说"的语义演变过程，"说"的语义变化在标记化过程中起到了关键作用。现代汉语的言说动词除"说"外还有"讲""提""告诉""道"等，但从使用频率来说都远低于"说"，所以言说话语标记也是以含"说"的短语为主。"说"的义项怎么会有这么多？这与它的演变有关系，可以进行一下历时考察。

"说"很早就出现，古汉语中表达的意思就是"言说"，如：

(1) 非为人口吃，不能道说，而善著书。

(汉·司马迁《史记·老子韩非子列传》)

(2) 得其船，便扶向路，处处志之。及郡下，诣太守，说如此。

(晋·陶渊明《桃花源记》)

古汉语中，表示"言说"的动词最常用、最典型的不是"说"，是"曰"，"曰"以外表示"说"的动词还有"道、言、语、话、讲、谈、述"等。"说"的另一个重要义项是"解释",《说文》:"说,释也,一曰谈说也。"

(3) 说,所以明也。　　　　　　　　　　　　　　　(《墨子·经上》)

(4) 墨子起,再拜,曰:"请说之。吾从北方闻子为梯,将以攻宋,宋何罪之有?"　　　　　　　　　　　　　　　　　　　　　　(《墨子·公输》)

(5) 勾践说于国人。　　　(《国语·越语》,"说"注为:"解也。")

(6) 佐下军以说焉。　　(《左传·昭公九年》,"说"注为:"自解说。")

"说"还有"告知、告诉"的意思:

(7) 夫差将死,使人说于子胥。　　　　　　　　　　(《国语·吴语》)

"说"也有"评述"义,表示"评议、谈论",《广雅·释诂二》:"说,论也。"

(8) 游于说。　　　　　　　　(《礼记·少仪》,疏:"谓论说。")

(9) 稻花香里说丰年,听取蛙声一片。

(宋·辛弃疾《西江月·夜行黄沙道中》)

"说"还有"劝告、责备"的意思:

(10) 六曰说。　　　　　　(《周礼·太祝》,"说"注为:"以辞责之。")

(11) 虽户说以眇论,终不能化。　　(汉·司马迁《史记·货殖列传序》)

综上,可以知道"说"的主要义项在先秦时代就已经出现,基本与现代汉语相当,但作为现代汉语最主要表示"言说义"的动词"说"在古汉语中使用频率并不高,表示"责备、批评"义使用频率尤其低,检索语料,发现最早在明代,主要是在晚清、民国通俗小说中才大量出现,而且主要形式是"不是说你"。"说"的具体意义是"陈说、说明",少数带有"批评、指责"的意思,这较为接近作为话语标记"不是我说你"的隐含义。如:

(12) 嫂子在上,不该我说,哥也糊涂,嫂子又青年,偌大家室,如何就丢了。　　　　　　　　　　　　　　　　　　　　　　　(《金瓶梅》)

(13) 不是我说句造孽的话,你们没有本事!　　　　　　(《红楼梦》)

话语标记只有程序意义,指明前后话语单位之间的关系,但话语标记具有主观性,言说话语标记当然也不例外,我们认为言说话语标记的主观性首先与言说动词的语义密切相关。如标记"不是我说你",这个标记表示"责备、批评",标记所表达的意思就是"说"所具有的"责备、批评"语义,如:

(14) 不是我说你,你这方面太差把火。　　　　　　　　　　　(CCL)

(15) 不是我说你,林生,你也一把年纪了,怎么还能不分好歹见食就吞——被人钓住。　　　　　　　　　　　　　　　　　　(CCL)

标记"你还别说",一般认为它所表达的主观性是后续话语的超出预期的主观性,如:

(16) 你还别说,小张说的这个,还真不失为一条妙计。　　(CCL)
(17) 你还别说,监狱里还有好人。　　(CCL)

"你还别说"中的"说"所表达的意思是"觉得、认为",也就是"说"的认知义。由此可以认为,言说话语标记表达的主观性与言说动词"说"本身的语义紧密相关。

但也应该看到,话语标记作为一个整体或构式,本身是具备整体或构式意义的,很多时候并不是构成成分语义的简单相加。标记"你说你"是较为典型的"责备"类话语标记,如:

(18) 你说你,非把自己弄哭才算完。　　(CCL)
(19) 你也干点正事儿,你说你,混成这样,一天到晚的连个正形都没有。　　(CCL)

作为话语标记的"你说你",其中的"说"并不好认定其语义就是认知义的"觉得"或评述义的"责备、批评",但整个标记表示的主观性就是"责备"。而且也应该注意到,话语标记中的言说动词其实很多时候其言说义已经非常虚化、淡化了,只是作为引导话语的标记在使用,如标记"我/你说":

(20) 哎,我说,我要是不让你喝酒吃肉,你又能怎么样?
　　　　　　　　　　　　　　　　　　　　(朱秀梅《乔家大院》)
(21) 陈市长是战略家,他亲自指挥五反运动,你说,他会不会知道我们工商界的具体情况?　　(CCL)

"我/你说"在这里只是引起后续话语,"说"的言说义已经虚化,后例的"你说"表面可以理解为"你觉得",但实际上只是说话人自己在思考,作为标记的"你说"表面上是征询,实际是引出说话人的疑问或者担忧。

1.4　言说话语标记的主观性等级

从言说话语标记引导话语的功能角度看,言说话语标记可以分为 3 类,分别是:传信标记、认知标记、评述标记。

关于语言或汉语的传信范畴,语言学界已经有了较为深刻的研究(参见乐耀,2011b、2014),有关传信范畴相关理论在此不赘。言说标记最基本功能就是传信,引出说话人向听话人传递的某种信息,如:

(22) 准确地说,西藏是一个动物乐园,什么动物都有。　　(CCL)

(23) 说句老实话，民主党再上台，我们也不能不跟它打交道。（CCL）
(24) 不瞒你说，我心里很不好受……请你原谅，我不愿对你说假话。
（CCL）

无须一一举例，言说话语标记所引导的话语都是说话人想向听话人传递的信息，标记所表现的可能是信息的来源或本质，也可能是情态，总之，可能涉及传信的各个方面。无须多言，言说标记之所以是传信标记，绝大程度上在于言说动词"说"的基本语义，那就是"用话来表达意思"，当然，这个"意思"不仅仅是信息，还会有其他的内容，信息只是其中的一部分，其他意思就是言说标记承载的其他功能。

上面说言说标记的其他功能就是认知与评述，前文已经阐述过，言说标记表认知、评述的功能与言说动词"说"的语义密切相关，同时与标记整体结构意义也相关，在此不再重复，我们将注意力还是放在主观性等级上。

通过对言说话语标记的仔细考察，我们认为，按照上面我们对"说"语义的归类，言说话语标记的主观性依照"说"的语义形成了一个序列：

传信＜认知＜评述

主观性从左至右逐级递增。为比较方便，把上面举过的几个例子再放在一起：

(22) 准确地说，西藏是一个动物乐园，什么动物都有。　　（CCL）
(17) 你还别说，监狱里还有好人。　　　　　　　　　　　（CCL）
(14) 不是我说你，你这方面太差把火。　　　　　　　　　（CCL）

例(9)只是陈述一个事实，客观传递信息，例(4)"你还别说"其实并不是听话人说了或要听话人说，而是说话人要表达自己的感觉和对事情的认知，主观性明显强于前者，最后的例子是说话人对听话人的评价，并包含了不满与责备，主观性是最强的，主观性程度正好呈现出"传信＜认知＜评述"规律。

为什么言说话语标记会形成这样的主观性等级序列呢？语言形式都含有主观性，话语标记也不例外，这是语言学界的共识，言说话语标记主观性序列等级的形成与交互主观性密切关联，也就是说序列等级从左至右交互主观性呈递增态势：

传信　　　＜　　认知　　＜　　评述
主观性　　部分交互主观性　　交互主观性

关于"交互主观性"，沈家煊（1998）称之为"互动主观性"，含义是说话人对听话人的关注。姚占龙（2008）对认知语言学主观化理论进行了梳理，

"主观化——意义变得更强烈地聚焦于说话者","交互主观化——意义变得更强烈地聚焦于受话人"。非常明显,交互主观性越强,主观性自然就强。言说话语标记主观性正好体现了这一特点,言说标记单纯作为传信标记时,只是体现了一般的主观性,"听说"是表示信息来源,"说实话""坦白地说"是表明说话人的态度,"准确地说"是表明信息可信,"说开了""说穿了"是提供信息的量或目的程度,如此等等,不一而足。当言说标记作为"认知"标记时,说话人的主观性明显增强,它反映了说话人对事物的认知,一定是从说话人视角出发的,Kuno(1987)认为说话人在描述一个事物时必然会选定某一个视点(point of view)或某一个观察角度(camera angle),这样表"认知"功能的言说标记"意义变得更强烈地聚焦于说话者",所以主观性强于"传信"。当然,真正具有交互主观性,让"意义变得更强烈地聚焦于受话人"是表"评述"的言说标记,像"不是我说你""你说你"等,都是说话人在责备、埋怨、批评听话人,意义聚焦在听话人身上,而且多采用了移情手段,使话语变得更加委婉、听话人更容易接受。综上,言说话语标记就形成了上述主观性等级序列。

1.5 小结

言说话语标记虽然都含有言说词,但主观性并不是一样的,明显存在差异性,导致产生差异的原因是言说动词"说"有多个意义,"说"不仅仅表示"言说"(传信),还可以表示"认知"与"评述"。按照主观性理论,话语标记与任何语言形式一样虽然都具有主观性,但其主观性表现的强弱是不一样的,引导话语聚焦于说话人的话语标记主观性强于一般话语标记,引导话语聚焦于听话人的话语标记具有交互主观性,主观性最强,所以言说话语标记形成了"传信＜认知＜评述"的等级序列。

前文阐述过,学界对话语标记的研究重点是话语标记的形成与功能,主观性虽有关注,但研究还是非常薄弱,话语标记的主观性研究是一个非常具有理论意义的课题。本节以言说话语标记为对象开展的相关研究是话语标记主观性及差异研究的开始和全部研究的一部分,通过多个个案研究,明确话语标记主观性及差异的特点,梳理出话语标记主观性等级序列,这对完善与丰富话语标记研究具有积极的理论价值。

话语标记主观性与差异研究对于国际中文教学具有应用价值。外国人在学习汉语时,话语标记的理解与使用是掌握地道汉语和形成语篇能力的重要因素之一,尤其是在中高级阶段,而我们无论是理论研究还是教学实践这方面都几乎是空白。教学实践表明,母语为非汉语学习者对话语标记掌握与使用并不一致,主观性低的话语标记容易掌握,而主观性强的标记则不容易掌握,理解较难,也回避使用,话语标记主观性等级研究就是构建起汉语话语标记主观性等级序列,并应用于国际中文教学,确定教学的顺序、重点与难点等,帮助学习者掌握与运用话语标记,提升汉语能力与交际能力。

第二节 责备义话语标记的主观性及其差异①

2.1 责备义话语标记

郑娟曼、张先亮(2009),李宗江(2009),吕为光(2011)等把"你看你""我说什么来着""不是我说你"等称为"责怪式"或"责怪义"话语标记,我们把这些话语标记统称为"责备义话语标记"。

话语标记本身不具有概念意义,只具有程序意义,所以责备义话语标记本身并不具有责备的概念意义,之所以被认为具有表示责备的语用功能,是因为它们所引导的话语都是说话人责备听话人的内容;同样,判断一个语言形式是否是话语标记,有个办法就是省去标记看对整个话语是否有影响,责备义话语标记与其他标记一样是可以略去的。那么为什么还要使用责备义标记,它们指示的是说话人对听话人的态度和立场,与话语标记的其他作用话轮转换、话题处理、指示段落或意群的开始与结束等篇章功能需要不同(方梅,2000)。我们关注的是责备义的语用功能是如何实现的,这是一个有意味的问题。

2.2 责备义标记责备功能的实现

常见的责备义话语标记有:"不是我说你、你看/说你、你呀你、我说什么来着、说句不好(难)听的、说你什么好"等,这些标记还有变体,如"你看你",也可以说成"你瞧你"或"你瞅你",这与"看"的方言或口语表达色彩有关;有时"你"还可以替换为"你们","不是我说你"就成了"不是我说你们";"说句不好听的"也可以是"说句不好听的话"。看下面例子:

(25) 不是我说你,林生,你也一把年纪了,怎么还能不分好歹见食就吞? （CCL）

---

① 本节主要内容以"责备义话语标记的主观性及其差异"为题发表在《语言文学前沿》(第12辑)(知识产权出版社,2022),本书有修改。

(26) 你看你,我的美丽的清洁工,你的发型好像有点问题。　　(CCL)
(27) 我说什么来着?干活儿的事儿,别叫女同志。这女同志一累了哇,就容易犯糊涂。　　(CCL)
(28) 说句不好听的话,你刚才说的那些,恐怕都是表面上的理由。
　　(CCL)
(29) 你看你现在累成这个样子,还能学习好吗?学习不好又怎么能为人民服务?　　(CCL)

责备义标记并不是标记本身具有责备含义,而是它们引导出的后面的话语是说话人责备听话人的,在现实交际场景中,出现这些标记就说明说话人要开始责备听话人了。

上面列举的标记,细分析起来又有两种情况,一是绝对责备标记,二是可能责备标记,前者有"不是我说你、你看/说你、你呀你";后者如"我说什么来着、说句不好(难)听的"。所谓绝对与可能的区分标准是,绝对责备标记是在任何时候都是表示责备,也就是后面引导出的话语一定是说话人责备人的,而可能责备标记则不一定,请看下面的例子:

(30) 我说什么来着,无聊的下一步就意味着堕落。　　(CCL)
(31) 说句不好听的,自"大跃进"以来,急功近利的事情我们做得还少吗?　　(CCL)

上面两例的标记都不表示责备的意思。"我说什么来着"本来是表示"预期"的标记;"说句不好听的",按照孙利萍、方清明(2011)对话语标记类型的划分,属于"主观评价性标记语"。"我说什么来着"怎么会成为责备义标记呢?吕为光(2011)认为必须具备三个语义条件:

A. 说话人对听话人提出某种意见、劝告或要求,否则会出现相应的结果;
B. 听话人没有听说话人的劝告或要求,而是按照自己的方式做某事;
C. 出现了说话人所预期的结果。

换个角度说,就是必须同时满足这三个语义条件"我说什么来着"才是责备义标记。同样,"说句不好/难听的"如果引导的后续话语不是指向听话人,它可能只是表明说话人对事件或情况的主观态度与评价,而没有责备的意思。而且,即使后续话语都指向听话人,"我说什么来着"与"说句不好/难听的"不同,前者也未必表责备,上述三个语义条件中B很重要,听话人没听说话人的劝告或意见,自行其是,才会受到说话人的责备,否则就是预期标记,吕为光(2011)认为"我说什么来着,你会成功的,现在信了吧?"

这样的句子接受度是很低的,所以只要后续话语指向听话人,是可能责备标记"我说什么来着""说句不好/难听的"的先决条件。

绝对责备标记与可能责备标记的区分在于是否单纯只是表责备,后者之所以还可能表示别的含义,它引导的话语可能并不是指向听话人,"我说什么来着"因为"……来着"本来就表示说话人先前提到过某事,所以作为标记的"我说什么来着"表达的意义就是预期实现;"说句不好/难听的"表示说话人的主观评价和态度,认为事情不好,未必是责备听话人。可能责备标记跟绝对责备标记的不同,前者可能不指向听话人,导致的原因是绝对责备标记都含有第二人称代词"你",尤其"你"处在核心动词后,这样就把语义焦点聚集在听话人身上,所以它们只表责备,而可能责备标记因为不含"你",所以引导的话语可能指向听话人以外的任何相关的人或事物,只有指向听话人才可能表责备,所以,"我说什么来着""说句不好/难听的"等可能责备标记如果加上"你"变成"我说你什么来着""说你句不好/难听的"则就成了绝对责备标记,这也可以构成标记变体。指向不同,标记的主观性、交互主观性也不同,这是后面要重点探讨的。

2.3 责备义标记的主观性与交互主观性及其差异

2.3.1 责备义标记的主观性

责备义话语标记表达说话人对听话人的责怪、不满、埋怨、批评等情绪,是表示情态的标记,它的语用功能到底是什么?上文提到了方梅(2000)对话语标记四大功能的概括,具体到某类或某个标记,在使用时是不是四大功能都要同时体现?还是哪种功能在起主导作用?现有研究确实存在从各种功能全面分析某类或某个标记的情形,但我们认为,某类或某个标记四大功能不会是均等显现的,一定会有起主导作用的功能。就责备义标记来说,话语标记的话轮转换、话题处理、指示说话人的态度、指示段落或意群的开始与结束四大功能(方梅,2000)并不是均衡发挥作用的,虽然它们也可能起篇章或话语组织方面的作用,但最重要的还是表达主观性,即指示说话人的态度。乐耀(2011a)就提出"不是我说你"这类话语标记"作为一种主观性范畴","凸现了口语语体体现的人际交互性",这种看法具有非常敏锐的学术眼光。他同时谈到,"不是我说你"表面上是不说听者,但后续话语实际又是批评听者,其前后语义逻辑不对,"其实点明了言者的一种'批评'的言语行为",他的看法无疑是正确的,但他并没有在这点深入下去,就是这类标记既然是点明言者的批评行为,表达言者的主观性,那它的主观性是如何实现的?实现的手段又是什么?

2.3.2 责备义标记的交互主观性与篇章功能

一些研究注意到像"不是我说你",语义上表面是否定,实际是肯定,是"我要说你"(参见温素平,2011),其作用是预设,唤起对方注意,并且表达某种情感,我们觉得这有些流于肤浅,因为话语标记并没有概念意义,尤其像责备义这类标记,其篇章功能并不强,完全可以略去不用,但为什么还要用?用与不用有什么不同?请看下例:

(32) 陈万利没法,只得缓和下来说:"二姐夫,<u>不是我说你</u>,你不能冷手拣个热'煎堆',混了一个便宜媳妇就算的。" (CCL)

在作者叙述部分明确陈述了说话人要"缓和下来"的心态,与之相呼应,用"不是我说你"来缓和气氛,使对方不至于对自己的责备过于不满,同时能意识到问题而接受说话人的意见。由此可以看出,责备义标记的主要作用在于表达言者的主观性,而且是交互主观性或部分交互主观性,以达到责备、批评的最佳效果。

语言一定包含了说话人的主观态度、情感,这就是语言的主观性。责备义标记主要是表达言者的态度、情感、立场,所以它就是高主观性标记,但由于它要表达的主观性是责备听者的情感,需要得到听者的认同,进而接受,所以它会将话语焦点转向听者,主观性自然表现为交互主观性。交互主观性的核心是言者对听者的关注,Traugott(2003)、Traugott&Dasher(2005)指出:"主观性包含着说话人对事物的主观评价,而交互主观性却体现出说话人对听话人的认同和关注。"Nuyts(2005:14)认为:如果一个话语发出者完全根据自我进行评价,那么这样的评价就是主观的;如果话语发出者暗示他将与其他人(可能包括听话人)分享自我评价的时候,那这样的评价就具有交互主观性。交互主观性不仅涉及说话人对听话人的关注,而且设想了听话人对话语的理解及反应(Schiffrin,1990)。就责备义标记来说,仅仅表明说话人的态度是远远不够的,必须得到听话人的回应与认同才是目的。从主观性与交互主观性的关系看,主观性先于交互主观性,主观性积淀到一定程度后才产生交互主观性,所以交互主观性是更强的主观性。李秀明(2011:100—101)将话语标记的功能类别分为:语篇功能(话题结构、衔接连贯、证据来源、注释说明)和人际功能(含糊表达、明确表达、评价态度、交际主体),所谓的人际功能,就是以言者与听者之间互动为基础的,言者对听者的"自我形象"与"面子"予以关注与维护,最终达成交际。Traugott(2003、2012)指出,标记的交互主观性主要体现在礼貌功能和人际元话语功能中,前者体现说话人对会话参与者面子的注意,后者目的则是引发回应,责备义标记的作用不仅要引起听者对话语的关注,而且要使听者对话语包含的信息予以理解与认同,进而接受,更重要的是在交际过程中顾及了听者自身的"面子"与"自我形象",所以责备义标记的作用是"缓和语气",这都是通过交互主观性得以实现的。

责备话语中,还有一种情况可以谓之为"娇嗔",就是表面上是责备,实际表达的是疼爱或爱护等,多用于关系亲密的交际双方,尤其是女性,交流中也会使用标责备义标记,如:

(33) 你何止戒了烟,还戒了荤、糖、茶,连早点、夜宵也戒掉了,你呀你,看把身子戒垮了咋办?从今以后,除烟以外,我宣布一切破戒。(CCL)

这里的责备义标记当然不是起缓和语气的作用,而是更体现出双方之间的亲密和言者对听者的关心,更体现了交互主观性。

完权(2017)有一项非常有意思的研究,他根据相关理论采用对比方法对包含话语标记在内的汉语交互主观性语言形式的句法位置展开研究,最后得出结论,汉语交互主观性的表达不依赖语言形式的句法位置,而在于标记性,如果将此结论与责备义标记作用对照,正好印证了我们的结论,就是责备义标记的作用不在于其篇章功能而在于交互主观性的体现。

2.4 责备义主观性表达的途径与等级

2.4.1 交互主观性与移情

责备义标记的交互主观性是如何得以体现的?核心是移情手段的运用。关于移情(empathy),前面已经进行过介绍,Kuno 提出了"句法突显原则"(Syntactic Prominence Principle),即哪个成分的所指对象的移情值高,哪个成分在句法上就取得突出地位(李向华,2013)。最早将语言学移情理论引介到国内的是何自然(1991),他认为移情就是交际双方情感相通,能设想和理解对方用意。很明显,移情实际上就是交互主观性的表达手段之一,属于语用层面,这也切合了话语标记的语用功效。语言学角度的移情着眼的是说话人的视角,Kuno(1987)认为说话人在描述一个事物时必然会选定某一个视点(point of view)或某一个观察角度(camera angle),就是说话人跟所描述事件的参与者发生或近或远各种程度不同的关系,说话人描述事件或状态时所采取的视角,也即说话人站在某一言语参与者或行为参与者的立场或角度来进行叙述,就是移情于该对象(董秀芳,2005)。张旺熹、韩超(2011)从认知语言学理论出发,提出了"劝解场景"的说法。所谓劝解场景,是指一种交际语境或场景,言者利用一定的言语手段去劝说、教育听者,使之认同、理解直至赞同自己的观点,从而促使听者与自己达成某种共识,以实现其特定的交际意图。当涉及责备时,语境转变为"责备场景"。在这种场景中,说话人为了使听者接受自己的责备,并在一定程度上改正,同时还能维持双方原有的良好关系,特别是不想引起对方反感,导致双方关系恶化。责备话语本身表达的就是说话人对听话人的不满与责备,通过责备义话语标记采取移情的手段,在表明对听者不满的立场同时,从听者的角度出发,站在听者情感立场,与听者构成一个利益整体,让听者明白是在迫不得已的情形下才如此,这样起到缓和整个话语语气,使责备内容在客观上显得更容易接受。

责备义标记的交互主观性通过移情来实现,换个角度,移情也是交际策略,通过移情策略实现责备的交际意图,责备话语本身只是表达责备内容,而标记的使用是为了帮助责备目的得以实现,是一种交际策略。

2.4.2 交互主观性的差异

虽然责备义标记都具有交互主观性,都是通过移情来实现的,那么它们的交互主观性是否就完全一样?与此相关的问题是:责备义标记是否符合话语标记主观性具有差异性特点也有所不同?其差异性又呈现怎样的情形?差异性是如何产生的?从哲学层面来说,任何事物都不可能完全一致,这也是唯物主义的基本观点,所谓"人不可能两次踏进同一条河流"即是这一点的体现。我们先假设责备义标记的交互主观性是具有差异性的,那么如何找到形式依据与形式表现是证明这个问题的核心。完权(2017)对汉语交互主观性语言形式的句法位置进行了研究,这给我们提供了重要思路。近年来,西方语言学界有些研究开始探讨小句相关位置与主观性、交互主观性及主观化、交互主观化意义表达之间的关联,认为语言形式的句法位置可能与交互主观性表达不对称,通过语言对比,认为在话语左边的表达更可能是主观性,而在右边的则更可能是交互主观性,因为左边主要安置连贯性标记和话轮接续标记,表达说话人开始说话,为自我获得发言权,而右边则是体现话轮交换功能,说话人开始关注对方、让出话轮,这个假说是以小句为对象,包含了小句的内部和外部。完权(2017)通过对比发现汉语交互主观性的表达不依赖语言形式(小句)的句法位置,但标记的句法位置与交互主观性具有关联性的假设给判定责备义标记交互主观性的差异提供了非常有益的理论借鉴与研究思路。

2.4.3 "你"的位置与移情值等级

责备义标记在形式上有个重要特征就是含有(或隐含)第二人称代词

"你",即使隐含或省略"你"的都可以加上,如"我说(你)什么来着""说(你)句不好/难听的"。这些标记包含的第二人称代词"你"的位置有三种情况:处在句首、句后和隐含或省略,句首一般是作主语,如"你说/看你",句后是作宾语,如"不是我说你",主语位置可以称为显著位置,宾语位置则可称为非显著位置,当然像"你说/看你","你"同时出现在两处,"你呀你"也不是主谓句,"你"处在显著位置,即放在句首,这与移情的视角密切相关。移情与说话人描述一个事物的视点或观察角度选择相关,如果聚焦于说话人自己,就是主观性,聚焦于听话人就是交互主观性,而且哪个成分所指对象的移情值高,哪个成分在句法上就取得突出地位,在责备义标记的交互主观性上,移情值与句法位置也是对称的,"你"在显著位置移情值就是最高的,因为"你"的位置决定了"视点"和"角度","你说/看你、你呀你"完全是从听话人自身出发,"你"是施事,是动作、行为的发出者,也就是说,整个标记的视角完全是听者。方梅、乐耀(2017:229—231)指出,这类标记结构高度凝固化,人称代词不能随便换,甚至必须重复"你",也就是宾语必须重复"你"才表达责备含义,换成"你们"都不再表示责备,宾语必须是"你"是强制性要求。而"你"如果处在句后,动作的发出者是言者"我",听者"你"是责备的接受者,所以较之"你"在句前的标记,其移情值显而易见不如在前的高。至于隐含"你"的标记,当然移情值相对上述两类就更低了,因为如果不隐含"你",这类标记就不一定是责备标记,如"我说什么来着"就可能是预期标记,"说句……的"是主观评价性标记。如:

(34) 松儿大爷一半满意,一半慨叹的说:"我说什么来着? 出不了三四年,夏家连块土坯也落不下!"   (CCL)

上面例子的"我说什么来着",因为不是针对听者,而是说明出现的情况与自己预计的一样,所以并不表示责备。只有针对听者,"我说什么来着"才表示责备,这就是源于交互主观性,所以吕为光(2011)总结"我说什么来着"表示责备是"说话人直接面对听话人使用该结构,表达自己的主观态度,同时也要求听话人积极参与进来,听到该结构后对自己的行为进行思考"。互动性是其表示责备的重要前提,这也是上述有关移情值论述的佐证。由此,我们认为,责备义标记的人称代词(第二人称)的位置与移情值的高低具有关联性,构成了一个移情值等级链:"你"在句首>"你"在句尾>隐含"你"。对应在具体标记上,就是:你说/看你、你呀你>不是我说你、说你什么好>我说什么来着、说句不好/难听的。

2.5 小结

通过分析与研究,关于责备义话语标记,可以得出以下结论:

首先,责备义标记的主要作用是表达主观性而非篇章或话语组织功能。话语标记的特点被概括为"程序性"与"主观性"(参见董秀芳,2007a),关于话语标记的功能,学界各家有不同表述,前文已有涉及,在此不赘,无论怎么归纳,不外乎篇章或话语组织与言者情感两大块。责备义标记虽然在话语中也具有篇章功能,但相对主观性来说,后者更为突显,是言者实现交际目的的主要策略。

其次,责备义标记的主观性主要是交互主观性,这是实现责备目的的有效手段,移情是实现交互主观性的途径,也是交际的策略。在责备场景中,言者要责备听者,但其目的是要听者认同自己的责备,最终达到接受责备的目的,所以其主观性不能一味聚焦于自身,而必定要考虑听者,要顾及听话人对话语的理解及反应、面子和立场,达成与自己互动。

最后,责备义标记的主观性具有差异,移情值有高低,形成了主观性、交互主观性等级链,移情值高低与视角密切相关,第二人称的位置决定了移情值的高低,"你"处于显著位置移情值最高。语言成分的位置不仅与语法有关,与语言的主观性表达同样相关,尤其是在具体交际互动中,话语成分的位置与交互主观性的强弱有密切联系(参见完权,2017)。由于责备义话语的责备对象就是听者,所以责备义话语标记中的"你"特别重要,其位置与交互主观性和移情值密切关联。

第三节 互动话语标记"瞧你说的":从否定内容到否定情感[①]

3.1 相关研究

关于话语标记"瞧你说的",从目前我们掌握的文献资料来看,专门讨论作为话语标记"瞧你说的"研究成果仅有李治平(2011a)一篇论文,此外,还有研究某类话语标记时涉及"瞧你说的",如周明强(2014)将"瞧你说的"作为"埋怨性话语标记"的一个成员进行了考察。

---

① 本节内容以"互动话语标记'瞧你说的':从否定内容到否定情感"为题发表在《语言教学与研究》2022年第3期,本书有修改。

相比较来说,李治平(2011a)的研究较为全面,分别从"语篇分布""话语功能""成因"等几个方面对它进行了分析,后来将其作为"言说词语话语标记"研究的个案收入专著《现代汉语言说词语话语标记研究》(2015)。他的研究具有一定的建设性,但许多方面还有待深入,有的说法也有可商榷之处,如在讨论"瞧你说的"话语功能时,他按照方梅(2000)概括的话语标记话轮转换、话题处理、指示说话人态度、指示段落或意群的开始或结束4大功能,分别对它每一项功能进行了分析,这虽然符合话语标记具有多功能性的事实,但却没有体现话语标记核心功能的原则,4种功能在"瞧你说的"并不是均衡表现的,按方梅的话语标记4大功能说法,它的核心功能是指示说话人态度,如果平均看待它的功能,实际上就模糊了其核心功能与根本性质,所以有必要对"瞧你说的"相关问题进行深入探讨。

本节从否定功能的产生与分化、标记化、言者态度与主观性、互动中的性别特征等几个角度对话语标记"瞧你说的"进行探讨。

3.2 作为话语标记的"瞧你说的"

3.2.1 "瞧你说的"及其变体

"瞧你说的"也可以说成"看你说的",在 CCL 和 BCC 两个语料库中,"瞧你说的"和"看你说的"出现的数量大致相当,如"BCC 语料库"(多领域)中,前者 121 条,后者有 149 条;CCL 中,前者 26 条,后者 45 条。从语料数量看,二者相差不大,用"看"略多于"瞧"。"瞧"《现代汉语词典(第7版)》标明的意思就是"看",为"口语","看"则是口语、书面语通用。"瞧"是北方地区口语词汇,该标记本来就是一个出现在口语会话中话语标记,使用"瞧"就更增加了它的口语色彩,所以后面的论述和例子都以"瞧你说的"为主。在该标记中,"你"也可以用"您",但在使用数量上,"瞧您说的"则大大少于"瞧你说的","BCC 语料库"(多领域)中,"瞧您说的"只有 38 条,CCL 有 11 条,所以说该标记的基本形式是"瞧你说的","瞧您说的"只是它的一个变体。

3.2.2 构式化特征

构式语法理论是近年语言研究的一个热点,"构式"(construction)是构式语法的基本概念,它是形式—意义的配对(form-meaning pair)。从 Goldberg(1995:4)对构式的定义可以知道,成为构式的两个基本条件是:一是构式是形式和意义的配对;二是从构成成分不能预测整个构式的意义,Goldberg 关于构式的说法是被学界广为认可和采用的判定标准。那么,哪些结构是构式呢? 在构式语法里,"构式"的范围很广。根据

Goldberg(2003)的构式示例,从语言单位层级的角度构式分为四大类型:语素、词(含单纯词和复合词)、习语(含完全固定的和部分固定的)和格式(大致相当于句型)。后来她的构式范围进一步扩大,可以包含成句的习语(Goldberg,2006:5)。关于汉语构式研究,施春宏(2011)将研究热点概括为三个方面:一是可抽象为特定结构类型或功能结构类型的句法结构体,二是颇具汉语特色的框架性结构,三是习语性构式。他的说法也可以理解为,上述三种情况既是汉语构式研究的三个热点方面,也是汉语的三种主要构式。

"瞧/看你说的"就是一个习语构式,它由"瞧/看+你说的"构成,是一个述宾结构,这个述宾结构字面意思是提醒听话人注意自己刚才说的话,但在话语中,它的实际语义功能是表示否定,整个结构的意义不能从各组成部分的意义推测出来。它在话语中作为话语标记使用,其表示否定的语义功能已经习语化。施春宏(2011)认为,习语性构式的研究与词汇化、语法化方面的研究相关联。"瞧/看你说的"构式化特征主要体现在以下两个方面:

第一,它已经成为一个相对固定的结构,构成成分不能随意替换与组合,除了"你"少数时候可以换成"您"外,其他成分都是固定的,因为组成成分已经凝固,所以成分也不具有相应的句法功能,"瞧/看"是动词,但在该短语中已经不具备一般动词的功能,如重叠、加时态助词、变换句式等。"瞧/看你说的"可以说成"瞧瞧/看看你说的",但单独使用的"瞧瞧你说的",两个语料库都没有。"看看你说的"在"BCC 语料库"(多领域)有 17 条,与"瞧瞧你说的"一样,没有单独使用的,都不是话语标记;"瞧你说的"也不能说成"瞧着/了/过说的",也不能变换为"把"字句或被动句,可以对比一下"瞧/看你急/累的",结构相似,但后者可以变换为"瞧/看把你急/累的",而"瞧/看把你说的"则不成立;结构中两个动词"瞧"和"说"都不能再有修饰成分,如:

(35) a. 佟湘玉:<u>瞧你说的</u>,啥钱不钱的,嫁鸡随鸡,嫁狗随狗,嫁妆再好,也比不上人好。(CCL)

(35) b. *佟湘玉:好好<u>瞧你说的</u>,啥钱不钱的,嫁鸡随鸡,嫁狗随狗,嫁妆再好,也比不上人好。

(35) c. *佟湘玉:<u>瞧你好好说的</u>,啥钱不钱的,嫁鸡随鸡,嫁狗随狗,嫁妆再好,也比不上人好。

另一方面,"瞧"的前后也不能增加成分,所以"我瞧你说的""瞧你说的这些事"都与它的意义与功能不同。

第二，它的意义与功能已经习语化(idiomatize)，构式语法研究有多个流派或分支，有学者(詹芳琼等，2020)总结，不同流派或分支都以两个假设为前提，其一是构式由约定俗成的形式—意义配对构成，且处于词汇(内容性构式)—句法(程序性构式)的连续统上，这也说明约定俗成在构式化中的重要作用，所以习语也成为构式最重要的成员之一。"瞧你说的"紧密结合在一起，在话语中单独使用，它已经成为一个稳定、凝固的短语结构，是一个语法构式，也具有词汇特征；它意义已经虚化，并不是字面意思的组合，而是对前面说话人所说话语的否定，删掉它也不影响整个话语的命题含义；功能上可以看作一个认知性的插入语，统辖后面的全部话语；它具有很强的主观性，实现了主观化，它是对前面说话人所说内容的否定，同时表达了对前面说话人的某种态度与情感，后面将会探讨它的不同情感，如责备、埋怨对方的情感。

3.3 "瞧你说的"的否定功能

3.3.1 "瞧你说的"的否定类型

"瞧你说的"表示否定，作为回应标记，是典型具有人际互动功能的标记。李先银(2017:14—18)在定义"话语否定"时，将其纳入了一个"刺激—反应"的情感框架中，语言的意义在互动中产生，言语的运用是一个"刺激—反应"的行为。"瞧你说的"就是说话人对前面说话人所说话的反应，是一种言语回应，所以它的核心功能就是互动，并且它要表达说话人对前面说话人及其话语的评价、情感、立场等主观性。

从否定的角度看，"瞧你说的"否定的对象有两种大的类别，分别是：

首先，否定对象是前面说话人所说的内容，也就是说话人不同意或不承认前面说话人的内容，可以理解为双方在对事物的认知上不一致，如：

(36) 瞧你说的，儿子怎么会记恨爸爸呢。　　　　　　　　　　　(CCL)
(35) a. 佟湘玉：瞧你说的，啥钱不钱的，嫁鸡随鸡，嫁狗随狗，嫁妆再好，也比不上人好。

两个例子都是否定前面说话人"儿子会记恨爸爸""钱很重要"说法，后面用反问句提出自己认为正确的观点，这种类型还包含说话人出于某种目的故意否定前面说话人的情况，尽管知道前面说话人所说的是正确，如：

(37) 心里虚着，嘴上却装作若无其事的样子拉硬：瞧你说的，怎么会呢。　　　　　　　　　　　　　　　　　　　　　　(CCL)

这类否定的特点是说话人只是单纯表达对前面说话人话语的不认同，不涉

及对前面说话人的情感态度,看下面例子:

(38) a. 朱信不以为然地摇摇头:"瞧你说的!我倒听说有坤角改唱歌的,可我还没听说哪一位唱小生的改唱流行曲……" (CCL)

例句中的"朱信"只是对前面说话人说的"唱小生改唱流行曲"事情的不相信,只是对事情的可信性表示否定意见,并不涉及对说话人的情感态度。

其次,表达对前面说话人否定的情感和态度,也即否定的对象是前面说话人。与上一种相似,"瞧你说的"形式上仍然是否定前面说话人的意见,但它不再是单纯对内容的否定,而是在否定内容之外更表达了对前面说话人的不满、责怪,体现出说话人对前面说话人的负面情感态度,也可称为否定的情感态度:

(39) a. "瞧你说的。你才是那样的人呢!"市子反唇相讥道。 (CCL)

上例中"瞧你说的"明显体现出了"市子"对前面说话人的不满。但细分析起来,说话人对前面说话人的情感态度还是有所不同的,具体来说,还会有差别,像上例(26)a,从叙述话语的"反唇相讥"能知道,说话人真的在表示对前面说话人的不满和责备,是"真性责备"。有的虽然否定前面说话人的话语,但表示的责备、不满并不是真心的,只是说话人客套和谦虚,可谓是"假性责备",这种情形往往发生在交际时前面说话人是在陈述或表达对后面说话人的褒奖,后面说话人用"瞧你说的"来否定以表达假性责备,实际就是回应时的客套与礼貌,就如回应别人夸赞时说"哪里哪里",也即周明强(2014)所说的"嗔怪",如:

(40) 沙:瞧你说的,指导员,我可没做什么事呀!
　　郭:你待同志亲如一家,精心调理总不差。缝补浆洗不停手,一日三餐有鱼虾。同志们说,似这样长期来住下,只怕是,心也宽,体也胖,路也走不动,山也不能爬,怎能上战场把敌杀。
　　沙:瞧你说的!
　　郭:(接唱)待等同志们伤痊愈—— (BCC)

如何区分否定内容和否定情感两种类型?有没有形式上的校验办法呢?通过对语料的仔细考察与分析,我们发现有两种方式或办法可以作为区分的标准。

第一,"瞧你说的"前面是否可以加"你",如果加"你"成为"你瞧你说的"成立且不改变其否定功能,就是否定情感,反之则是否定内容。对前面举过单纯"否定内容"的例子进行转换:

(38) b. *朱信不以为然地摇摇头："你瞧你说的！我倒听说有坤角改唱歌的，可我还没听说哪一位唱小生的改唱流行曲……"

再对表示不满、责备的例子进行转换：

(39) b."你瞧你说的。你才是那样的人呢！"市子反唇相讥道。

通过对比，非常清楚地显示，单纯否定内容的"瞧你说的"前面不能加"你"，而否定情感的则可以自由添加"你"。为什么出现这样的差别呢？可以看到，前面添加"你"后，祈使语气就显得更加强烈，否定对象完全指向了前面说话人，与单纯表达对内容否定的交际场景不相匹配，如果使用，情绪化倾向明显，会引起对方的不适，不利于交际顺畅完成。

第二，"瞧你说的"是否有后续话语，一般没有后续话语的是否定情感，而有后续话语的多是否定内容。如例(40)沙奶奶和指导员的对话，沙奶奶并没有再具体陈述否定的理由，而是用"瞧你说的"结束了自己对指导员说法的不认同，实际上是"嗔怪"，因为它不需要实质性地展开不满与责备。表示否定情感时，"瞧你说的"不仅可以没有后续话语，而且还可以反复，用反复的方式加强不满或责备的程度，如：

(41) 梅子附和着柳萌批评我："瞧你说的！瞧你说的……"柳萌好长时间没有吱声，明显地不高兴了。　　　　　　　　　　　(BCC)

例句中的"梅子"用重复"瞧你说的"批评"我"来附和"柳萌"，显然是表达否定情感而不是要否定"我"前面说过的话。

3.3.2 否定功能的产生

李先银(2017:12—14)根据否定的形式特征、语义语用特点、语义理解方式、对语境的依赖程度等方面，从功能上将否定区分为语法否定、语用否定和话语否定三个层级。语法否定就是使用"不、没"等否定词来表示否定，语用否定是通过故意违反语用规则来表示否定，话语否定是交际互动中对话语环境中的刺激根据个人情理系统和情感做出的否定性反应或评价，使用话语标记就是表现这种反应和评价的手段，他将这些话语标记称为"话语否定标记"，并且明确指出"话语否定标记"就是"话语标记"。"瞧你说的"就是这样一个表示否定的话语标记，它从否定话语内容进而表达对说话人的否定性评价与负面情感。

"瞧你说的"本身是个祈使句，原型意义是提醒听话人注意刚才其所说的话，但它引出的话语往往是说话人认为真实情况的陈述，或者是对前面话语的质疑，如：

(42) "就说你吧,光从你用柠檬液化妆这一点来看,也够得上贵族哩。""哟,<u>瞧你说的</u>。就算一个柠檬值一角钱,切成四半,每份只值二分五厘嘛。我一天只花二分五厘。" (BCC)

(43) 大姐,<u>瞧你说的</u>,没这么严重吧? (CCL)

例(42)"瞧你说的"后面话语是说话人对自己认为正确事实的陈述,例(43)则是对前面说话人所说情况的质疑与不认同,无论哪种情况,都表示了对前面话语的否定,这样,"瞧你说的"相当于"不是""不是这样",其功能就是否定,它就是一个否定标记,不管后续话语是什么,它都表达了当前说话人对前面话语的否定。与之相印证,有时后续话语会再直接使用否定话语来强调:

(44) "唔,站得太近了吧。""<u>瞧你说的</u>,不对,不是这样……我吓得直打哆嗦,赶紧离开队伍。" (BCC)

自然而然,否定的对象很容易从指向前面话语转向前面说话人:

(45) "绳子?!"费资本瞪着他。"<u>瞧你说的</u>,好像我连这都不成的样子!这对我来说可是种侮辱。扶我站起来。" (CCL)

上例中的"瞧你说的"在否定前面话语的同时,否定重点指向前面说话人,表达了对前面说话人责备、不满的负面情感,亦即本节标题所说的"否定情感"。当然,两种否定之间可能还存在一些中间现象,如:

(46) <u>瞧你说的</u>,我只是说不去火车站嘛。 (CCL)

上例结合具体情景可能会有不同解读,如果对话发生在两个熟人之间,可能只是说话人对同伴前面误解自己话语的否定,如果对话是一对恋人,则可能是说话人对恋人的娇嗔,虽然也否定对方的话语,但表达否定的负面情感并不是真正的责备,后面还将对此详细分析,在这里不再展开。总之,"瞧你说的"从提醒注意转而成为否定标记,其否定功能产生过程如下:

提醒或引导注意──→不认同──→否定对方话语──→不满对方话语──→不满、责备说话人

"瞧你说的"从话语功能来说是一个表示否定的话语标记,既可以表达说话人对前面说话人所说话语内容的否定,而且也可以表达对前面说话人不满的否定情感,具有较强的主观性。

对话语标记功能的理解乃至名称的表述,学界其实有不同说法。方梅(2000)将话语标记的概括为4大功能,她的说法被学界广泛认可与采用,

但方梅(2012)后来对自己的说法有所调整,按照不同功能对"话语标记"与"语用标记"两个术语进行了区分,认为话语标记(discourse markers)"在言谈当中起组织结构、建立关联的作用",而语用标记(pragmatic markers)"重在表现说话人的态度",她同时也强调这种区分是"比较窄义的理解"。依照方梅(2012)的说法,"瞧你说的"因为表达对前面说话人的埋怨与不满,具有较强的主观性,应该属于"语用标记",但也不可否认,"瞧你说的"也同时具有话语组织功能,即引导不满与埋怨话语,所以很难将它单纯确定为狭义的"语用标记"或"话语标记",我们还是采用广义的话语标记这个说法,将"瞧你说的"认定为话语标记,它的核心功能就是"指示说话人的态度",具有较强的主观性,根据殷树林(2012:70-71)话语标记类型的三分法,即篇章、人际、互动3大类来看,它是一个互动话语标记。

从会话时所处的轮次位置看,"瞧你说的"处在交际时后一个人对前面说话人回应话语的起始部分,它的前面可能还会出现一些语气词,如"哎哟、唉",也可能出现前面说话人的名字或答话人对前面说话人的称谓,或者二者可以都出现,如:

(47) 唷,瞧你说的,你这么一大小姐…… (CCL)
(48) "哎,阿松,瞧你说的,姐姐说了,在寒假之前她会穿着外褂站起来的。"直美带着责备的语气插嘴道。 (BCC)

所以从话语的位置看,"瞧你说的"都是处在后一个说话人的话语开头,从交际目的看,是一个"回应标记",它的作用是否定前一个人说法,引导的后续话语可能有几种情况:一是说话人认为是正确的说法,如上面例(48);二是表示说话人对听话人或他的话语的评价、态度、立场等,如上面例(47);三是说话人对自己某种言行的解释或辩白,从而否定前面说话人的说法或评价,如:

(49) 一句话把刘大妈沤笑了:"瞧你说的,大妈是那乌眼鸡么?就不能客客气气地坐一堆儿说闲话儿了?" (CCL)

还有一种情况是,"瞧你说的"没有后续话语,而且可以重复,如:

(41) 梅子附和着柳萌批评我:"瞧你说的!瞧你说的……"柳萌好长时间没有吱声,明显地不高兴了。 (BCC)

之所以没有后续话语,上面关于否定类型区分时已经进行了阐述,在此不赘。

3.4 "瞧你说的"的标记化

3.4.1 "瞧你说的"的结合过程

"瞧你说的"从句法层面分析,它是一个述宾结构的祈使句,由动词"瞧/看"加上短语"你说的"组成,它如何从一个祈使句产生出了否定意义或功能而成为一个构式?可以考察一下这些成分组合在一起的过程。

"瞧"与"看"同义,在《现代汉语词典(第7版)》中解释为"看",是口语。《现代汉语词典(第7版)》对"看(kàn)"的解释则复杂得多,"看"有9个义项,可以换成"瞧"的只是一部分,即使是同一个义项,"瞧"和"看"也未必可以互换,"看"的第一个义项,也即"看"的基本意义是"使视线接触人或物",词典举例"看书|看电影|看了他一眼",只有最后的"看了他一眼"可以说成"瞧了他一眼",而没有"瞧书、瞧电影"的说法,前面说过,"瞧你说的"和"看你说的"基本相当,只是"瞧你说的"比"看你说的"更有北方口语色彩。"看""瞧"表示"视线接触",很早就出现了,但在古汉语中,这个意义主要是由"睹""观"承担,使用比较多,但"看"比较早就出现了,如:

(50) 梁车新为邺令,其姊往看之,暮而后闭门,因逾郭而入。
　　　　　　　　　　　　　(战国《韩非子·外储说·左下(二十八)》)

"瞧"相对"看"就晚得多,到北宋才出现:

(51) 新竹依墙未出寻,墙东桃李却成林。池塘草长初饶梦,村落莺啼瞧心……　　　　　(北宋·苏辙《次韵王适东轩即事三首》)

上面的"瞧"出现在诗词中,书面语色彩还很浓。"瞧"主要是元时出现在白话中,奠定了后来的口语色彩基调:

(52) 与些绸丝纱罗都有麽。我要瞧瞧拣拣买。　　(元《老乞大新释》)
(53) 稔色人儿,可意冤家,怕人知道,看时节泪眼偷瞧。
　　　　　　　　　　　　　　　　　　　(元《西厢记杂剧》)

"瞧、看"与"你"组合也是近代白话才出现的,古代汉语中第二人称代词主要是"汝、乃、尔"等,"你"作为第二人称代词也是出现在古代白话中:

(54) 其时乃有董仲先生来贤(闲)行。知是天女之男,又知天女欲来下界。即语小儿曰:恰日中时,你即向池边看,有妇人着白练裙,三个来,两个举头看你,一个低头伴不看你者,即是你母也。

(五代《敦煌变文集新书》)

"瞧"与"你"组合是明清白话时期的现象("看"与"你"结合早,见上例):

(55) 蜡梅道:"妈使我来瞧瞧你。" （明《金瓶梅》）

但"瞧你说的"组合在近代白话中没有出现,"看你说的"则出现了,但完整的结构是"看你说的话":

(56) 三藏道:"不知端的可是他吃了我马?"行者道:"你看你说的话!不是他吃了,他还肯出来招声,与老孙犯对?" （明《西游记》）

上面"你看你说的话"与后来的"看你说的"意思一样,"说的"指代"说的话","CCL 语料库"(古汉语)仅上面一例,BCC 古汉语语料库中有 6 例,除与 CCL 一样有《西游记》1 例外,其他主要是清朝白话作品:

(57) 看你说的甚么话!我把你畜生打死,这样人留你怎么! （清《聊斋俚曲集·翻魇殃》）

近代白话时期,主要结构是"(你)看你说的(什么)话",它提醒前面说话人,进而引出质疑话语,后面要么接问句,要么直接用反问句,都是表示对前面说话人所说内容的质疑,进而否定,上文前一例"行者"对"三藏"的还在犯疑的话进行了否定,后一例流露出对说话人本身的某种不满。到了现代汉语中,"(你)看你说的(什么)话"很多就简化成"看你说的",语料中也同时还有不少原结构的用法,这个祈使句就只表示否定,随着主观性的加强,经过主观化与规约化,成为了一个话语标记,并凝固为一个相对稳定的小句结构,与"看"同义的"瞧"也就大量出现,在口语中"瞧你说的"成了这个固定结构的基本说法。

3.4.2 "瞧你说的"的主观性与主观化

通过对语料的考察,可以确定,"瞧你说的"是在现代汉语共时层面完成了标记化,成为一个话语标记,其主观性与主观化是标记化的诱因。它的否定功能来源于整个话语对前面话语的质疑与不认同,伴随着否定功能产生就具有了很强的主观性,即在否定前面说话人所说内容的同时也表达了对前面说话人的某种态度与情感,与否定内容一致,其态度与情感也是负面的,是"(对前说话人)否定(的)情感",也就是一般说的表示"不满、责备",这也是主观化过程,"瞧你说的"主观性演变过程可以表示如下:

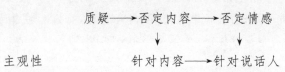

单纯"否定内容"只是针对前面说话人所说的话,"否定情感"是在"否定内容"的同时表达了对前面说话人"不满、责备"的情感或态度,前面我们提出了校验两种否定的区分办法,表达否定情感时可以在"瞧你说的"前加"你",因为这样更突出否定指向对象,是说话人要表达对前面说话人的情感、态度,主观性更为突出。

从"瞧你说的"话语顺序看是一个回应性的标记,是当前说话人对前面说话人所说话语的否定,它的基本功能是互动,否定既是功能的体现,也是说话人的态度,通过动词"瞧"引出"你说的",标记的语义焦点向听话人——也就是前面说话人集中。上面我们将它的否定区分为否定内容与否定情感两种情况,"否定内容"的对象都不涉及听话人和说话人双方,如果内容涉及交际双方就会成为否定情感,表现对当前听话人的不满,从主观性强弱看,二者的差异为:

$$否定内容 < 否定情感$$

"否定情感"表示不满、责备也存在两种不同性质的情况,可以称之为"真性否定情感"与"假性否定情感",前者表达的是真实的不满、责备,而后者只是对前面说话人夸赞自己的客套回应,表面是不满、责备对方,实际是礼貌回应,是"嗔怪",甚至是"娇嗔",重点并不是"否定",无论是"内容"还是"情感"。

3.5 互动中的性别特征

3.5.1 "瞧你说的"性别统计与特征

互动语言学一改传统静态研究语言的范式,关注语言在社会互动中如何构建意义,话语标记就是构建意义的重要手段之一。"瞧你说的"处在会话轮次中后一方回应前面说话人的话语之前,表达说话人对前述话语的否定态度,从社会互动角度来分析其功能特点,我们发现"瞧你说的"带有较强的性别色彩。Jucker & Ziv(1998)认为话语标记具有口语、非正式的特征,而且有具体的性,常出现在女性言语中。汉语每个话语标记情况与之未必相符,但"瞧你说的"却具备这样的特点,尤其是性别特征。汉语的话语标记大多性别特征不明显,通用的多,关注话语标记这一特征的研究也不多,"瞧你说的"就是一个在交际中具有女性特征倾向的话语标记个案。CCL中一共有26条"瞧你说的"语料,全都是话语标记用法,我们从性别角度逐一对其用法、功能进行确认,统计数据如下表:

表 8-1 "瞧你说的"使用性别统计

性别与方式	使用人性别		使用方式				否定内容	否定情感（责备）	否定情感（嗔怪）
	女	男	女对女	女对男	男对男	男对女	女对女 1 女对男 4 男对男 5 男对女 1	女对女 1 女对男 3 男对男 1 男对女 2	女对女 3 女对男 5 男对男 0 男对女 0
数量	17	9	5	12	6	3	11	7	8
总计	26		26				26		

通过上表统计的数据，可以发现，"瞧你说的"在社会互动中具有很强的性别倾向，是一个在使用上女性突显的话语标记，主要体现在以下几个方面：

第一，女性使用明显多于男性。在 26 条语料中，使用者为女性的 17 条，占全部语料的 65.4%，远高于男性的 34.6%。我们在 BCC（报刊）中搜索到 14 条语料，使用者全部为女性，与 CCL 语料可以互为佐证。语言事实所呈现的情况都表明，"瞧你说的"在会话中更多地为女性所选择。

第二，交际互动中多有女性参与。上面的数据显示，"瞧你说的"使用的会话场景大多有女性参与。"瞧你说的"的会话场景尽管不排除有多人在场，但前后话语一定是在两人之间展开，因为说话人针对的只是前面"你"的话语。上表的数据中，用于"男对男"的只有 6 例，另外 20 例都有女性参与，或是说话或是听话，占比达 76.9%，单纯用于男性之间的只占 23.1%，所以这表明"瞧你说的"不仅多是女性采用，而且还主要用于有女性参与的会话场景，亦即参与交际的一方以女性为主。

第三，女性更倾向于使用它表现情感，男性则多是针对内容否定。前面对"瞧你说的"的主观性进行过分析，"瞧你说的"单纯否定内容的主观性弱于否定情感，因为后者具有隐性的交互主观性，且否定情感又分为表"责备""嗔怪"两种情况。以此为观测点，上表数据中，用于男性之间的 1 例，仅占 0.67%，其他都是用在两性之间，否定情感共 15 例，其中表示"嗔怪"否定情感的没有男性使用，这些数据表明，男性之间使用"瞧你说的"只是用于否定内容，而比否定内容具有更强主观性的否定情感则多为女性使用，或者使用在两性之间，表示"嗔怪"的主要用于女性对男性或者女性对女性。这是一个非常有意思的现象，"瞧你说的"表示否定情感，"嗔怪"实质是一种假性"责备"，表面上是责备对方，实际上只是客套或礼貌地回应对方前面对自己的夸赞，主要针对男性或女性。女性对女性，双方之间的

关系一定非常亲密,如例(39)a,把语料的前后文都引出是:

(39) c."这个时候您来做什么?""瞧你说的,你也给市子添了不少麻烦……"市子虽然一直盼着音子来,但还是感到有些意外。音子一见市子,眼里立刻涌出了泪水。"你怎么不事先打个招呼?我好去接你呀!"

从她们的对话可以知道两个女性的关系一定非常亲密(可能是姐妹)。女性对男性表"嗔怪",一种是双方之间非常熟悉与亲近,属于正常友情范围,如例(40)现代京剧《沙家浜》沙奶奶对指导员说的,另一种则是双方有男女私情,女的在"嗔怪"男方,"娇嗔"意味浓厚,如:

(58) "你不想想,要是让你大伯知道了,他会怎么说?""瞧你说的,他才不会知道呢!"他向她凑过身子,心儿扑通扑通直跳。"你为什么想吻我?"他知道自己该回答一句"因为我爱你嘛",可就是说不出口。
(CCL)

表达娇嗔的主要是女性,尤其是女性针对男性用,所以在表"嗔怪"中女性对男性多于女性对女性,却没有男性对男性或者男性对女性的用例,这与中国社会习俗相吻合。实际上,无论是否定内容还是否定情感,女性在对男性使用"瞧你说的"时,如果二人之间有某种男女暧昧情愫时,会话时辅以某种语气,很容易就会产生"娇嗔"的意味,如补充前文例子(35)a 的前后文:

(35) d. 白展堂:喔……这些嫁妆,能值不少钱吧?
佟湘玉:瞧你说的,啥钱不钱的,嫁鸡随鸡,嫁狗随狗,嫁妆再好,也比不上人好。
白展堂:那是那是……

白展堂、佟湘玉是电视剧《武林外传》中的男女主人公,两人关系亲昵而暧昧,上面的会话意思微妙,佟湘玉用"瞧你说的"否定白展堂的话,后续话语表明自己对"嫁妆"的态度,实则是在暗示自己的"择偶观","瞧你说的"虽然表面只是对内容的否定,但透着"撒娇"的意味,符合女性与自己心仪男性进行交际时的心理特点与语言表达习惯。

3.5.2 女性特征溯因

为什么"瞧你说的"会成为女性多用和多用于有女性参与的会话场景呢?这与"瞧你说的"表示否定的特点有关。李先银(2017:18)将话语否定分为"回应"与"对应",实际意思是否定的直白与婉转之分,从语气来说,后者不如前者强。"瞧你说的"字面并不包含否定,就是一种婉转否定,语气相对"得了吧、去、胡说"等直白否定温婉得多,随着由否定内容进而否定情感,主观性加强,"瞧你说的"表示不满、责备,无论是真性责备还是假性责备(嗔怪),这种婉转否定非常适合女性柔性表达的性别特征,所以很容易被女性采用,尤其用于女性表达嗔怪的情感。

张旺熹、韩超(2011)在对人称代词"人家"进行话语分析时认为"人家"是"劝解场景"中言者使用的移情功能话语手段,即采用社会互动分析,发现"人家"具有"自怜"的用法,是"女性常常用来表达自我同情的一种手段"。语言学所谓的"移情"(empathy),是指说话人站在听话人的立场或角度来进行叙述,使话语焦点从说话人转向听话人。与"人家"相似,"瞧你说的"表面上并没有直接表达否定,而是通过提醒对方注意,将话语聚焦于对方,站在对方视角来判断是非,也是移情手段的运用,以使对方,尤其是男性能更容易接受自己对其的否定,特别是否定的情感,对例(35)d进行转换,删掉"瞧你说的":

(35) e. 白展堂:喔……这些嫁妆,能值不少钱吧?
佟湘玉:(瞧你说的,)啥钱不钱的,嫁鸡随鸡,嫁狗随狗,嫁妆再好,也比不上人好。
白展堂:那是那是……

可以看到,删掉"瞧你说的"并不影响会话双方意思的表达,但后面话语都是女主人公反驳男主人公的说辞,两人会话似乎就有了争执的意味,而男主人爽快回答"那是那是"马上认同的表态就显得有些突兀,当然也就体现不出风情万种的女主人公对男主人公的暧昧情愫,在这里,"瞧你说的"的移情效应体现得淋漓尽致。所以体现在表达嗔怪上,主要为女性对男性、女性对女性,这也成为使用"瞧你说的"会话双方关系的主要格局。

否定内容也好,否定情感也罢,作为回应性话语,"瞧你说的"都表达了说话人对前面说话人不认同和不满意的态度,双方交际产生了分歧,但又由于交际双方较为熟悉,日常关系比较紧密,说话人还要维系双方的关系,所以既要表达对前面说话人所说内容的否定,同时又希望对方接受自己的想法,不能导致双方产生大的裂痕,故而说话人用"瞧你说的"作为回应话语的起始,将话语意义聚焦于对方,运用移情手段,站在对方的视角来阐述自身观点,移情于对方,使对方更容易接受自己的意见与情感态度,这样越是表达否定情感,移情态势越明显,因为双方熟悉的关系是移情的重要基础,如此的交际场景和交际手段自然都显出了女性特征。

3.6　小结

"瞧你说的"的口语色彩非常鲜明,作为一个互动话语标记,它的核心功能是否定,随着主观性的增加,从否定前面说话人所说的内容转向表达对前面说话人的不满与责备。又由于它表达否定具有婉转的特性,在交际中成为女性多采用的一个互动标记,常用于关系较为亲近的会话人之间。

当然,如果"退一步"看,也就是把"瞧你说的"放在话语标记系统来分析,汉语中是否存在这样一类具有性别倾向的标记?它们与一般话语标记的关系如何?在互动中有什么规律可循?这些问题还有待于深入探讨。

第四节　话语标记"真是的"主观性及其等级[①]

4.1　"真是的"相关研究

近年来,学界对于固定结构"真是的"的关注应该说还是不少,研究成果从研究视角看大致可以分为两大类:一是从构式(习用语)角度来研究,二是从话语标记角度来研究。前者如王幼华(2011)、郑娟曼(2012)、孙屹涛(2019)等,都是把"真是的"作为一个固定结构、构式或习语来研究其整体意义;后者如郭晓麟(2015)、周明强(2014)、王敏(2019)等则是将"真是的"作为一个话语标记(或"语用标记")探讨其语用功能。上述两种视角的研究最大相似之处在于都聚焦于"真是的"的意义探究,就是"真是的"到底表达了怎样的语义,都认定"真是的"表达了说话人的不满或者负面的情感。

从话语标记角度说,所谓"真是的"表达了说话人的不满和负面情感,其实就是它的主观性。在以往对话语标记"真是的"的研究中,都注意到了它的主观性,有的详细分析了它所表达的负面评价的各种立场,如郝玲(2018)列举了"真是的"6种不同情感立场。但这些研究都有些拘泥于某种具体的主观性,也没有关注它各种主观性之间的差异。王敏(2019)在"反预期"的视角下将"真是的"的"反预期"程度进行等级区分,其研究对"真是的"作为话语标记的主观性考察具有积极意义。

本节拟在以往研究基础上对话语标记"真是的"的主观性进行深入探讨。

---

① 本节内容以"话语标记'真是的'主观性及其等级"为题发表在《海外华文教育》2020年第5期,本书有修改。

4.2 "真是的"的语义倾向演变与主观化

4.2.1 作为话语标记的"真是的"

关于"真是的"作为话语标记的条件,王敏(2019)阐述得很清楚了,共有五点:语音上,之后必须有停顿;句法上,必须是独立成分;语义上,没有语义真值;语篇上,具有连接作用;语用上,主要表达言语者的立场、态度和感情。这符合一般话语标记的认定标准。虽然"真是的"作为话语标记不再表达概念意义,但它的语用意义或语用功能与其本义或作用是具有密切关联的,"真是的"作为话语标记的基本语义倾向或功能就是表示确认或肯定,即词典所解释的"实在是",然后才是"不满、埋怨",后者是在前者的基础上衍生出来的,至于所谓"感叹""批评""嗔怪"等都是在这两种语义倾向下细化出来的,尤其表"感叹"的说法显得过于泛化,感叹并不是语义倾向而是语气表现。

考察作为话语标记的"真是的"语义倾向或语用功能,不能割断它本来的意思。《现代汉语词典(第7版)》《现代汉语规范词典》给"真是"的词性分别标为"动词"和"副词",这是它作为话语标记前的身份,也是其语义基础。如下面例子:

(59) 我真是个很容易冲动的人,冲动的人往往也是容易轻听轻信的。
(60) 可见,这个平日只是替眼睛抵挡下汗水和风沙的眉毛,在人的感情词典里,真是占有不可忽视的位置呢。

(59—60 转引自王敏,2019)

例(59)中"真是"是动词短语,例(60)中"真是"是副词,不是话语标记,意思是"实在是",没有"不满、抱怨"的意思。"真是的"才是话语标记,它已经成为固定搭配或习语,作为话语标记时,"的"有的时候省略了,或者说"真是"作为话语标记都可以加上"的",不能加的都不是话语标记,上面两个例子"真是"后都不能加"的",加了句子就不成立。

4.2.2 "真是的"的主观化与标记化

王幼华(2011)从口语习语角度对"真是的"展开研究,可以作为"真是的"的语义倾向演变考察的重要参考。"真是的"标记化的第一步就是主观化。语言的"主观性"(subjectivity)是指语言中多少含有的表现说话人本身意愿、态度、情态等主观因素,"主观化"(subjectivisation)是指语言为表现主观性而采用的语言结构形式及演变过程(沈家煊,2001)。"真是的"从表示确认、肯定到表达不满、抱怨,就是主观化过程,也是标记化过程。"真是的"是个口语表达方式,来源于近代汉语。王幼华(2011)通过对明清白话小说语料的考察证实了这一点,她对《红楼梦》等4部白话小说做了穷尽性搜索,所有"真是(真个)"都表示"确实如此",并没有表示"埋怨",但此时出现了"真个的"形式并独立使用的情况,这是习语化倾向的开始。稍晚的白话小说,如《儿女英雄传》就出现了不少"真个的"的例子,而且既表示确认,也表示埋怨,后者并不断强化,经过主观化就完成了标记化,后来"真个的"到清末和民国初年被"真是的"取代,现代汉语只留下"真是的"形式。在现代汉语中,"真是"作为动词或副词还保留了本来的用法,而习语化后的"真是的"则成为话语标记,既保留了本来表示确认、肯定的语义倾向,也具有埋怨、不满的语义倾向。如:

(61) 真个那婆子烧些汤与他两个净了手脚。　　　　(《西游记》)

"真个的"出现在句首,出现标记化倾向。下面是稍晚的例子:

(62) 鸳鸯笑道:"真个的,我们是没脸的了?"　　　　(《红楼梦》)

"真个的"独立使用,已经是话语标记(或习语)的用法,但它后面是一个问句,可以认为就是要跟听话人确认一个事实。但下面例子语义倾向就开始出现了转变:

(63) 玉格这个孩子,真个的,怎么这么拧啊!　　　(《儿女英雄传》)

这里的"真个的"与上例形式一样,也是独立使用,但后面是一个反问句,用反问句确认出现了自己没料想到的某个事实,也就是王敏(2019)说的"反预期"。"怎么这么拧啊"既表示了对前面提到的"玉格""很拧"的确认,也流露出了对其"这么拧"的不满或埋怨。从接问句表确认到接反问句表埋怨,"真个的"语义倾向发生了偏移,产生了别的主观情感。当然,还会出现中间状态,就是"真是(的)"或"真个的"到底表示确认还是埋怨不甚清楚:

(64) 真个的,我也到那边看看去。　　　　(《儿女英雄传》)

"真是的"出现后,逐渐取代了"真个的",同样既表示确认、肯定,也表示不满、埋怨:

(65) 哟,真是的,您这功夫可真不错,您跟谁学的?

(《雍正剑侠图(中)》)

(66) 海川呐,你可真是的,叫哥哥怎么说呢?　(《雍正剑侠图(中)》)

前一例"真是的"表示确认与肯定,后一例则表示不满,直到现代汉语中,还有不少二者兼表的例子:

(67) 你不懂这些个,因此你这些年做了不少傻事情,不少的傻事情,哦,真是的,不少的傻事情! (CCL)

上例既表达了对"傻事情"的确认,也表达对"做傻事情"的不满。两种语义都表达的现象就是两种语义、情感之间演变留存下来的过渡状态,也体现出来两种语义和情感之间的关联性,从近代白话到现代汉语都留有这样演变的痕迹。

4.2.3 "真是的"的主观化路径

"真是的"从表示"确认、肯定"到"不满、埋怨"的主观化路径为:

确认、肯定→正面评价……→确认、肯定(不如意)→负面评价
　　　　　　　　　　　　　　　↗正面评价(确认、肯定)
不满、埋怨(主观化)……→负面评价(不满、抱怨)

现代汉语中"真是的"的语义倾向格局为总体表示不满、抱怨,少数时候表示确认、肯定,语义发生偏移的根本原因在于表示确认、肯定负面事实,所以语义倾向必然转向负面评价,自然就产生了不满、抱怨的语义倾向。如:

(68) 这几个班长听了,啧啧连声:"阿战真是的,我们做不到。"
　　 (CCL)

(69) 赵冬梅剥了一个花生放在嘴里:"妈,花生带到这里就得赶紧吃,不吃就皮了,这里太潮。"赵母也吃了一个:"哟,还真是的,哪儿舍得吃啊,不是等着你啊?" (武斐《激情燃烧的岁月》)

(70) 伯超也气急败坏地对映雪直嚷:"真是的,还分什么你家我家,说什么愧对不愧对? 真要说教导不严,那也绝不是……"
　　 (琼瑶《鬼丈夫》)

例(68)"真是的"表示肯定,对"阿战"的正面评价,例(69)则是对"花生皮了"的负面事实评价的确认,紧接着表现出对造成此结果的受话人的不满;例(70)则直接对受话人的做法做出负面评价,确定这种做法完全不对,进而表现出对受话人的不满和指责。与例(70)不同,例(69)确认的是"花生皮了"这一负面事实,而例(70)则是确认对说话人做法的负面评价,直接表现出不满和埋怨。它们之间的差异在于前一个"真是的"是针对"花生",后一个则是针对受话人"你",从说话人视角转向了受话人,主观性也发生了变化。

在标记化和习语化之后,随着主观性的突显和强化,表示不满和抱怨

的语义倾向得到大大加强，尤其是产生了交互主观性，最终完成了主观化，就形成了今天作为话语标记"真是的"以表示"不满、埋怨"为主的功能倾向格局，而在实际使用中，无论是表示哪种倾向，都有实质性的和非实质性的（真性或假性的）表现方式，这样才衍生出以往研究细化出来的结果，如"确认、肯定"中，实质性的"确认、肯定"就会出现所谓的"感叹"，非实质性的就有所谓的"客套"；实质性的自我责备，就有所谓的"抱歉"，非实质性的"不满"就会有所谓的"嗔怪"。

4.2.4 两种语义的形式区别

"真是的"两种语义倾向形式上有没有标志？"真是的"作为话语标记两种语用意义或语义倾向并没有绝对的形式标志，正如王幼华(2011)所指出的那样，需要在上下文语境中来判断，但通过对语料的综合分析，可以发现一些使用规律，大致有下面两点：

第一，表示不满、埋怨含义的都可能含有（包括省略和隐含）诸如"你""我"等人称代词或称呼名词，但省略和隐含第三人称代词或称呼名词并不一定表示不满、埋怨，也可能表示确认、肯定，与之对应，含有指称事物名称的多是表示确认与肯定的。如：

(71) 小张笑道："所长你真是的，姓黄的要是赌博，就更不够什么代表了，还省优秀企业家呢。"　　　　　　　　　　　　　　(CCL)
(72) 戴黑色礼帽的乘客说，从哪个门上不是一样呢，真是的，你这是干吗呀。　　　　　　　　　　　　　　　　　　　　(CCL)
(73) 于所长忙笑道："别走啊，真是的，我一点也不知道这里边的名堂。这事该怎么办啊，事情闹到这种地步了。"　　　　(CCL)
(74) 赵薇："唉，怎么又有我的名字？真是的，又不是工作，真烦！"
　　　　　　　　　　　　　　　　　　　　　　　　　　(CCL)
(75) 这哪是你干的差使呀？这些老乡也真是的，怎么偏找你帮忙？
　　　　　　　　　　　　　　　　　　　　　　　　　　(CCL)
(68) 这几个班长听了，啧啧连声："阿战真是的，我们做不到。"(CCL)

上面例子中，前两例含有"你"（包括省略或隐含），例(73)省略"我"，都是表示不满或埋怨，包括自责，后面三例含有第三人称或其他事物，例(74)(75)表示不满、埋怨，而例(68)则又是肯定。为什么会这样？道理较为简单，因为在使用时，尤其在互动交流时，不满、埋怨的对象首先就是交际的双方，这是最直接的，而指向交际双方之外的第三方时，无论是指向人还是事，评价的立场就可能出现多种，可能是正面的，也可能是负面的，就"真是（的）"

语义倾向,两种情况都可能出现,所以形成了这样的使用习惯,也可以看作区别两种语义倾向的标志,而且与主观性也具有密切关联,后面将会详细论及。

第二,表示不满、埋怨倾向的含有或可以添加副词"也、可",表示确认、肯定的含有或可以添加"还",如上面例(75)"这些老乡也真是的"就有"也",例(71)"所长你真是的"可以加上"可、也"成为"所长你也/可真是的",都是表示不满、埋怨,而像例(68)"阿战真是的"则不能加"也、可",但可以加"还",关于这一点,王幼华(2011)、王敏(2019)等也都谈到,尤其是王敏(2019)对这一点做了较为深入的探讨,将加"也、可、还"区分为主观性差别的标记。这几个副词具有不同的语法功能,"还"表示超乎想象和意外,自然可以用来修饰"确认、肯定";"也、可"本都有表示转折和强调的含义,责怪、抱怨时能缓和语气,所以也自然可以用来修饰"真是的"表示不满和埋怨,但"也、可"程度还有差别,据王幼华(2011)考察,"也"极少时候也用来修饰表确认、肯定。这几个副词按照自身的语法功能与"真是的"不同语义倾向相匹配,可以作为区分不同语义倾向的标志。

4.3 "真是的"的主观性及等级

4.3.1 话语标记的主观性及类型

"真是的"无论是表示哪种语义倾向,从它作为话语标记的功能看主要是表现人际和互动功能,是一个高主观性标记。

"真是的"开始只是表示确认、肯定,是人际功能标记,交际时说话人对某事实或现象进行确认,继而显出肯定的立场与态度,这种主观性是一般主观性,也就是交际"聚焦于说话人"。但"真是的"从表示确认、肯定演变为表示埋怨、不满时,其功能也发生了转变,即由人际功能转变为互动功能,其主观性也由一般主观性(言者主观性)加强为交互主观性,即交际"聚焦于听话人",这个过程就是交互主观化过程,也是"真是的"完成标记化的核心动因。交互主观性的核心是言者对听者的关注。主观性是交互主观性产生的前提与基础,主观性与交互主观性之间是具有连续性的,存在一个连续统(参见张博宇,2015)。交互主观性从程度上来说强于主观性,即交互主观性＞主观性。如何判断主观性与交互主观性？主观性的三个重要因素中"视角"是其中的首要因素,决定了主观性的类型。"真是的"从表示确认、肯定到表示埋怨、不满,主观性从一般主观性到交互主观性,其视角也发生了转变。具体来说,表示确认、肯定的对象不一定是受话人陈述的某个事实或现象,有时甚至是自身先前陈述的事实或现象,而表示埋怨、不满的对象则大多是受话人,后者明显会"聚焦于听话人",视角的不同可以从"真是的"前含有(包括省略与隐含)何种人称代词或名词来区分,包括省略和隐含的,如:

(76) 真是的,这条貌不惊人的河,流出来多少神话!　　　　　(CCL)
(77) 这样我也会相信,脑中也真的乖乖浮现"某人确实很特别"的念头。真是的,在看到这张卡片之前,我还从来不曾觉得这个某人有什么特别的呢!　　　　　(CCL)

前一例子是对客观事实表示肯定,不针对说话双方,后例则明显是针对说话人自己,"真是的"前面可以补加"我",意思完全一样。而表示埋怨、不满的针对受话人的占据大多数,也可以针对自己和他人,如:

(78) 睁开朦胧的睡眼,黑暗中,看见刘力刚刚上床,便睡意朦胧地说:"真是的,过年也不早点回家,也不知道我一个人在家多寂寞。"　　　　　(CCL)
(79) 我抱歉地说:"真是的,我记成明天了。本来我想陪你的。"他说:"小手术,陪什么啊!"　　　　　(CCL)
(80) 团长也真是的,娶了这么好的老婆……　　　　　(CCL)
(81) 因此你这几年做了不少的傻事情,不少的傻事情,哦,真是的,不少的傻事情! 你跟老师闹翻了,你跟剪刀铺子东家闹翻了,你跟干爹……　　　　　(CCL)

例(78)是针对受话人,"真是的"也可以说成"你真是的",例(79)可以说成"我真是的",例(80)明显是指他者"团长",例(81)表两种意思,"真是的"前可以补加"你",指向受话人。

由上知道,"真是的"的指向有听话人、自己、其他三种情况,确定这三种情况的形式就是看它的所出现(包括隐含)的主语指代词,也就是它的视角。所以"真是的"如果前面主语有(包括隐含)受话人"你",标记视角为受话人,表现的就是交互主观性,主要表达对听话人的不满;其他的则是(一般)主观性,其中又区分为"聚焦于说话人"自己和其他两种情况。聚焦于自己往往表达自责,通过自责表示歉意;指向交际双方之外的其他人或事,则只是一般性交际内容,其目的可能是确认,也可能是对他者的不满或指责。

4.3.2 "真是的"的主观性类型

"真是的"中哪些是一般主观性、哪些是交互主观性? 与它的语义类型是否有关? 主观性强弱等级是怎样的?

主观性是说话人在话语中留下的个人印记,主观性为说话人的视角、意义向说话人聚焦是一般主观性(或言者主观性),说话人站在听话人立场、意义向听话人聚焦则表现为交互主观性,说话人从自己立场转向听话人立场实现的手段是移情,形式上表现为从言者主语转为听者主语,包括省略和隐含的情况,以此由言者视角变为听者视角。"真是的"具有一般主观性或交互主观性,与它确认、肯定和埋怨、不满两种语义倾向具有一定的关联性,表示确认、肯定的主观性为一般主观性,而表示埋怨、不满的则有的表现为交互主观性,有的表现为一般主观性。意义聚焦于听者的,也就是主语为第二人称的为交互主观性,主语为第一人称或其他的为一般主观性或言者主观性。

"真是的"表示确认、肯定,是它的本义,也是它的本来语用功能。在运用中,发出"确认、肯定"行为的主体非常自然是说话人,无论是确认、肯定的对象是听者的陈述或事实,还是确认交际双方之外的陈述或事实,主体都是说话人,视角都是说话人自己,它所表现的主观性无疑是一般主观性或言者主观性。如:

(77) 这样我也会相信,脑中也真的乖乖浮现"某人确实很特别"的念头。<u>真是的</u>,在看到这张卡片之前,我还从来不曾觉得这个某人有什么特别的呢!

上例"真是的"虽然没有出现主语"我",但非常明显,前面完全可以补加"我",其视角就是说话人本人,表现出言者主观性或一般主观性。采用他者作为主语的例子,虽然主语不是说话人"我",但无一例外主语并不是发出确认、肯定的主体,而是确认、肯定的对象,如:

(82) 之钧那点儿钱顶多买套两室户,人家晓卉住的是什么房子?花园别墅! <u>真是的</u>,花园别墅能跟工房比吗?晓卉,照片带来没有?给他爸爸看看! (CCL)

这里"真是的"没有主语,也不好补加,可以说是隐含了他者主语"小卉住的房子",表示肯定或确认"晓卉住的房子"是"花园别墅",但"晓卉住的房子"只是确认或肯定的对象,而发出确认、肯定的主体和视角是说话人,体现出的主观性仍然是言者主观性。"真是的"表示确认、肯定语义功能的没有第二人称主语的例子说明,发出确认、肯定的主体和视角不可能是听话人,即使主语是他者也改变不了确认、肯定的主体和视角,确认、肯定的话语意义只能向说话人聚焦,所体现的主观性只有言者主观性或一般主观性。

"真是的"是表示埋怨、不满的互动功能标记,其所体现的主观性发展为交互主观性,较之表示"确认、肯定"的主观性更为丰富,程度也更强。表示对听话人的埋怨与不满,采用第二人称作为主语(包括省略和隐含),通过移情,即从自身视角向对方视角、立场转移以达到意义"聚焦听话人"的目的,希望得到对方的接受与认同,并在一定程度上对自己的言行有所调整与约束,也可以说是一种交际策略与手段。上面例(77)(82)说明了"真是的"不同视角所体现的主观性差异。

4.3.3 "真是的"主观性等级

从上文对交互主观性、主观性的论述与对"真是的"主观性类型的分析,可以确定"真是的"主观性的等级,即:

"埋怨、不满"类＞"确认、肯定"类

在"埋怨、不满"类中,又呈现出这样的等级链:

第二人称主语 ＞ 第一人称主语 ＞ 其他主语
　　↓　　　　　　　↓　　　　　　　↓
交互主观性　　主观性(聚焦言者)　　主观性

将两种类型统一进行分析,主观性强弱等级链如下:

"埋怨"类第二人称主语 ＞ "埋怨"类第一人称主语 ＞ "埋怨"类其他与确认类
　　↓　　　　　　　　　　　↓　　　　　　　　　　　↓
交互主观性　　　　　　主观性(聚焦言者)　　　　　　主观性

4.4 "真是的"主观性等级的相关问题

关于"真是的"主观性强弱等级,有两个问题需要明确,否则容易陷入单纯凭主观感觉来判断的误区。

第一,"真是的"主观性强弱与它表达的某种具体情感、立场倾向等因素没有关联。

"真是的"的主观性是说话人留下的个人主观印记,包括一般主观性和交互主观性,从强弱程度说,后者高于前者,这是一个基本理论判断标准,上面结合语义类型、视角、形式等确定出了它的主观性等级。前面在梳理以往研究成果时谈到,有的研究把"真是的"表示埋怨、不满再细分出了若干小的类型,如将"真是的"细分为"斥责责怪、批评、嘲讽、埋怨抱怨、无奈、嗔怪"6种(郝玲,2018),那么怎么认定这6种小类主观性的强弱呢?是批评强还是斥责强?从立场表达说,立场表达有正面评价与负面评价两种,不能凭感觉确定是正面评价强还是负面评价强。比如不能认定自责就一定比斥责别人弱,从个人感情表现看,过于高兴和过于生气都可能引起心脏不适,不好说高兴就强于或弱于生气。王敏(2019)在"反预期"的总体定位下,将"真是的"分为责怪和责骂、抱怨和不满、无奈和自责、客气、嗔怪5种情况,并概括出了"反预期"量级。她说的"反预期"也有的称为"超预期",曹秀玲(2016:16)认为"超预期"标记"表示认识主体对客观事物认识上的不足",是一种主观情态义,"主观情态义"就是主观性,而主观性的强弱是要看它表现的是何种主观性,不能单纯从语义上来判断,比如由此就认定"客气"的主观性就不如"责骂、斥责"强,那"客气"与"无奈"呢?如何从语义确定孰强孰弱?这样评判的依据成了纯看个人感觉了。为什么会出现上述主观感受呢?在实际使用"真是的"时会根据交际需要表现出不同的语气,如前面加"可"组成"可真是的"来加强埋怨、不满的语气,也可以通过体态语和重音来加强语气,但这并没有改变它主观性的根本性质,不能因为语气强烈一般主观性就变成了交互主观性,因为这没有涉及视角、语义聚焦倾向和主语形式的变化,它还是原来的主观性。语气强烈只是单纯语气加强的表现,但有时候说话人出于某种原因极力克制自己而采取平静的语气,或者为烘托气氛而作出夸张的表达,如果按照主观感受来确定主观性强弱就无法把握了。

第二,"真是的"主观性强弱与它在话语中所处的位置没有关联性或者说关联性不大。

话语标记主观性与其句法位置是否具有关联性,这也是相关研究关注的一个问题,但还没有明确的定论。完权(2017)在梳理国外研究成果时说到国外学者发现法语、英语等印欧语某些语言形式的主观性与交互主观性与其句法位置存在一定的关联性,但他通过对汉语的考察、分析,得出"汉语(交互)主观性的表达并不依赖特定的位置"的结论。同样,郑贵友(2020)在讨论影响汉语话语标记功能表达的形式因素时,认为标记的位置对功能表达的影响比较薄弱,不如其他形式因素大。上述研究说明话语标记的位置(包括构成标记成分在标记中的位置)与主观性可能存在某种关联性,但具有什么样的关联性与如何关联等还不是很清楚,具体到某个或某类标记更有待探讨。王敏(2019)对"真是的"的"反预期"认识情态(即具体主观性)程度等级进行了归纳,提出了几个等级序列,其中有一个等级序列就是按照"真是的"的句法位置排列的,为:句首＞句中＞句尾,所举例子为:

(83) a. 王通说:"<u>真是的</u>! 那天只要我手里有一枝小曲尺,说老实话,咱们的罢工失败不了!"

话语标记具有句法位置可进行线性移动而功能不变的特性,上例"真是的"处于句首,移动后可以变换为:

(83) b. 王通说:"那天只要我手里有一枝小曲尺,真是的!说老实话,咱们的罢工失败不了!"

(83) c. 王通说:"那天只要我手里有一枝小曲尺,说老实话,咱们的罢工失败不了!真是的!"

她认为"'真是的'位于句首,开门见山地表达自己的态度,然后再陈述事实,统辖整个话语内容,主观性更强。位于句中的'真是的'则只能它统辖后面的话语内容,对整个命题进行评价。而位于句末煞尾的'真是的'则是在陈述完事实之后,再补充自己的情感态度,更容易理解为追补成分"。虽然不能排除话语标记位置与主观性程度之间具有关联性,但就"真是的"来看,处在话语中任何一个位置都没有改变它的视角和语义聚焦倾向,所以从一个位置移动到别的位置,主观性强弱并没有发生改变。前面说过,"真是的"可以通过添加某些成分来加强语气,如前面可以加副词"可、还"或语气词"哎呀、哎哟"等,后面也可以添加语气词"呀、呢"等,实际交际时还可以通过语音轻重变化等手段来表现某种语气,但其主观性没有改变。而反观上面例子,位置的移动可能连语气变化都未必有,所以它所处的位置与主观性强弱并没有明显的关联。进一步说,如果王敏(2019)所概括的"真是的"句法位置主观性强弱等级链成立的话,那么它是否具有普遍性?是不是话语标记主观性都有这样类似的规律?缩小范围说,是不是其他"反预期"标记都如此?各类话语标记与个案虽然多少会有差异,但大致规律应该差不多,既然"真是的"有如此主观性等级规律,那么别的话语标记也应该大致如此,但答案显然是不确定的。

关于话语标记的句法位置,张黎(2017:21—22)有过清楚阐述,他指出话语标记从分布上可以分为位置固定和不固定两类,非定位标记数量上占大多数,定位标记数量少,且主要是篇章功能标记。定位标记分为居首、居中、居后三类,那么是否就要认为居中、居后的主观性就要弱于居首的呢?再以此去推断非定位标记,尤其是主观性高的标记,是不是也这样呢?至少应该大致这样,因为王敏(2019)对"真是的"不同位置具体例子主观性强弱的解释同样也可以用于其他标记,如句首是"开门见山……统辖整个话语内容",居中"只能是统辖后面的话语内容",居后"更容易理解为追补成分",显然不能这样判断,这难免有"只见树木"之嫌,甚至显得有些荒唐。与位置关联的是交际策略,是说话人为达成交际目的、取得理想交际效果的手段。就"真是的"来说,说话人为了实现确认、肯定或埋怨、不满的交际目的,会根据交际语境和交际对象的特点来安排自己的话语,一般都会放在前面先表明自己的态度,为后面取得对方认同奠定基础,但也会根据需要进行策略调整,将"真是的"放在中间或后面来取得同样的效果,其作用可能更为婉转,更容易为听话人接受,这中间可能还会伴随语气的调整和非言语手段,但它的主观性及强弱并没有改变,放在什么位置是说话人为达到满意效果选择的结果。

第九章 结语

9.1 研究的主要结论

9.1.1 理论层面

本课题通过研究,认为汉语话语标记的主观性存在差异,而且按照主观性的不同性质形成了主观性强弱等级,这个等级链为:交互主观性＞部分交互主观性＞(一般)主观性＞无或弱主观性。与之对应的是话语标记的功能,形成的等级链为:互动功能＞人际功能＞篇章功能。

以往关于话语标记的研究,对主观性的关注相对来说少得多,有少数研究成果注意到了话语标记主观性的差异,并作出了主观性等级区分。如张旺熹、姚京晶(2009)将含有人称代词的话语标记作为一类,将这类标记的功能细分为话语提示、话题认知、言者移情、话语引导4种,按照"主观性＜部分主观性＜交互主观性"的顺序把含有人称代词的话语标记上述4种功能列出了等级。他们的研究给了我们很大启发,但同时我们发现其结论和论证的一些不足,其一,按照这个等级标准,同是具有"交互主观性"的"言者移情"和"话语引导"的两种功能,在等级链上却是前者低于后者,这是为什么?虽然他们也做了说明,但这明显违反了同质性原则,既然两种功能都是同一种主观性,就没有理由再区分出高低,不能根据个人主观感受来判断;其二,对等级链确定的标准没有作出清楚的交代,他们只是区分出4种功能,然后就定出了主观性等级,只是简单说明了各种功能所具有的主观性,而对等级确定的标准很少有论证和说明;其三,对各种功能为什么具有某种主观性没有作出清楚论述,他们提出了"部分交互主观性"的重要概念,但什么是"部分交互主观性"以及确定的标准都语焉不详。王敏(2019)在对话语标记"真是的"研究时也提出了几个关于该标记的反预期程度等级,所说的"反预期"就是一种具体的主观性,她从标记、指称、句法位置等几个角度提出了"真是的"反预期的程度等级,她的研究非常细致,也具有建树性,但就话语标记主观性等级来说,提出的等级有的不够严密,缺乏可信性,比如关于句法位置与主观性强弱的说法,个人感觉色彩较浓。

在梳理以往话语标记主观性及其差异研究成果的基础上,本研究对主观性属性及其差异与等级标准进行了详细论述,确定了主观性等级标准,提出了主观性性质判定标准——标记的视角,并论述了如何确定标记的视角、主观性属性及表现方式、手段等。根据话语标记的"程序性""主观性"两大根本属性,明确了话语标记功能与主观性的关系,它们构成话语标记的两轴,构建了话语标记坐标体系,使主观性及其差异得以清晰地呈现。此外,围绕主观性及其差异的核心论点,还对话语标记的语体特征及与主观性的关系、话语标记位置与主观性的关系、话语标记主观性与情态等的关系进行了阐述,全方位对话语标记主观性及其等级进行了论述,还对个别标记或小类的主观性差异开展了个案研究,尽量把宏观考察与微观研究结合起来,以达到研究的充分性。

9.1.2 教学应用

本课题将汉语话语标记主观性及其等级的研究结论应用到汉语作为第二语言的话语标记教学中,提出了在国际中文教学中话语标记学习难度等级,即:高主观性＞低主观性,对应到话语标记功能,就是:互动功能＞人际功能＞篇章功能,高主观性标记对应互动与人际功能两种,包含高主观性的交互主观性标记和部分交互主观性、一般主观性的较高主观性标记。

以往对汉语作为第二语言的话语标记的研究,大多偏重学习者使用话语标记事实的描写和偏误分析,也有少数力图从教学角度进行分类,对学习者学习的难点有所发现和涉及,但都显得"只见树木",不够系统和全面,尤其是没有发现和扣住话语标记问题的本质。对应本课题对话语标记主观性及其等级的研究结论,采取演绎法,按照理论假设对汉语学习中话语标记情况进行理论验证,通过理论论证和实证检验,确认了汉语话语标记主观性等级同样是学习的规律,提出了学习难度等级。以主观性等级为纲,提出了汉语话语标记学习难度等级体系,包含了语体特征、母语背景、话语标记形式与表达方式等多方面因素,这些因素同时制约汉语学习者话语标记的理解与运用,这个体系对在学习中产生的某些问题能进行较好的解释,如虽然有的话语标记是高主观性标记,学习难度却并不是很大,像"你说、你想、你看"之类的互动标记,学习起来并不难,原因是学习者母语中也有,且能与汉语对译等有关,但总体来说,在学习难度体系中,主观性等级是"纲",各种因素都与之有关联,"难""易"程度形成了较为整齐的对应关系。围绕主观性与等级,我们还从汉语教学角度对话语标记进行了分类,对话语标记在汉语学习中的地位与作用等问题进行了探讨。

在理论探讨的基础上,本课题对话语标记教学实际状况进行了考察,对几部教学大纲、代表性教材出现的话语标记进行了统计分析,同时开展了问卷调查,调查结果既在相当程度上验证了话语标记主观性等级与学难度之间的关联性,又提供了学习者习得话语标记的状况,最后从二语习得角度,对话语标记教学的多个方面提出了教学建议,并尝试以言说标记中表责备的话语标记为例开展了教学实践讨论与设计。相对之前话语标记"进大纲、进教材、进课堂"笼统而空泛的建议教学,本课题的教学讨论要具体和实际得多。

9.2 研究的不足

9.2.1 理论论述方面

本课题理论论述上的最大不足体现在话语标记主观性等级标准的论证。关于话语标记主观性研究,以往成果阐述得并不充分,而且对主观性的理解并不一致,本研究只是采取其中的一种说法(参见张博宇,2015),将主观性分为一般主观性和交互主观性,且构成"交互主观性＞主观性"的主要等级框架。

实际上,对主观性与交互主观性及其关系的阐述,学界说法较多,我们未能充分掌握,所以在论证中有的地方未能完全做到自洽,因而有不够严密之处;有的地方显出"以述代论"意味,说服力受到影响。

上述不足说明,我们的理论储备、理论视野、理论水平都嫌不足,还有很大的提升空间,在语言学研究的路上还有很多需要加强和弥补的。

9.2.2 教学应用方面

在教学应用方面,我们对问题的讨论主要还是以理论研究为主,具体应用研究还显得薄弱,没有达到意想中的丰满。

由于本课题属于综合研究,在研究设计时,主要是通过理论上对课题核心问题进行论证,在此基础上,为具体教学实践提供理论依据与开展思路,同时力图构建话语标记教学等级序列。最终,上述目标的理论部分基本实现,而实践部分则没有完全达成,没有在运用层面构建起具体的话语标记等级序列,如教学中应该出现的话语标记及每个标记的难度等级,这也是后续教学应用方面要开展的工作。

9.2.3 语言与组织方面

第一章对研究过程进行介绍时讲过,研究时我们采取了"切香肠"式的"散点突破"办法,也就是提炼出课题的几个核心问题后进行逐个攻关,这个办法取得了很好的效果,中期阶段性成果较为丰硕,刊发了多篇论文就是一个佐证,但这也带来了负面作用,就是在后期整合时有些"首尾难顾""照应难周"。

中期成果是以单篇论文呈现的,每篇论文实际上就是课题的一个核心问题,由于要考虑每篇论文的完整性,所以不免要进行"加工",这样多篇论文在阐述时,基础性观点与论证有大同小异之处,所以在整合时,不同部分会有不同程度的反复,在处理这些时,难免有疏漏和不周,且表述拖沓、繁琐,所以无论是语言表达还是结构的"开承启合"等诸多形式方面都显得不够一气呵成,最后影响了全书的整体效果。

<h3 style="text-align:center">9.3 研究的展望</h3>

本课题是一项非常有意义的研究,它面向应用开展本体研究,研究结论又对教学实践具有切实的借鉴作用,就此,我们进行了非常有益的探讨,希望能将此问题深入下去,期待无论是我们还是学界同人能继续将此问题拓宽、拓深,真正实现"理论与实践结合""研以致用"。

9.3.1 完善理论研究与体系

课题提出了汉语话语标记主观性等级,发现与论证了与汉语作为第二语言话语标记学习之间的关系,提出了话语标记学习难度体系。诚如上述研究不足所言,还有很多方面需要进一步探讨。

就此问题的理论研究,至少还有这样几个方面应该深入与完善:一是更为细致地论证话语标记主观性确定的依据与形式判定标准,且具有可操作性;二是更加明确证明话语标记等级与汉语作为第二语言学习之间的认知关系,进而找到之间的"接口",提出切实可行的教学方法;三是提出更为完整的学习难度体系,全面、准确、细致地构建难度体系,并具体区分各因素在难度体系中的地位与作用。

9.3.2 积极开展应用实践

应用实践工作主要体现在两个方面:一是教材与相关教辅书、工具书编写,二是开展课堂教学实践。

第一,关于教材与相关教辅书编写。前面我们在提出教学建议时谈过要对话语标记进行显性教学、加强元意识等,实际上,在教学操作时,要落实上述想法,教材体现不体现话语标记是关键。只有在编写教材时明确把话语标记单独作为一类话语成分进行设计、安排,教师在教学时才能加以体现、落实,话语标记才会在教学中得到重视。要达到这样的效果,首先是教材编写者要对话语标记有明确的认识,要对它在教学中的地位和作用有正确的理解,要对话语标记理论有一定的了解。实际上,教材编写者一般都是一线教师,他们最了解教学实际,所以能否将话语标记放在应有的地位完全取决于他们自身对话语标记的认识与理解。就目前的状况而言,不得不遗憾地说,很多教师对话语标记既不了解也不重视,所以导致了话语标记在教学中被"湮没"的局面。现在汉语教材的出版量很大,据说近些年有几千种(参见王建勤,2010),教材的质量却堪忧,有影响的寥寥,那么如何编写出高质量、有特色的教材?突出话语标记的地位与作用未尝不是一个思路,尤其在中高级阶段与口语教材编写上,真能很好地实现,可能会产生新的效果、创出新的特色。

教辅书编入话语标记内容或专门编写话语标记教辅书、工具书也是需要开展的工作。在第七章中提到《汉语口语习惯用语教程》(沈建华,2003),其中就包括不少话语标记。所以,在编写此类教辅书时,完全可以将话语标记列为一类,根据话语标记的特点、学习规律进行设计编写,对学习者学习会有明显的帮助,也可以编写相应的学习工具书包含话语标记专栏,或是专门的话语标记使用手册之类的工具书。此外,还可以编写专门的话语标记教辅书,不仅可以对话语标记进行知识说明,包括特点、作用、学习难点等,还可以通过多种练习方式对学习者开展运用训练,培养学习者应用话语标记的能力。

第二,关于开展课堂教学实践。上述教材与教辅书编写的目的是为教学提供教学材料,真正要落实话语标记教学,需要通过课堂教学来实现。

开展课堂教学的方式有两种,一是教师依据教材中关于话语标记的内容开展有针对性的教学,包括知识的讲解和操练。讲解即前文所说的显性教学,通过讲解培养学习者的元意识,指导学习者建立有关学习策略;操练是通过各种练习方式,训练学习者运用话语标记,掌握相关交际技能,形成运用话语标记的能力,真正提高自身的汉语能力与交际能力。

从研究角度来看,在话语标记教学实施过程中,教师及时把话语标记教学设计、内容安排、教学方法与模式、教学效果等形成研究成果,既分享了话语标记教学研究结果,也对深入开展教学研究起到了推进作用,使话语标记在学习与教学中的作用与意义得到提升,达到教研结合、教研相长的效果。

参考文献

一、著作

[1] 曹秀玲　2016,《汉语话语标记多视角研究》,中国社会科学出版社。
[2] 陈家隽　2019,《汉语话语标记的语用功能与历时演变》,复旦大学出版社。
[3] 陈望道　1978,《文法简论》,上海教育出版社。
[4] 范　伟　2017,《现代汉语情态系统与表达研究》,中国社会科学出版社。
[5] 方　梅　乐　耀　2017,《规约化与立场表达》,北京大学出版社。
[6] 冯胜利　2006,《汉语书面用语初编》,北京语言大学出版社。
[7] 韩戈玲　2008,《语用标记语:双边最佳交际》,东南大学出版社。
[8] 何自然　2006,《认知语用学——言语交际的认知研究》,上海外语教育出版社。
[9] 黄　蓓　2019,《狭义语言主观性理论探索》,上海交通大学出版社。
[10] 阚明刚　杨　江　2017,《话语标记概貌分析与情感倾向探索》,吉林文史出版社。
[11] 李先银　2017,《现代汉语话语否定标记研究》,世界图书出版有限公司北京分公司。
[12] 李秀明　2011,《汉语元话语标记语研究》,中国社会科学出版社。
[13] 李　扬　1993,《中高级对外汉语教学论》,北京大学出版社。
[14] 李治平　2015,《现代汉语言说词语话语标记研究》,世界图书出版广东有限公司。
[15] 廖秋忠　1992,《廖秋忠文集》,北京语言学院出版社。
[16] 刘丽艳　2011,《汉语话语标记研究》,北京语言大学出版社。
[17] 刘丽艳　2019,《汉语话语标记认知与习得研究》,世界图书出版有限公司北京公司。
[18] 刘　珣　2000,《对外汉语教育学引论》,北京语言大学出版社。
[19] 吕必松　2007,《汉语和汉语作为第二语言教学》,北京大学出版社。
[20] 沈家煊　1999,《不对称和标记论》,江西教育出版社。
[21] 沈建华　2003,《汉语口语习惯用语教程》,北京语言大学出版社。
[22] 司红霞　2009,《现代汉语插入语研究》,东北师范大学出版社。
[23] 宋　晖　2017,《现代汉语转折类话语标记研究》,社会科学文献出版社。
[24] 孙利萍　2017,《现代汉语言说类话语标记研究》,社会科学文献出版社。
[25] 孙汝建　1999,《语气和口气研究》,中国文联出版社。
[26] 席建国　2009,《英汉语用标记语意义和功能认知研究》,浙江大学出版社。
[27] 邢福义　1996,《汉语语法学》,东北师范大学出版社。
[28] 徐赳赳　2010,《现代汉语篇章语言学》,商务印书馆。

[29] 徐烈炯 刘丹青 1998,《话题的结构与功能》,上海教育出版社。
[30] 许家金 2009,《青少年汉语口语中话语标记的话语功能研究》,外语教学与研究出版社。
[31] 杨黎黎 2018,《汉语情态助动词的主观性和主观化》,世界图书出版广东有限公司。
[32] 叶南薰 1953,《复指和插说》,新知出版社;1985,张中行修订,上海教育出版社。
[33] 殷树林 2012,《现代汉语话语标记研究》,中国社会科学出版社。
[34] 王红斌 2016,《汉语导游话语标记》,中国旅游出版社。
[35] 王 力 1945,《中国现代语法》,商务印书馆;1985,《王力文集:第二卷 中国现代语法》,山东教育出版社。
[36] 吴中伟 2014,《汉语作为第二语言教学——汉语技能教学》,外语教学与研究出版社。
[37] 张 黎 2017,《汉语口语话语标记成分研究》,北京语言大学出版社。
[38] 张旺熹 2012,《汉语口语成分的话语分析》,北京语言大学出版社。
[39] 赵 杨 2015,《第二语言习得》,外语教学与研究出版社。
[40] 赵元任 1979,《汉语口语语法(A Grammar of Spoken Chinese)》(吕叔湘译),商务印书馆。
[41] 郑 群 2016,《话语标记语的社会语用研究》,世界图书出版广东有限公司。
[42] 周小兵 2009,《对外汉语教学导论》,商务印书馆。

二、论文

[1] 白 娟 贾 放 2006,汉语元语用标记语功能分析与留学生口头交际训练,《语言文字应用》(12)。
[2] 曹秀玲 2000,韩国留学生汉语语篇指称现象考察,《世界汉语教学》(4)。
[3] 曹秀玲 2012,从主谓结构到话语标记——"我/你V"的语法化及相关问题,《汉语学习》(5)。
[4] 常玉钟 1989,口语习用语略析,《语言教学与研究》(2)。
[5] 陈家隽 2018,国内外话语标记研究:回顾与前瞻,《汉语学习》(5)。
[6] 陈新仁 2002,从话语标记语看首词重复的含意解读,《解放军外国语学院学报》(3)。
[7] 陈振宇 朴珉秀 2006,话语标记"你看""我看"与现实情态,《语言科学》(2)。
[8] 董秀芳 2002,论句法结构的词汇化,《语言研究》(3)。
[9] 董秀芳 2003a,"X说"的词汇化,《语言科学》(2)。
[10] 董秀芳 2003b,论"X着"的词汇化,《语言学论丛》(第二十八辑),商务印书馆。
[11] 董秀芳 2005,移情策略语言与交际中代词的非常规使用,齐沪扬《现代汉语虚词研究与对外汉语教学》,复旦大学出版社。
[12] 董秀芳 2007a,词汇化与话语标记的形成,《世界汉语教学》(1)。

[13] 董秀芳 2007b,汉语书面语中的话语标记"只见",《南开语言学刊》(2)。
[14] 董秀芳 2010,来源于完整小句的话语标记"我告诉你",《语言科学》(3)。
[15] 董正存 2012,话语标记:对外汉语口语教学的重要内容,《中国社会科学报》(2012.12.17)。
[16] 范开泰 1992,论汉语交际能力的培养,《世界汉语教学》(1)。
[17] 范 晓 2016,《汉语话语标记多视角研究》序,曹秀玲《汉语话语标记多视角研究》,中国社会科学出版社。
[18] 方 梅 2000,自然口语中弱化连词的话语标记功能,《中国语文》(5)。
[19] 方 梅 2012,会话结构与连词的浮现义,《中国语文》(6)。
[20] 耿德本 1996,"移情"理论与并列结构中人称代词的顺序问题,《现代外语》(3)。
[21] 郭晓麟 2015,"真是的"负面评价功能探析,《语言教学与研究》(1)。
[22] 韩 力 张德禄 2019,语言情态系统探索,《外语学刊》(1)。
[23] 郝 琳 2009,语用标记语"不是我说你",《汉语学习》(6)。
[24] 郝 玲 2018,互动视角下话语标记"真是(的)"立场标定功能研究——以电视剧《我爱我家》剧本为例,《现代语文》(7)。
[25] 郝瑜鑫 2015,外国学生汉语插入语系统习得研究,《华文教学与研究》(2)。
[26] 何自然 1991,言语交际中的语用移情,《外语教学与研究》(4)。
[27] 何自然 莫爱屏 1999,话语标记语的语用制约性,《外语教学与研究》(3)。
[28] 侯瑞芬 2009,"别说"与"别提",《中国语文》(2)。
[29] 胡德明 2011,话语标记"谁知"的共时与历时考察,《语言教学与研究》(3)。
[30] 胡项杰 2013,浅析话语标记与言语规范——以"然后"为例,《现代语文(语言研究版)》(7)。
[31] 黄大网 2001,话语标记研究综述,《福建外语》(1)。
[32] 吉 晖 2016,汉语二语习得语篇话语标记使用考察,《海南师范大学学报(社会科学版)》(8)。
[33] 吉 晖 2019,基于知识图谱的国外话语标记研究热点领域分析,《外语学刊》(4)。
[34] 阚明刚 侯 敏 2013,话语标记语体对比及其对汉语教学的启示,《语言教学与研究》(6)。
[35] 李向华 2013,汉语语用移情研究综述,《文史天地·理论月刊》(12)。
[36] 李治平 2011a,"瞧(看)你说的"话语标记分析,《汉语学习》(6)。
[37] 李治平 2011b,"说是"的功能和虚化与对外汉语教学,《云南师范大学学报(对外汉语教学与研究版)》(4)。
[38] 李宗江 2007,说"想来""看来""说来"的虚化和主观化,《汉语史学报》。
[39] 李宗江 2009,"看你"类话语标记分析,《语言科学》(3)。
[40] 李宗江 2010,关于话语标记来源研究的两点看法——从"我说"类话语标记的来源说起,《世界汉语教学》(2)。
[41] 李宗江 2014,也说话语标记"别说"的来源——再谈话语标记来源的研究,《世界汉语教学》(2)。

[42] 廖秋忠 1986,现代汉语篇章中的连接成分,廖秋忠《廖秋忠文集》,1992,北京语言学院出版社。

[43] 刘风光 薛 兵 2014,互动语义学视角下汉语第一人称指示研究,《现代外语》(6)。

[44] 刘凤霞 1995,话语标记——句间的韧带,《宁夏农学院学报》(1)。

[45] 刘 弘 2019,关于中级口语教材练习设计的一些思考,《国际汉语教育(中英文)》(3)。

[46] 刘丽艳 2006,话语标记"你知道",《中国语文》(5)。

[47] 刘莹莹 2012,从人称代词看英汉语篇衔接差异,《北方文学》(8)。

[48] 卢淑芳 2010,标记理论与二语习得关系研究述评,《海外华文教育》(2)。

[49] 吕建军 2008,访谈节目中称谓语的语用学理论阐释——以朱军的"家父"为例,《社会科学家》(9)。

[50] 吕为光 2011,责怪义话语标记"我说什么来着",《汉语学报》(3)。

[51] 苗 茜 2011,近十年国内汉语话语标记研究的进展,《理论界》(6)。

[52] 潘先军 2013,"不是我说你"的话语标记化,《内蒙古大学学报(哲学社会科学版)》(1)。

[53] 潘先军 2016,"你"类话语标记,《内蒙古大学学报(哲学社会科学版)》(2)。

[54] 冉永平 2000,话语标记语的语用学研究综述,《外语研究》(4)。

[55] 饶安芳 2013,汉语人称指示语中的话语交互主观性,《安顺学院学报》(2)。

[56] 任绍曾 2007,《话语标记》导读,Deborah Schiffrin《话语标记》,世界图书出版公司北京公司。

[57] 沈禾玲 2009,广度与深度:美国高年级学生词汇习得调查(英文),《世界汉语教学》(1)。

[58] 沈家煊 1998,语用法的语法化,《福建外语》(2)。

[59] 沈家煊 2001,语言的"主观性"和"主观化",《外语教学与研究》(4)。

[60] 盛继艳 2013,也谈话语标记"你说",《汉语学习》(3)。

[61] 施春宏 2011,面向第二语言教学汉语构式研究的基本状况和研究取向,《语言教学与研究》(6)。

[62] 司红霞 2018,再谈插入语的语义分类,《汉语学习》(6)。

[63] 孙炳文 高婷婷 2019,近五年对外汉语教学中的话语标记研究综述,《戏剧之家》(36)。

[64] 孙利萍 2015,言说类话语标记的语篇功能研究,《云南师范大学学报(对外汉语教学与研究版)》(5)。

[65] 孙利萍 2012,论汉语言说类话语标记的基本特征,《暨南学报(哲学社会科学版)》(4)。

[66] 孙利萍 方清明 2011,汉语话语标记的类型及功能研究综观,《汉语学习》(6)。

[67] 孙屹涛 2019,"真是的"负面情感立场偏移探析,《宁夏大学学报(人文社会科学版)》(4)。

[68] 田　婷　谢心阳　2020,汉语话语标记研究综述,方梅、李先银《互动语言学与汉语研究(第3辑)》,北京语言大学出版社。
[69] 田卫平　1997,对外汉语词汇教学的多维性,《世界汉语教学》(4)。
[70] 完　权　2017,汉语(交互)主观性表达的句法位置,《汉语学习》(3)。
[71] 王建勤　2010,语言经济学视角下的"三教"问题,北京语言大学对外汉语研究中心《汉语国际教育"三教"问题——第六届对外汉语学术研讨会论文集》,外语教学与研究出版社。
[72] 王立非　祝卫华　2005,中国学生英语口语中话语标记语的使用研究,《外语研究》(3)。
[73] 王　敏　2019,反预期话语标记"真是(的)",《海外华文教育》(3)。
[74] 王　敏　杨　坤　2010,交互主观性及其在话语中的体现,《外语学刊》(1)。
[75] 王素改　2019,语用化的两种类型,《郑州大学学报(哲学社会科学版)》(5)。
[76] 汪维辉　2003,汉语"说类词"的历时演变与共时分布,《中国语文》(4)。
[77] 王幼华　2011,"真是的"的语义倾向及其演变进程,《语言教学与研究》(1)。
[78] 温素平　2011,"不是我说你"类话语标记试说,《信阳师范学院学报(哲学社会科学版)》(6)。
[79] 文　旭　武　倩　2007,话语主观性在时体范畴中的体现,《外语学刊》(2)。
[80] 吴福祥　2005,汉语语法化研究的当前课题,《语言科学》(2)。
[81] 吴亚欣　于国栋　2003,话语标记语的元语用分析,《外语教学》(4)。
[82] 鲜丽霞　李月炯　2015,汉语话语标记研究综述,《广西师范学院学报(哲学社会科学版)》(1)。
[83] 肖亮荣　2004,语用标记语及其对语用含混的揭示作用,《汕头大学学报(人文社会科学版)》(4)。
[84] 谢世坚　2009,话语标记语研究综述,《山东外语教学》(5)。
[85] 邢红兵　1997,现代汉语插入语研究,全国计算机语言学会议论文。
[86] 杨才英　赵春利　2013,言说类话语标记的句法语义研究,《汉语学报》(3)。
[87] 杨才英　赵春利　2014,焦点性话语标记的话语关联及其语义类型,《世界汉语教学》(2)。
[88] 杨德峰　2018,对外汉语语法教材中篇章教学内容存在的问题及对策,《海外华文教育》(3)。
[89] 姚占龙　2008,"说、想、看"的主观化及其诱因,《语言教学与研究》(5)。
[90] 殷树林　2012,论话语标记的形成,《湖南科技大学学报(社会科学版)》(2)。
[91] 于国栋　吴亚欣　2003,话语标记语的顺应性解释,《解放军外国语学院学报》(1)。
[92] 乐　耀　2010,北京话中"你像"的话语功能及相关问题探析,《中国语文》(2)。
[93] 乐　耀　2011a,从"不是我说你"类话语标记的形成看会话中主观性范畴与语用原则的互动,《世界汉语教学》(1)。
[94] 乐　耀　2011b,国内传信范畴研究综述,《汉语学习》(1)。
[95] 乐　耀　2014,现代汉语传信范畴的性质和概貌,《语文研究》(2)。

[96] 曾立英　2005,"我看"与"你看"的主观化,《汉语学习》(2)。
[97] 詹芳琼 Elizabeth Traugott 韩　笑　2020,构式化和语法化的异同：以汉语增量比较构式"越来越……"的演变为例,《辞书研究》(6)。
[98] 张伯江　2002,施事角色的语用属性,《中国语文》(6)。
[99] 张伯江　2010,汉语限定成分的语用属性,《中国语文》(3)。
[100] 张博宇　2015,话语标记语的主观性与交互主观性探析,《外语学刊》(3)。
[101] 张江丽　2018,汉语作为第二语言学习者笔语产出性词汇研究,《世界汉语教学》(3)。
[102] 张旺熹 韩　超　2011,人称代词"人家"的劝解场景与移情功能——基于三部电视剧台词的话语分析,《语言教学与研究》(6)。
[103] 张旺熹 姚京晶　2009,汉语人称代词类话语标记系统的主观性差异,《汉语学习》(3)。
[104] 张秀松　2019,话语标记化的性质之争,《外语学刊》(4)。
[105] 赵　刚　2003,日语的话语标记及其功能和特征,《日语学习与研究》(2)。
[106] 郑贵友　2020,影响汉语话语标记功能表达的三个形式因素,《汉语学习》(2)。
[107] 郑娟曼 张先亮　2009,"责怪"式话语标记"你看你",《世界汉语教学》(2)。
[108] 郑娟曼　2012,从贬抑性习语构式看构式化的机制——以"真是(的)"与"整个一个 X"为例,《世界汉语教学》(4)。
[109] 钟玲 李治平　2012,自然口语中的话语标记"不瞒你说",《语文知识》(2)。
[110] 周　健　2007,语块在对外汉语教学中的价值与作用,《暨南学报(哲学社会科学版)》(1)。
[111] 周明强　2014,埋怨性话语标记语语用功能的认知探析,《浙江外国语学院学报》(4)。

三、学位论文

[1] 胡巧秋　2020,含第二人称的埋怨义话语标记习得偏误及教学策略,上海师范大学硕士学位论文。
[2] 黄程珠　2018,高级水平汉语学习者话语标记实证研究,中央民族大学硕士学位论文。
[3] 李亚男　2006,现代汉语插入语研究,东北师范大学硕士学位论文。
[4] 李　瑶　2016,高级阶段留学生话语标记使用调查与口语教材研究,暨南大学硕士学位论文。
[5] 刘丽艳　2005,口语交际中的话语标记,浙江大学博士学位论文。
[6] 庞恋蕴　2011,基于对外汉语教学的话语标记语考察与研究,山东大学硕士学位论文。
[7] 冉永平　2000,话语标记的语用研究,广东外语外贸大学博士论文。
[8] 闫　露　2018,汉语话语标记与留学生口语流利性的相关性研究,南京师范大学硕士学位论文。

[9] 张　丹　2018,话语标记"不是我说你"在对外汉语口语教学中的考察与教学研究,河北师范大学硕士学位论文。

四、教材、教学(考试)大纲、工具书

[1] 蔡永强　2011,《发展汉语(第二版)·中级口语Ⅱ》,北京语言大学出版社。

[2] 常玉钟　1993,《口语习用语功能词典》,北京语言学院出版社。

[3] 国家对外汉语教学领导小组办公室　2002a,《高等学校外国留学生汉语言专业教学大纲》,北京语言大学出版社。

[4] 国家对外汉语教学领导小组办公室　2002b,《高等学校外国留学生汉语教学大纲·长期进修》,北京语言大学出版社。

[5] 国家汉办/孔子学院总部　2009,《国际汉语教学通用课程大纲》,外语教学与研究出版社。

[6] 国家汉办/孔子学院总部　2009,《新中小学生汉语考试(YCT)大纲》,商务印书馆。

[7] 国家汉办/孔子学院总部　2009—2010,《新汉语水平考试(HSK)大纲》,商务印书馆。

[8] 国家汉办/孔子学院总部　2014,《商务汉语考试(BCT)大纲》,高等教育出版社。

[9] 国家汉语国际推广领导小组办公室　2007,《国际汉语能力标准》,外语教学与研究出版社。

[10] 国家汉语水平考试委员会办公室考试中心　2001,《汉语水平词汇与汉字等级大纲(修订本)》,经济科学出版社。

[11] 李禄兴　王　瑞　2011,《发展汉语(第二版)·高级口语Ⅱ》,北京语言大学出版社。

[12] 李　泉　2011,《发展汉语(第二版)》,北京语言大学出版社。

[13] 李晓琪　2013,《博雅汉语(第二版)》,北京大学出版社。

[14] 路志英　2011,《发展汉语(第二版)·中级口语Ⅰ》,北京语言大学出版社。

[15] 王淑红　2011,《发展汉语(第二版)·高级口语Ⅰ》,北京语言大学出版社。

[16] 王淑红　幺书君　严　挺　张　葳　2012a,《发展汉语(第二版)·初级口语Ⅰ》,北京语言大学出版社。

[17] 王淑红　幺书君　严　挺　张　葳　2012b,《发展汉语(第二版)·初级口语Ⅱ》,北京语言大学出版社。

[18] 杨寄洲　贾永芬　2007a,《汉语中级口语教程(上、下册)》,北京大学出版社。

[19] 杨寄洲　贾永芬　2007b,《汉语高级口语教程(上、下册)》,北京大学出版社。

[20] 中国社会科学院语言研究所词典编辑室　2017,《现代汉语词典(第7版)》,商务印书馆。

五、外文文献

［1］Andersen, G. 2001, *Pragmatic Markers and Sociolinguistic Variation: A Relevance-Theoretic Approach to the Language of Adolescents*［M］, Amsterdam/Philadelphia: John Benjamins Publishing Company.

［2］Andreas H. Jucker&S. W. Smith 1998, And people just you know like 'Wow': discourse markers as negotiating strategies［A］, In Andreas H. Jucker&Yael Ziv (eds.), *Discourse Markers: Description and Theory*［C］, Amsterdam/Philadelphia: John Benjamins Publishing Company.

［3］Andreas H. Jucker&Yael Ziv 1998, Discourse markers: an introduction［A］, in Andreas H. Jucker&Yael Ziv (eds.), *Discourse Markers: Description and Theory*［C］, Amsterdam/Philadelphia: John Benjamins Publishing Company.

［4］Bach, K. 1999, The myth of conventional implicature［J］, *Linguistics and Philosophy*(22).

［5］Blakemore, D. 1987, *Sematic Constraints on Relevance*［M］, New York: Blackwell.

［6］Blakemore, D. 2002, *Relevance and Linguistic Meaning: The Sematics and Pragmatics of Discourse Markers*［M］, Cambridge: Cambridge University Press.

［7］Catherine E. Travis 2005, *Discourse Markers in Colombian Spanish: A Study in Polysemy*［M］, Berlin: Mouton de Gruyter.

［8］Dieter Stein&Susan Wright 1995, *Subjectivity and Subjectivisation: Linguistic Perspectives*［C］, Cambridge: Cambridge University Press.

［9］Eckman, F. 1977, Markedness and the contrastive analysis hypothesis［J］, *Language Learning*(27).

［10］Edward Finegan 1995, Subjectivity and subjectivisation: an introduction［A］, in Dieter Stein&Susan Wright (eds.), *Subjectivity and Subjectivisation: Linguistic Perspectives*［C］, Cambridge: Cambridge University Press.

［11］Erman, B. 1987, *Pragmatic Expressions in English: A Study of You know, You See and I Mean in Face-to-face Conversation*［M］, Stockholm: Almqvist&Wiksell International.

［12］Erman, B. 2001, Pragmatics markers revisited with a focus on you know in adult and adolescent talk［J］, *Journal of Pragmatic*(33).

［13］Fraser, B. 1996, Pragmatic markers［J］, *Journal of Pragmatics*(6).

［14］Fraser, B. 1999, What are discourse markers?［J］, *Journal of Pragmatics*(31).

［15］Fries, C. C. 1952, *The Structure of English: An Introduction to the Construction of English Sentences*［M］, New York: Harcourt, Brace and World.

［16］Goldberg, A. E. 1995, *Constructions: A Construction Grammar Approach to Argument Structure*［M］, Illinois Chicago: The University of Chicago Press.

［17］Goldberg, A. E. 2003, Constructions: a new theoretical approach to language［J］,

《外国语》(3).

[18] Goldberg, A. E. 2006, *Construction at Work: The Nature of Generalization in Language*[M]. Oxford: Oxford University Press.

[19] Halliday, M. A. K. 1970, Language structure and language function[A], in Lyons, J. (ed.), New Horizons in Linguistics[C], Harmondsworth: Penguin.

[20] Halliday, M. A. K. & R. Hasan 1976, *Cohesion in English* [M], London: Longman.

[21] Hansen, M. M. 1998, The sematic status of discourse markers[J], *Lingua* (104).

[22] Harris, Z. S. 1952, Discourse analysis: a sample text[J], *Language* (28).

[23] Hellermann, J. & A. Vergun 2007, Language which is not taught: the discourse marker use of beginning adult learners of English[J], *Journal of Pragmatics* (39).

[24] Hölker, K. F. 1991, Lesikon der Romanistischen Linguistik, Tübingenu: Niemeyer.

[25] Hopper, P. J. & Traugott, E. C. 1993, *Grammaticalization*[M], Cambridge: Cambridge University Press.

[26] James R. Nattinger & Jeanette S. DeCarrico 1992, *Lexical Phrases and Language Teaching*[M], Oxford: Oxford University Press.

[27] Keller, E. 1981, Gambits: Conversational strategy signals[A], in Florian Coulmas (ed.), *Conversational Routine: Explorations in Standardized Communication Situations and Prepatterned Speech* (Volume 2: *Conversational Routine*)[C], Berlin: Mouton Publishers.

[28] Kuno, S. 1987, *Funcational Syntax: Anaphora, Discourse and Empathy*[M], Chicago: The University of Chicago Press.

[29] Langacker, R. W. 1990, Subjectification[J], *Cognitive Linguistics*(1).

[30] Langacker, R. W. 1987, *Foundations of Cognitive Grammar* (Volume 1、2) [M], Stanford: Stanford University Press.

[31] Lenk, U. 1998, Discourse markers and global coherence in conversation[J], *Journal of Pragmatics*(30).

[32] Margarita Borreguero Zuloaga & Britta Thörle 2016, Discourse markers in second language acquisition[J], in Sandra Benazzo, et al. (eds.), *Language, Interaction and Acquisition*[M], Amsterdam: John Benjamins Publishing Company.

[33] Nuyts, J. 2001, Subjectivity as an evidential dimension in epistemic modal expressions[J], *Journal of Pragmatics* (33).

[34] Nuyts, J. 2005, Modality: overview and linguisticissues[A], in William Frawley (ed.), *The Expression of Modality*[M], Berlin: Mouton de Gruyter.

[35] Ochs, E. & Schieffelin, B. 1989, Language has a heart [J], *Text* (3).

[36] Östman, J. O. 1981, *"You Know": A Discourse-Functional Approach*[M], Amsterdam: John Benjamins Publishing Company.
[37] Östman, J. O. 1982, The symbiotic relationship between pragmatic particles and impromptu speech[A], in Enkvist, N. E. (ed.), *Impromptu Speech: A Symposium*[C], Åbo Akademi.
[38] Oxford, R. L. 1990, *Language Learning Strategies: What Every Teacher Should Know*[M], Boston: Heinle&Heinle Publishers.
[39] Oxford, R. L. 1999, Learning strategies[A], in Bernard Spolsky (ed.), *Concise Encyclopedia of Educational Linguistics*[C], Cambridge: Cambridge University Press.
[40] Paul J. Hopper&Elizabeth Closs Traugott 1993, *Grammaticalization*[M], Cambridge: Cambridge University Press.
[41] Practical, D. 2004, *English Language Teaching*[M], 高等教育出版社.
[42] Quirk, R., et al. 1985, *A Comprehensive Grammar of the English Language*[M], London: Longman.
[43] Redeker, G. 1991, Linguistic markers of discourse structure[J], *Linguistic*(29).
[44] Risselada, R. &W. Spooren 1998, Introduction: Discourse markers and coherence relations[J], *Journal of Pragmatics*(30).
[45] Rouchota, V. 1996, Discourse connectives: what do they link?[J], *Linguistics*(8).
[46] Rouchota, V. 1998, Procedural meaning and Parenthetical discourse markers[A], in Andreas H. Jucker&Yael Ziv (eds.), *Discourse Markers: Description and Theory*[C], Amsterdam/Philadelphia: John Benjamins Publishing Company.
[47] Rubin, J. &Thompson, I. 1982, *How to Be a More Successful Language Learner*[M], Boston: Heinle&Heinle Publishers.
[48] Schiffrin, D. 1985, Everyday argument: the organization of diversity in talk[A], in T. A. van Dijk (ed.), *Handbook of Discourse Analysis*(Volume 3: Discourse and Dialogue)[C], New Rork: Acadamic Press.
[49] Schiffrin, D. 1987, *Discourse Markers*[M], Cambridge: Cambridge University Press.
[50] Schiffrin, D. 1990, The principle of intersubjectivity in communication and conversation[J], *Semiotica*(80).
[51] Schourup, L. 1999, Discourse markers[J], *Lingua*(107).
[52] Traugott, E. C. 2003, From subjectification to intersubjectification[A], in R. Hickey (ed.), *Motives for Language Change*[C], Cambridge: Cambridge University Press.
[53] Traugott, E. C. 2012, Intersubjectification and clause periphery[J], *English Text Construction*(5).

[54] Traugott, E. C. & Richard B. Dasher 2005, *Regularity in Semantic Change* [M], Cambridge: Cambridge University Press.
[55] Watts, R. J. 1989, Taking the pitcher to the 'well': native sperkers' perception of their use of discourse markers in conversation [J], *Journal of Pragmatics* (13).
[56] Wray, A. 2002, *Formulaic Language and the Lexicon* [M], Cambridge: Cambridge University Press.

后　记

  此书是我退休前出版的最后一本书,也是我一生学术之路的重要里程碑,为我30多年的高校教学科研生涯画上了一个较为圆满的句号。

  这本书是我2017年国家社科基金项目的结题成果(有修订),课题算是如期完成,但过程却是跌宕起伏、曲折反复。在课题研究过程中,自己的学术视野、思维能力、研究水平都得到了很大历练,科研境界也有了较大提升——这都是预先没想到的。

  大约自2011年起,自己研究的注意力开始转向"话语标记",几年下来,关于"话语标记",主持完成了一个北京市教委面上项目,发表了几篇论文,研究的核心逐渐聚焦在"话语标记的主观性差异"上,产生了"话语标记主观性等级"的构想。2016年,在北京市教委面上项目结题时,邀请了三位专家进行评审,分别是李春玲教授(中央财经大学)、李先银教授(北京语言大学)和刘永厚教授(北京师范大学)。三位好友专家对我的构想颇感兴趣,尤其是先银教授,因为他对这个领域非常熟悉,在肯定我的想法的同时,也直言这是块"硬骨头",后来他惠赠我其大作《现代汉语话语否定标记研究》,让我获益匪浅。几位专家的鼓励坚定了我的信心,在前一个项目的基础上,我进一步梳理思路、考察事实、完善构想,2017年申报了国家社科的年度项目,将申报项目名称定为"面向国际汉语教学的汉语话语标记主观性等级研究",力图将汉语研究的"体""用"结合起来,研究的核心观点是"汉语话语标记主观性具有等级性,而且这个等级就是汉语作为第二语言学习的难度等级"。立项申请报上去后,就没去想了——国家社科项目申报获批的概率很低,这是众所周知的事实,这次是我第二次申报,一样没抱什么希望。大约是6月中下旬,当年的国家社科获准立项名单公示,名单迅速在网上传播,同校文传院的同事、也是我的好友宋晖教授第一时间告诉了我,我有些意外,很快不少学术界好友、熟人也给我发来祝贺信息,我才确认是真的获准立项了,用当年读博时的老师陈昌来先生的话形容,就是"有点儿小激动"。国家社科基金委办事效率很高,暑假前就收到了《立项批准书》,于是脑子里就开始想着怎么做课题了。

用句老话来说就是"天有不测风云",或者说"福无双至",没等我"捂热"《立项批准书》,就在7月下旬,家属就被确诊罹患重疾,然后就是手术、化疗,之后大半年,我在北京与大连之间来回奔波。暑期结束开学,一大堆行政事务要处理,根本无暇顾及课题,即使在空闲时也无法集中精力思考研究之事,对课题只好"先放放"。这种状态持续到2018年年末,期间只是募集了2017级汉语国际教育硕士研究生帮着做基础工作,如搜集文献、语料等,初建了文献索引和对语料进行了统计,非常感谢这届同学踊跃参加这些基础工作;我指导的2018级语言学及应用语言学研究生刘恩赐入学后,主动承担起调查任务,从设计问卷到实施调查和统计结果,都是他完成的,最后把统计结果给我,并用软件进行了简单分析;调查是通过"问卷星"在微信上进行的,学界同人对调查热情支持,让我感动不已,如大连理工大学的徐丹老师,也是我的老友,用自己的影响力组织全院的留学生分班级进行问卷填写,天津外国语大学的赵林江老师不但组织自己任教的班级填写,还转发到自己的微信朋友圈吁请同行帮忙。调查非常顺利,收回了足够的有效样本。因为各种原因叠加,我向学校提出辞去行政职务的申请,2018年年末学校批准了我的申请,免去了我的行政职务,此时离项目获批过去了一年半(原来计划三年完成),除弄了文献和语料索引,还有调查,别的什么也没做,关键是对于课题,脑子是空空如也。卸下行政职务,没有行政事务的羁绊,还没来得及体味"一身轻",课题就让我产生了强烈的紧迫感——已经没有拖拉的借口了,虽然脑子空空如也,但必须马上行动,于是从2019年春节那个寒假动笔写"文献综述"。文献方面前期还是积攒了不少,开始拉拉杂杂地写,有用没用先写下来,一个寒假下来写了1万字左右,写着写着,对话语标记的主观性问题相关论述有了较为清晰的了解,以往研究的脉络也明朗了,关于话语标记主观性问题也有了进一步认识。持续不断地梳理文献,对研究逐渐有了感觉,我体会到了某种久违的学术冲动,有点儿兴奋。

但冲动并不意味着马上就有了完整构想,核心问题就迎刃而解了。我清醒地认识到一定要趁热打铁,这种感觉可能稍纵即逝,必须继续"动手"而不能"放",这样就开始动笔写"调查分析"。刘恩赐同学是按照课题假设来设计的问卷,即调查选取的话语标记分布在我们设想的主观性等级链各层面,得到的数据与设想大致吻合,但有的也出入较大,分析时发现了之前设想不完善的地方,特别是与设想出入较大的引起了深思。调查报告完成后,作为单篇论文提交给了"第16届对外汉语国际学术研讨会(ICCSL-

16)",2019年10月与合作者刘恩赐一起到江西师范大学参加了这届学术讨论会,会后由刘恩赐根据小组讨论意见对论文进行了修改,发表在《汉语应用语言学研究(第九辑)》,这是课题的第一项中期成果。时间很快进入了2020年,没想到发生了新冠病毒感染疫情,更没想到的是疫情会持续三年之久,且波及之广、影响之大实出于所有人的意料。因为疫情防控,教学基本转为线上,工作大多数时间是居家办公,我因此可以集中精力做课题——就课题研究来说可谓"因祸得福"。后来在国家社科系统上查询得知,项目只要在2022年8月前提交结项申请就算正常完成,时间得到保证,研究可以从容展开。2020年到2021年两年间,研究进展很顺利,个人状态也渐入佳境。由于采取了"切香肠"式的"散点突破"正确策略,就是析出一个个具体问题予以解决,先是啃下几块"硬骨头",思路顿时变得通畅,然后一个专题一个专题地写,而且不断发现新的问题和产生解决方案,推进得非常顺利,可以用"思如泉涌"来形容,自己体会到了前所未有的学术畅快感。每天傍晚出门慢跑几公里,慢跑过程中脑子不停运转,白天写作中一些疑惑的问题居然在慢跑中想明白了,甚至还有新的发现,慢跑回来,不仅疲劳解除了,脑子还清爽了,中间产生的想法很快会化成笔下的文字,这真的就是学术的快乐——我用心体味着这种快乐。有一次和北京语言大学的张博教授聊起慢跑,真是"英雄所为略同",她也喜欢跑步,甚至参加过马拉松,在慢跑中也是如此,体会也一样,顿时有"惺惺相惜"之意,惭愧的是,我的学术水平难望张教授项背。到2021年末,各个专题加起来接近30万字,于是开始整合、统稿,到2022年2月完成书稿,之后是收尾事务,诸如结项报告、查重、审计等,在7月终于顺利结项,评审等级为良好,虽然没得到优秀有些许遗憾,但这不重要,重要的是,在这个过程中悟到了学术的真谛、体会到了研究的快感——尽管在学术人生中有些晚。

最后,要感谢我的博士导师范开泰先生,范师年事渐高,但一直关注我这个关门弟子,给予我指导,还给本书赐序,师恩如天,难以回报!还要感谢读博时的老师齐沪扬、陈昌来先生,总在鼓励、支持我,母院的曹秀玲教授亦是如此,饮水思源,上海师范大学对外汉语学院永远是我的学术标杆与学术动力,汗颜的是,自己没能为母校做出什么贡献。此外,北京语言大学的张旺熹、王建勤、郑艳群、张黎、李先银诸教授,中国传媒大学的李大勤教授,北京第二外国语学院学报执行主编周长银教授等专家都是我的好友,无论是课题还是平时的研究,都给予了我很大支持,在此谨致谢忱!还要感谢北大社汉语编辑室副主任宋立文、责任编辑路冬月为本书的出版付出了辛苦!

  两岸猿声啼不住,轻舟已过万重山。几度艰辛,如今笑过,学术人生春来晚,研究探索上新阶。

  以上是为后记。

2023 年 10 月于北京朝阳东坝寓所